Jorge G. Castañeda

MAÑANA O PASADO

Jorge G. Castañeda nació en México, Distrito Federal, en 1953. Fue Secretario de Relaciones Exteriores de México y candidato independiente a la Presidencia de la República. Ha sido profesor durante más de veinticinco años en la Universidad Nacional Autónoma de México, y actualmente es catedrático en la Universidad de Nueva York. Es articulista de los diarios *Reforma* y *El País*, y de la revista *Time*; es miembro de la Junta de Gobierno de Human Rights Watch y miembro de la American Academy of Arts and Sciences. Es autor o coautor de más de quince libros, publicados en toda América Latina, Estados Unidos y Europa, y traducidos a una decena de idiomas. Entre ellos destacan *Compañero: vida y muerte del Che Guevara* y *La utopía desarmada*. Actualmente vive entre la Ciudad de México y Nueva York.

Compañero: vida y muerte del Che Guevara

La herencia: arqueología de la sucesión presidencial en México

Lo que queda de la izquierda

Somos muchos: ideas para el mañana

La utopía desarmada

Ex Mex: From Migrants to Immigrants

The Mexican Shock: Its Meaning for the United States

Perpetuating Power: How Mexican Presidents Were Chosen

MAÑANA O PASADO

El misterio de los mexicanos

MAÑANA O PASADO

El misterio de los mexicanos

Jorge G. Castañeda

TRADUCCIÓN DE VALERIA LUISELLI

Vintage Español
Una división de Random House, Inc.
Nueva York

PRIMERA EDICIÓN VINTAGE ESPAÑOL, JUNIO 2011

Copyright © 2011 por Jorge G. Castañeda

Todos los derechos reservados. Publicado en los Estados Unidos de América
por Vintage Español, una división de Random House, Inc., Nueva York, y
en Canadá por Random House of Canada Limited, Toronto.
Simultáneamente publicado en inglés en EE.UU. como *Mañana Forever?*
Mexico and the Mexicans por Alfred A. Knopf, una división de Random House,
Inc., Nueva York, y en México por Santillana Ediciones Generales, D.F.
Copyright © 2011 por Santillana Ediciones Generales, S. A. de C.V.

Vintage es una marca registrada y Vintage Español y su
colofón son marcas de Random House, Inc.

Información de catalogación de publicaciones disponible en la
Biblioteca del Congreso de los Estados Unidos.

Vintage ISBN: 978-0-307-74509-5

www.vintageespanol.com

Impreso en los Estados Unidos de América
10 9 8 7 6 5 4 3 2 1

ÍNDICE

Agradecimientos   9

Prólogo   11

Prefacio   15

CAPÍTULO 1

De por qué los mexicanos rechazan los rascacielos
y son malos para el futbol   39

CAPÍTULO 2

Por fin: una clase media mexicana   83

CAPÍTULO 3

Víctimas y enemigos del conflicto y
de la competencia   133

CAPÍTULO 4

Por fin, una democracia mexicana   179

CAPÍTULO 5

El poder del pasado y el miedo a lo extranjero   213

CAPÍTULO 6

Por fin: ¿una sociedad abierta, una economía
abierta, una mente abierta?   255

CAPÍTULO 7

Leyes ilusorias y cinismo sin ley

293

CAPÍTULO 8

¿El imperio de la ley, o la ley del rey?

327

CAPÍTULO 9

El futuro en tiempo real

373

Índice analítico

409

AGRADECIMIENTOS

Se imponen varios agradecimientos. A mi agente y amigo, Willi Schavelzon, por su paciencia y diligencia; a Fernando Esteves y Patricia Mazón, mis editores en Santillana Ediciones Generales de México, por su aguante; a mis asistentes de investigación: Lourdes Zozaya, Dafne Tovar Muñiz, Andrea Ballesteros, Elisa Estrada y Mariana Celorio, por su seriedad y precisión; a José Alberro, por haber tratado de evitarme errores garrafales en materia estadística; y sobre todo a Emma Vassallo, casi co-autora del libro e investigadora incansable y exacta. Agradezco también a quienes leyeron el manuscrito en su totalidad, lo deshicieron y lo mejoraron: Dudley Ankerson, Cassio Luiselli, Joel Ortega y Federico San Román. Y muy especialmente a Manuel Rodríguez, que lo leyó dos veces y lo revisó con el mismo cuidado como si fuera propio, y a Alan Riding, cuyas correcciones al original en inglés contribuyeron enormemente a que el texto en castellano fuera ligeramente más legible. Y también le agredezco a todos aquellos que leyeron partes del manuscrito, y me ofrecieron consejos, críticas y sugerencias que traté de atender en la medida de mis posibilidades: Claudio Lomnitz, Andrea Oñate, Andrés Rozental, Guillermo Sheridan y Marcela Tovar. Dos últimos agadecimientos: a Ángeles Mastretta, por haber descuidado su acostumbrada sopa de hongos a favor de su igualmente acostumbrada lluvia de ideas perspicaces y haber inspirado el título en castellano, y a Alejandra Zerecero que leyó, revisó, investigó y editó todo lo que humanamente se pudo, y soportó mis múltiples humores y manías.

JORGE G. CASTAÑEDA

PRÓLOGO

Este libro fue escrito originalmente en inglés y traducido al castellano por Valeria Luiselli; después sufrió un proceso de tropicalización que incluyó el injerto de una buena dosis de voz del autor en el texto de la traductora. Las razones de esta secuencia en apariencia contra natura son sencillas: mi editorial en castellano es más generosa que la norteamericana, y el costo de traducir del inglés al español es menor que el precio del camino contrario. Y como escribo igual de mal en inglés que en castellano, concluí que el orden de los idiomas no alteraba el producto de la escritura.

Fue escrito también en un principio pensando más en el lector estadounidense que mexicano o español, también por un simple motivo: abundan los excelentes trabajos en México que se han propuesto explicar en tiempos recientes el misterio de los mexicanos, así como el origen de nuestros retos y frustraciones, de nuestra adversa andanza hacia la modernidad, y las paradojas de nuestro presente y futuro. Pero con la excepción de algunos textos breves y parciales, desde 1985 no ha aparecido en los Estados Unidos un intento totalizante y actualizado de comprensión del enigma del México moderno, atiborrado de potencial y desencanto en la misma proporción. Me parecía que en un momento en que el país se encuentra cada vez más acoplado al acontecer norteamericano —en lo económico, en su seguridad, en lo cultural e internacional— convenía ofrecerle al público del norte una visión mexicana de las vicisitudes nacionales y de las posibles raíces de las mismas. Repito: *una* visión mexicana, no *la* visión mexicana, ya que, afortunadamente, el falso consenso del *ancien régime* ha pasado a mejor vida.

He tratado de adaptar el texto lo más posible para el lector mexicano, desde lo obvio —no explicar quien es Octavio Paz, Carlos Fuentes, Carlos Slim o Lázaro Cárdenas— hasta lo más difícil: tomar en cuenta el conjunto de tesis, opiniones, discusiones y polémicas recientes sobre el país, no tanto sobre el conjunto de planteamientos formulados en el libro. Por definición, una tentativa de está naturaleza nunca puede ser exitosa o exhaustiva, y faltarán infinidad de referencias.

Entre el día que terminé de escribir y la publicación simultánea en México y en Nueva York, en inglés y en español en ambos países, surgieron en México una buena cantidad de documentos que apuntan todos en la misma dirección fundamental por la cual se orienta este libro. Alcancé a tomar en cuenta y citar algunos en el propio texto, pero sin hacerles realmente justicia; otros salieron a la luz después del cierre de ésta obra.

Tienen dos hilos conductores: la emergencia de una sociedad mayoritariamente de clases medias, y el recurso a —o la indagación de— explicaciones culturales del carácter nacional, de los sueños, aspiraciones o valores de los mexicanos para entender lo que sucede en el país. Entre los textos que han enfatizado la dimensión, el crecimiento y las características de la clase media en México destacan "Clasemediero: pobre no más, desarrollado aún no", de Luis de la Calle y Luis Rubio; "¿En que medida es clase media América Latina?" de la OCDE; el texto publicado en la revista *Nexos* de mayo de 2010, "Clasemedieros: una mayoría silenciosa"; "México 2010: el juicio del siglo", de María Amparo Casar y Guadalupe González (eds); en particular los ensayos de Héctor Aguilar Camín y Federico Reyes Heroles. Entre los estudios sobre valores y actitudes de los mexicanos sobresalen el ingenioso libro de Agustín Basave,

Mexicanidad y Esquizofrenia; el estudio/encuesta de Manuel Rodríguez Woog en el número de febrero, 2011, de la revista *Nexos*, "El mexicano ahorita: retrato de un liberal salvaje"; el de CIDAC, "Encuesta Valores: diagnóstico axiológico", de febrero 2011; y el de la Fundación Este País y Banamex, "Encuesta Nacional de Valores. Lo que une y lo que divide a los mexicanos", 2010.

Estos esfuerzos, cada uno a su manera, convergen con nuestra idea central: la llegada de México a una cierta modernidad (economía abierta, clase media mayoritaria, democracia representativa) choca contra la permanencia de los principales rasgos del carácter nacional mexicano, identificados por los autores clásicos, medidos y refinados por encuestas e innumerables estudios de terreno a lo largo de los últimos decenios. Ese choque, de acuerdo con los colegas en cuestión, ha desatado una crisis cultural y psicológica en la mente del mexicano. Las creencias, los tabús, los usos y costumbres, la educación y los atavismos mexicanos se desvanecen; nada los suple aún. La historia común, construida como todas las historias, coadyuvó enormemente a construir una nación. Hoy estorba su acceso a una modernidad esquiva, hasta en el uso de la palabra misma. Cada quien saca sus propias conclusiones del enorme acervo de información con el que contamos; pero todos de alguna forma convenimos en la vigencia y fuerza del actual atolladero. Lamento no haber tenido mayor acceso, con más tiempo, a estos hallazgos y obras; me congratulo comprobar que iba por buen camino, bien acompañado.

La tercera y última advertencia que debe quedar en manos del lector se refiere a los datos. Al cerrar la última revisión del manuscrito en inglés fue posible incorporar a este texto algunas cifras de 2010 y varias del Censo del mismo año, pero la gran mayoría de las estadísticas de ese año (PIB, ENIGH, pobreza, construcción de viviendas, ventas de automóviles, entrega de tarjetas de crédito, número de celulares en circulación, penetración de internet, etcétera) no salen sino hasta mediados del 2011. De tal suerte que muchos números aquí incluidos conciernen al 2010, un año especialmente malo para la economía y la sociedad mexicanas. Como sabemos que buena parte de lo perdido en el año de la crisis se recuperó en el siguiente, en muchos casos los datos de 2008 son los más cercanos a una realidad mexicana "normal": ni tan malos como un muy mal año, ni tan buenos como uno muy bueno.

Conviene, por último, añadir un breve párrafo de reconocimiento intelectual (los agradecimientos personales aparecen en la página correspondiente). Lo que valga de este libro se inspira en largas conversaciones celebradas a lo largo de los últimos años con un pequeño grupo de amigos de quienes he aprendido de vivienda y reforma agraria, de ricos y pobres, de encuestas y leyes (o la falta de las mismas), de política y sociedad. Además de su amistad, me han brindado su conocimiento, su sensibilidad y su inteligencia. En orden alfabético, gracias: Héctor Aguilar Camín, Gonzalo Aguilar Zinser, Fabián Aguinaco, Santiago Corcuera, Rolando Ocampo, Joel Ortega, Federico Reyes Heroles, Manuel Rodríguez Woog y Pedro Saez.

PREFACIO

Pocos países como México le han dedicado tanta energía y tanto tiempo a diseccionar y debatir, alabar y denostar el "carácter nacional". Nuestra obsesión por quiénes somos y por qué somos de tal o cual modo, ha sido constante y parece no tener fin. El "alma mexicana" ha ocupado la atención de poetas, novelistas, pintores, antropólogos, sociólogos, periodistas y políticos de un modo casi patológico. Todos han querido encontrar la Piedra de Rosetta que finalmente decodifique y revele el diamante en bruto de la identidad mexicana que tanto atrae a los entusiastas, desilusiona a los escépticos y fascina —y frustra— a los académicos. Pero la obsesión no es sólo nuestra. La lista de miradas extranjeras que se han dirigido a México también es larga: desde Ambrose Bierce hasta Walter Lippman, de Cartier Bresson a Jaques Soustelle, de D. H. Lawrence a Graham Greene, de Oscar Lewis a Tina Modotti, Edward Weston, Bruno Traven y Leon Trotsky, de Sergei Eisenstein a Luis Buñuel y Elia Kazan, de John Reed a Jean Le Clezio.

Pero éste no es un libro sobre el carácter nacional de los mexicanos en general, sino sobre algunos de sus rasgos particulares más distintivos. Es un libro sobre el origen y las consecuencias de un puñado de características que nos definen, y sobre el conflicto entre éstas y la realidad cotidiana de nuestra sociedad contemporánea. Que se ha distanciado, cada vez más, de la serie inicial de rasgos que hicieron de México un país tan entrañable y a la vez frustrante para los mexicanos, pero también para viajeros y aventureros de fuera. El libro pretende explicar por qué los mismos rasgos nacionales que sirvieron para construir el país, ahora obstruyen su camino hacia un futuro y una modernidad más sólidos. Ciertamente, en un país tan diverso como México, pueden antojarse triviales o incluso peligrosas generalizaciones de esta índole, y un debate en torno a algo tan vasto y general como el carácter nacional encierra limitaciones evidentes. Pero es innegable que la geografía, así como la cultura e historia que compartimos crearon una serie de características comunes; la discusión sobre el alcance y las insuficiencias de la una y de las otras pertenece al farragoso ámbito académico y lo deseo evitar a toda costa. Hace no mucho, en 2007, Alan Knight, el excepcional historiador británico de la Revolución Mexicana, señaló las dificultades y contradicciones implicadas en trabajar con nociones como el "carácter nacional", y su preferencia por términos como "identidades nacionales objetivas y subjetivas". No tenemos gallo en esa pelea, y aquí me limitaré a utilizar los términos que se suelen utilizar, en el lenguaje común, muchas veces de modo intercambiable.[1]

Los rasgos que se abordarán aquí no son los estereotipos ofensivos muchas veces asociados con el carácter del mexicano —pereza, apatía, irresponsabilidad, violencia—, ni tampoco conductas y actitudes comúnmente ligadas a los mexicanos pero que, en definitiva, no se restringen a ellos: el machismo, una noción "distinta" del tiempo, o ese sentimiento de autenticidad y excepcionalidad encarnado en la "raza cósmica". Además, la contradicción entre algunos rasgos del carácter mexicano y la realidad actual del país no es, de ninguna manera, el único impedimento para acceder a la modernidad plena. Pero sí es, en mi opinión, el mayor obstáculo que enfrentamos. Otros autores han puesto el acento sobre la falta de tradición democrática, la corrupción, la monumental inequidad en la concentración de poder y riqueza, el impacto negativo de tener un vecino como el que tenemos, o bien, al revés, lo mal que hemos explotado los beneficios potenciales de nuestra cercanía geográfica con Estados Unidos. Todo importa; sin embargo, el propósito de este ejercicio es, como habría dicho The Dude, en *The Big Lebowski* de los hermanos Coen, determinar qué es lo que "amarra las distintas partes del cuarto" ("Ties the room together"). Se trata de la desconexión entre algunos rasgos del carácter nacional y la realidad actual del país.

Este libro está organizado como una serie de contrastes y confrontaciones temáticas. Un capítulo busca explorar, describir y corroborar un rasgo en particular del carácter mexicano; el siguiente intenta confrontar dicho rasgo con alguna característica del México moderno que lo contradice. En esta lógica de contrastes, la idea es demostrar por qué una característica en particular ya no resulta viable en el México de hoy y, peor aún, por qué impide el desarrollo del país. Cada rasgo se deriva de tres "fuentes de sabiduría" muy diferentes entre sí: los "clásicos", los números y la experiencia personal del autor. Lo que hace que esas tres fuentes sean apropiadas y útiles es, precisamente, su origen diverso.

Para empezar, los "clásicos". Como ya dije, en pocos países se ha empeñado tanto trabajo, vertido tanta inteligencia, dedicado tanta especulación e introspección, como en México, al problema de la identidad nacional. Lo mismo hace un siglo que una década atrás, el "alma mexicana" ha asediado a poetas como Ramón López Velarde y Octavio Paz; novelistas como Martín Luis Guzmán y Carlos Fuentes; ensayistas como Jorge Cuesta, Alfonso Reyes, Samuel Ramos y Salvador Novo, dramaturgos como Rodolfo Usigli; psicoanalistas como Santiago Ramírez y Jorge Portilla; antropólogos como Manuel Gamio, Miguel León-Portilla, Roger Bartra, Mauricio Tenorio Trillo y Claudio Lomnitz, o hasta sociólogos como Guillermo Bonfil e historiadores como Edmundo O'Gorman. Estos "clásicos" de la tradición intelectual mexicana han dedicado innumerables páginas a discusiones y polémicas altamente especializadas —en ocasiones arcanas—, y en la mayoría de los casos han estado en desacuerdo en los detalles, coincidiendo sin embargo en el mismo objeto de estudio: lo mexicano. Sin duda no se puede amalgamar a todos estos autores en un mismo saco teórico descriptivo, pero desde un punto de vista externo al de las esferas especializadas, resulta claro que comparten suficientes conclusiones para formar algún tipo de consenso. A lo largo de los próximos capítulos, seleccionaré y discutiré algunos de los rasgos del carácter mexicano que también ellos han señalado —sin soslayar, por supuesto, que existen muchos otros en torno a los cuales falta unanimidad. En muchos sentidos, aunque no en todos, al confrontar sus tesis con la realidad actual, los "clásicos" acertaron.

Segunda fuente: existe una cantidad abrumadora de datos y cifras que los "clásicos" no utilizaron a la hora de escribir sus teorías y desarrollar sus intuiciones, pero que los hubiesen ayudado de tenerlos a la mano. No es que los "clásicos" basaran sus análisis en habladurías o impresiones meramente personales —hubo algo de eso, pero también mucha intuición, viajes, estudios, experiencias significativas. La sociedad mexicana era, por lo menos hasta mediados de los años ochenta del siglo XX, bastante opaca desde casi cualquier punto de vista. En los últimos veinte años, sin embargo, se han realizado innumerables censos, encuestas, conteos, grupos de enfoque y estudios especializados, financiados y llevados a cabo por empresas públicas y privadas, universidades, firmas de *marketing*, consultores políticos, partidos y hasta instancias internacionales. Hace muy poco tiempo que el Instituto Nacional de Estadística y Geografía (INEGI), fundado en 1985, comenzó a compilar suficientes datos para permitir comparaciones históricas; las encuestas nacionales sobre ingresos y gastos de los hogares tienen menos de treinta años. Después de muchos años de vivir sin encuestas, salvo aquellas realizadas por motivos de *marketing* —¿por qué preocuparse por encuestas electorales cuando no había elecciones verdaderas?—, México se convirtió en el paraíso de los encuestadores gracias, en parte, a la llegada de la modernidad y la democracia, pero también a cierto narcisismo nacional. No hay comparación posible entre la información al alcance de los "clásicos" —incluso los más recientes— y aquella disponible hoy para cualquier estudiante o candidato a un puesto de elección popular. Que no siempre se pueda comparar fácilmente o con precisión es otra cosa: las series no son uniformes, los cotejos regionales pocas veces están bien hechos, si es que existen; y, desafortunada e inevitablemente, hay una gran cantidad de información que sirve a los intereses personales de algunos, filtrada y seleccionada precisamente para responder a preguntas inducidas o cuyas respuestas ya se conocen. Abundan las dudas y objeciones válidas en torno a la confiabilidad de algunas empresas encuestadoras del país, sobre todo en vista de su relativamente corta trayectoria y falta de experiencia. Esto explica por qué muchas veces nos referimos a varias encuestas a la vez, y por qué las cifras que citamos siempre deben ser vistas como indicadores de tendencias y no como mediciones precisas. Con todo, este acervo de datos duros le brinda a las especulaciones de los "clásicos" el tipo de solidez estadística de la que fueron, al menos en parte, privados. Las cifras que hoy tenemos a la mano hubieran terminado de corroborar o, al contrario, de desmentir las teorías y especulaciones de los "clásicos".

Por último, mi propia experiencia. Como tantos otros de mis compatriotas del pasado, presente y posible futuro, durante muchos años me he encontrado en una posición liminar —ese extraño adentro/afuera— que se presta a la eterna ambivalencia, pero que permite un tipo de mirada o enfoque que difícilmente logran quienes se hallan demasiado lejos de la realidad nacional o, a la inversa, sumergidos en su vorágine cotidiana. Más de once millones de mexicanos nacidos en México viven en el extranjero; de 300 a

400 mil abandonan el país cada año; muchos de los empresarios, intelectuales, científicos, escritores y artistas más destacados de México estudian, trabajan y se vuelven exitosos fuera de su lugar de origen. Pero con la excepción de unos pocos —a quienes por lo demás no pretendo emular— estos mexicanos destacados y a la vez distanciados no han dedicado su talento e inteligencia a recorrer el país, estudiarlo y a organizar el resultado de su experiencia en un volumen común y corriente como éste. La mayoría de los mexicanos que nunca han salido del país quizá estén demasiado cerca del mismo para percibir y reconocer sus problemas; quienes se establecen de manera definitiva en otros países terminan demasiado alejados para aquilatar sus virtudes e interesarse por sus enigmas. Así, después de viajar mucho por México, de dar clases en sus universidades y escribir en sus periódicos, de celebrar diálogos constantes con activistas y profesionales, en los más diversos rincones del país, pero también al cabo de decenios de dictar cátedra y escribir en Estados Unidos, quizás pueda situarme en una posición desde la cual se esclarecen muchas cosas que de otra manera no se perciben fácilmente. Una infancia nomádica y una educación universitaria en Estados Unidos y Francia, tal vez contribuyeron también a esta mirada.

Un esquema

El primer capítulo describe uno de los atributos más soslayados del *ethos* mexicano, a saber, un agudo individualismo y el necio rechazo a cualquier tipo de acción colectiva. Esto se confronta con la lógica del segundo capítulo, relacionada con el surgimiento de México como una sociedad de clase media —que por definición impone límites a ese individualismo y obliga a una apuesta creciente por los empeños colectivos. El tercer capítulo vuelve a un rasgo clásico del carácter mexicano: la renuencia a todo tipo de conflicto, el respeto casi reverencial por las formas y las apariencias, el esfuerzo constante por disfrazar emociones, intereses reales, ambiciones y aspiraciones personales. Este segundo rasgo está confrontado, en el cuarto capítulo, con el advenimiento de la democracia representativa a mediados de los años noventa, y con la incompatibilidad fundamental entre los atributos sociales necesarios para convivir con regímenes autoritarios (durante más de cinco siglos), y las exigencias de una sociedad sacudida por una política democrática rocambolesca, como todas.

En el quinto capítulo se sondea una de las características que más han obsesionado a los "clásicos", desde que empezaron a preocuparse por el alma mexicana: la tendencia a la introspección, la fascinación por la historia y el pasado, el rechazo a "lo otro" —especialmente hacia todo lo extranjero—, respecto a lo cual México siempre se ha sentido una "víctima". Otra vez, este rasgo entra en conflicto con la realidad actual mexicana; este es el sexto capítulo. La economía mexicana es una de las más abiertas del mundo;[*] a pesar de sus monopolios y mercados restringidos México es uno de los destinos turísticos internacionales más frecuentes; las remesas que entran al país procedentes de los mexicanos en el exterior representan una de las fuentes principales de los ingresos nacionales. Más aún, pocos países poseen una relación tan cercana, compleja e intensa con Estados Unidos como México

El séptimo capítulo está dedicado al pleito entre la tradición mexicana del absoluto desprecio por la ley —a veces por motivos justificados y comprensibles, otras no tanto—, y la visión patrimonial de la función gubernamental, así como la corrupción

---

[*] Nos referiremos con frecuencia a la apertura de la economía mexicana; debe entenderse desde la perspectiva del comercio internacional, y no de que se trate de una economía totalmente abierta a la inversión privada, y de nuevas entradas al mercado.

mexicana, mundialmente famosa, y la imperiosa necesidad de construir un Estado de derecho. El capítulo siguiente discute por qué México necesita dotarse urgentemente de una serie de instituciones jurídicas, de garantías individuales, de derechos de propiedad y de debido proceso. Esta discordancia entre la necesidad de leyes y su ausencia es más importante y apremiante que las otras, puesto que México ya goza, en buena medida, de una democracia establecida, de una sociedad de clase media y de una economía abierta —pero de ningún modo vive bajo el imperio de la ley. Al contrario, aunque la corrupción haya disminuido, el narcotráfico y la guerra relacionada contra el crimen organizado han alejado a México aún más de este objetivo fundamental. El problema es crucial, porque la resistencia a vivir de acuerdo con la ley, así como las justificaciones tradicionales para desobedecerla, están quizá más arraigadas en la psique mexicana que los otros rasgos del carácter nacional.

Finalmente, en una súplica casi desesperada por la viabilidad del cambio, y en una igualmente desesperada búsqueda de una buena razón para no descartarlo, trato de averiguar si los mexicanos radicados en Estados Unidos son diferentes, dado que viven en un contexto diferente. Hay casi un experimento "en vivo y en directo", en tiempo real, que involucra a millones de mexicanos —sobre los cuales sabemos bastante y podríamos descubrir mucho más— y que, por un motivo u otro, se han visto obligados a transterrarse a un lugar que contradice, incluso más fuertemente, su carácter nacional que el país dejado atrás. Los mexicanos en Estados Unidos viven, trabajan, se casan y se asientan en un contexto que, aunque se esfuercen por modificarlo para conservar un aire del pasado, resulta radical e inevitablemente distinto. ¿Pueden cambiar, sea de modo gradual o de la noche a la mañana? ¿Pueden adaptarse realmente a un ámbito tan diferente al "suelo donde han nacido"? Llevado al extremo, es decir, a través de estos movimientos migratorios forzados hacia el norte, y suponiendo que fuera deseable, ¿es posible la modernización plena de México? O, con más optimismo, ¿pueden los mexicanos del "otro lado" adquirir los rasgos de un nuevo carácter nacional, verdaderamente compatibles con su doble nacionalidad y su doble realidad? Éstas son las preguntas del último capítulo.

¿Dónde está México? ¿Qué es México?

La relación a todas luces disfuncional entre los rasgos clásicos del carácter nacional de México y su paisaje económico, social y político —nacional e internacional—, está bien representada por una de las pocas series estadísticas de largo plazo con las que contamos sobre las creencias y los valores de los mexicanos, comparados con los del resto del mundo. En esta serie, que arranca en 1981 y termina hacia principios del nuevo milenio, se trazaron los valores nacionales en una gráfica donde el eje horizontal refleja los cambios entre las actitudes de mera sobrevivencia y las de expresión personal[*] —y donde la primera es considerada por el equipo de sociólogos que idearon la gráfica como "premoderna", mientras la segunda se considera plenamente "moderna". El eje vertical muestra, a su vez, el tránsito de posturas tradicionales (premodernas) hacia otras, seculares o racionales (modernas).

---

[*] 2003 para México, y en el *World Values Survey 1995-2000*, así como en el *European Values Study* de 1999, que proporcionan cifras similares para otros países.

*Análisis regional del mapa cultural del mundo: posiciones
promedio de subgrupos regionales y conceptuales de sociedades
en dos dimensiones de valores.*

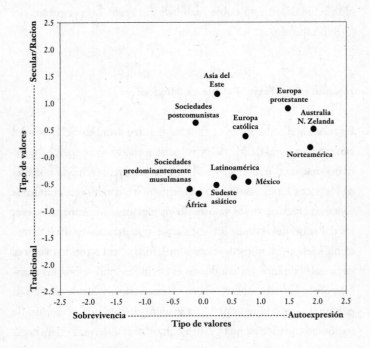

Fuente: Encuesta Mundial de Valores 1995-2000 y Estudio Europeo de Valores 1999. (n=85,021 casos)

Se ve con claridad que México cae dentro de la agrupación de países de bajo y mediano ingreso, con otras naciones emergentes de Latinoamérica, el Sudeste asiático, África y el mundo islámico, donde prevalecen actitudes tradicionales. No se integra al grupo de naciones industrializadas y "modernas" del Atlántico Norte, ni al de sociedades poscomunistas de Europa del Este (ahora parte de la Unión Europea); ni tampoco al de naciones prósperas del este de Asia (Japón, Corea del Sur, Taiwán, etcétera), donde las actitudes

nacionales son claramente "modernas" y de "expresión personal".
Sin embargo, a juzgar por otras características —PIB per cápita, total
de exportaciones, nivel de alfabetización, población urbana, cercanía
con Estados Unidos, migración, entre otras— México pertenece
más a ese otro mundo, generalmente asociado con la OCDE (al que
pertenece nominalmente), o al grupo de países de Europa del Este o
del sur. México se encuentra, en este sentido, más cerca de Polonia
o de Portugal, que de Perú o de Paraguay.[2]

Dicho lo anterior, esta contradicción —que constituye la premisa central de este libro—, no descansa en un sustrato culturalista,
esencialista, ontológico, y ni siquiera en algún tipo de reformulación
de lo que los académicos llamarían determinismo cultural. Los rasgos nacionales de México han cambiado a través del tiempo, conforme sus habitantes se han adaptado a las circunstancias siempre
cambiantes que los rodean. El "pasmo" fundacional que implicó la
Conquista y la aniquilación de las civilizaciones precolombinas
—fuera por plagas, por inhumanas condiciones de trabajo o por
guerras—, suele ser visto como el acontecimiento de arranque en
casi toda la literatura histórica y antropológica. Pero ese hecho,
aunque haya dado lugar al surgimiento de la "raza mestiza", no en-
gendró una esencia permanente, inamovible y eterna. Desató un
proceso que a lo largo del tiempo se vio afectado por otras condiciones, por otras coyunturas, por otros factores. Sí hubo un pecado
original, pero los pecadores han cambiado, los pecados ya son otros,
y los rituales de expiación y arrepentimiento se han transformado.[*]

Y sobre todo, peca por su ausencia en este libro cualquier
inclinación por defender la existencia de un "*ethos* mexicano", de
una mentalidad de "nosotros *versus* ellos", donde impera una hipotética sustancia superior del ser mexicano, siempre violentado

---

[*] No existe tal cosa como una esencia perenne, pero sin duda existe algún punto
de partida para este largo proceso, además de contradictorio y doloroso.

y victimizado por los "otros". Toda invocación de una esencia o *ethos* nacional encierra este riesgo, y si bien creo esquivarlo, muchos autores han utilizado argumentos de esa índole para fines políticos o de clientela política. Nuestro enfoque es ajeno al determinismo cultural que postula explícitamente que son una serie de factores históricos, sociales, económicos, políticos e internacionales los que han contribuido a la formación de México como una nación moderna, no como *resultado* de su cultura nacional, sino *a pesar* de ella. Pero es hasta hoy cuando esta serie de rasgos nacionales se ha convertido en un obstáculo insuperable, y la cultura más en efecto que causa. En la importancia que se le adjudica a lo que se denomina "cultura", hay quizá en este estudio más afinidad con perspectivas como las de Gunnar Myrdal y Arthur Lewis; en el rechazo de la concepción de la "cultura" como factor inamovible del subdesarrollo prevalece una separación tajante con autores como Lawrence Harrison.[3]

Como lo han sugerido algunos académicos —recientemente, por ejemplo Roger Bartra y Claudio Lomnitz—, no cabe duda de que el viejo sistema político mexicano abusó de la noción de "mexicanidad" para imponer su propia definición de patriotismo y nacionalismo, así como de las identidades culturales, religiosas, étnicas y hasta lingüísticas del país. Quizá *sí* sería preferible echar al niño al agua de la bañera y descartar, de una vez por todas, la idea de que las diferencias pueden subsumirse bajo un mismo concepto; también, tal vez convendría aceptar las consecuencias lógicas de la teoría de identidades múltiples de Amartya Sen. Salvo que, incluso en la Unión Europea o la India (las dos federaciones con más diversidad de culturas, orígenes, expresiones e identidades del mundo de hoy), subsiste el factor nacional o local, posiblemente porque también sobrevive el factor legal. Pero lo más probable es que ocurra al revés: que la existencia jurídica independiente del estado-nación —aun cuando no existe una moneda nacional (la mayoría de los casos en la UE), un mercado local y otras marcas distintivas del Estado—, sólo provenga de la persistencia del carácter nacional en cualquiera de los veintisiete miembros de la comunidad europea. Meterse con la mexicanidad constituye una empresa de alto riesgo. Pero suprimirla por una reverencia excesiva hacia ciertas corrientes de la antropología contemporánea sería exagerado, —al menos por ahora. La "mexicanidad" es un tema digno de estudio, si se le presta la debida atención al carácter diverso de su composición regional, social y étnica, a las tesis académicas sobre las múltiples identidades, o a la naturaleza inevitablemente ideológica de muchos de sus componentes, recientes o de antaño.

Este texto tampoco suscribe el enfoque neoweberiano que coloca la dicotomía entre la ética protestante y la católica en el centro del análisis, a partir del cual se tendría que argumentar que la diferencia fundamental entre Norte y Sudamérica estriba en la naturaleza de sus respectivas conquistas: al norte, los colonos noreuropeos y ascéticos, y protestantes; al sur, los conquistadores españoles, aventureros y católicos.* Aunque esta dicotomía no es del todo ilusoria y produjo importantes efectos ideológicos en la cosmogonía mexicana de los siglos XIX y XX, si acaso, el destino final fue tan importante como el punto de partida; pero aquélla es una explicación (insuficiente) de por qué y cómo empezaron las cosas, no de cómo y por qué son así ahora. La búsqueda de un origen único del *statu quo* es tan fútil como la búsqueda de una esencia singular de lo mexicano. Uno de los "clásicos" que citaré a menudo a lo largo de este estudio es Emilio Uranga, considerado en su momento como

---

* Tal vez la primera enunciación de un punto de vista similar a éste se encuentre en el filósofo empirista escocés David Hume que desde el siglo XVII escribió: "El mismo conjunto de modales seguirán a una nación y se adherirán a ellos estén donde estén… Las colonias españolas, inglesas, francesas y holandesas, se pueden distinguir unas de otras aun en el trópico." David Hume, "Of National Characters", citado en Sebastian Edwards, *Left Behind*, Universidad de Chicago Press, Estados Unidos, 2010, p. 25.

el hombre "más inteligente" de México, hasta que murió en 1988. Uranga escribió un texto brillante titulado "Ensayo de una ontología del mexicano" (1949), donde demuestra precisamente que no existe tal sustrato ontológico de la mexicanidad. Lo que hay son, cuando mucho, rasgos característicos de un pueblo, pasados por las aguas de la interpretación sofisticada de los pensadores "clásicos": estereotipos transformados en "carácter". Rasgos que de algún modo hicieron posible que México emergiera y sobreviviera como nación, aunque nunca floreciera del todo (salvo por unos breves momentos de gloria económica en el siglo XIX). Seguimos en esas.

¿Un carácter nacional?

¿Qué debe entenderse por carácter nacional? Es algo raro: todo el mundo sabe qué significa, pero pocos pueden definirlo. Todos esgrimen descripciones medio frívolas: así son los franceses, el pueblo de China cree esto o piensa y siente de este modo; la "calle" árabe reacciona de tal o cual manera ante tal o cual suceso; los estadounidenses son como cada quien quiera. La mayor parte de estas generalizaciones contienen casi siempre al menos un grano de verdad, aunque también pueden resultar ofensivas, estereotipadas o netamente falsas —sobre todo considerando que más y más naciones, que hasta ahora habían sido relativamente homogéneas, son ahora más diversas, incluso polarizadas, y por lo mismo más introspectivas. El parloteo indiscriminado y el psicoanálisis de banqueta al que se suele recurrir en este tipo de discusiones, casi siempre redunda en puras anécdotas ocurrentes o alcanza tal grado de abstracción que termina siendo insustancial.

La relevancia del tema, no obstante, parece ser mayor ahora que nunca. El malquerido en México presidente de Francia, Nicholas Sarkozy, hijo de inmigrantes húngaros, hizo un llamado a un debate nacional en 2009 en torno a la interrogante "¿Qué significa ser francés?", una pregunta que, al menos hace un par de décadas, hubiera sido impensable en un país como Francia. La pregunta de Sarkozy generó un paroxismo nacional y tanta discusión que, en todo caso, confirmó su pertinencia. Por mi parte, entiendo por "carácter nacional" el paquete de rasgos culturales, de prácticas y de tradiciones que comparten la mayor parte del tiempo la mayoría de los mexicanos, y que distinguen a México de las demás sociedades que, a su vez, se diferencian de México por sus rasgos y prácticas particulares. Es la famosa "comunidad imaginaria" que todos compartimos.

Pero no se prefigura en este compendio equivalencia alguna entre el "carácter nacional" de una sociedad o de los habitantes de un territorio, con la noción de "identidad cultural" o "identidad nacional" —conceptos mucho más sofisticados, útiles y a la vez contradictorios. En contraste con Sarkozy, el exprimer ministro británico Gordon Brown en el 2009 hizo un llamado al análisis de la identidad nacional, y lo relacionó con la propuesta de que los inmigrantes presentaran un examen de ciudadanía para mostrar que sabían en qué consistía ser británicos. Las dos nociones son diferentes. Una de ellas, el carácter nacional, es concebida a menudo como una versión más ligera de la primera —la identidad. Pero en realidad ésta surge de fuentes culturales, antropológicas o hasta anecdóticas distintas. A la noción de identidad se recurre con frecuencia en discusiones sobre subgrupos nacionales y en contra de la discriminación; el carácter nacional, en cambio, puede significar casi cualquier cosa. En última instancia, la identidad nacional es un concepto que define una nación ante sí misma, de un modo ontológico, histórico y con miras fundacionales: la identidad de una nación es lo que la hace como tal. El carácter nacional, por su parte, tiene que ver con cómo una sociedad se concibe a sí misma, y cómo es percibida por otros.

Ciertas sociedades identifican su "singularidad" nacional con su carácter, en oposición a su historia, religión, lenguaje u orígenes étnicos: los estadounidenses y el imperio de la ley; la insularidad inglesa; la festividad del mexicano (característica que, por cierto, 72% de los mexicanos escogió como la más distintiva de sus cualidades, entre otras diez, en una encuesta de 2008). Algunos, sin duda, podrían consagrar su excepcionalidad a través de un rasgo nacional como ese, y confundir así el carácter con la identidad nacional.[4]

El carácter nacional, entonces, es algo mucho más sencillo, maleable y superficial que la identidad nacional; pero también es más fácil de describir, sondear, investigar y cuantificar. Los antropólogos han abandonado en parte los estudios en torno al carácter nacional, pero eso no significa que en un análisis menos académico no resulte útil, aun si el concepto mismo encierra contradicciones innegables. Como ha escrito recientemente Sen, identidad no entraña unidad; aquella puede ser, o volverse, plural y diversa, particularmente bajo el impacto de la globalización o la migración a gran escala, como lo han experimentado varias naciones europeas en los últimos años. Resulta ya casi imposible que una sociedad reduzca a una sola característica su identidad nacional —religión, idioma, origen étnico, historia, credo—, y prácticamente todas las naciones contienen hoy en día la diversidad que señala Sen. En el caso del carácter nacional, sin embargo, y precisamente como resultado de su simplicidad como concepto, es legítimo seleccionar algunos rasgos dispersos y excluir otros, sin cometer ninguna omisión importante, y sin tener que subsumir una identidad nacional a una sola característica o a un puñado de rasgos.

Los enigmas son múltiples. Los países conformados por grupos de inmigrantes enfrentan problemas cuando invocan la noción de carácter nacional: para empezar, ¿a quién le pertenece? Una ya clásica cita de Octavio Paz (aunque algunos la han atribuido a Borges) afirma que "los mexicanos descienden de los aztecas, los peruanos de los incas, y los argentinos de los barcos". A menos de que exista un credo, un mito fundacional o un sentimiento común de sí mismos, los ciudadanos de las naciones conformadas por inmigrantes muchas veces deben forjar una identidad nacional sin recurrir a un carácter nacional compartido. Los estadounidenses pueden estar de acuerdo (casi siempre) en que lo suyo es el Estado de derecho, pero no siempre resulta fácil —ni se intenta con frecuencia— encontrar y glorificar un carácter común que engarce todas las piezas del mosaico norteamericano: ingleses, irlandeses, italianos, polacos, chinos, africanos, mexicanos, etcétera. Los brasileños enfrentan un reto parecido: ¿existe un carácter común entre los descendientes de aquellos exploradores portugueses, la enorme cantidad de esclavos africanos, el grupo de inmigrantes italianos y los más pequeños agrupamientos de alemanes, judíos y japoneses, y la enorme *feijoada* que entre todos cocinaron a lo largo de los años? ¿O existen sólo un número de gustos, talentos y tradiciones comunes que, sumados, erigieron una identidad nacional: el futbol, la música, el espíritu pionero y un entusiasmo y cinismo sin límites respecto a su futuro colectivo e individual?

Las naciones de emigrantes, como el México de hoy, deben enfrentar otros retos en el empeño de la autodefinición y en el intento por lidiar con las diferencias y similitudes entre los caracteres e identidades nacionales. ¿Cuándo se convierte una diáspora en una diáspora? ¿Pueden los emigrantes retener los rasgos de un carácter nacional previo a su partida —sus pasiones deportivas, cocina, música, vestimenta y costumbres generales— mientras adquieren, al mismo tiempo, otra nacionalidad y otra identidad nacional? ¿Durante cuánto tiempo puede el país de origen seguir incluyéndolos, si pagan impuestos a otro gobierno, se enlistan en los ejércitos de otro Estado, y votan en otras elecciones? ¿O pueden el carácter y la identidad ser tan fácilmente distinguidos que todo el mundo puede contentarse con la persistencia del uno y la disolución de la otra? Viendo las vidas reales de decenas de millones de migrantes alrededor de todo el mundo, es cada vez más difícil responder a estas preguntas.

Ninguna solución al problema de la identidad nacional es permanente. Desde la perspectiva de este libro, lo que más importa es si una solución específica resulta funcional para el "éxito" del país. Es decir, si el país crece y florece, protege y alimenta a su población, la educa y le ofrece servicios de salud, respeta sus derechos humanos y garantías individuales, y le permite a sus habitantes elegir —más o menos libremente— cómo y por quién han de ser gobernados. Esas soluciones —parciales o totales, duraderas o efímeras— tienen que pasar un tamiz de funcionalidad. Sin embargo, encierran en ocasiones tantas contradicciones internas que resultan ser de breve duración. A veces, los rasgos del carácter nacional de una sociedad se convierten en obstáculos que impiden construir y conservar una identidad nacional funcional y estable.

Muchas naciones de emigrantes se topan con este problema; necesitan construir una identidad que sobreviva más allá de sus fronteras nacionales, y al mismo tiempo asegurarse que, dentro de su territorio, todos se sientan a salvo de agresiones externas, invasiones y violaciones. No es tan fácil. Los factores que generaron, o al menos contribuyeron, a las emigraciones o diásporas suelen ser precisamente amenazas del exterior —aparentes o efectivas. Aquí podría descansar el verdadero sentido de aquella consigna incisiva que los manifestantes latinos entonaron durante las manifestaciones de 2006 en Estados Unidos contra las restricciones a la inmigración: "We didn't cross the border; the border crossed us" (Nosotros no cruzamos la frontera; la frontera nos cruzó a nosotros). Más allá de las exageraciones, los dos objetivos —preservar un carácter nacional entre emigrados y una identidad nacional en el país de origen— pueden tornarse contradictorios, si no incompatibles.

AH1N1

Toda esta digresión inicial por los meandros del "culturalismo" simplificado reviste un propósito: intentar definir lo que se va a discutir en adelante, y ubicarlo en un contexto histórico y global apropiado. Antes de adentrarme por fin en el meollo del asunto, una tragedia relativamente reciente en México quizá pueda ejemplificar este objetivo. En abril de 2009, como ya se sabe, una epidemia de gripa porcina, o AH1N1, estalló en México y se extendió rápidamente a Estados Unidos y luego al resto del mundo. Cuando el episodio al fin se controló, y las cosas regresaron a la normalidad, habían muerto más de 100 personas en México (fundamentalmente en la capital), y alrededor de 10 mil casos se habían detectado en el mundo. Después brotaron más casos, aunque bajó el índice de mortandad. Las autoridades mexicanas recibieron justos elogios por su eficacia en el control epidemiológico y médico del AH1N1, por parte de numerosos organismos y personas, desde la Organización Mundial de la Salud hasta Barak Obama. Un año más tarde, la OMS admitió que había exagerado, y el gobierno mexicano fue criticado moderadamente por el tipo de medidas que se tomaron, incluyendo haber tratado de bajarle la fiebre a los pacientes cuando muchos epidemiólogos consideraban que la fiebre es una respuesta somática de defensa contra la enfermedad.

Pero en México muchos se preguntaron por qué, en dos países que para fines prácticos funcionan como vasos comunicantes —dos países a través de cuyas fronteras cruzan más de un millón de personas y más de 15 mil vehículos de carga al día, con casi 12 millones de mexicanos viviendo de aquel lado y un millón de estadounidenses de éste— surgieron respuestas y consecuencias tan dispares en torno a la epidemia. ¿Por qué, por ejemplo, se cerraron escuelas y universidades en México durante más de una semana?

¿Por qué se detuvieron todas las actividades mercantiles y se cerraron comercios (incluyendo restaurantes) y, en algunos lugares, se suspendieron funciones de cine, conciertos y partidos de futbol, o se obligó a la población a usar mascarillas inútiles? Mientras que Obama sugería apenas que la gente se lavara las manos y, durante la crisis, salió a cenar con su mujer y a comer hamburguesas con su vicepresidente; o ¿por qué murieron más de cien personas en México y sólo seis en Estados Unidos (una de ellas mexicana), donde la población es tres veces mayor? ¿Por qué en Nueva York sólo cerraron algunas escuelas y pararon algunos días un número muy reducido de actividades comerciales? ¿Acaso el virus no sabía cruzar el río? ¿Acaso sirvió para contenerlo el muro de Bush?

Hubo —y hasta la fecha hay— una sola respuesta sensata, no conspiratoria, para aquella brecha entre los dos países: la sabiduría acumulada y casi intuitiva de las autoridades en México las condujo, muy temprano, a concluir que si no subían los decibeles de la alarma mucho más allá de lo que ameritaba la situación, los mexicanos simplemente no harían caso. ¿Por qué? En parte por el escepticismo general de los mexicanos respecto a todo lo que involucra al gobierno, pero también por una serie de rasgos culturales, históricos y no poco enigmáticos que muchos habían ya detectado en los hábitos de salud e higiene locales. El más notable de ellos es, sin duda, el de la automedicación —México es probablemente la nación más automedicada del mundo. Las explicaciones varían: las visitas médicas se posponen indefinidamente porque los médicos privados son muy caros o porque para concertar una cita en un hospital público, y si acaso se consigue, se requiere de una espera infinita; o simplemente porque los mexicanos detestan a los doctores y prefieren los remedios caseros. Otra explicación tiene que ver con el nivel de educación y de ingreso, etcétera.

Pero más allá de todo esto, el gobierno no tuvo más remedio que exagerar las amenazas del AH1N1, porque de otra manera nadie las hubiera tomado en serio. Ya después, el gobierno argumentó, quizás pecando un poco de hiperbólico, que su reacción había salvado millones de vidas. Pero tuvo razón, sin duda, al asumir que la actitud individualista e incrédula de los mexicanos debía tomarse en cuenta a la hora de diseñar la estrategia para combatir la epidemia. Así se hizo y por ello el gobierno terminó recibiendo galardones y aplausos del mundo entero.

Pero esta reacción del gobierno, atinada desde el punto de vista de salud pública, también condujo a un desastre económico. México es uno de los principales destinos turísticos del mundo. Recibe casi 20 millones de visitantes al año (90% de ellos estadounidenses); la industria del turismo es una de las fuentes más importantes de dólares, una de las mayores fuentes de empleo (2.5 millones de trabajos) directos e indirectos: y contribuye con casi 10% del PIB. La única manera médicamente sensata de responder a la crisis fue, probablemente, la que adoptó el gobierno. Sólo que en términos económicos resultó un cataclismo. En los meses que siguieron a la epidemia, los cruceros evitaron las costas mexicanas; las líneas aéreas estadounidenses redujeron sus vuelos a la mitad; las cifras de ocupación en los hoteles eran, a veces, de un solo dígito; el mundo identificaba al país con el genérico de "la gripa mexicana"; cientos de mexicanos en el extranjero fueron obligados a la cuarentena; y la economía se contrajo 10% durante el segundo trimestre de 2009, en parte como resultado de los recortes en las jornadas laborales, pero principalmente por la caída del turismo.[5]

De alguna manera, el gobierno intuyó cómo iba a reaccionar su gente y decidió responder a la emergencia tomando en cuenta un rasgo del carácter nacional. Ese rasgo resultó ser disfuncional y tuvo un alto costo en este episodio en particular. El gobierno no sabía, o no admitió, que esta respuesta resultaría indudablemente más onerosa para el país que la epidemia misma. Si las autoridades hubieran moderado su reacción y actuado de manera más gradual,

día por día, quizás las fotos de miles de mexicanos con sus tapabo-
cas que circularon alrededor del mundo no habrían sido tomadas,
el daño a la reputación del país habría sido menor, y el costo económico de todo el asunto se habría aminorado. Pero, por otro lado,
la gente no habría respondido tan obediente y ordenadamente, y en
vez de los 100 que murieron, pudieron haber sido 200, 300, o más.
Considerando las cartas que le tocaron, el gobierno las jugó bien:
el problema fueron las cartas. De eso trata este libro: de las cartas
con las que los mexicanos jugamos nuestro futuro.

NOTAS DEL PREFACIO

[1] Alan Knight, "Mexican National Identity," en Susan Deans- Smith and Eric Van Young, eds. *Mexican Soundings: Essays in Honour of David A. Brading*, Londres: Institute for the Study of the Americas, 2007.

[2] "GDP (current US$), Banco Mundial, Washington D.C. 2010, de data.worldbank.org/indicator/NY.GDP.MKTP.CD

[3] Lawrence E. Harrison, *Underdevelopment Is a State of Mind*, Lanham, Maryland: Center for International Affairs/Harvard University Press, 1985.

[4] "Fiesteros, apasionados, entrones y valientes: al 87% no le hubiera gustado nacer en ningún otro país", Demotecnia, Ciudad de México, 15 de septiembre, 2009, p. 2, de http://www.demotecnia.com/Historico/15092008.pdf

[5] "Visitantes Internacionales, 2008", Secretaría de Turismo, Ciudad de México, 2009, datatur.sectur.gob.mx; "El Sector Turístico en 2007 generó 2.5 millones de empleos" INEGI, Ciudad de México, diciembre 2009, de www.inegi.mx

CAPÍTULO 1

De por qué los mexicanos rechazan los rascacielos y son malos para el futbol

El carácter nacional mexicano y sus rasgos más sobresalientes deben colocarse en el caldero de similitudes y diferencias respecto a otros países, en principio para que sirvan como una herramienta comparativa inicial que subraye actitudes y prácticas que unen a los mexicanos y que los distinguen de los demás. Se podría empezar, como lo haremos aquí, por la prueba anecdótica de una tragedia mexicana que conocen "todos los que aman y quieren al futbol", aunque sea inconscientemente.

Durante los Juegos Olímpicos de 2008 en Beijing, Juan Villoro, uno de los miembros más distinguidos de la narrativa mexicana y también un notable analista deportivo, escribió un artículo sobre un dato multicitado respecto al desempeño atlético de México. Villoro se lamentaba de que, una vez más, México había fracasado en las Olimpiadas, pero un poco menos brutalmente en los deportes individuales que en los colectivos. Las únicas dos competencias en las que México —un país de 112 millones de habitantes, y un PIB per cápita de casi 15 mil dólares en Paridad de Poder de Compra (PPC) en ese momento— sacó medallas fueron en Tae Kwon Do y clavados, deportes individuales por definición (por cierto, fueron dos de oro en Tae Kwon Do y una de bronce en clavados).[1]

En su artículo, Villoro reformulaba una conclusión empíricamente demostrable que Alan Riding ya había anotado en su clásico de 1985, *Vecinos distantes*. "El mexicano —se lamentaba— no es jugador en equipo: en los deportes sobresale en el box, pero no en el futbol*; en el tenis, pero no en el basquetbol."[2] Riding se refería a un puñado de boxeadores estelares del pasado (Rodolfo Casanova, *Kid* Azteca, Vicente Zaldívar, Rubén Olivares y Pipino Cuevas) y, de modo profético a *Maromero* Páez y Julio César Chávez, así como a las estrellas de tenis Rafael Osuna y Raúl Ramírez de los años sesenta y setenta del siglo XX. Pudo haberse referido también a otro deporte individual —aunque no todos estarían de acuerdo con el apelativo "deporte"— en el cual sobresalen los mexicanos. Me refiero, por supuesto, al toreo, donde México reta constantemente a España. Desde el momento en que el antiguo corresponsal del *New York Times* escribió esta generalización lapidaria, los mexicanos no han hecho más que comprobarla. México nunca ha llegado más allá de los cuartos de final en los Mundiales de futbol, a pesar de ser el único país "tercermundista" en haberlo albergado dos veces; nunca ha generado un número de estrellas en las ligas mayores de béisbol comparable a la República Dominicana, Puerto Rico, Venezuela o ahora Cuba, a pesar del éxito de *Beto* Ávila en 1954 con los Indios de Cleveland, o de Fernando Valenzuela en 1981 con los Dodgers de Los Ángeles. Los mexicanos siempre han dado malos resultados en las competencias internacionales de béisbol, incluyendo las Olimpiadas. Somos casi siempre superados en la Serie del Caribe como en el Mundial de béisbol, a pesar de ser, comparativamente, un país mucho mayor y más rico que muchos de los contendientes.

Nuestros dos atletas más sobresalientes de los años ochenta, noventa y principios del siglo XXI —Hugo Sánchez y Ana Gabriela Guevara— fueron estrellas individuales que brindaron grandes alegrías, pero sólo ellos. En general los deportistas del país han

---

* Vale la pena recordar que el nombre oficial del futbol en el mundo es "futbol asociación".

seguido decepcionando a sus seguidores en cada torneo internacional de futbol y en cada Olimpiada. Desde los juegos de 1900 —los primeros en los que participó México— se han ganado un total (lamentable) de 55 medallas, de las cuales 47 se otorgaron a competidores en deportes individuales y sólo 8 a deportes colectivos.[3] Para el año 2010, la única atleta de clase mundial era la golfista Lorena Ochoa, una competidora altamente individualista, en un deporte individual por excelencia.

Las ligas de futbol de Sudamérica, fundadas a finales del siglo XIX y a principios del XX, fueron traídas al Nuevo Mundo por los ingleses y copiaron muchos de sus rasgos. Equipos como River Plate (fundado en 1901) y Boca Juniors (1905) en Buenos Aires; Peñarol (1913) en Montevideo; Colo-Colo (1925) en Chile; Palmeiras (1914), Flamengo (1895) y Santos (1912) en Brasil funcionaban como clubes sociales. Todos tenían miembros, algunos con más influencia que otros; algunos incluso podían desarrollar allí una carrera no futbolística, y gozaban de accesos gratuitos o con descuentos considerables a los partidos. Pero contaban con muchos más beneficios: instalaciones deportivas, actividades sociales (de procuración de fondos, por ejemplo), escuelas especiales para los miembros del club y ligas de futbol infantiles. En pocas palabras no eran meros equipos deportivos, sino clubes sociales donde los inmigrantes (en su mayoría italianos en Argentina, Uruguay y Sao Paulo) interactuaban y fungían como sociedades de autoayuda.[4]

En México prácticamente nunca ocurrió lo mismo, al menos hasta hace poco, y a duras penas. Los equipos de futbol mexicanos más antiguos, el América y el Necaxa en la ciudad de México, o el Guadalajara (fundado en 1906, aunque el futbol profesional empezó sólo en 1943), eran sólo eso: equipos de futbol. No había miembros, ni beneficios, ni mucho menos redes y actividades sociales. Tan es así, que varios equipos se mudaron de ciudad. A lo sumo, había porras más o menos organizadas que ocupaban

asientos especiales en los estadios. Sólo en los últimos años algunos
equipos (el América y el Guadalajara fundamentalmente, y antes
los Pumas, fundado como equipo profesional en 1954, o hace un
siglo en los casos de Atlas y de Pachuca) crearon algo ligeramente
similar a los equipos sudamericanos, con ligas infantiles, instalaciones deportivas, etcétera.[5] Se podría argumentar que esto se
debe a que ni los ingleses, ni los inmigrantes pasaron realmente
por México y, por ende, no heredaron al país esa clase de estructuras colectivas. Pero no basta esta explicación. Lo cierto es que a
los mexicanos no les gusta sociabilizar colectivamente. Prefieren
ver los partidos en casa, o limitar su devoción a visitar el estadio de
su equipo, y punto. A lo más que llegan es a acudir a los eventos
de lucha libre que ni siquiera en el medio oeste norteamericano es
tan popular como en México.

Si retrocedemos a la época precolombina, aparece un antecedente de esta tendencia individualista, así como la evidencia de
su surgimiento previo a La Conquista. Si bien existió un espíritu
colectivo precolombino, éste era magro y se limitaba a ciertos rituales, a los sistemas de tenencia de la tierra y a algunas actividades
militares. Según se puede deducir de inscripciones en las ruinas
de arenas deportivas (de Chichén Itzá, en Yucatán; de Tlatilco,
cerca del lago Texcoco; de San Lorenzo, los restos olmecas más
antiguos, en Veracruz; y, sobre todo, de Tajín, sitio a partir del cual
probablemente se inspiraron las demás representaciones de estadios y arenas deportivas), el juego de pelota, por ejemplo, era tanto
colectivo como individual. Dos equipos, que representaban el in-
framundo y el cielo, se enfrentaban para determinar la suerte de la
vida local y de la civilización; pero abundan las referencias al hecho
de que en la arena, los equipos estaban representados únicamente
por su capitán. En Tajín subsiste un bajorrelieve donde, como lo
describe Paz, se ve claramente el sacrificio del capitán del equipo
perdedor. En otra representación, también de Tajín, se distingue

un jugador decapitado, con siete serpientes enredadas en su torso mutilado; y en Chichén aparece otro decapitado más. De acuerdo con varias fuentes (aunque no existe un consenso general entre los arqueólogos), el capitán del equipo ganador gozaba del privilegio exclusivo de cortarle la cabeza al del equipo derrotado una vez concluido el juego de pelota. El espíritu individualista del torneo llegaba a su cima en las consecuencias claramente individuales de perder.[6] Tal vez el capitán del equipo vencido representaba a una colectividad y pagaba por sus fracasos, pero la cabeza que rodaba era la suya; el castigo, aunque representacional y simbólico, era a todas luces individual.

También a nivel anecdótico, pero de ninguna manera insignificante, se puede decir que el primer "mexicano", en el sentido actual del término, no fue el hijo de la Malinche y Hernán Cortés, Martín Cortés, como cuenta la leyenda (aunque estrictamente hablando los primeros "mexicanos" fueron los hijos del explorador español Gonzalo Guerrero, mestizos nacidos en la península de Yucatán). Cortés tuvo dos hijos, ambos llamados Martín: uno nacido fuera del matrimonio con Marina, y otro con su mujer española, quien heredó el título nobiliario. El "primer mexicano" fue la Malinche misma, que se ganó la confianza de Cortés y le tradujo y explicó la naturaleza de los retos a los que se enfrentaría; lo acompañó y consoló cuando las circunstancias se tornaron amargas y lo apoyó cuando mejoraron; y no sólo fue la madre de sus hijos y con quien compartía su cama, sino sobre todo fue su aliada y consejera política. A pesar de su origen indígena, Marina se convirtió en la primera mexicana en cuanto puso en práctica lo que sus descendientes repetirían: buscar soluciones individuales a problemas colectivos, llevando ambos términos al extremo. La solución individual consistió en seducir y acostarse con el enemigo, y el problema colectivo fue nada menos que el cataclismo que golpeó a Tenochtitlan. La Malinche simplemente recurrió a sus talentos individuales para convertir la necesidad en virtud, y salvar espléndidamente bien su pellejo. Otros mexicanos han seguido el mismo sendero, aunque pocos con el mismo éxito y cinismo.

El cómo y el por qué del individualismo mexicano

La conclusión del acertijo deportivo se antoja evidente: los mexicanos son individualistas a ultranza en los logros atléticos; sobresalen en las competencias individuales y fracasan rotundamente en los deportes colectivos. Pero este comportamiento se repite en un gran número de empeños de naturaleza análoga. Los mexicanos suelen mostrar un desempeño mediocre en todo tipo de empeño colectivo; o bien somos netamente incapaces de cualquier tipo de actividad que involucre a más de uno, en una de esas por buenas razones. Alguna vez un estudiante mexicano de la Universidad de Rice en Houston, durante una charla donde expuse esta teoría, no muy científica, me sugirió que quizá nos convenía evitar las acciones colectivas. Los escasos ejercicios colectivos que hemos intentado —la lucha por la Independencia, la Revolución de 1910, el movimiento estudiantil de 1968, o incluso la transición a la democracia en el año 2000— no constituyeron precisamente éxitos rotundos. ¿Para qué insistir?

La conclusión de Villoro es que los mexicanos sobresalimos en tareas que exigen soledad y sufrimiento, como la literatura y el Tae Kwon Do. Pero entonces: ¿por qué son los mexicanos solitarios e individualistas? La respuesta inmediata quizá se refiera al problema de la acción individual *versus* la colectiva, y a una versión mexicanizada del proverbial dilema del prisionero. Como se sabe, ésta es una metáfora utilizada en la teoría de juegos y en la microeconomía para ilustrar las contradicciones internas propias de las acciones colectivas; busca indagar si es mejor para dos prisioneros cooperar entre sí y tener altas probabilidades de negociar un trato más o menos mediocre, pero que asegure su eventual liberación, o si es preferible que cada quien negocie su liberación o planee su escape por cuenta propia y obtenga un resultado más ventajoso pero con menores probabilidades de cumplirse. La respuesta mexicana consiste en la alegoría clásica de los cangrejos encerrados en una cubeta a punto de ser hervidos —misma que de seguro existe en una u otra versión en otros países pero que en México está tatuada en el subconsciente de cada ciudadano, joven o viejo, rico o pobre. Los mexicanos son como cangrejos en una cubeta, todos ansiosos por fugarse de su eterno estado de cautiverio. Si por azar uno de ellos se acerca al borde de la cubeta y se aproxima a la orilla, los demás se encargan de arrastrarlo de vuelta al fondo. Prefieren, por mucho, verlo morir con ellos que dejarlo vivir solo. Aunque la parábola también se puede leer al revés, esto es, como reflejo de la acción colectiva en México contra el individualismo de un cangrejo que se convierte en objeto de la proverbial envidia mexicana al éxito, es preferible entenderla como una expresión del individualismo *per se*.

Este desprecio por la acción colectiva no es meramente anecdótico o producto del psicoanálisis salvaje. Ahora que el país se liberó por fin del régimen autoritario del pasado y ha integrado más firmemente su economía con la de Estados Unidos, el corporativismo sindical y sus correspondientes afiliaciones, por ejemplo, que constituían parte integral de la maquinaria del PRI y que no sólo resultaban gratificantes para los trabajadores sino que en muchos casos eran obligatorias, han caído dramáticamente. La cifra de sindicalización en México es mucho menor que en otros países de América Latina, como Brasil, Argentina, Bolivia y Chile, y más cercana a países como Estados Unidos. Entre 1995 y el año 2006, bajó de 22 a 16% del total de los trabajadores, mientras en otros países de América Latina el porcentaje se situaba alrededor de 20%.[7] Asimismo, la participación de la sociedad civil mexicana en cualquier tipo de asociación —sea de beneficencia, religiosa, comunitaria o educativa— es tristemente menor que en los demás países de la región, como por ejemplo Colombia. En México, en 2009, con una población de más de 110 millones de habitantes, el Centro Mexicano para la Filantropía contabilizó 10,704 organizaciones no lucrativas registradas, de las cuales más o menos la mitad podía recibir donaciones deducibles de impuestos. Las cifras correspondientes en Colombia alcanzaban más del doble, a pesar de que tiene menos de la mitad de la población que México.[8] Esto se podría explicar, al menos parcialmente, por el escepticismo natural de los mexicanos respecto al uso que se hace de sus donativos, que no siempre poseen un destino tan filantrópico como se esperaría. Según el Centro de Estudios de la Sociedad Civil de la Universidad de John Hopkins, el país con mayor porcentaje de donaciones caritativas en relación con el PIB es Estados Unidos, con 1.85%; países latinoamericanos como Argentina, Colombia, Brasil y Perú pertenecen a una categoría intermedia (excluyendo los donativos a iglesias). En la lista, que incluye 40 naciones, México figura en último lugar, con un porcentaje de 0.04% del PIB.[9]

Estados Unidos reúne aproximadamente 2 millones de organizaciones civiles (categoría que no es del todo equivalente a la de organizaciones no lucrativas), o una por cada 150 habitantes; en Chile hay 35 mil, una por cada 428 chilenos; en México, sólo 8,500, una por cada 13 mil habitantes, de acuerdo con Federico Reyes Heroles, 85% de los estadounidenses participan en cinco o más asociaciones, mientras que en México, 85% de los ciudadanos no pertenecen a ninguna. Según Reyes Heroles, la afiliación más común entre los mexicanos es a organizaciones religiosas; si en Estados Unidos, uno de cada diez empleos se localiza en el "tercer sector" (o la sociedad civil), en México la cifra equivalente es uno de cada 210 trabajos.[10] En encuestas de 2001, 2003 y 2005 sobre la cultura política en México, un invariable 82% de los encuestados confesó no haber trabajado nunca, formal o informalmente, en conjunto con otros, para beneficio de su comunidad.[11] En otra serie de encuestas, realizadas a lo largo de varios años, acerca de los valores de los mexicanos y en el mundo, se registra una relación inversamente proporcional y robusta entre la felicidad de los mexicanos (que aumentó notablemente entre 1990 y 2003) y su pertenencia a algún tipo de organización. En las palabras del encuestador: "Entre más se organiza el mexicano o se agrupa en diversos tipos de asociaciones, menor es la probabilidad de considerarse muy feliz (...). Los estudios sobre valores han llegado constantemente a la conclusión de que la mexicana es una sociedad que difícilmente se organiza."[12] Como en todas las encuestas de este tipo, correlación no entraña necesariamente causalidad. Sin embargo, existe una probabilidad razonable de que ambas actitudes —la felicidad y el individualismo— estén relacionadas, en un sentido u otro. En un estudio realizado por GAUSSC publicado en la edición de febrero de 2011 de la revista *Nexos*, al preguntársele a los mexicanos qué harían: "hacer cosas que beneficien al país, aunque no los beneficien a ellos; o cosas que los beneficien a ellos aunque no beneficien al país", 39% respondieron lo primero, y 61% lo segundo.[13]

La situación no es muy distinta en el ámbito de la política. Mientras los mexicanos carecían del derecho real y palmario al voto (i.e., elecciones donde el que ganaba recibía mayor número de votos, y el que perdía, menos), las estadísticas sobre la participación electoral resultaban irrelevantes. Esto empezó a cambiar en 1989, y sobre todo a partir de 1994. Pero incluso desde entonces, el porcentaje de mexicanos que llegan a las urnas a votar es bajo: un promedio de 60% en las elecciones presidenciales, y alrededor de 45% en elecciones de mitad de sexenio. Se podría decir que esto se compara perfectamente con Estados Unidos, salvo que los norteamericanos no comenzaron a disfrutar del derecho de voto hace apenas veinte años. Y los datos mexicanos no alcanzan el promedio del hemisferio, donde casi cualquier otro país arroja cifras iguales o mejores y ya sean países con una larga tradición democrática, como Uruguay, Costa Rica y Chile (salvo durante la dictadura de Pinochet), o países que recién estrenan libertades políticas y elecciones democráticas recurrentes, como la mayoría de las naciones de Centroamérica, Perú, Bolivia, Argentina y Brasil. En todas estas sociedades, el número de votantes en las elecciones presidenciales suele ser mayor a 70% y muchas veces rebasa el 80%, independientemente de que votar sea una obligación (como en Argentina), de si empadronarse lo sea (como en Chile), o de si ambas cosas son voluntarias (como en Brasil y Colombia).

Prevalece una situación paralela en una esfera que debía constituir una de las mayores fuentes de acción colectiva en la vida de los mexicanos: la religiosa. Las estadísticas sugieren que tal vez se ha producido un cierto retorno a la espiritualidad en México a lo largo de la última década del siglo pasado y los primeros años del siglo XXI. Pero esto no se ha traducido en una disposición mayor por asistir a misa o a cualquier otra ceremonia religiosa en una iglesia. Al contrario: los mexicanos visitan cada vez menos sus iglesias. Todo esto condujo a la conclusión de que "el retorno de los mexicanos a la espiritualidad no estuvo acompañado por un retorno a las iglesias. Al parecer, el mexicano de los años noventa y de principios de siglo volvió a Dios en lo individual, y no necesariamente a través de la comunidad religiosa (...). Se trata de una fe individualista".[14] No siempre fue lo mismo, sobre todo cuando los mexicanos vivían en comunidades más pequeñas. Tradicionalmente, las mujeres han sido más constantes en su asistencia a misa que los hombres, y la suma de ambos puede verse como una colectividad. Pero hoy en día, en las ciudades, si la asistencia a misa es síntoma de participación de la sociedad civil, México no pasa la prueba.

Existen, por supuesto, explicaciones históricas de esta debilidad de la sociedad civil mexicana, que no necesariamente implican una enredada especulación cultural. México fue, durante el periodo colonial entre 1519 y 1821, la joya de la corona. Era el virreinato español más grande del hemisferio, extendiéndose desde el sur de lo que hoy es Oregón en Estados Unidos, hasta lo que hoy es Panamá. Era también el más poblado de los territorios españoles y el más rico —a pesar de que el Alto Perú, la región entre las minas de Potosí y Oruro, competía gracias a la riqueza que generaba la plata. Y, con Perú, Ecuador, el sur de Chile y parte de Bolivia, la única sociedad semimestiza, con una población preexistente que sobrevivió a la conquista. En consecuencia, México poseía las estructuras coloniales más sólidas en términos políticos, legales, militares, religiosos y administrativos (aunque cabe matizar que no existía separación entre Estado e Iglesia en la Nueva España). Por tanto, sí existía una verdadera administración colonial: es decir, había un Estado, aunque sin duda destartalado, como se vería con la Independencia.

Tendría que transcurrir buena parte del siglo XIX, por lo menos hasta el advenimiento de la dictadura de Porfirio Díaz en 1876, para que México empezara a construir los primeros engranajes de gobierno —por autoritarios, corruptos e inestables que resultaran. Pero Estado había, aunque sólo fuera por las tres guerras que libró con el extranjero (contra Texas, en 1836; contra Estados Unidos en 1847; y contra Francia en 1862), y una intestina, entre 1865 y 1867.

Ese estado, en términos relativos, es decir, comparado con otros en América Latina o con el que emergió después de la guerra de Independencia, era fuerte; pero en términos absolutos seguía siendo débil. Apuntalado durante el Porfiriato, la Revolución Mexicana de 1910 volvió a debilitarlo. Pero el Estado que surgió después, como resultado de la Revolución, de la Constitución de 1917 y de la fundación del partido único en 1929, se fue fortaleciendo.

El Estado, el sistema político y el partido, que conformaron el régimen corporativo que hoy conocemos y que "incorpora" a todos —al ejército, los sindicatos, los empresarios, la prensa, la oposición misma, y de alguna manera también a la Iglesia y a Estados Unidos—, oprimía y aplastaba a la sociedad civil, sin necesidad de reprimirla. A partir de 1929, fuera del Estado había poco organizado —salvo la Iglesia— en ocasiones, nada. Pero esto no era nuevo; la situación había sido la misma desde la Conquista, o quizá desde el Imperio azteca y la teocracia militarista que explotaba y reprimía a los pueblos vecinos, y tuvo que construir un estado sólido para lograrlo. Ese Imperio, gracias a su sofisticación y agresividad, su teocracia y capacidad de dominación de las civilizaciones, culturas y tribus vecinas, era un Estado fuerte, sobre el cual los españoles construyeron su propio imperio.

Así, no debería sorprender que hoy, después de casi 500 años de padecer un Estado tan fuerte, la sociedad civil sea tan débil. Desde esta perspectiva, los mexicanos son desorganizados, con rarísimas excepciones (es notable el caso del temblor de 1985), porque tautológicamente no están organizados; y no están organizados porque un Estado perene, todopoderoso, abrumador los ha desterrado. El Leviatán hobbesiano (inconfundible en la época colonial, al menos tras las reformas borbónicas de finales del siglo XVIII) nunca dejó florecer a la sociedad civil. Y sin una sociedad civil organizada, las personas velan por sí mismas. Cuando eso se repite durante siglos y siglos, la gente se acostumbra y el hábito persiste hasta que sucede algo que cambie definitivamente su modo de pensar. Pero en México ese algo no ha ocurrido, de modo que los hábitos del pasado siguen vigentes. Como se verá más adelante, esas "costumbres" —corrupción, nepotismo, falta de respeto por las leyes— persisten desde tiempos remotos.

Algunos estudiosos como Carlos Forment han argumentado que, comparado con países como Perú, hubo en México una sociedad civil mucho más vibrante durante la primera mitad y el último tercio del siglo XIX. Forment recurre a estadísticas interesantes sobre el número de asociaciones civiles y económicas creadas en México entre 1826 y 1856, y luego otra vez en la segunda mitad del siglo. Sin embargo, uno se pregunta si el número, duración e intensidad de dichas prácticas asociativas en las comunidades cívicas y económicas funcionaron como un verdadero contrapeso frente al aparente y relativo poder abrumador del Estado; y si la escasa inclinación mexicana hacia la "práctica de la democracia en la sociedad política" no se extendía también a la sociedad civil.[15]

　　Esta explicación histórica se complementa con otra, de corte político y económico más actual. Dígase lo que se diga sobre la Conquista, el mestizaje y el régimen colonial condujeron y perpetuaron una concentración exacerbada de la riqueza y, por tanto, del poder —o al revés, dependiendo del tipo de causalidad que cada quien prefiera. Cuando los españoles desembarcaron en Veracruz en 1519 aparecieron dos tipos de capital que de inmediato codiciaron: las tierras y las minas. La Corona y la Iglesia, así como los grandes terratenientes (producto de la hacienda, único sistema que eventualmente permitió a los conquistadores mantener el control sobre los conquistados, sin que éstos se rebelaran, se suicidaran colectivamente, o tuvieran que ser remplazados por esclavos africanos) concentraron esas dos fuentes de riqueza. Los recién llegados se convirtieron en propietarios de todo lo que valía la pena poseer, y esa concentración indiscriminada de riqueza generó una centralización ilimitada de poder político, religioso e intelectual. Con la Independencia desapareció la Corona, pero hasta que no se separaron Iglesia y Estado con la Reforma, y hasta el resquebrajamiento de parte de las enormes propiedades de los grandes terratenientes con la Revolución, la simbiosis entre poder, Iglesia y haciendas permaneció intacta. De acuerdo con Sebastian Edwards, al principio del siglo XX había aproximadamente 20 mil bancos en Estados Unidos; en México había sólo 42, "cada uno con poder monopólico, y logrando altísimas ganancias y ofreciendo créditos limitados". Peor aún, "en 1910 sólo 2.4% de los jefes de familia en el México rural poseían tierras, mientras aproximadamente 19% de los hogares argentinos en 1895 poseían tierras. En contraste, en 1900 casi 75% de los jefes de familia rurales en Estados Unidos poseían tierras". [16] En un panorama como éste, difícilmente podía emerger una sociedad civil: carecía de bases materiales, es decir, del contexto político y del orden jurídico para germinar, crecer y florecer. No había ninguna vía para la acción colectiva fuera del ámbito estatal, tanto en términos económicos como políticos. La sociedad civil era, en el mejor de los casos, flácida e impotente; y en el peor, inexistente.

Pero dado que todo el mundo lo sabía, aunque fuera intuitivamente, la gente actuaba en consecuencia. Los mexicanos, a medida que comenzaron a existir como entidad colectiva y como nación, buscaron soluciones individuales, familiares, comunales o locales para dilemas colectivos, políticos o nacionales. Es cierto que incluso hoy perdura en el campo mexicano una tradición de asociaciones, desde el "tequio" de Oaxaca, Guerrero y Puebla, hasta los ejidos colectivos en otras regiones. Pero esta asociación nunca funcionó como un verdadero contrapeso frente al verdadero culto por la tierra —del que se hablará en detalle más adelante— y, que de todas formas, con la vida rural, se desvanece. Hoy en día, según las encuestas, nueve de cada diez mexicanos cree que "si uno no se cuida a sí mismo, los demás se aprovechan de uno".[17] Algunos encontraron una solución uniéndose al Estado; otros se fueron del país; unos más se atrincheraron en el pasado y sus costumbres de antaño. John Womack lo ha enunciado de la manera más brillante, en el multicitado arranque de su biografía definitiva de Emiliano Zapata:

> Éste es un libro acerca de unos campesinos que no querían
> cambiar y que, por eso mismo, hicieron una revolución. Nunca
> imaginaron un destino tan singular. Lloviera o tronase, lle-
> garan agitadores de fuera o noticias de tierras prometidas en
> otras partes, lo único que querían era permanecer en sus pue-
> blos y aldeas, puesto que allí habían crecido, y allí mismo sus
> antepasados, por centenas de años, vivieron y murieron: en
> ese diminuto estado de Morelos en el centro sur de México.[18]

Se podría agregar que el movimiento giraba en torno a un individuo: el propio Zapata; sin él, se desintegraría. Era el movimiento
de un líder: justamente, "El Caudillo del Sur".

A finales de los años cuarenta, Jorge Portilla, uno de los pocos
intelectuales que intentó conceptualizar y plasmar sus atisbos del
alma mexicana, escribió: "Nuestra historia es la de unas cuantas
individualidades señeras que emergen de tiempo en tiempo sobre el pantano quieto de las sordas pugnas políticas. Es la historia
de la acción de los caudillos y de sus seguidores personales."[19] La
mayoría de los héroes de México reflejan esta tendencia, de la que
Portilla sacó conclusiones diferentes de las esbozadas aquí (él no
creía en el individualismo mexicano). Aunque mucho se ha dicho
desde 1992 del supuesto surgimiento de un movimiento indigenista latinoamericano, y aunque Evo Morales ha sido considerado
en innumerables ocasiones como el primer presidente indígena de
la región, hasta los niños mexicanos saben que esto no es cierto: el
primero, obviamente, fue Juárez.

Pero ha sido, con la posible excepción de Porfirio Díaz —mestizo, de piel casi tan obscura como la de Juárez— el único presidente
mexicano hasta la fecha con estos atributos, el único representante de los pueblos indígenas en alcanzar esas alturas. Y en todo
caso, las glorias y los triunfos de Juárez como el indígena solitario
procedente de una de las regiones más pobres de México fueron

individuales, suyos y sólo suyos, y no el resultado de un gran movimiento colectivo que llevó a su gente hacia la emancipación, el orgullo y la dignificación. El objetivo de Juárez no era fortalecer o extender la identidad indígena, sino traer la "Civilización Occidental" a México. De ahí el comentario de Portilla:

> Los mexicanos no creemos tanto en el liberalismo como en Juárez; no tanto en el orden y el progreso cuanto en Porfirio Díaz; no tanto en la reforma agraria y el movimiento obrero cuanto en Zapata y en Cárdenas; y el liberalismo, el orden y el progreso, la democracia, la reforma agraria y obrera no existen si no existen Juárez, Díaz, Madero, Zapata y Cárdenas (...) En México, la adhesión al caudillo es adhesión a un hombre y no a un mito.[20]

Uno de los predecesores de Portilla, Samuel Ramos, en su texto clásico *El perfil del hombre y la cultura en México*, traza el origen del individualismo a la llegada de los españoles, citando a Salvador de Madariaga:

> [El español] tiene que ser rebelde a todo encadenamiento por parte de la vida colectiva y es, en consecuencia, un individualista. El individualismo es, en efecto, la nota dominante en todos los aspectos de la historia española. La conquista de América, por ejemplo, no fue obra de España como nación, sino una hazaña de aventureros individuales que obraban por propia cuenta (...) El español de ultramar [además] es tan individualista como su hermano europeo.[21]

No sólo sería una exageración, sino hasta una idiotez, considerar que los mexicanos fracasan en los deportes de equipo por culpa de la Conquista, de la Colonia o del PRI. En el mismo sentido, es absurdo generalizar lo anecdótico: nos va bien en competencias ecuestres y caminata, terriblemente mal en voleibol, ¿y qué? En todo caso, la causalidad va en dirección contraria. El PRI, la época colonial y la Conquista misma, constituyen quizás el mejor ejemplo de un rechazo individual a la acción colectiva; un rechazo profundamente arraigado en la cultura, casi se diría integrado en el ADN o "chip" de las sofisticadas, violentas y altamente jerarquizadas civilizaciones existentes en lo que se convirtió en la Nueva España y después en México. Y si brincamos de los mexicanos más antiguos a los más modernos —aquellos que viven y trabajan en Estados Unidos—, y que de un modo u otro se adaptan a los valores de la sociedad más "moderna" del mundo, ese individualismo resulta más omnipresente que nunca.

Los mexicanos en Estados Unidos, no menos que en casa, se rascan con sus propias uñas. Se relacionan con la familia en su tierra por teléfono y enviando remesas. En muy raras ocasiones, si no es que nunca, se involucran en algún tipo de acción colectiva, salvo los partidos de futbol de fin de semana, o los llamados "Clubes de oriundos", a los que asisten una minoría muy modesta de los casi 12 millones de mexicanos que viven en Estados Unidos. La familia cuenta, los esfuerzos en grupo, no. Prácticamente todos los empeños colectivos como el Programa para Comunidades de Mexicanos en el Exterior, el Instituto de Mexicanos en el Exterior y el Programa Tres por Uno han fracasado o se han visto plagados de divisiones, luchas internas y politización. Hay poquísimas asociaciones mutualistas o de autoayuda como las que florecieron en Estados Unidos durante oleadas de migración anteriores, legales o ilegales. No existen ni siquiera organizaciones gangsteriles como las que protegieron y explotaron a italianos, judíos, chinos y otras comunidades recién llegadas, a veces en las peores circunstancias imaginables; pero que con el tiempo se convirtieron en semilleros de sindicatos y partidos políticos locales, así como para otros esfuerzos colectivos. Los salvadoreños dieron lugar a la Mara Salvatrucha en Los Ángeles y Washington; los dominicanos crearon sus sistemas de autoprotección en las bodegas de Washington Heights, en Nueva York; y los mexicoamericanos de segunda generación suelen organizarse en pandillas; pero los mexicanos recién llegados no tienen nada, salvo su increíble talento individual, su perseverancia, candidez y ambición.

Pero, una vez más, como los famosos cangrejos, prefieren por mucho rechazar al colega exitoso que emularlo o apoyarlo. Ahí yace parte de la explicación de una característica de otro modo insondable de la comunidad mexicana en Estados Unidos: sus interminables, amargas, y auto flagelantes divisiones. Política, legal, regional y socialmente, la comunidad se halla fragmentada, atomizada y polarizada al extremo. Cada vez que intenta organizar una elección o emprender cualquier tipo de actividad unificadora, todo acaba en recriminaciones, reproches de corruptelas, más divisiones y desconfianza entre grupos y quejas interminables sin importar quiénes sean los involucrados. Pocas cosas han resultado tan frustrantes para los políticos en el México democrático como hacer campaña entre sus compatriotas del otro lado de la frontera. No hay manera de juntarlos, incluso cuando sus familiares en México han sabido superar las disputas locales.

Este rasgo arquetípico del carácter nacional mexicano, confirmado también por cifras procedentes de todo tipo de encuestas realizadas en los últimos años, es contra intuitivo. No se distingue por sí solo y puede parecer, falsa y superficialmente contradictorio con las proezas del país en otros ámbitos. Desde el Archivo Fotográfico Casasola, con sus fotos icónicas de *individuos* heroicos o comunes, hasta *Viva México* de Serguei Eisenstein; de John Reed a César Chávez; de los murales y la obra de caballete de Diego Rivera y Orozco, hasta las representaciones de Graham Greene de los enfrentamientos anticlericales y los estudios de Oscar Lewis sobre las familias mexicanas, lo "colectivo" siempre ha ocupado un lugar central en la iconografía mexicana, o en el imaginario social mexicano y extranjero en torno al país, su gente y sus raíces. Las escenas de masas en las películas durante la estancia mexicana del director soviético, las descripciones de los movimientos de masas que hizo Reed en sus primeras aventuras periodísticas, y el modo en que los muralistas mexicanos representaron en Detroit, Dartmouth y Nueva York (incluyendo el famoso mural destruido de Diego, en Rockefeller Center), plasman la realidad mexicana como si las acciones colectivas fueran su rasgo más sobresaliente. Las masas siempre parecen ocupar el centro del escenario. Incluso en la versión racista y estereotipada de Lou Dobbs de la vida en México, las masas resultan decisivas: millones de mexicanos cruzando como hormigas la frontera, empeñados en "destruir" los valores estadounidenses. México daría la impresión de ser, desde el punto de vista de quienes lo observan y representan, un país donde la gente actúa en conjunto y al unísono. Los mismos mexicanos, además de los observadores extranjeros, suelen enfatizar lo colectivo en lo que ven, escuchan y creen del país. Parecería que es el modo natural e intuitivo de "mirar" una nación donde las masas son supuestamente centrales. Y no cualquier tipo de masas sino las sufrientes, pero rebeldes, masas mexicanas.

Y sin embargo, incluso en la celebración icónica de la historia y la cultura de México, al final, el individuo siempre termina por imponerse —quizá por un mecanismo subconsciente— en las descripciones de la realidad mexicana. Está el Prometeo de Orozco en Pomona, California, y la larga serie de retratos individuales de personalidades mexicanas e internacionales en su mural de la New School; está el culto de Rivera a Trotsky y a Stalin, o las obras maestras del arquitecto Luis Barragán: residencias unifamiliares, pero para nada colectivas al modo de Le Corbusier, si bien arquitectos como Pani, González de León y Legorreta sí se involucraron en proyectos "sociales". Ni mucho menos cabe lo colectivo en el extraordinario talento de tantísimos músicos y artistas plásticos mexicanos. En todas estas esferas, rige el individuo. México no puede presumir grandes orquestas o bandas de fama mundial, aunque su música haya conquistado a Latinoamérica y a Estados Unidos como ninguna. Sus estrellas son individuales, y así actúan siempre. Un concierto colectivo de músicos mexicanos —Juan Gabriel, Los Tigres del Norte, Luis Miguel, Armando Manzanero, Selena (a su manera) o, en tiempos más lejanos, Los Panchos—, semejante a los Woodstocks brasileños contra la dictadura militar de los años setenta y principios de los ochenta, sería imposible.[*] Resultaría inconcebible un equivalente mexicano del concierto organizado por Ravi Shankar y George Harrison en apoyo a la independencia de Bangladesh en 1971, o un Live 8 —los conciertos de Sir Bob Geldof y Bono contra la pobreza en África—, o los esfuerzos unidos de Peter Gabriel, Sting y Springsteen para promover los derechos humanos y combatir el sida. Sólo surgen versiones "patito" de estos eventos, cuando las cadenas televisivas, dueñas de algún modo de los artistas, organizan algún espectáculo con fines más o menos filantrópicos.[**]

Tampoco debe extrañarnos que este individualismo en las altas esferas de las artes y el espectáculo se extiende a las demás áreas

---

[*] En 2010 los directores de cine brasileños Renato Terra y Ricardo Calil hicieron una película titulada *Uma noite em 67*, sobre uno de los conciertos quizás más importantes de esa época. Entre los participantes estaban: Chico Buarque y el MPB 4, Caetano Veloso, Gilberto Gil y los Mutantes, Edu Lobo, Roberto Carlos y Sérgio Ricardo.

[**] En 2001 hubo un par de excepciones que consistieron en una serie de conciertos organizados por el gobierno, en nombre de la "paz en Chiapas". Pero esto fue mucho más una operación gubernamental que cualquier otra cosa. La única excepción real fue el festival Avándaro en 1971 con presentaciones de bandas mexicanas como Dug Dug's, El Epílogo, División Norte, Los Tequila, Peace and Love, El Ritual, Los Yaki, Bandido, Tinta Blanca, El Amor, Three Souls in My Mind; y no hubo connotación política en el evento.

de la vida cotidiana, incluyendo la violencia perpetua del negocio más grande de México —aquél destinado a satisfacer, como dijo Hillary Clinton, "la demanda insaciable de drogas" por parte de los estadounidenses. El crimen, en la mayoría de los casos y lugares, constituye una empresa individual. Las viejas mafias italianas en Estados Unidos, los cárteles de Colombia, las pandillas callejeras de salvadoreños en Los Ángeles son estructuras jerárquicas rígidas, donde la lealtad hacia arriba es fundamental y unipersonal. El hecho de que los narcotraficantes mexicanos funcionen igual, resulta lógico. Pero nuestros narcos, con su consabida pasión por exhibir poder, riqueza y bravura personal van más allá, a pesar de que esto los pone en evidente riesgo de ser detectados y capturados, y de que tanta ostentación los hace acreedores a la envidia y el resentimiento más descarnados. Representan, sin duda, la cima del individualismo mexicano: la posibilidad de "hacerla solo", de volverse rico, poderoso y popular sin la ayuda de nadie, de enfrentar solo al Estado y a los estadounidenses, y de morir, por supuesto, solo. Los legendarios cárteles mexicanos, desde los años ochenta, estaban en manos de un individuo o una familia. Uno de los cárteles más recientes y violentos se autodenominó, con razón, La Familia. Como veremos, los narcos le atinaron: el individualismo mexicano es un individualismo de familia.

Aún en la esfera del dinero reina el individuo. Todos los países tienen su corte de ricos y famosos, y todos gozan de una existencia más bien apartada de y ajena al resto de la sociedad. En todos lados hay un puñado de gente extremadamente rica, separada y desvinculada de los demás. Pero en ningún lugar la brecha entre los más ricos (o el más rico) y los meramente ricos —por no decir entre los ricos y los pobres— es tan amplia como en México. El individuo más acaudalado del país es diez veces más rico que el magnate que le sigue: como si la diferencia entre Gates, Buffet y la familia Walton en Estados Unidos fuera de diez a uno. Ese individuo posee un patrimonio 50% mayor, según la lista *Forbes* de 2010, que los siguientes ocho mexicanos más ricos juntos, y probablemente que los veinte que siguen.[22] El problema no es que haya una clase pudiente en México, sino que un empresario resulte ser mucho, pero mucho más próspero que todos sus colegas unidos. Ese empresario, como todos saben, es Carlos Slim, el hombre más rico del mundo cuando los mercuriales caprichos del mercado de valores así lo deciden.

Slim es un caso raro entre los magnates mexicanos, como podría esperarse. Rara vez ostentoso, casi siempre mostrando buen gusto con la fortuna que ha adquirido, dedicado a la vida familiar (su mujer murió en 1999 de una enfermedad renal y no se ha vuelto a casar), y bastante progresista en sus opiniones políticas, ha alcanzado una estatura curiosa en el país donde nació e hizo su fortuna. El millonario procura rodearse de intelectuales y casi siempre los seduce —sin aparente interés propio— y generalmente evita el camino tradicional que utilizan los demás ricos para rodearse de escritores, artistas y políticos: el dinero y la corrupción. En compañía de líderes y celebridades extranjeros o locales, conversa con Bill Clinton de béisbol; se reúne a menudo con Gabriel García Márquez, y frecuenta a Felipe González y Carlos Fuentes. Pero no los utiliza, es decir, no les pide favores que pongan en riesgo su integridad ni su imagen pública. Es generoso con su tiempo —aunque no siempre con su dinero— y es asombrosamente accesible, discreto y bien humorado.

Pero Slim tiene una clara conciencia de su posición y poder. Las conversaciones con él son más bien monólogos —sean sobre negocios, las computadoras de sus hijos, la glaciación, el béisbol, la política o las personas. Hace siempre hincapié en sus puntos de vista individuales; cualquier intento colectivo con él implica alinearse con sus visiones, intereses y ambiciones. Con el tiempo, Slim se ha vuelto más filantrópico, pero él mismo maneja cada detalle de sus fundaciones. Su única actividad colectiva es su familia; los hijos administran muchas de sus empresas, pero incluso en el día a día los vigila de cerca. A pesar del enorme poder que ha adquirido Slim en México, así como en muchas otras partes de América Latina, donde es dueño de las compañías telefónicas más grandes, opera, actúa, y habla desde el podio de la individualidad. Incluso en medio de crisis económicas o políticas en países donde ejerce cierto dominio, prefiere trabajar solo: un lobo estepario, en la gran tradición mexicana. Slim no es, de ninguna manera, un mexicano posmoderno, que pone su impresionante talento y poder al servicio de una acción colectiva. La única excepción y no muy alentadora, por cierto, es el grupo de millonarios latinoamericanos que convoca una vez al año en distintos lugares del mundo, con sus respectivos hijos, para que las nuevas generaciones de ricos puedan socializar entre ellos y empiecen a aprender los gajes del oficio y cómo llevar la batuta de los negocios, familiares y nacionales. Carlos Slim, sin importar su enorme fortuna, poder y capital social, es tan individualista como nuestros atletas, artistas, políticos y los mexicanos en general. No es de ningún modo un "robber baron" como los magnates norteamericanos del siglo XIX, pero sí es producto del sistema mexicano. Aunque le ha ido muy bien en Latinoamérica, donde, al igual que en México, impera una protección muy particular a los monopolios, ha corrido con menos suerte en Estados Unidos.

La vivienda y la tierra

Tal vez otro ejemplo impresionista de arte individualista mexicano reside en la imagen de la Ciudad de México vista desde un avión, sobre todo en contraste con Buenos Aires y Sao Paulo, las tres con dimensiones similares. Las tres ciudades se extienden horizontalmente y todavía les resta espacio para crecer. Pero sólo en Buenos Aires y Sao Paulo se distinguen un sinnúmero de edificios residenciales elevados —tanto de clase media como más modestos. Muchos de ellos datan de los años cuarenta y cincuenta, y otros son más recientes o incluso nuevos. Vistas desde el aire, en las dos metrópolis sudamericanas abundan rascacielos residenciales hasta donde alcanza a ver el ojo (lo mismo sucede en La Habana, Caracas y Río de Janeiro, aunque se trata de ciudades más pequeñas y circunscritas) albergando a cientos de miles de porteños y paulistas. En el caso de Buenos Aires y Sao Paulo, la llegada de millones de inmigrantes europeos contribuye a la explicación; no así en Río, La Habana y Caracas.

La Ciudad de México es otra historia, quizá porque creció más tarde y a partir de la inmigración rural y no internacional. Se extiende indefinidamente, porque casi no hay edificios altos que alberguen verticalmente a sus habitantes —salvo en las afueras por el poniente, donde los ricos se han mudado en busca de comunidades cercadas. Es una ciudad horizontal en la que millones de capitalinos viven en casas de uno o dos pisos, sean lujosas, modestas o francamente lumpen. Cuando mucho se aceptan pequeños edificios de hasta 6 o 7 pisos, y sobresale la ausencia de grandes complejos de departamentos. También es una ciudad donde, incluso en los edificios de nivel medio, la noción de compartir fachada con una tienda de víveres, una lavandería, o un café, resulta intolerable. Cada casa es un castillo decorativo, independiente de los demás: no hay uniformidad alguna, zonificación, regulaciones de construcción que marquen la pauta de un estilo, altura, etcétera. La Ciudad de México es una colorida y caótica piñata arquitectónica.

La principal explicación reside en el tipo de espacio disponible en el altiplano. El valle donde se erige la Ciudad de México es una zona sísmica de alto riesgo (aunque la Torre Latinoamericana, por ejemplo, ha sobrevivido a múltiples terremotos desde principios de los años cincuenta); los terrenos, hasta años recientes, eran muy asequibles; las edificaciones de una o dos plantas son más baratas que los edificios de veinte pisos; y, por último, debido a consideraciones políticas, así como a la informalidad general de la tenencia de la tierra, los impuestos prediales son absurdamente bajos en la mayoría de las zonas. La Ciudad de México es mucho más vieja que Sao Paulo o Buenos Aires, y cuando comenzó en ella la edificación vertical a finales del siglo XIX la capital ya había adquirido su fisionomía esencial.

Hubo un tiempo en que los urbanistas de la Ciudad de México o sus regentes (la capital sólo eligió a su primer ejecutivo local en 1997) pensaban que proyectos semejantes —los llamados multifamiliares— a los de Chicago o Queens, o los HLM *(Habitation de Loyer Moderé)* en París y sus equivalentes en Madrid, construidos en los años cincuenta, representaban la mejor apuesta. Trataron de convencer a los habitantes de la capital de que ésta era la forma más apropiada y conveniente para construir vivienda de clase media y popular. Se construyeron varios multifamiliares en la capital —algunos se colapsaron en el temblor del 85— pero nunca "pegaron". La gente, particularmente las masas recién llegadas del campo durante el éxodo masivo a la ciudad, simplemente los rechazó.* A su vez, la vieja aristocracia, transformada desde la Revolución en una burguesía más moderna, urbana, de corte industrial o empresarial, prefería las mansiones a departamentos al estilo de la Quinta Avenida de Nueva York, o la Avenue Foch en París. La emergente clase media quiso emularlos, incluso en su proverbial

---

* Y cuando no era así, alcanzaban extremos inimaginables de individualismo: en un proyecto llamado *Lomas de Plateros,* en Mixcoac, en la ciudad de México, las familias construyeron jaulas de metal alrededor de su espacio de estacionamiento, para cerciorarse de que nadie se estacionara ahí y ni siquiera lo atravesara a pie.

racismo: "Los blancos y los mestizos vivimos solos, no apilados en edificios comunales."

Una casa de un solo dueño se volvió el símbolo de la verdadera propiedad, única e indivisible: la insignia del ascenso social. Los pocos proyectos colectivos se deterioraron rápidamente, por muchas de las razones por las que también lo hicieron en otros lugares. Pero en México fue quizá más agudo este fracaso por los rasgos del país: la ausencia de cultura cívica, de verdaderos "ciudadanos" comprometidos —en contraste con meros "individuos" que conviven en un espacio—, y de corporaciones o de grupos de empleados, obreros y campesinos más o menos organizados. El resentimiento hacia el gobierno, hacia los ricos y los círculos de poder siempre estuvo presente y aflorando, pero no de forma organizada ni traducido en participación política o acción colectiva, sino en una especie de atrincheramiento y obsesión individual por la propiedad y el uso individual: mi casa, mi coche, mi changarro; pero también: mi lugar de estacionamiento, mi banqueta. El vecino era un posible enemigo que había que mantener alejado. Al mismo tiempo surgieron en la capital, como en otras ciudades grandes del Tercer mundo, movimientos urbanos esporádicos como los de los paracaidistas o las movilizaciones para la obtención de servicios públicos. De allí, en parte, la persistencia de muchas barriadas populares o ciudades perdidas muy pobres pero también muy organizadas, con un tejido social compacto y cerrado —una excepción al individualismo mexicano debida, en parte, a la fuerza de la familia extendida en México.

Una de las explicaciones de esta predilección por la vivienda unifamiliar radica en un hecho sencillo: el gobierno mexicano, a diferencia de los de Europa Occidental o Argentina después de la Segunda Guerra Mundial, nunca proveyó vivienda suficiente de cualquier tipo. Las pocas edificaciones construidas resultaron carísimas y pronto fueron ocupadas por la clase media. El paracaidismo —la ocupación ilegal de un predio, seguido de la construcción de

una choza con techo de lámina o plástico, y luego de movilizaciones exigiendo servicios públicos, y por último de automejoras
de la vivienda— consolidó esta tendencia. Además, hasta entrados
los años cincuenta, más de 75% de toda la vivienda en el D.F.
era de alquiler;[23] pero el control de rentas y la decadencia de las
propiedades fueron acabando con la oferta de vivienda, y las nuevas construcciones no se rentaban —de ahí la escasez de edificios
habitacionales. Por todos estos motivos no se expandió nunca la
vivienda vertical de bajo costo. Pero también hubo otras razones,
menos evidentes aunque más profundas.

　　Los mexicanos que llegaron del campo a la ciudad durante la
primera mitad del siglo XX se asentaron inicialmente en vecinda-
des: construcciones horizontales, donde vivían decenas de familias
con un espacio común en medio y donde una fase del individualismo mexicano, del que hablaremos con mayor detalle más adelante, empezó a mostrar su primera cara, una cara enternecedora y
encantadora, pero al final del día arcaica. La famosa Casa Blanca,
en Tepito, donde vivían Los Hijos de Sánchez, estudiados por el
antropólogo Oscar Lewis, no era un proyecto de vivienda colectiva
o una comunidad de gente de distintas proveniencias, era una casa
familiar. Sus 250 habitantes venían, todos, de cuatro o cinco familias distintas —cosa que explica tal vez el título de otra de las obras
de Lewis, *Cinco Familias*. Yo mismo recuerdo todavía la vecindad
ubicada enfrente de mi casa en el barrio de Actipan de la Colonia del
Valle, donde mis padres radicaron a partir de 1959. Las calles aún
no estaban pavimentadas, aunque el barrio se ubicaba a 100 metros
de Insurgentes. En 1965, cuando regresamos de una larga estancia
en el extranjero por el trabajo de mi padre en el Servicio Exterior
Mexicano, me hice amigo de los niños que vivían en la vecindad de
enfrente. Pertenecían a tres familias nucleares distintas, que a su
vez formaban la gran familia extendida de los tres hermanos Sánchez, con sus respectivas mujeres e hijos: más de quince personas,

compartiendo tres "casas", cada una de dos cuartos. Cuarenta y cinco años más tarde, ahí siguen los hijos y nietos de estos tres hermanos. Cada mes de marzo en el día de santo Tomás —el santo patrón del barrio— todos nos volvemos a reunir para rememorar viejos tiempos. Los Sánchez siguen viviendo en casas; ninguno de los que yo conocía se ha mudado a un departamento.

Proliferan las razones que motivan este rechazo feroz a la vivienda comunitaria que sí floreció en otros países, ricos o pobres. Una tiene que ver con la inclinación, muy estudiada en México, por una actitud patrimonial hacia la vida y la propiedad: una casa es verdaderamente "mía"; un departamento no lo es tanto. Otra razón consiste en la posibilidad de expandir la familia nuclear hacia una familia extendida. Esto se puede lograr en una vecindad, pero no en un rascacielos residencial. Pero más allá de esto subyace un factor de fondo ya señalado: el tenaz e irremediable individualismo mexicano. La gente del campo no quiere compartir su espacio con los demás, que es precisamente lo que se requiere cuando se vive en un edificio de departamentos de bajo o de alto ingreso. Nadie quiere utilizar el mismo elevador ni la misma escalera, el bote de basura o el estacionamiento, el mismo portero o la misma entrada, los mismos espacios verdes o la misma seguridad. Los pobres y los ricos, en este sentido, esgrimen una actitud similar ante el imaginario colectivo, prefieren estar solos que "mal acompañados".

Todo esto se refleja claramente en las encuestas sobre los valores en México y el resto del mundo, donde la "desconfianza a los otros" está cuantificada y comparada con los demás países. En 2003 sólo 10% de los mexicanos dijeron que "se puede confiar en casi todas las personas" —un descenso radical desde 1990, donde 33% contestó de idéntica manera. La cifra no sólo fue mucho menor que en Estados Unidos —país altamente individualista, donde la confianza en los otros pasó de más de 50% en los años sesenta y setenta, a 30% en los años noventa—, sino que, más significativamente, es mucho menor que cualquier subsector de la sociedad norteamericana, incluyendo a los mexicanos-americanos, cuyo nivel de "confianza interpersonal" fue más del doble que el de los mexicanos en México en 2003. De 81 países incluidos en la Encuesta Mundial de Valores, México quedó en el lugar 54, pero eso fue con las cifras del año 2000. Si se mide por la estadística de 2003, México y Brasil quedan al final de la lista.[24] *

La preferencia por la vivienda horizontal ha persistido y se ha agudizado en años recientes, incluso durante el boom de vivienda de clase media que empezó en los años noventa y continúa hasta ahora, el más espectacular que México haya conocido. En el lapso de los últimos quince años, más de cinco millones de familias obtuvieron acceso a viviendas relativamente decentes, nuevas y de bajo costo. Los números que da el gobierno son los siguientes: del total aproximado de un millón de casas construidas entre 2004 y 2008, 800 mil, o 97% de ellas, contaban con una o dos estancias por planta, mientras que sólo 32 mil, o 3%, fueron construcciones multifamiliares verticales.[25] En tanto que el precio por metro cuadrado de las casas era más o menos el mismo, el costo de las construcciones verticales, aun en los lugares donde el impuesto predial es bajísimo, era mucho menor —particularmente en áreas metropolitanas debido también a la calidad inferior de la construcción vertical. Lo que revela la diferencia entre ambos tipos de construcción es la propensión persistente por las viviendas unifamiliares, incluso entre las parejas jóvenes nacidas más de medio siglo después de que las familias de la clase media emergente empezaran a gozar de una vivienda digna.

Antes de detenernos en el rasgo más emblemático del individualismo mexicano —el apego ancestral, incondicional, del

---

*. De acuerdo a la Encuesta Mundial de valores 2005-2007, México ocupa el lugar número 41 en confianza interpersonal, de un total de 56 países estudiado.

apasionado y perpetuo campesinado mexicano por la minúscula parcela de tierra yerma que posee—, conviene reseñar algunas limitaciones del culto por lo individual.

En efecto, el individualismo mexicano enfrenta varias restricciones: por fortuna, no es infinito. Una primera limitante es que en el centro de su estructura no está sólo el individuo, sino la familia nuclear o extendida. Esta es la unidad fundamental del individualismo mexicano; es un individualismo familiar.[*] Dentro de ciertos límites, por supuesto: hay casi 7 millones de familias en México encabezadas por madres solteras (24.9% del total), así que no todos los mexicanos se sienten más apegados que otras culturas a la definición tradicional de la familia.[26] Pero la familia más típica es, como en otros lugares, la clásica: padre, madre, 1.9 hijos y los aditamentos correspondientes. O, como la familia de Rita Macedo en *Los olvidados* de Luis Buñuel: una mamá, dos hijos, un padrastro perennemente ausente que golpea y viola a la madre y/o a las hijas. Sea como sea la familia mexicana, —de padre y madre, de madre soltera, etcétera— es el núcleo del individualismo nacional descrito hasta ahora.

Es la familia la que trabaja en la economía informal y que en su caso emigra, la que vela por sus derechos de tenencia de la tierra y pone un changarro de tacos o comida corrida, de ropa usada o de reparaciones, la que se instala para siempre en la ciudad, el barrio y la vecindad, la que asegura derechos de salud, vejez y vivienda. Este individualismo arraigado en la familia explica, como

---

[*] De acuerdo con el estudio realizado por GAUSSC y Lexia titulado "Los sueños y aspiraciones de l@s mexican@s", publicado en la edición de febrero de 2011 de la revista *Nexos* para el 81% de los mexicanos, antes que el país está la familia; y para el 19%, antes que la familia está el país. O como dice un largo estudio realizado por Met Life en México acerca del "Sueño mexicano", basado en encuestas muy detalladas: "*Colectivo* en México significa compartir sueños y el éxito con los miembros de la familia." Deborah Holtz y Juan Carlos Mena, editores. *El Sueño Mexicano*. Trilce Ediciones, México DF, 2009, p. 176

en pocas otras naciones, la magnitud de las remesas del extranjero. El migrante mexicano se iba la mitad del año (por lo menos hasta mediados de los años noventa, cuando se interrumpió el movimiento circular de los migrantes mexicanos a Estados Unidos), pero vuelve a México para llevarse a sus familiares cuando se ha establecido fuera, o ahorra disciplinadamente para mandarles dinero. Sin duda, este individualismo es mucho más sólido que la solitaria obsesión de un individuo por sí mismo, pero también está condenado a desvanecerse al enfrentarse a los retos y cambios, positivos o negativos, de la modernidad. El núcleo familiar se resquebraja a medida en que la movilidad geográfica crece, en que las mujeres ingresan más y más en la vida laboral (hoy, casi 40% de la fuerza trabajadora está compuesta por mujeres), y en que las soluciones individuales a problemas colectivos se vuelven más difíciles de compartir con el resto de la familia, que sigue siendo extensa (aunque hoy la familia nuclear promedio en México consta de menos de 3.9 individuos).[27]

Lo mismo se puede decir sobre la manifestación más tradicional del individualismo mexicano común a muchos países, pero más duradero y persistente en México o en naciones como la India. Nos referimos al proverbial apego de los campesinos mexicanos a su parcela de tierra —por yerma, inaccesible e inútil que ésta pueda ser— en el marco de un sistema (el ejidal) que consagra la propiedad colectiva, pero que a la vez garantiza su uso y posesión individual. Este sistema ha generado una permanencia de las personas en su tierra, mucho más duradera que en el resto del mundo; y rara vez se ha visto como una manifestación evidente del individualismo feroz que se ha discutido aquí. Hoy, en México, la agricultura aporta 4% al PIB de la nación, cifra equivalente a la de otras naciones con niveles de desarrollo semejantes: Brasil, Chile, Uruguay y Venezuela.[28] Pero casi 13% de los mexicanos que trabajan viven en el campo —cifra casi dos veces mayor al promedio de los países citados arriba, con la excepción de Brasil, hoy en día uno de los más poderosos productores de alimentos en el mundo.[29] En otras palabras, la agricultura en México produce más o menos lo que debería, pero los mexicanos involucrados en el sector agrícola son muchos más de los que deberían ser. Si a eso se suma que de no haber emigrado a Estados Unidos, un buen número de personas más seguirían viviendo en el campo, resulta evidente que hay algo que ata a los campesinos mexicanos —los mismos de la Revolución de John Womack— a la tierra de un modo que no tiene comparación con otras sociedades modernas, con niveles de ingreso, educación y desarrollo similares.

Sobran explicaciones para esto, y no todas se pueden reducir al proverbial y extremo individualismo de la vida en el campo. La Revolución, al igual que algunos gobiernos surgidos a partir de ella, entregaron al campesinado mexicano millones de hectáreas de tierra —alguna buena, otra menos buena, y mucha francamente mala. Pero tierra al fin, y que sirvió para retener a los campesinos en las áreas rurales. Buena parte eran parcelas ejidales apegadas al derecho de la comunidad a la propiedad de la tierra y al derecho individual para su uso y cultivo. Pero, hasta 1992, ni los individuos ni la comunidad podían venderla. Además, como el total de tierra asignada a cada comunidad estaba predeterminado, y el número de propietarios con derecho al uso de suelo crecía, las parcelas se fueron achicando a medida que se heredaban. En años recientes el tamaño promedio de un ejido, a pesar del éxodo rural a las ciudades y a Estados Unidos, se ha encogido de 9 hectáreas en 1992, a 8.1 en 2001 y a 7.5 en 2007, según el último Censo Ejidal.[30] Las parcelas se vuelven cada vez más chicas, pero los campesinos se siguen aferrando cada vez más a ellas.

A la larga, todo esto redundó en un sistema agrícola ineficiente, intensivo en mano de obra de baja productividad, poco competitivo en tierras de temporal, en contraste con la llamada "pequeña propiedad", mucho más eficiente, de utilización intensiva de capital y en tierras de riego. Pero en sus inicios, el arreglo detuvo el inminente éxodo del campo a las ciudades. Fue mucho más difícil y lento expulsar a los campesinos del campo en México, de lo que fue con los *yeomanry* británicos hace siglos o con los campesinos de Brasil, Chile, Uruguay y Venezuela. Quienes permanecieron en el campo sufrieron privaciones atroces, pero durante un tiempo le "ahorraron" a sus conciudadanos urbanos la abrumadora carga de la migración masiva a las ciudades.

Otra explicación de las diferencias con otros países yace en la historia colonial. México fue, con Perú (que bajo la Corona española incluía también a Bolivia), Ecuador y Guatemala el único país con una civilización pre-existente sedentaria, de estructura jerárquica y tamaño considerable que no fue exterminada en su totalidad, sino "sólo" diezmada por la Conquista. Existía un campesinado sedentario en México antes de la llegada de los españoles y tras muchos ensayos y errores —asesinatos, suicidios colectivos, incluso intentos de esclavitud—, los conquistadores finalmente diseñaron e impusieron un sistema que garantizaba una fuerza laboral robusta para la agricultura y las minas, y un medio de subsistencia para los campesinos, que aceptaron, a pesar de las durísimas condiciones, su conversión en peones acasillados. El sistema de haciendas salvó a la Nueva España, como lo demostró hace más de medio siglo François Chevalier en su clásico *La formation des grandes domaines au Mexique*, ya que ató al campesinado a las tierras, aunque también lo obligó a trabajar para los hacendados.[31]

Durante un tiempo fue una solución que le convino a todos como lo demuestra su larga funcionalidad, que además reforzó el preexistente apego del campesinado a la tierra. Cuando los préstamos de las tiendas de raya resultaban insuficientes (casi siempre), los campesinos conservaban su acceso a la tierra para cultivar su propia comida y sobrevivir a las condiciones difíciles impuestas por los hacendados. Con el tiempo, el sistema se convirtió en una tabla de salvación aprobada, respetada y hasta celebrada por muchos. Hoy, sobreviven cinco millones y medio de ejidos, y 20 millones de personas viven y dependen de ellos. El corolario de esto es que 23.5% de los mexicanos vive en comunidades de menos de 2,500 habitantes; que de un total de 2,500 municipios en el país, hay 500 sólo en Oaxaca; con frecuencia el gobierno federal se ve obligado a instalar tuberías de agua y líneas de electricidad, a construir escuelas, caminos y clínicas de salud para poblados con menos de cincuenta personas. [32] Pero, para ser justos, en vista de la completa desconfianza mexicana hacia el gobierno y las instituciones, la posesión de una parcela de tierra sigue representando la mejor defensa frente a un mundo exterior predatorio.

Esta extraña manifestación de un vigoroso individualismo —casi siempre autodestructivo, parecido a un castigo autoinfligido— también explica el culto del México urbano al campo y a los campesinos. Cada vez que el gobierno mexicano ha expropiado o tratado de apropiarse terrenos pertenecientes a campesinos —para construir presas, un aeropuerto o una carretera—, se ha topado con una pared, no sólo de campesinos, sino de capitalinos que guardan una simpatía esencialmente nostálgica por ellos, muy al estilo de la nostalgia y reverencia francesas por el "*terroir*". Cuando en el año 2002 el presidente Vicente Fox trató de expropiar tierras en las afueras de la Ciudad de México para construir un nuevo aeropuerto fracasó rotundamente, no sólo por la resistencia que le opusieron activistas locales y por su propia indecisión y pobre manejo del asunto, sino en gran medida por el apoyo de los mexicanos a la causa de los "campesinos" (en realidad, eran estudiantes y vendedores ambulantes) y su indignación ante la compensación propuesta. Las encuestas arrojaron un fuerte apoyo a esta "valiente lucha rural", que en realidad no era una lucha, ni rural ni valiente. Sin embargo, 75% de los mexicanos pensaba que el gobierno debía dejar que los "campesinos" se manifestaran con machetes en mano; tres cuartas partes estuvo de acuerdo con la cancelación del proyecto del nuevo aeropuerto una vez que los campesinos se opusieron; la mitad de los adversarios del aeropuerto justificaba la suspensión alegando que de esa manera no se verían afectados los campesinos, y dos tercios de los mexicanos estaban convencidos de que éstos simplemente estaban protegiendo su derecho a la tierra.[33] Se puede concluir que el campesinado mexicano sólo actúa de modo colectivo cuando busca conservar el pasado y bloquear el camino hacia el futuro.

El individualismo mexicano y el apego a la tierra (además de la empatía con las "víctimas" de la cual se hablará más adelante), eclipsó cualquier tipo de reacción racional por parte de quienes se hubieran beneficiado más con el nuevo aeropuerto: los capitalinos de clase media y clase media baja. No fue una reacción novedosa. A la pregunta de qué les hacía sentir más indignación —un campesino explotado, un peón humillado por un jefe abusivo, un burócrata indiferente, un trabajador industrial impotente, un camión contaminante, un anciano pordiosero, un niño bolero, un guarura arrogante, etcétera—, las dos respuestas más frecuentes, en 1987 y 1995, fueron "el campesino" y "el peón", que sumados alcanzaban 30%. Los mexicanos están tan atados a la figura del campesino, como los campesinos a sus tierras.[34]

Otro ejemplo de este individualismo reside en una de las batallas legislativas recientes más importantes en torno a la reforma de las leyes mexicanas. Al menos hasta 2010, en México no estaban contempladas las demandas o acciones colectivas (las famosas *class action suits*), y sólo los individuos podían anteponer una demanda al Estado; el instrumento principal para proteger a los ciudadanos de los abusos del Estado es —y sigue siendo— el amparo que, por definición, sólo es accesible a los individuos. En un intento por corregir esta situación absurda y obsoleta, un grupo de legisladores y expertos intentaron reformar en 2008, tanto la

Constitución como el código penal. Justificaban su esfuerzo argumentando que el sistema de defensa colectiva de los derechos e intereses era mucho más avanzado en otros países de Latinoamérica —Colombia, Brasil, Costa Rica, Uruguay y Chile—, y por supuesto en Estados Unidos o España, que en México. Subrayaban también que la ley mexicana priorizaba (indebidamente) la protección de los derechos individuales por encima de los colectivos. Lo que resultó particularmente notable de este episodio fue que los defensores más fervorosos de estos cambios se ubicaban en la izquierda del espectro legislativo; explícitamente comparaban en negativo el individualismo mexicano con la protección de los intereses colectivos en Estados Unidos. Quienes apoyaban estas reformas aseveraban, con razón, que los derechos colectivos en México se limitaban a asuntos relacionados con la protección al consumidor y que, de hecho, aun en ese ámbito restringido, durante todos los años de existencia de la PROFECO no se había levantado ninguna demanda de esa naturaleza. En el resumen que justificaba los ajustes legales propuestos, concluyeron que "la transformación de la sociedad moderna mexicana en una sociedad de masas había dado pie a intereses colectivos, de naturaleza grupal, transindividual o difusa, que debían ser protegidos y regulados".[35] Como lo explicó un destacado jurista:

> La transformación de la sociedad contemporánea en una sociedad de masas y del Estado liberal en el Estado social de Derecho ha dado lugar al nacimiento de intereses colectivos, difusos o de grupo que es necesario tutelar en forma efectiva (…) Existe una marcada evolución en el Derecho comparado que tiende al reconocimiento de los derechos colectivos, mediante variadas acciones de grupo como el procedimiento de masas alemán, la *class action* norteamericana, el *relator action* anglosajona, las acciones colectivas o difusas en Brasil, Co-

lombia y España (…) México presenta un notorio atraso en la regulación de las acciones colectivas.[36]

Quizá la mejor prueba de nuestro individualismo obsesivo y la renuencia mexicana al cambio radica en el atraso de este esfuerzo por reformar la ley. Las modificaciones a la Constitución fueron ratificadas a mediados de 2010, pero en 2011 seguía pendiente la legislación secundaria.

Marcos: ¿un mexicano posmoderno?

Por último, nos toca reseñar el ejemplo quizá más revelador, la anécdota más relevante, el drama más contundente y a la vez más frustrante. El levantamiento zapatista en Chiapas del 1 de enero de 1994 hubiera podido convertirse en un experimento emblemático de México, en un experimento político, social y cultural postindividualista. Se trataba efectivamente de un movimiento colectivo de las comunidades indígenas de las zonas más marginadas de Los altos de Chiapas; su componente religioso era decisivo y era colectivo; parecía un esfuerzo consciente por mitigar el rol del liderazgo individual típico de los héroes políticos mexicanos (Marcos era, finalmente, un "subcomandante" enmascarado cuya identidad se desconocía); y, por último, se caracterizó por el inevitable anonimato de los miles de rostros indígenas que aparecieron en las pantallas de televisión de México y del mundo el día de Año Nuevo de 1994. Parecía que por fin el país había ingresado en una etapa postindividualista, postradicionalista, después de tantos años de espera.

No fue así. Marcos, "el subcomandante" de una insurrección ficticia, se convirtió en la nueva versión del héroe tradicional mexicano: un *rockstar* políticamente correcto. Irrumpía en todos los canales de televisión, piropeaba a todas las corresponsales y "turistas políticos" extranjeras, y cautivó, en suma, la imaginación de miles de mexicanos y decenas de miles de europeos. Marcos terminó personificando la figura de un luchador social en un México que, a través de la renovada identificación del movimiento con su líder, permaneció más individualista y anacrónico que nunca. Si Marcos y sus camaradas sinceramente intentaron *desindividualizar* la rebelión chiapaneca y fracasaron; o si más bien Marcos no pudo resistir la tentación de convertirse en una celebridad nacional, carece, desde esta perspectiva, de pertinencia. La combinación de los reflectores que el mundo colocó sobre México, del "chip" individualista congénito y persistente de los mexicanos, y de la predilección de Marcos por el glamour resultó en una nueva identificación típicamente mexicana de un movimiento entero con su "jefe". Marcos no era posmoderno, revolucionario y diferente, a pesar de su talento para el *coup de théatre* y su muy ensayada y estilizada pose (la pipa, el pasamontañas); era, o se convirtió, en otro fallido ídolo y caudillo mexicano, que desperdició su capital político y talento enfrascándose en interminables discusiones esotéricas contra la globalización y aduciendo que "otro mundo es posible", con estudiantes e intelectuales de los barrios clasemedieros del sur de la Ciudad de México.

Fue una lástima este desafortunado y paradójico desenlace. Las demandas de autonomía y autodeterminación de los indígenas chiapanecos descansaban en principios antidemocráticos y premodernos, pero no obstante en costumbres *colectivas*: el voto colectivo y público; los usos y costumbres que incluían grados de subyugación de la mujer que ni los más rabiosos defensores indigenistas podrían aceptar; y los así llamados derechos humanos de "tercera generación" que buscan defender demandas y aspiraciones colectivas. A pesar de todas sus contradicciones y ambigüedades, el movimiento zapatista pudo haber representado una ruptura con el pasado individualista mexicano. No lo fue. Marcos se convirtió en un simple jefe carismático más. Transformó el movimiento que creó en una aventura individualista arquetípica, donde la fortuna de una sola persona se confunde con la del movimiento. Al desvanecerse Marcos en el horizonte de la vieja izquierda mexicana, latinoamericana y europea, también lo hicieron Los Altos de Chiapas.

No es difícil deducir de todo este razonamiento que todavía hoy, los mexicanos se hallan sumergidos en —y dominados por— un individualismo premoderno, firmemente arraigado en el pasado. Refleja la verdadera narrativa de la nación, las tradiciones derivadas de las estrategias de sobrevivencia en la Conquista, la Colonia y durante un primer y violento siglo de caos de nación independiente, y un segundo siglo de cambio económico y social feroz y permanente. Este individualismo mexicano se manifiesta hoy en día en un rechazo categórico y casi constante a cualquier tipo de esfuerzo colectivo, en una perpetua búsqueda de soluciones individuales a problemas comunitarios, en salidas individuales de atolladeros colectivos, y en el anverso de la moneda, en una fuente aparentemente inagotable de creatividad, inteligencia, ternura y simple y llano buen gusto. Hasta el mexicano más humilde es un parangón de hospitalidad, refinamiento y manifestación de los sentidos. Sin el individualismo descrito, no lo sería. Encierra algunas otras virtudes, como haber llevado a los habitantes de la Ciudad de México a aceptar el aborto, el matrimonio gay y hasta la legalización de las drogas en nombre de los derechos individuales, en contraste con el resto del país. Pero es todo.

Los límites son la familia; las raíces son la tierra; la adaptación a la realidad contemporánea, imposible. Este individualismo ha sido alabado y criticado por novelistas, glorificado y atacado por sociólogos y urbanistas, ensalzado por expertos y cantautores por igual. Es el bastión de la defensa de la identidad del país y, simultáneamente, uno de los mayores obstáculos para su progreso. El país en donde aún florece ese individualismo ya no es el de Zapata y Villa, de Paz y Fuentes, de Barragán y Orozco. El México de hoy está ya muy alejado de aquel que exaltaban y describían Serguei Eisenstein, John Reed y Malcom Lowry; pero también muy lejos del que glorificaban antropólogos y "zapaturistas ecoamistosos" que visitaban las comunidades chiapanecas durante el movimiento zapatista. Al contrario, el México de hoy rueda inexorablemente, quizá con más temeridad que inteligencia, hacia un siglo XXI donde los rasgos fundamentales de su carácter nacional parecen radicalmente disfuncionales. El individualismo que se ha discutido y criticado aquí es sólo uno de ellos, aunque quizá el más importante. Se ha convertido no sólo en un obstáculo, tal vez insuperable para el progreso nacional, aunque sigue colocado en el corazón mismo de su gloria anterior y de la mirada extranjera eternamente fascinada.

NOTAS DEL CAPÍTULO 1

[1] Juan Villoro, "¿Era para hoy?," *Reforma*, Ciudad de México, agosto 29, 2008.

[2] Alan Riding, *Vecinos distantes. Un retrato de los mexicanos* Ciudad de México: Joaquín Mortíz y Planeta, 1985, p. 15.

[3] "Medallistas Olímpicos", Comité Olímpico Mexicano, Ciudad de México, noviembre, 2009, de www.com.org.mx/f/

[4] Club Atlético River Plate, Página web oficial, 2008, www.cariverplate.com.ar; Club Atlético Boca Juniors, Página web oficial, 2009, www.bocajuniors.com.ar; Club Atlético Peñarol, Página web oficial, 2009, www.capenarol.com.uy/sitio/; Colo Colo, Página web oficial, 2009, www.colocolo.cl/; Sociedade Esportiva Palmeiras, Página web oficial, 2009, www.palmeiras.com.br/5518001428; Clube de Regatas do Flamengo, 2009; Santos Futebol Clube, Página web oficial, santos.globo.com/

[5] Club América, Página web oficial, www.clubamerica.com.mx; Club Deportivo Chivas, Guadalajara, Página web oficial, 2009, www.chivascampeon.com; Club Necaxa, "Historia de Necaxa", México, 2009, www.clubnecaxa.com/site/; Club Universidad Nacional, Pumas, 2009, www.pumasunam.com.mx. Hay dos expeciones: el Atlas de Guadalajara fundado por un grupo de estudiantes en 1916, y que desde entonces se ha parecido a los equipos sudamericanos; y el Pachuca, creado en 1900 por la empresa minera inglesa Real del Monte, que se parece aún más que el Atlas a los equipos de América del Sur.

[6] Octavio Paz, "Voluntad de forma", en *México. Esplendores de treinta siglos*, Los Angeles: Amigos de las Artes de México, 1991, p. 17.

[7] Carlos Salas, "Reporte laboral de México: 2007 anual", Institute for Labor Studies for Global Policy Network, Ciudad de México, 2008. p. 19, www.gpn.org/data/mexico/mexico-esp.doc

[8] "Información sobre el sector no lucrativo a nivel internacional", información proporcionada por el Centro Mexicano para la Filantropía, de www.cemefi.org/spanish/content/view/43/12/

[9] "The Comparative Nonprofit Sector Project", Center for Civil Society Studies, Johns Hopkins University, Institute for Policy Studies, información proporcionada por el Centro Mexicano para la Filantropía, de www.cemefi.org

[10] Federico Reyes Heroles, "El tamaño del corazón", *Periódico Mural*, Guadalajara, 23 de diciembre, 2008; "La Oportunidad del Bicententenario", en *México 2010. El Juicio del Siglo*, María Amparo Cásar y Guadalupe González, Coord., Ciudad de México: Taurus, 2010.

[11] *Encuesta Nacional sobre Cultura Política y Prácticas Ciudadanas de la SEGOB*, Secretaría de Gobernación, Ciudad de México, 2001, p. 20.

[12] Alejandro Moreno, *Nuestros Valores. Los mexicanos en México y en Estados Unidos al inicio del siglo XXI*, Ciudad de México: División de Estudios Económicos y Sociopolíticos Grupo Financiero Banamex, 2005, p. 131.

[13] "Los otros; el esfuerzo personal y lo individual sobre lo colectivo", en la encuesta titulada *Los sueños y aspiraciones de l@s mexican@s*, Ciudad de México: GAUSSC y Lexia, 2010), realizada para la revista *Nexos*, febrero 2011, México.

[14] Alejandro Moreno, *Nuestros Valores. Los mexicanos en México y en Estados Unidos al inicio del siglo XXI*, Ciudad de México: División de Estudios Económicos y Sociopolíticos Grupo Financiero Banamex, 2005, p. 53.

[15] Carlos A. Forment, *Democracy in Latin America 1769-1900*, Chicago: The University of Chicago Press, 2003, p. 330.

[16] Sebastian Edwards, *Left Behind. Latin America and the False Promise of Populism*, Chicago: The University of Chicago Press, 2010, pp. 29-31.

[17] "Conociendo a los Ciudadanos Mexicanos", Secretaría de Gobernación, Ciudad de México, 2003, p. 13.

[18] John Womack Jr., *Zapata y la Revolución Mexicana*, Ciudad de México: Siglo XXI, 1999, p. XI.

[19] Jorge Portilla, *La fenomenología del relajo y otros ensayos*, Ciudad de México: Fondo de Cultura Económica, 1986, p. 136.

[20] *Idem.*

[21] Samuel Ramos, *El perfil del hombre y la cultura en México*, Ciudad de México: Colección Austral, 2008, p. 31.

[22] "The World's Billionaires", *Forbes*, marzo 10 de 2010, de www.forbes.com/lista/2010/10/billionaires-2010_The-Worlds-Billionaires_Rank.html

[23] René Coulomb, "La vivienda de alquiler en las áreas de reciente urbanización", *Revista A*, número 15, Universidad Autónoma Metropolitana, Ciudad de México, p. 43. Le debo no sólo las cifras, sino una gran parte del razonamiento a Ileana Ortega Alcazar.

[24] Alejandro Moreno, *Los Valores de los Mexicanos*, Vol.6, Ciudad de México: Banamex, 2005, pp. 144-46.

[25] "Total de vivienda por tipología 2004-2008", INFONAVIT, Ciudad de México, 2008.

[26] "Hogares 2010. México en cifras. Estados Unidos Mexicanos", INEGI, Ciudad de México, marzo 2010, de www.inegi.org.mx/sistemas/mexicocifras/default.aspx

[27] *Reporte Mujeres y Hombres en México 2009*, 13° Edición Aguascalientes: INEGI, 2009, p. 275, de http://www.inegi.gob.mx; "Hogares 2010. México en cifras. Estados Unidos Mexicanos", Ciudad de México: INEGI, marzo 2010, de www.inegi.org.mx/sistemas/mexicocifras/default.aspx

[28] "PIB nominal durante el primer trimestre de 2010", INEGI, Aguascalientes, México, mayo 25, 2009, de www.inegi.org.mx/inegi/contenidos/espanol/prensa/comunicados/pibcorr.asp; "Agriculture, value added (% GDP)", Banco Mundial, Washington, D.C., 2008, data.worldbank.org/indicator/NV.AGR.TOTL.ZS

[29] "Composición de la población ocupada de 14 años y más según sector de actividad económica (nacional)", INEGI, Aguascalientes, México, mayo 2010, dgcnesyp.inegi.org.mx/cgi-win/bdiecoy.exe/615?s=est&c=13021

[30] "Comunicación Social. Resultados Preliminares del IX Censo Ejidal", Comunicado Núm. 069/08, INEGI, Aguascalientes, Mexico, abril 11 de 2008; Imelda García, "Crecen ejidatarios; bajan las parcelas", *Reforma*, México, abril 13, 2009.

[31] François Chevalier, *La Formation des Grands Domains au Méxique*, Paris, Francia: Institut D'Ethnologie, 1952, p. 377.

[32] Comunicación Social. "Resultados Preliminares del IX Censo Ejidal", Comunicado Núm. 069/08, INEGI, Aguascalientes, México, abril 11 2008; —Estadísticas a propósito del Día Mundial de la Población. Datos Nacionales— Aguascalientes, México, julio 2008, de www.inegi.org.mx/inegi/contenidos/espanol/prensa/contenidos/estadisticas/2008/poblacion.asp?s=inegi&c=2609&ep=4; *Conteo de Población y Vivienda 2005*, INEGI, Aguascalientes, México, 2005, www.inegi.org.mx

[33] "Creen que cancelación traerá más conflictos", *Reforma*, Ciudad de México, agosto 8, 2002.

[34] Enrique Alduncin Abitia, *Los Valores de los Mexicanos. Cambio y Permanencia*, vol. V, Ciudad de México: Grupo Financiero Banamex, 2004, p. 25.

[35] Iniciativa de Reforma al Artículo 17 de la Constitución Política de los Estados Unidos Mexicanos, a Cargo del Diputado Juan Guerra Ochoa, del Grupo Parlamentario de PRD, octubre 3, 2008.

[36] Joaquín Gallegos Flores, "La deficiente tutela de los intereses colectivos y difusos en México", *Revista Realidad Jurídica*, Mexicali, Baja California, México, s. l. i., Vol. 3, Núm. 1, enero-abril 2004.

CAPÍTULO 2

Por fin: una clase media mexicana

A finales de 2008, poco antes de que la crisis financiera golpeara al mundo y a México, una porción intolerablemente amplia de la población mexicana permanecía atrapada en la pobreza. Si bien la pobreza extrema (menos de un dólar con veinticinco centavos por día de ingreso) y la pobreza a secas (menos de dos dólares diarios) habían caído de manera abrupta durante la década anterior, ambos tipos de pobreza aún arrojaban niveles inadmisibles. Entre 1992 y 2008, la pobreza extrema, también llamada "nutricional" (cuando no alcanza ni para comer) había descendido de 21.4% a 18.2% de la población total. La categoría más amplia, conocida en México como pobreza "patrimonial" (cuando no alcanzan para satisfacer necesidades más allá de comida y techo), se redujo de 53.1% a 47.4%. Más de 47 millones de personas eran pobres aún y unos 11.2 millones vivían en la absoluta miseria.[1] Así, México seguía siendo uno de los países más desiguales en la región más desigual del mundo. La concentración de riqueza, ingresos y oportunidades resultaba enorme, y la brecha entre ricos y pobres inmensa; esta situación ha sido denunciada una y otra vez por observadores nacionales e internacionales por más de dos siglos. Pero esas cifras vergonzosas escondían la cantidad de mexicanos que *ya no* estaban hundidos en la pobreza: aquellos que por una u otra razón rebasaron la línea de pobreza y llegaron a otra parte.* Se transformaron en la nueva versión mexicana de la clase media tradicional de los países ricos.**

Hoy, México por fin se ha convertido en una sociedad de clase media. No de modo categórico ni definitivo, pues apenas ha traspasado la barrera donde comienza el paraíso y es aún muy vulnerable a retrocesos, sobre todo tras la crisis de 2009. La contracción de casi 7% de la economía ese año, más una serie de ajustes en las mediciones, condujeron a una recaída en la pobreza de casi 4 millones de personas. La recuperación económica de 2010, con un crecimiento de 4% y una ligera mejora en los ingresos, permite suponer que la situación del país hacia finales de 2010 fuera semejante a la que imperaba antes de la crisis. Con los saltos expansivos entre 1940 y 1982, de nuevo entre 1989 y 1994 y, sobre todo entre 1996 y 2008, el país llegó a un punto donde la mayoría —exigua— de la población cumplía con cualquier definición de clase media. Desde la Independencia y hasta la fecha éste es el mayor logro de México; si resulta duradero transformará al país de manera irreversible. Sin duda, a lo largo de los últimos tres sexenios —el de Ernesto Zedillo, el de Vicente Fox y el de Felipe Calderón— México se ha transformado. El reto mexicano consiste en

---

* Estos números resultaron peores que en muchos otros países latinoamericanos, pero también mejores que en otros. En el Índice de Desarrollo Humano de Naciones Unidas de 2009, México quedó en el lugar 53: más alto que Brasil, más bajo que Chile, Uruguay y otros más.

** La desigualdad en América Latina, sorprendentemente, ha ido en picada desde el año 2000. De acuerdo con un estudio de 2010 realizado por Luis F. López-Calva y Nora Lustig, "de los diecisiete países para los cuales tenemos datos comparables, doce experimentaron un declive en su coeficiente Gini" (el coeficiente Gini es el indicador comúnmente utilizado para medir la desigualdad)... "en particular, la desigualdad disminuyó en los cuatro países analizados aquí, empezando por México en 1994, Brasil en 1997, Perú en 1992 y Argentina en 2002. La desigualdad de ingresos... cayó 5.9% en México, 5.4% en Argentina, 5% en Perú y 4.8% en Brasil." Ver: López-Calva, Luis F. and Nora Lustig, *Declining Inequality in Latin America*, United Nations Development Program y Brooking Institution Press, Nueva York y Washington, D.C., Estados Unidos, 2010, pp. 1 y 10.

alcanzar un crecimiento económico y la consiguiente expansión de la clase media, aun cuando sus valores y tradiciones —sobre todos de sus nuevos miembros— permanecen incompatibles con el mundo moderno.*

¿Qué es una vieja clase media?

Hay múltiples definiciones de lo que es y no es la *clase media*, y de lo que constituye una *sociedad* de clase media. No es éste el lugar ni el momento de conceptualizar con demasiada profundidad, pero es preciso señalar que cualquiera que sea el significado que se atribuya al término el México de hoy cae dentro de esa categoría. Es más, la misma diversidad de definiciones del concepto, vuelve más notable el acceso de México a dicho estatus.

Una manera más o menos anticuada de aproximarse al acertijo de la clase media es mediante la ocupación laboral. Desde esta perspectiva, la clase media incluye a personas con cierto tipo de empleos, que en el caso de México excluye a obreros y a la mano de obra no calificada, pero sí incorpora a profesionistas independientes, empleados del sector privado y público, docentes, oficinistas y dueños de pequeñas empresas cuyo ingreso es al menos 50% más alto que la media nacional. Bajo esta definición, más o menos una cuarta parte de todos los mexicanos pertenece a la

---

* Un ejemplo de la creciente conciencia de este hecho se puede encontrar en ensayos, libros y discusiones sobre el asunto en México. Ver, por ejemplo, el número de mayo de 2010 de la revista *Nexos*, con el dossier titulado "Clasemedieros: Una mayoría silenciosa"; el libro de Luis de la Calle y Luis Rubio *Clasemediero. Pobre no más, desarrollado aún no*, CIDAC, México, 2010; el libro Met-Life *El sueño mexicano*, editado por Deborah Holtz y Juan Carlos Mena, Trilce Ediciones, México, D.F., 2010; y *Perspectivas Económicas de América Latina 2011: En qué medida es clase media América Latina*, OCDE Publishing, París, Francia, también de 2010.

clase media. Pero, al dejar fuera lo que solía considerarse como proletariado industrial y a otros sectores, también dejaríamos de considerar lo que constituye el grueso de la clase media en países más ricos: los millones de trabajadores industriales que a fines del siglo XIX y durante casi todo el siglo XX consiguieron de manera paulatina niveles de vida que, por tradición, se asocian a las clases medias.

La única ventaja que encierra esta definición basada en el empleo estriba en su valor comparativo a lo largo del tiempo. Los primeros estudios sobre la clase media mexicana son reveladores: uno de José Iturriaga en 1951, y otro del economista estadounidense Howard Cline en 1961. Si se comparan sus cifras sobre la primera mitad del siglo pasado se detecta fácilmente la veloz evolución de la sociedad mexicana. De acuerdo con Iturriaga, entre 1895 y 1940 la "clase alta" de México se contrajo de 1.4% a 1%; lo mismo sucedió con las "clases bajas" mexicanas que se redujeron de 91% a 83%; en cambio la clase media se duplicó al pasar de 8% a 16%.[2] Ninguna de esas cifras está particularmente bien anclada en las mediciones nacionales, ni son del todo confiables, pero son las únicas disponibles. De acuerdo con Cline, que usó una metodología diferente —que incluye consumo, ingreso, ocupación e idioma—, la clase media continuó expandiéndose de 1940 a 1960, al pasar de 12.6% a 30%. La clase baja se contrajo de 84% a 65%, y la clase alta decreció de 2.9% a 2.3%.[*] Finalmente, Enrique Aldun-cín, el encuestador que generó las series sobre los "Valores de los mexicanos" que citamos anteriormente, estimó con otros criterios aunque comparables, que entre 1970 y 1987 la clase media dio un

---

[*] Los historiadores económicos estadounidenses James Wilkie y Paul Wilkins, con una metodología similar a la de Cline, llegaron a conclusiones algo diferentes, pero detectaron tendencias similares para el periodo de 1960-1970: las clases medias aumentaron de 22% a 29% del total de la población; mientras que la clase baja continuó menguando pasando de 74% a 65%.

salto de 29% a 36%, mientras que la clase baja mantuvo su decrecimiento.[*] [3] Dicho de otro modo, según varias definiciones, en
1987, cinco años después del fin del llamado "milagro mexicano",
un tercio de la población era de clase media y dos terceras partes
no lo eran. Esto correspondía, más o menos, al estatus de un país
avanzado del llamado "tercer mundo" o en vías de desarrollo —a
medio camino entre los países pobres de África y Asia, y los países
industrializados de América del Norte, Europa Occidental y Japón.
Esas cifras son aún más relevantes a la luz de la situación actual,
pues la tendencia continuó.

El Tampico de Bogart

La razón principal por la que una definición que omite a la clase
obrera industrial parece inadecuada para el caso de México, es que
soslaya a uno de los grupos más antiguos, quizá más anacrónicos,
pero todavía muy activos de la clase media mexicana: los obreros
protegidos, asalariados, pertenecientes a sindicatos del sector público —los mismos que en Europa, hace años, se denominaban la
"aristocracia obrera". Esa es, por ejemplo, la historia de Ciudad
Madero, en Tamaulipas, en la periferia del caluroso y arrabalero
puerto de Tampico donde Humphrey Bogart empezó su travesía
para desenterrar el Tesoro de la Sierra Madre. La ciudad se fundó
en 1924 —recibió su nombre actual hasta 1930— cuando se separó
de Tampico. En ese momento ya contaba con una refinería y otras
instalaciones todavía pertenecientes a la Compañía Petrolera El
Águila y la Pierce Oil Company, de propiedad estadounidense. Las
viejas refinerías e instalaciones petroquímicas fueron entregadas
en 1938 a Petróleos Mexicanos con la expropiación cardenista.[4]

---

[*] La clase baja se contrajo de 65% a 60%.

Ciudad Madero es un ejemplo perfecto de una "ciudad empresa", o de una población creada a raíz de una o varias empresas y organizada en torno a ellas.

Madero es la sede de la Sección 1, la más grande y más poderosa del Sindicato Nacional de Trabajadores Petroleros (STPRM). Ciudad Madero es también el lugar de nacimiento y de retiro del legendario líder sindical, Joaquín Hernández Galicia, "La Quina". La Sección 1 incluye a 4 mil obreros que trabajan en la refinería, la principal proveedora de productos refinados en toda la región del Golfo.[*][5] En los años sesenta, setenta y ochenta, "La Quina" se convirtió en símbolo de la brutalidad y corrupción del movimiento sindical mexicano, pero también del enorme progreso social y económico de sus afiliados.

Madero es una ciudad de clase media de casi 200 mil habitantes.[6] Las casas son viviendas individuales, pequeñas pero limpias, con suficiente espacio entre ellas y con una cochera para estacionar al menos un auto. Tienen un pequeño jardín al frente, casi todas cuentan con antena de televisión satelital externa y, por dentro, desde luego, con las comodidades de la vida de clase media: bicicletas para los niños, refrigerador, teléfono, lavadora, hornos de microondas, etcétera. Todos los niños van a la escuela primaria y secundaria en Madero, y luego a la preparatoria y universidad en el vecino Tampico —donde por cierto, una institución jesuita educó hace treinta años a un joven: el entonces llamado Rafael Sebastián Guillén Vicente, el subcomandante Marcos. Las escuelas públicas no son extraordinarias, si bien son mejores que en otros lugares del país. Pero las secundarias y preparatorias privadas que cubren la zona metropolitana de Madero, Tampico y Altamira son bastante buenas. El número promedio de años de escolaridad es de diez y medio, casi tres años más que el promedio nacional; hay

---

[*] La refinería procesa 170 mil barriles al día.

aproximadamente 50 mil alumnos inscritos desde el kínder hasta la universidad: uno de cada cuatro habitantes. En Ciudad Madero hay 110 kínders, 84 primarias, 33 secundarias y 21 preparatorias o sus equivalentes de uno u otro tipo.[7]

El sindicato petrolero posee su propio sistema de salud, separado del Instituto Mexicano del Seguro Social y del Instituto de Seguridad y Servicios Sociales los Trabajadores del Estado. Sus hospitales, clínicas, doctores y enfermeras tienden a ser mejores a los de los otros sistemas, y los miembros del sindicato se sienten justificadamente orgullosos de la calidad del servicio que reciben. Más de dos terceras partes de los habitantes de la ciudad están cubiertos por el seguro del sindicato. Hay más de 50 mil casas en la ciudad, 80% de las cuales pertenecen a sus moradores; todas tienen agua corriente, drenaje, electricidad y televisión;* el número de habitantes por vivienda es de cuatro; y una de cada tres tiene computadora PC.[8] Todos esos beneficios excepcionales y el nivel de vida son como en las "ciudades empresa" del mundo entero, hereditarios. Cuando un obrero se jubila entre los 55 y 65 años, con una pensión adecuada pero no exagerada, sus hijos o hijas heredan su empleo y así sucesivamente.

El sindicato protege a los suyos y nadie se atreve a entrometerse con los liderazgos locales o nacionales. Bajo "La Quina" (y también desde su encarcelamiento ilegal en 1989), el sindicato petrolero se parece al de camioneros o *teamsters* de Estados Unidos bajo Jimmy Hoffa: los adversarios, disidentes, rivales, incluso los iconoclastas, eran golpeados por los matones del sindicato, encarcelados por el gobierno o de plano eliminados por los sicarios. En 1989 le llegó su turno a "La Quina" y fue enviado a prisión durante más de una década. Esto ocurrió cuando el recién entrado gobierno de Salinas deseaba consolidar su poder

---

* Y alrededor de 97% de las viviendas cuentan con los servicios mencionados.

mediante una acción espectacular; "La Quina" acepto su suerte con estoicismo y sus colegas en la dirigencia sindical y las bases se resignaron a la pérdida de su líder. Después de todo no estaban perdiendo beneficios y privilegios, sólo a su jefe. El liderazgo actual del sindicato, dos décadas después, es menos brutal pero igual de corrupto.

La exclusión de ciudades como Madero de la definición de clase media es una de las razones por las que los encuestadores y los expertos en estudios de mercado del país rechazan la definición que omite a la clase obrera industrial. Muchos de ellos han adoptado una serie de lineamientos diseñados por la Asociación Mexicana de Agencias de Investigación de Mercado y Opinión Pública (Amai) que determinan los criterios para elaborar sus encuestas. Han establecido una batería de diez preguntas que aplican los investigadores de campo para definir seis niveles socioeconómicos distintos. Todas tienen que ver con los niveles de vida y la escolaridad, pero ninguna con el ingreso, la ocupación, las aspiraciones o la autodefinición. Los encuestadores y expertos en estudios de mercado de México, y de cualquier lado, desconfían de respuestas a propósito de ingresos u ocupación. La mayoría de la gente en todos lados prefiere maquillar la verdad o simplemente mentir sobre sus ingresos por razones fiscales o por otros motivos más nobles. Las preguntas incluyen número de recámaras, baños, regaderas y focos en las viviendas; tipo de piso, los años de escolaridad del jefe de familia y, finalmente, número de televisores, aparatos DVD, computadoras, hornos, tostadores, calentadores, aspiradoras, hornos de microondas, automóviles e instalaciones de la casa: estufa o boiler, y de qué tipo. Aun cuando la AMAI ha puesto al día algunos de sus criterios, añadiendo y quitando preguntas, su metodología en ocasiones parece imperfecta a ojos de algunos, o demasiado dependiente de firmas de *rating* de medios de comunicación.

De acuerdo con estos criterios[*] en México en 2008 (aunque se esconden las profundas diferencias regionales) 3.8% era A/B, 10.5% era C+, 15% era C, 30% era D+, 20.3% era D y 19.6% era E.[9] Con estos datos, aproximadamente el 60% de todos los mexicanos pertenece a segmentos de la población que van desde las clases medias bajas (D+) hasta los más solventes; 20% es pobre (D) y otro 20% sumamente pobre (E). Como veremos, estos números usados por personas que realmente tienen que medir cosas —como la intención de voto, tamaño y porción de los mercados, audiencias, y presupuestos de publicidad—, resultan muy semejantes a los que se derivan de otros cálculos. Así, es a través de estas mediciones que podemos descubrir a la nueva clase media mexicana.

De regreso a Ciudad Madero, sus habitantes no conforman, ni mucho menos la nueva clase media mexicana. Ellos y muchos más pertenecen a la llamada "edad de oro" del desarrollo del país entre 1940 y 1982, cuando la economía crecía al 6% anual aunque la población aumentaba a más del 3% al año: una época en la que la industrialización vía sustitución de importaciones —o isi como se le conocía entonces— detonó los primeros brotes de crecimiento de la clase media. Época en que los monopolios estatales del petróleo y la electricidad, la industria automotriz, la minería y los bienes de consumo duradero empezaron a producirse en México —así como en casi toda América Latina. Las nuevas fábricas, las plantas siderúrgicas, las refinerías y generadoras de energía eléctrica, las presas, carreteras y sucursales bancarias empleaban a trabajadores de bajos salarios que, sin embargo, gozaban de prestaciones y

---

[*] A cada pregunta se le asigna un cierto número de puntos y el total se divide entre seis niveles económicos y sociales, que van desde A/B (el más alto), C+, C, hasta D+, D y E (el más bajo). La mayoría de los expertos incluyen en A/B a los ciudadanos de clase alta, en C+ y C a la clase media-media, y D+ a la clase media baja. El D es para los pobres y el E para quienes se encuentran en extrema pobreza.

privilegios que inclusive les garantizaban un nivel de vida superior al de sus propios padres, al tiempo que aseguraban la sobrevivencia del sistema político. El costo para el país fue enorme puesto que los empleos en la industria protegida, en el sector público, así como en los servicios creados para atender a esta clase media emergente eran empleos subsidiados, caros y escasos respecto al conjunto de una población en rápida expansión. La red de seguridad social de la cual disfrutaron —sistema de salud y atención médica, pensiones, guarderías—, por precaria que fuera representó una mejora para ellos, pero fue perniciosa para el inmenso sector informal de la economía y de la sociedad sin nada: ni servicios de salud, ni pensión, ni derechos laborales, ni contratos colectivos, ni acceso a vivienda pública o a hipotecas privadas. A pesar de esos enormes costos y claras desventajas, fue ese sistema el que procreó a la clase media mexicana hasta 1982.

Se trataba pues, de una clase media del pasado, cuyo crecimiento se detuvo con la "crisis de la deuda" en ese año, 1982, y que puso en evidencia sus límites de tamaño, profesiones, patrones de consumo, incluso su composición regional y étnica. Los años ochenta del siglo XX se conocen en toda América Latina como la "década perdida": la clase media no sólo no se amplió, sino que probablemente se achicó por la ausencia de crecimiento económico, la inflación y la transferencia masiva de riqueza de México y los demás países de la región hacia el resto del mundo. A inicios de los años noventa llegó un viento de cambio que duró poco. Gracias a la apertura comercial y las privatizaciones del gobierno de Salinas de Gortari, la economía creció algo durante los primeros años de la década. Pero todo ello, y más, se borró con la debacle económica de 1994-1995, ya no bajo la responsabilidad de Salinas pero en gran parte atribuible a sus excesos, errores y negativa a hacer ajustes en sus políticas financieras cuando ya ponían en riesgo la estabilidad económica del país.

Ese año fue desastroso para la clase media en México. Con una tasa de inflación de más de 100%, un crecimiento negativo de más de 6% y un aumento espectacular en las tasas de interés, perdió sus ahorros, sus casas recién compradas, sus coches y vio a sus hijos expulsados de las escuelas privadas.[10] La clase media terminó por rebelarse, expulsó al partido oficial de su perenne condición de mayoría en el Congreso y del gobierno de la Ciudad de México en 1997, y de la Presidencia de la República en el año 2000. Eligió como presidente al candidato del Partido de Acción Nacional, Vicente Fox y, de nuevo en 2006, a Felipe Calderón. Sobre todo, esa clase media empezó a sufrir una dramática metamorfosis: sus cohortes más antiguas sobrevivieron pero ya no crecieron; nuevos sectores emergieron a lo largo de los siguientes trece años de estabilidad económica —con crecimiento mediocre, pero consistente— y de políticas diseñadas a la medida de sus necesidades y deseos. Su transformación fue regional, profesional, étnica y existencial: una nueva clase media reunida con sus antecesoras se convirtió en la mayoría del país. Veremos cómo sucedió todo esto.

¿Qué es una nueva clase media?

Los patrones de consumo ilustran esta evolución, si bien no necesariamente la definen. Tal vez el ejemplo más impactante, por anecdótico que parezca, se encuentre en una encuesta levantada a principios de 2007 por una aerolínea nueva de bajo costo: Volaris. De acuerdo con dicha encuesta realizada entre sus pasajeros al arranque de operaciones, casi la mitad volaban por primera vez —una circunstancia que se debía, sin duda, a las tarifas mucho más bajas que cobraba para vuelos domésticos.[11] Pero en realidad no requerimos estudios de mercado para darnos cuenta: con sólo observar a los pasajeros era obvio que no se trataba de los viajeros tradicionales de la época anterior. Ahora había obreros y meseros buscando trabajo en Los Cabos, Puerto Vallarta o Cancún, o migrantes potenciales volando hacia Tijuana, donde emprenderían su viaje a la frontera y al "otro lado" a pie, en autobús o *pick-ups* de "polleros". Pero también familias desplazándose en avión hacia su primera vacación, con incontables infantes y jóvenes, suegras y abuelos, así como papás jóvenes, todos con su arquetípico aspecto mexicano: bajos de estatura, morenos, lampiños y lacios y con algo de panza: todos inmensamente contentos con las nuevas circunstancias de sus vidas.

Eran los viejos pasajeros de autobús que ahora, gracias a los nuevos precios y a mayores ingresos disponibles, podían viajar en avión. En un vuelo de regreso de Acapulco en 2008, iban el nieto de uno de los más prósperos banqueros mexicanos de los años sesenta y setenta, el hijo de un ministro de Relaciones Exteriores y un ex ministro de Relaciones Exteriores, el dueño, de 85 años, de la más grande cadena de radiodifusoras, y la bisnieta de Plutarco Elías Calles. Se mezclaban con ellos incontables finsemaneros regresando de sus departamentos en la nueva sección de Acapulco, donde la clase media alta de la ciudad de México ha comprado los casi 10 mil cuartos construidos en innumerables condominios a lo largo de los últimos quince años.[12] La diferencia estriba en que cuatro o cinco décadas atrás, esta nueva clase alta de Acapulco habría estado totalmente segregada de aquellos turistas de bajos ingresos que inundaban —durante Semana Santa y tal vez en el puente del 15 de septiembre— las playas de Caleta, Caletilla, y Hornos. Hoy, junto a los semi-rascacielos en Punta Diamante, atrás o al lado, se yerguen departamentos de bajo costo, con vistas, terrazas o albercas menos espectaculares, pero con el mismo mar para nadar, la misma arena donde juegan sus niños y la misma playa para montar a caballo, subirse a las cuatrimotos, jetskies y deltaplanos; las mismas almejas, ostras, camarones y pescadillas

para comer. La playa es ruidosa y desordenada, bulliciosa, atibo-
rrada de gente; pero ahora, en los hechos y no sólo en el papel, les
pertenece a todos. En Acapulco, se despliega la nueva clase media
mexicana en plena acción.

Antes de describirla de modo más completo y con más detalle,
regresemos a la discusión técnica, hasta cierto punto tediosa, de
qué es, exactamente, esta clase media. A la mitad del auge de los
llamados "mercados emergentes" al inicio de este siglo (o algunos
años antes en China e India), surgió una verdadera industria dedicada a medir, clasificar y ensalzar la aparición de una "clase media
global", sobre todo en el mundo en desarrollo. El Banco Mundial,
The Economist, Goldman Sachs, muchos autores e innumerables periódicos y revistas académicas tomaron nota de la tendencia global
de la expansión de la clase media y construyeron una taxonomía
universal, específica, precisa y operativa.

¿Cómo definen esos términos dichos expertos y las instituciones financieras multilaterales en donde suelen trabajar? Si a partir
del ingreso, pero también del consumo. De acuerdo con el Banco
Mundial, la clase media es aquel grupo transversal de los habitantes
que "compra coches, hace turismo internacional, demanda productos de clase mundial y requiere estándares internacionales de educación superior".* El Banco cita a economistas según los cuales, a
ojo de buen cubero, el ingreso de esta clase media se ubica entre el
ingreso per cápita de Brasil en el año 2000 (4 mil dólares en PPC) e
Italia (16,700 dólares en PPC), entre 12 y 50 dólares al día.[13] El amplio margen entre el piso y el techo se debe a que, aun con ajustes

---

* A principios de este siglo, el Banco Mundial calculó que la parte del pastel de
los países en desarrollo de este segmento de la población mundial incluía unos
400 millones de personas —número que, cuando menos, se duplicará a lo largo de los siguientes veinte años. En el año 2000, 7.6% de la población mundial
pertenecía a esta clase media global; para el año 2030 16% será parte de ella.

del poder de compra, ser de clase media en India, China, Brasil o México, es muy diferente a serlo en Alemania, Canadá o Japón.

Según estas estimaciones cualquier habitante del mundo en desarrollo que disponga un ingreso familiar* anual superior a 72 mil dólares es "rico"; aquellos cuyo ingreso familiar anual sea inferior a 16,800 dólares es pobre, y todos los demás son clase media.** [14] El semanario británico *The Economist* traduce todo esto a un lenguaje más simple: calcula que el estatus de clase media varía en cada país dentro de un rango de 10 a 100 dólares diarios por persona, y que por lo menos un tercio de este ingreso debe ser discrecional, es decir, dedicarlo a alimentos no esenciales, vestimenta, vivienda, agua potable, etcétera.[15]

Existen otras definiciones, algunas un poco más antiguas y otras más recientes, que buscan resolver las dificultades y contradicciones de estas clasificaciones. Como lo resumió *The Economist* en un estudio especial sobre la clase media global a inicios de 2009, debe distinguirse entre una definición absoluta y una relativa: "El rango de ingreso medio en cada país."[16] La más conocida de estas definiciones es la del Director de la Escuela de Negocios Sloan del MIT, Lester Thurow. Éste toma la mediana del ingreso de un país; luego añade y sustrae 25% de esa mediana*** y después calcula cuánta gente hay en ese rango: la clase media. Pero como dijo *The Economist*, esta definición "relativa" "cambia de lugar en lugar" y,

---

* Para una familia promedio de 3.9.

** En un artículo de 2008, de Goldman Sachs Global Economics, citado a menudo, dos economistas establecieron un rango para la "clase media global" de entre 6 mil y 30 mil PPC dólares, donde el número menor "corresponde aproximadamente a la definición actual que da el Banco Mundial de qué países califican a ser de 'ingreso medio alto'", y el número mayor corresponde más o menos a la media de ingresos del grupo de países de la OCDE.

*** La mediana es la cifra en la cual hay el mismo número de gente viviendo por arriba y por debajo de ese nivel de ingreso. Lo que está haciendo Thurow es construir un margen que se extiende del 75% al 125% de la mediana del ingreso.

por ejemplo, en algunos países de África puede llegar a carecer de sentido ya que los niveles absolutos de ingreso que implica son minúsculos. La objeción a las clasificaciones absolutas de "piso" y "techo" es que excluyen literalmente a miles de millones de personas en India y China, y quizá en Brasil e Indonesia, que pertenecen a la clase media baja pero que no alcanzan un ingreso de por lo menos 12 dólares diarios. Quizá la síntesis más apropiada consista en la propuesta de otro economista del Banco Mundial, Martin Ravaillon, que prefiere considerar la existencia de dos clases medias en cada país en desarrollo: una, de acuerdo con criterios internacionales, y otra definida por criterios del propio país. El resultado que consigue con esto es un rango de entre 2 y 13 dólares por día.*[17] Este espectro considera todos los sustratos necesarios.**

El Banco Mundial, así como muchos economistas y otros académicos que han mapeado estas tendencias, prevén una constante y significativa expansión de este segmento demográfico del mundo durante las siguientes dos décadas. Hoy, aproximadamente la mitad de la "clase media global" reside en el mundo en desarrollo; de acuerdo con esos cálculos para 2030 la cifra llegaría a 92%. Ciertamente, el crecimiento de la clase media en China e India surte un impacto desproporcionado en esas estadísticas, puesto que el desempeño y la prosperidad de esas dos naciones representa el 40% del bienestar (o pobreza) de la población mundial.[18] Lo importante, sin embargo, reside en entender que el impresionante crecimiento de la clase media mexicana durante los últimos quince años es parte de una tendencia mundial, y los expertos han avanzado mucho en medir y definir con exactitud de lo que están hablando.

---

* Este rango es para los precios ppc de 2005. Al escoger dos dólares al día Ravaillon hace compatible esta definición con la de la pobreza, como se acaba de ver, pero también con las cifras de los países "ricos", dado que 13 dólares al día en los precios ppc de 2005 es la línea de la pobreza actual de Estados Unidos.

** En 2010 había 6.8 miles de millones de personas en el mundo.

Si aplicamos todas esas definiciones y números a México en 2008, poco más de la mitad de los entonces 26.7 millones de hogares mexicanos pertenecían a esa clase media, de acuerdo con la Encuesta Nacional de Ingresos y Gastos de los Hogares (ENIGH).[19] De hecho, los datos sugieren que hasta 60% de la población disfruta ahora del estatus que va desde "clase media baja" a "rico" —una cifra no muy distinta de la que arrojan Brasil, Colombia y Chile, también con 40% en la pobreza. Para 2012, al final del periodo de Felipe Calderón, la población del país será, más o menos, dos terceras partes de clase media con todo lo que ello implica política, económica y socialmente; pero tal vez no, desafortunadamente, en términos culturales.

De acuerdo con la ENIGH citada, los seis deciles superiores de la escala mexicana de ingresos, caen más o menos en los rangos que acabamos de delinear.* Si calculamos de nuevo el ingreso per cápita, el PIB per cápita para el quinto decil, de 8,440 dólares corrientes de 2006,** superaría por más del doble las cifras brasileñas del "piso" mencionadas arriba. Del lado del gasto, los seis deciles más prósperos de la población mexicana claramente asignan más de 30% de su ingreso a "lujos" como celulares, automóviles, educación y salud privadas, vacaciones y onerosos bienes de consumo, etcétera. Si regresamos a la ENIGH de 2008, el quinto decil gastó aproximadamente un tercio de su ingreso en productos discrecionales como "coches, vacaciones, recreación, hoteles, festejos,

---

* Los deciles de ingreso van del uno (el décimo más pobre de la población), al diez (el más rico). El menos afluente de estos seis deciles, i.e., el número cinco, recibió en 2006, un ingreso diario de aproximadamente 7.3 dólares (en PPC del 2000) por persona —menos de los 12 dólares citados por algunos, muy cerca del mínimo de 10 dólares por otros, y mucho más del mínimo de 2 dólares que establece Ravaillon. Para el 2008, volvió a caer un poco, a 6.8 dólares al día.

** O bien 10,487 dólares en PPC del 2000, más del doble del piso brasileño mencionado antes. Otra vez, sobra decir que esto aplica aún más a los cinco deciles más altos.

accesorios y artículos personales, comunicación y otros gastos".[20] Ciertamente, dentro del quinto decil las definiciones de "vacaciones" pueden variar mucho y las cifras no deben verse como algo exacto, sino indicativo. Los siguientes cinco deciles hacia arriba en la escala dedicaron un porcentaje todavía mayor de su ingreso a tales rubros. Desde la perspectiva de las investigaciones de mercado, el nivel socioeconómico designado como D+ (clase media baja) destinó 26% de sus gastos a artículos supuestamente no esenciales; para 2008 el porcentaje puede alcanzar 28-29%, cerca del 30% considerado por *The Economist* como condición necesaria para alcanzar el estatus de clase media.[21]

Incluso la oposición más estridente de la izquierda corrobora esta visión. Cuando a lo largo de la campaña presidencial de 2006 —y desde entonces— Andrés Manuel López Obrador repetía obsesivamente que en México había 40 millones de pobres, sólo exponía el otro lado de la ecuación. En un país de 110 millones de habitantes, restaban setenta millones de individuos no pobres, ¿y qué más podrían ser sino una amplía clase media baja de mexicanos, con unos cuantos ricos y famosos?

Todo esto nos devuelve a nuestra premisa. Como se mida, México es hoy, como Brasil, un país donde la clase media representa ya la mayoría de la población. Puede no ser una calca de la clase media del "Viejo Mundo" y evolucionará en formas difíciles de predecir, pero se ha convertido en la piedra angular de la nación, que no era así hace apenas quince años. Ya sea que comparemos los datos de hoy con los de 1994 o de 1996, es evidente que de aquella fecha a esta parte México ha experimentado una expansión de la clase media. De acuerdo con esta perspectiva, las clases medias del mundo han crecido por saltos o explosiones: una primera en el siglo XIX en Europa Occidental y Estados Unidos, más o menos entre 1820 y 1890, gracias al largo ciclo de industrialización, urbanización y organización de la clase obrera; en estos mismos países, una segunda entre 1950 y 1980 (durante el periodo que los franceses llamaron "*les trente glorieuses*") y la nueva explosión, en curso, sobre todo en Asia y América Latina.[*]

Antes de pasar a explicar cómo México se convirtió en una sociedad de clase media, puede ser útil evaluar el progreso realizado por el país durante la pasada década y media desde el punto de vista de los ingresos y gastos. Como dijimos, es preciso excluir 1995 pues en ese año la economía mexicana se desplomó, se desvanecieron casi un millón de empleos, y decenas de miles de personas perdieron sus casas, ahorros, automóviles, etcétera. Ese año distorsiona cualquier comparación. Así, o usamos el año anterior o el siguiente, dependiendo de cuándo se realizó el estudio estadístico más relevante.

En 1994, el sexto decil de la sociedad mexicana recibió un promedio de 4 dólares por día —bajo ninguna circunstancia se aproximó siquiera al nivel de clase media.[**] Sin embargo, la mediana del ingreso fue 2,800 dólares, el "rango de Thurow" era de 2,100 a 3,500 y sólo 45% de la población mexicana entraba en esa

---

[*] "América Latina se está convirtiendo en un continente de clases medias. El crédito al consumo, antes inexistente, oscila hoy entre el 5% y el 10%. Un tercio de la población activa está en los bancos. Hace 10 años, no llegaba al 10%." José Juan Ruiz, director de Estrategia para América Latina del Banco Santander, en Maite Rico, "El fin del derrotismo", *El País*, España, 2 de julio, 2010.

[**] Si siguiéramos la taxonomía de Ravillion de entre dos y trece dólares al día, por persona, entonces una parte aún mayor de la sociedad mexicana ha ascendido por la escalera social; al menos el cuarto y quizá el tercer decil concordarían con la descripción. Esto podría implicar estar llevando las cosas demasiado lejos, dado que tres o cuatro dólares al día, en México, implica estirar demasiado la definición de clase media. Y sin embargo, si aceptáramos la teoría de Thurow de ±25% de la mediana del ingreso como marcador, entonces, dado un ingreso de 3,600 dólares al año y un rango de entre 2,700 a 4,500 dólares, el 65% de todos los mexicanos calificarían. Estos datos fueron obtenidos al convertir el valor de los ingresos anuales totales de los años correspondientes a ingreso por hogar; después fueron convertidos a ingreso per cápita. Posteriormente se obtuvo su valor en pesos del año 2000, para después convertirlo en dólares 2000 ppc, y finalmente en ingreso per cápita diario con valor en dólares 2000 ppc.

categoría. El ingreso per cápita llegaba apenas a 2,500 dólares, un poco arriba del piso brasileño. La comparación discrecional de los niveles de ingreso es también reveladora. Sólo los tres deciles más solventes* eran capaces de dedicar más de 30% de su ingreso disponible en gastos no esenciales.[22] De modo que por cualquiera de esas medidas agregadas y abstractas, la expansión de la clase media mexicana desde 1994 ha sido espectacular, de la misma manera que la clase media brasileña se ha expandido recientemente.** De acuerdo con la Fundación Getulio Vargas, en 2008, los brasileños con ingresos familiares de entre mil y 4,500 *reais* por año (el "rango Thurow") representaron 52% de la población, habiendo aumentado 38% en 2003 y 31% en 1993.[23]

Pero todas esas estadísticas, que a veces pueden aturdirnos, son tal vez menos ilustrativas y significativas que los hechos derivados de otra definición: la que dice que quien consuma como clase media, se vista como clase media, viaje como clase media, etcétera... pertenece a la clase media. La gran diferencia entre hoy y 1994 se resume en el gran salto que dio México mediante el inmenso caudal de mexicanos con acceso a niveles de vida antes reservados a núcleos más pequeños de la población —abiertos ahora a millones que aspiran a ingresar a la nueva clase media. Ésta posee sus ancestros y sus antecedentes. México presumía una vieja clase media antes de 1996 y era relativamente grande, más o menos similar a la de Brasil respecto al total de la población. No es que de repente un país de 100 millones de habitantes, donde un muy pequeño grupo era inmensamente rico y el resto pobre, le brotara

---

* Los deciles ocho, nueve y diez.

** Sólo para mencionar uno de los muchos ejemplos ofrecidos más adelante, el número de automóviles en circulación en México subió de 11.3 millones en 1994 a 29.1 millones en 2009. "Vehículos de motor registrados en circulación", INEGI, México, 2009, p. 281, 200.23.8.5/prod_serv/contenidos/espanol/bvinegi/productos/integracion/pais/aeeum/2009/Aeeum092.pdf

una enorme clase media que incluyera a más o menos 65 millones de individuos. La vieja clase media mexicana nació en los años cuarenta del siglo XX, y si bien no es boyante todavía existe. La novedad es el crecimiento, la distribución geográfica y profesional de la *nueva* clase media; importa y es impresionante.

Lalo y Actipan

Las diferencias y las secuencias anteriores pueden ilustrarse mejor mediante una crónica rápida de la vida de tres generaciones, una familia que conozco desde hace cuarenta y cinco años. Cuando mis padres regresaron en 1965 de su estadía como embajadores en Egipto, yo era un niño de doce años medio raro. Había pasado la cuarta parte de mi vida sin televisión, así que mis padres decidieron conservar mi virginidad mediática y la de mi hermana y se negaron a comprarnos una. Pero yo era un ávido aficionado a los deportes y pasaba horas escuchando los juegos de los Dodgers de Los Ángeles por onda corta (me quedó grabada la memorable transmisión de Vin Scully del juego perfecto de Sandy Koufax en 1966, por ejemplo). También iba seguido al nuevo Estadio Azteca, y moría de ganas de ver el SuperBowl en su primera edición, así como la Copa Mundial de 1966 en Wembley, Inglaterra. Puesto que no podía hacer nada de eso en casa, ni con mis compañeros de escuela pues la mayoría vivía del otro lado de la ciudad. Pero los niños que vivían enfrente eran muy generosos y empecé a buscar que me invitaran a ver tele en su casa. Así, mientras crecía y echábamos cascaritas en la calle, conocí a la familia Sánchez Camacho y a Lalo, mi mejor amigo desde entonces.

Él, su hermano mayor y sus padres, Raúl y Josefina, compartían una vivienda de dos cuartos en una vecindad de la calle Tigre, en el corazón del barrio de Actipan en la Colonia del Valle. La recámara era un cuarto sin ventanas, de tres metros y medio por tres y medio, con un clóset, una cajonera y la cama donde dormían sus padres; la otra habitación era una combinación de cocina, comedor, sala de televisión, y que también servía como recámara de los niños. Ahí, la mamá de Lalo me introdujo a las maravillas de la cocina mexicana. Su padre era chofer de un camión del servicio de limpia del Gobierno del Distrito Federal; más tarde se volvió funcionario de nivel medio del sindicato de trabajadores de basura de la ciudad. Era dueño de un Ford 1947 y tenía un aire a Pedro Infante (salvo por la calva); no tomaba, trabajaba duro y sólo había terminado la primaria. Aunque amaba a su familia, no podía darle un mejor nivel de vida. Sus circunstancias eran las de la semipobreza urbana: dos en una cama, dos recámaras por vivienda, y un baño común para tres familias en la vecindad; agua fría y un boiler de combustible de madera que debía encenderse cada vez que alguien deseaba una ducha caliente. Pero el papá de Lalo tenía trabajo, acceso a servicios médicos y sus hijos podían ir a la secundaria pública número 10, cruzando la Avenida Insurgentes, en Mixcoac.

Para mediados de los setenta las condiciones de vida de toda la familia habían mejorado. Diez años antes de fallecer, en 1978, don Raúl había construido una casa de dos pisos en el lugar que ocupaban los dos cuartos que habitaban, más un pedazo de terreno que le compró a uno de sus primos. La razón por la que la familia —Lalo y su hermano mayor, Héctor— lograron estas mejoras es que su padre fue capaz de ganar más dinero con el mismo trabajo, y probablemente recibió alguna ayuda de su madre, que era enfermera, cuando murió. Héctor dejó la casa en 1977; los dos hermanos fueron a la secundaria, a la preparatoria y a la universidad donde ambos estudiaron contaduría (Héctor se tituló en la UNAM, y Lalo se inscribió pero no terminó). Los dos trabajaron en un gran despacho de contadores que había contratado a otros vecinos del barrio. Para cuando los hermanos se casaron y los padres murieron, al final de los años setenta, ambos disfrutaban de una vida típica de clase media: casas propias (compraron un terreno adicional en la ex vecindad, y los dos tenían ahora casas individuales), coche, televisiones y buenos trabajos; además, le dieron a sus hijos nacidos a inicios de los años ochenta, una educación adecuada.

Sin embargo, Lalo no estaba contento en la Ciudad de México; ganaba mucho más trabajando para el mismo despacho en Guadalajara y se mudó en 1985; allí crecieron sus hijos. Alquiló una casa un poco más grande en Guadalajara —casi 500 metros cuadrados— y dos años después, él y su esposa Tere compraron dos coches. Raúl e Iván, sus hijos, fueron a escuelas públicas en primaria, secundaria y preparatoria; ambos asistieron a la Universidad de Guadalajara, la segunda universidad pública más grande del país, que a diferencia de la UNAM exige una colegiatura modesta pero no insignificante. Raúl estudió contabilidad, Iván, leyes.

La movilidad social vivida por una buena parte de los pobres (pero no los miserables) habitantes de las zonas urbanas en la sociedad mexicana desde los años cincuenta hasta mitad de los ochenta, fue innegable, rápida y considerable. Lalo y su hermano disfrutaron de un nivel de vida muy superior al de sus padres, y sus hijos disfrutarían, al menos hasta finales del siglo XX, de una vida mejor que la de ellos a la misma edad. Conocí a Lalo a sus 14 años; a esa misma edad sus hijos Iván y Raúl tuvieron mejor suerte que su padre o su madre. Ella, Teresa, también pertenecía a una familia numerosa de Actipan, vivió en una vecindad y terminó la secundaria antes de casarse; más adelante consiguió un empleo mal pagado en el IMSS.

Ahora bien, a partir de finales de los ochenta, el ascenso de Lalo y del resto de la vieja clase media mexicana empezó a estancarse. En junio de 1993 todavía pudo comprar una nueva casa de 230 metros cuadrados por 70 mil dólares con una hipoteca a 20 años a una tasa de interés variable. Ese lento ascenso se convirtió en estancamiento en 1995, incluso se revirtió como resultado de la crisis de ese año. En 1997 Lalo no pudo seguir pagando la hipoteca y se vio obligado a aceptar una severa disminución de su sueldo (50%) en 1998; finalmente, fue despedido del despacho de contadores en el año 2000. La década entera sería de frustración y estancamiento. El camino de recuperación empezaría de nuevo a principios de 2001 cuando, gracias a un amigo, pudo conseguir un trabajo en Diconsa, donde sigue trabajando hasta la fecha.

Iván, su hijo menor, hoy vive todavía con sus padres, maneja su propio coche y gana aproximadamente 12 mil pesos mensuales brutos. Estudió una maestría en derecho fiscal en la Universidad de Guadalajara y labora en un despacho de abogados. Raúl y Sujeihri se casaron en 2006 y se fueron a vivir a una unidad habitacional financiada por el gobierno, en un departamento que les regaló la madre de Raúl. Mide 70 metros cuadrados con dos recámaras. Él funge de profesor y administrador en una secundaria pública. Su mujer es dueña del segundo coche de la familia y también es contadora. Han realizado varios viajes a Europa, Canadá y Estados Unidos; Iván también. Lalo consiguió un seguro médico privado para la familia hace más o menos 15 años; toman menos vacaciones de lo que quisieran, pero Tere ha ido a Nueva York y a Vancouver; Lalo llevó a Raúl a Disneylandia en 1982 y a sus dos hijos de nuevo en 1986; más allá de esos viajes y de un recorrido en una Combi en 1973, tipo Ché Guevara, por toda América Latina, en realidad ha visitado poco el extranjero. Conforme se acerca a sus sesentas, se ha convertido en un mexicano sofisticado, politizado y medio acomodado. Ha proveído para su familia y ha sido testigo de cómo su vida fue mejor que la de sus padres, y cómo la de sus hijos ya va siendo mejor que la suya.

Coches, plasmas y otra vez, las casas

Las cifras que reflejan estos hijos de Sánchez son tan ilustrativas como su breve historia. Podemos empezar con los autos: el producto más importante, la quintaesencia de la clase media que ha generado aspiraciones en todo el mundo durante más de un siglo. Tradicionalmente, como en casi toda América Latina, México poseía una mediocre industria automotriz, protegida, costosa y dirigida a un pequeño mercado doméstico; importaba enormes cantidades de insumos para las plantas ensambladoras y les ensartaban modelos viejos, caros e ineficientes a los desdichados consumidores nacionales. Una primera transición se produjo a finales de los años sesenta, cuando Volkswagen abrió su planta en Puebla y empezó a producir vochos para la "vieja" clase media. Las cosas cambiaron radicalmente a finales de los años ochenta, cuando los fabricantes de automóviles estadounidenses, alemanes y japoneses empezaron a reubicar su gran producción a países con salarios bajos; y no sólo para abastecer a los somnolientos mercados locales. Ahora sería también con la finalidad de reexportar, a las matrices o al resto del mundo.[*]

Se construyeron plantas nuevas a lo largo de los años noventa en Hermosillo, Chihuahua, Saltillo, Silao y Aguascalientes, y se cerraron viejas fábricas en la Ciudad de México, Toluca y Durango. México empezó a producir modelos nuevos de alta calidad y clase mundial, no para los consumidores mexicanos sino para compradores estadounidenses, brasileños y asiáticos —los modelos vendidos en México siguieron siendo costosos y no muy eficientes o modernos que digamos. Cuando el TLCAN entró en vigor el primero de enero de 1994, se estableció un largo período de espera para la

---

[*] Sacando ventaja de la alta productividad de México —y de otros países—, de la proximidad con el mercado de Estados Unidos y de los salarios miserables.

importación de autos nuevos desde Estados Unidos (hasta 2002) y uno aún más dilatado para los coches usados (hasta 2008). Dadas esas restricciones, así como la eternamente limitada capacidad de compra de la vieja clase media mexicana, fue hasta 2003 que las ventas domésticas del total de vehículos recuperaron el nivel logrado en 1992, el mejor año de aquella década, o el de 1981, el mejor año de la historia, hasta entonces.* [24]

Pero los autos sólo alcanzaron otra dimensión como bien de consumo de masas hasta los primeros años del siglo XXI. Primero, cuando los aranceles finalmente se eliminaron, los precios locales se desplomaron y por fin se hizo posible comprar un compacto nuevo por alrededor de 10 mil dólares —algo nunca visto en México, con la excepción del vocho. En segundo lugar, cuando la economía se liberó de la inflación, las tasas de interés empezaron a disminuir y el crédito comenzó a fluir en volúmenes no sólo más altos que antes del colapso de 1995, sino más que en cualquier otro momento del México contemporáneo. Con pagos mensuales tan bajos como cien dólares al mes, los consumidores mexicanos podían comprar un Chevy, un Spark o un Matiz, un Tsuru, un Clío francés o una versión moderna del Volkswagen de antes.

Y sobre todo, para bien o para mal, mientras se aproximaba la largamente esperada apertura a los autos usados, el gobierno tomó la delantera y en agosto de 2005 abrió el mercado a la entrada ilimitada de vehículos viejos, a condición de que tuvieran al menos diez años y que los compradores pagaran una cuota modesta por cada carro. Ésta no fue precisamente una idea muy ecológica (los modelos viejos contaminan más, requieren más combustible y son más inseguros), además de resultar muy impopular en la industria automotriz nacional, aunque fue aplaudida por los consumidores.

---

* En 2003 las ventas internas de todos los vehículos fueron de 650 mil. Y el total de vehículos vendidos en 1981 fue de 535 mil.

No sólo aplaudieron: miles de ellos fueron a recoger su coche en la frontera, —principalmente a Matamoros, que se convirtió no sólo en la capital de los autos usados del país, sino quizás del mundo entero. Entre las consecuencias más folclóricas de esos sucesos, figura una de las escenas más extrañas jamás vistas en las carreteras mexicanas: de cinco a diez coches amarrados uno al otro con cuerdas o cadenas a una sola camioneta *pick-up*, para ahorrar gasolina y encaminarse al sur de México o, inclusive, a Centroamérica. El precio de los coches usados cayó precipitadamente en México, al tiempo que la demanda explotó.

Las comparaciones resultan difíciles en esta materia; antes de la apertura del año 2005 los autos usados también se importaban, pero ilegalmente. Pero en 2006, entre 1.2 y 1.5 millones de vehículos de por lo menos diez años de antigüedad fueron ingresados legalmente al país. Las ventas de nuevos vehículos sumaron 1.15 millones de unidades, de tal manera que entre 2 y 2.5 millones de carros se añadieron al parque vehicular de México.[*] Para poner en perspectiva a esta cifra, en 2009 los estadounidenses compraron 10.6 millones de vehículos —fue un año terrible, desde luego—, con una población casi tres veces mayor que la de México.[25] En términos per cápita un mal año para Estados Unidos y un gran año para México: no estuvieron demasiado lejos el uno del otro; a sabiendas, desde luego, que las ventas en el sur constituyen una pesadilla ambiental, y las del norte, simplemente un mal sueño. El parque vehicular total de México en 2009 alcanzó alrededor de 29.1 millones, y el incremento anual fue de casi 15%.[**] [26] Sin embargo, el aspecto más interesante de estos números es la dramática expansión de la cantidad de gente que ahora

---

[*] En 2006, 2007 y 2008, se vendieron anualmente entre 2.3 y 2.6 millones de unidades.

[**] El porcentaje actual es de entre 12 y 15%.

es dueña de automóviles: cerca de dos millones de hogares adicionales cada año, considerando que hay quien renueva sus autos y que hay familias con dos o más autos. Dado el número de familias en México, la magnitud de este *boom* automotriz resulta aún más impresionante.*

La fascinación de la clase media con las televisiones de plasma (y LCD o LED) no resulta menos notable. México llegó a la edad adulta en términos televisivos a mitad de los años sesenta; al inicio de aquella década sólo 10% de todos los hogares contaban con un televisor. Para 1970, 90% poseía por lo menos uno, y el virtual monopolio de Televisa le permitió convertirse en una de las empresas más poderosas del país y un actor político de primera línea. Su principal contribución al mundo de la cultura, las telenovelas, puede ser de dudoso valor artístico, pero su impacto como negocio fue a todas luces monumental. A pesar de que la penetración del cable es mucho menor en México que en otros países de Latinoamérica (en 2001 sólo 13.5% de todos los hogares tenía cable; para 2010 el número se había duplicado, un ascenso impresionante, pero aún bajo como porcentaje), la televisión abierta y gratuita se ha generalizado en la vida nacional, por varias décadas. La televisión no es un lujo reservado a las clases medias, puesto que, precisamente, lo que la ha convertido en un gran negocio es la ampliación de la señal abierta a todo el territorio y la disponibilidad de televisores de bajo precio, comprados a crédito, para las amplias masas de mexicanos pobres. Hoy en día prácticamente todos los hogares de México cuentan con televisión y, desde luego, los mexicanos han forjado una historia de amor con las telenovelas. Tal es la pasión,

---

* El número total de hogares en México en 2010 era 27.8 millones. El número de arrendamientos de automóviles al año alcanzó un promedio de 4%. GAUSSC, "Encuesta Nacional", GAUSSC, México, julio, 2010. Y de acuerdo con el Censo de Población y Vivienda 2010, en México 44% de los viviendas particulares cuentan con un automóvil o camioneta.

que solemos afirmar, con o sin razón, que la tele a colores nació en México gracias a Guillermo González Camarena.[27] *

A lo largo de los últimos diez años, los mexicanos, como muchos consumidores del mundo entero, se han mudado a las televisiones de plasma o lcd-led, de pantallas anchas, planas y por ende se ha gestado un cambio del universo televisivo. Las televisiones de plasma son, desde luego, más caras que los viejos modelos; a pesar de producirse sobre todo en México, cuestan más que sus predecesores, y además requieren más aparatos periféricos o *gadgets*. Igual, los números son impresionantes. En 2008, justo antes de que asolara a México la crisis, se vendieron en el país más de 2 millones de unidades, un incremento de 40% sobre el año anterior,** cuando las tv planas representaban poco menos de la tercera parte en la venta total de televisiones.[28] La explicación es sencilla: los precios se han derrumbado (el llamado efecto Walmart), conforme ingresan más competidores al mercado y más mexicanos más prósperos se conectan al cable y disfrutan de mucho mayor entretenimiento televisivo. Entre 2000 y 2010, cuando este símbolo de estatus llegó por primera vez a las tiendas, casi 12 millones de familias mexicanas las han adquirido.***

Se ha producido un proceso similar y quizá más notable con las tarjetas de crédito. De nuevo, éste no es un fenómeno nuevo en México. Millones de personas de bajos ingresos con tarjetas se vieron afectadas cuando las recurrentes burbujas reventaron

---

* Para el año 2010, 27.2% de todas las viviendas tenía cable. El porcentaje exacto de viviendas mexicanas con televisión es 92.6%. De acuerdo con una encuesta de gaussc realizada en 2010, el número de hogares es en realidad mayor, esto es, 36% con cualquier tipo de sistema de televisión de paga.

** En 2007, se vendieron 1.7 millones de televisiones planas.

*** El número exacto de televisiones planas es difícil de determinar debido a la confusión en las estadísticas mexicanas entre los televisores digitales y los analógicos de pantalla plana.

en los mercados financieros: 1976, 1982, 1987 y, finalmente 1995. Los bancos entregaron tarjetas de manera irresponsable, como si fueran tortillas. Los consumidores fueron también irresponsables en aceptarlas y luego en endeudarse enormemente con ellas; y las autoridades reguladoras fueron increíblemente irresponsables en permitir que todo eso sucediera. Los tarjetahabientes usaban una tarjeta para pagar otra, y rápidamente se hundían en deudas impagables. Una vez más, de modo distinto al caso de las televisiones pero semejante al de los automóviles, esto ocurrió en una escala relativamente modesta, pero la reciente evolución de la clase media las magnificó a lo bruto. En 2003, se emitieron 5.8 millones de tarjetas nuevas; en 2004 el número llegaría a 8.5 millones;[*] se disparó en 2006, a 22.6 millones; se redujo algo en 2007 y mucho más severamente en 2008, el primer año de la crisis, a 9.8 millones.[29] Se trata de datos para tarjetas nuevas, no de reposición. Para finales de 2008, había 75 millones de tarjetas de crédito de todo tipo en circulación (bancos, tiendas departamentales, supermercados, tiendas de línea blanca, etcétera), guardadas en las carteras casi siempre vacías de más de 50 millones de tarjetahabientes.[30] Por supuesto, muchas de esas tarjetas eran pasivas, esto es, virtualmente sin uso alguno. En la crisis de 2009-2010, muchos de los titulares perdieron las suyas, que por cierto nunca debieron haber obtenido. De todos modos, al inicio de la recesión/depresión uno de cada dos mexicanos cargaba una tarjeta de crédito de algún tipo. Aunque resulta difícil restringir el estatus de clase media a este rasgo general de la vida cotidiana de los países ricos, es igualmente difícil imaginar la clase media, con la definición que se quiera usar, sin tarjetas de crédito de uno u otro tipo.[**]

---

[*] En 2005 había 10.7 millones de tarjetas de crédito nuevas.

[**] México sigue siendo una sociedad con un nivel bajo de uso de bancos de lo que sería apropiado. Por ejemplo, sólo 25% de todos los mexicanos tiene una cuenta

Pero quizá la faceta más extraordinaria de la expansión de la clase media durante esos 13 años, que van desde 1996 hasta 2008, surgió en el ámbito ligado al crédito, mas no a las tarjetas de crédito. Por primera vez en tiempos recientes la inflación fue contenida por un lapso suficientemente largo para que las tasas de interés bajaran a niveles desconocidos en México desde los años setenta. Esto, más algunas reformas mayores en el código fiscal, en los institutos de vivienda (Infonavit y Fovissste) y en el sistema financiero, generaron un boom de vivienda que nunca se había experimentado. Por fin se produjo una disponibilidad de vivienda individual de bajo costo para una enorme cantidad de personas y el gigantesco déficit nacional de vivienda empezó a reabsorberse, mediante una alianza venturosa entre los sectores público y privado.

En lugar de construir casas, el gobierno se dedicó a otorgar o garantizar hipotecas y proveer financiamientos puente para desarrolladores privados, asegurando así que la construcción de casas populares fuese no sólo posible, sino rentable. El porcentaje fijo de los salarios que las agencias del gobierno aplican a los empleados del sector público y privado subió de 18 a 25%, los bancos empezaron a ofrecer hipotecas a tasas fijas en pesos y a plazos más largos para clientes de ingresos medios. Todo esto, a precios relativamente bajos, no excesivamente lejos de los lugares de trabajo y, desde luego, como vimos en el capítulo anterior, con el debido respeto a la pasión mexicana por las construcciones horizontales. Casas de 55 a 65 metros cuadrados alcanzaron precios de entre 20 y 30 mil dólares; y con una hipoteca a quince o veinte años, los pagos mensuales resultaron muy accesibles. También se ofrecieron casas de 92 metros cuadrados a un precio de entre 80 mil y 100 mil dólares, pero 80% de esta nueva oferta cuesta entre 20 y 60 mil

---

de ahorros. En contraste, 61% de todos los brasileños tienen una. gaussc, "Encuesta Nacional", México, julio, 2010.

dólares.[31] La mayor institución —el INFONAVIT— financió 101 mil casas en 1996, justo después del colapso de 1995; el número disminuyó a 96 mil en 1997, y luego despegó brincando de 104 mil en 1998 a 191 mil en 1999, y 242 mil en 2000, el último año de gobierno de Ernesto Zedillo.* [32] Menciono esto para subrayar la continuidad del proceso: el crecimiento espectacular empezó con el último presidente del PRI, se expandió notablemente bajo el primer ejecutivo del PAN y continuó durante el mandato del segundo ejecutivo panista. Para 2006, el último año de la presidencia de Vicente Fox, el INFONAVIT benefició a 371 mil familias con créditos para comprar casas nuevas; y en 2010, cuarto año de la presidencia de Felipe Calderón, el total alcanzó 796 mil viviendas.** [33] Para los trece años en cuestión, el total alcanzó 4,630,168 de créditos, beneficiando a alrededor de doce millones de personas —mucho más de lo que dicho instituto había logrado durante el primer cuarto de siglo de su existencia. Se trataba de casas nuevas, por cierto, y no de reparaciones o adecuaciones a viviendas ya existentes.

Pero esto no fue todo. El FOVISSSTE —que entre otros muchos beneficiarios incluye a 1.2 millones de profesores de primaria y secundaria—, financió un total de 457 mil casas nuevas durante el mismo periodo, y el sistema de la banca privada financió otro millón y medio.[34] Así que en total, más o menos, se entregaron más de seis millones de casas nuevas habitadas por más de 25

---

* La cantidad exacta en 1996 fue de 101,215 créditos para comprar una nueva casa. Y en 1997 la cantidad exacta sumó 96,974 de créditos para comprar una nueva casa.

** En 2005 la cantidad exacta de créditos otorgados fue 371,706. En 2008 el número estimado fue de 476,001 créditos. Debe mencionarse que las diferencias existentes entre las nuevas viviendas otorgadas y el total de créditos otorgados para comprar casas proviene de que desde 2005 los créditos también se pueden utilizar para comprar casas ya construidas y no nuevas (10% de los créditos). Para el año 2010, 70% de los créditos se utilizaron para comprar casas nuevas, y el 30% restante fue para la adquisición de casas preexistentes.

millones de personas —con escrituras, electricidad, agua, drenaje, pavimento, etcétera—, que antes vivían en casuchas con techos de lámina o en construcciones precarias de cartón, materiales de desperdicio y en "ciudades perdidas". Una casa de 55 metros cuadrados no es una mansión para dos adultos y dos niños, pero es mucho mejor que todo lo que el país había visto antes. Esto es estatus de clase media baja: escrituras de propiedad, paredes y piso de cemento, mobiliario, baños y por lo menos dos recámaras. Lalo y Héctor ya no tienen que dormir en la misma habitación donde también se cocina, se come y se recibe a las visitas impertinentes que van a ver los partidos de futbol en la televisión.

Nuestros tres siguientes indicadores son también impresionantes y no carentes de contradicciones. Muchos académicos —empezando por C. K. Pralahad en su ya clásico *Fortuna en la base de la pirámide* (BOP por su acrónimo en inglés)— han argumentado que los teléfonos celulares no son necesariamente un símbolo ni un síntoma de pertenencia de la clase media, sino más bien del creciente acceso de los pobres a ciertos bienes de consumo cuyo precio ha caído espectacularmente, y cuyos fabricantes y/o distribuidores han encontrado un buen negocio con clientes de la base de la pirámide o "BOP". También es cierto que, en muchas economías emergentes, no todos los teléfonos celulares son iguales. En un día cualquiera más de la mitad de los teléfonos en circulación pueden ser "pasivos", esto es, unidades "sin crédito" que reciben llamadas pero no las generan. Y finalmente, mucha gente del mundo en desarrollo compra tarjetas de teléfono para usarlo cuando es absolutamente necesario, y lo apagan para evitarse cargos. Sea como sea, en 1991, cuando los teléfonos celulares empezaron a ser comercializados en México, había 150 mil unidades; para 1994, justo dos años después de la privatización de Telmex, a la que se le autorizó acceso a la red de celulares, el total subió a 560 mil. Al inicio del siglo el número de usuarios se había disparado a 14 millones, y para

2010 alcanzó la cifra apabullante de 89 millones. Si consideramos que el total de casas con líneas fijas aumentó "sólo" de 9.4 millones en 2001 a 12.1 en 2010, parece obvio que México, como tantos otras países del tercer mundo, simplemente se saltó la etapa de las líneas fijas y pasó directamente a la era de la telefonía móvil.*[35] Comparado con países como Francia, Italia y España, por ejemplo —donde todavía hacia la mitad de los años setenta una línea fija privada era un lujo— México dejó rápidamente la era de la reducida clase media tradicional y llegó directamente al futuro.

Tal vez un fenómeno similar, por cierto, esté ocurriendo con las computadoras. En 1994 existían en México sólo 2.3 millones de pcs, todas de escritorio; para 2006 eran 15 millones, la mayoría laptops pequeñas y para 2010 las estimaciones sobrepasan los 25 millones.** Lo cual sugiere que el crecimiento por saltos ya mencionado también se ha producido en este campo. Lo mismo sucedió con el acceso y el uso de internet: en 2001 se contaban 7 millones de usuarios, en 2010 con 34.8 millones.*** [36] Más importantes, quizá, son los cambios gestados entre los jóvenes. En una encuesta telefónica realizada por el periódico *Reforma* entre mexicanos de 16 y 25 años de edad, el porcentaje de usuarios de internet brincó de 55% en 2001 a 86% en 2010; el de aquellos que utilizan correo electrónico pasó de 43% a 81%; y Facebook de 0% a 53%.[37]

Tres ejemplos más merecen un breve comentario: la atención médica privada, las vacaciones y la educación privada. La salud es bastante sencilla. A pesar de que los mexicanos con empleos

---

* O un teléfono por cada 0.77 mexicanos. De acuerdo con el Censo de Población y Vivienda 2010 43% de las viviendas en México cuentan con línea fija, y 65% con teléfono celular.

** Según el Censo de Población y Vivienda de 2010, el 29.4% de las viviendas particulares mexicanas tienen una computadora.

*** De nuevo los datos del Censo de 2010 muestra que el 21.3% de las viviendas en México cuentan con acceso a internet.

formales están cubiertos por uno de los planes gubernamentales de salud, la clase media busca crecientemente seguros privados por razones similares a las que llevaron a las secretarías de Estado (Relaciones Exteriores, Hacienda) y a la Universidad Nacional a comprar planes privados para sus empleados: el sistema público deja mucho que desear. En 1994 sólo 1.4 millones de personas disponían de seguro de salud privado; para 2009 la cifra se había multiplicado casi por cinco llegando a más de 6 millones.* [38]

El caso de la educación privada es aún más concluyente —y controvertido— que los teléfonos y las televisiones. Tradicionalmente, México, como la mayor parte de los países de Europa y América Latina, ha sido un país donde domina la educación pública en todos los niveles. Fue gracias al enorme esfuerzo de alfabetización en los años cincuenta y sesenta que el analfabetismo quedó prácticamente eliminado. Gracias a la excelencia de la UNAM, desde los años veinte el país pudo contar con abogados, médicos, ingenieros y arquitectos de clase mundial con los cuales construir, administrarse y mantenerse saludable. Todo esto se modificó en los años setenta al dispararse la matrícula de educación superior, al tiempo que la educación primaria se estancaba en calidad y se inflaba cuantitativamente por la explosión demográfica de las décadas anteriores que, a pesar de su merma, persistía. El gasto público en educación creció mucho, pero igual la calidad se vio afectada y la cantidad de pesos gastados por cada alumno disminuyó. Luego, después de las crisis recurrentes de 1982, 1987 y 1995, el gasto se recortó y se derrumbaron la calidad y el cupo en función de la demanda.

No era de extrañarse, entonces, que después de la debacle de 1995, la división entre la educación pública y la privada empezara a cambiar, especialmente en materia de educación superior. En la

---

* El número exacto es 6.3 millones.

primaria, secundaria y preparatoria, sobrevivía la proporción de antes: 90% pública y 10% privada.[*] [39] Pero entre más alto el grado educativo, más se modifica la relación entre educación pública y privada. Además, con la excepción de la UNAM, las universidades públicas de todo el país empezaron a cobrar colegiaturas. Como resulta lógico los padres, que de todos modos debían pagar por la educación de sus hijos, se convencieron de que la educación privada era mejor a las instituciones públicas. Los números no siempre avalaban estas conclusiones, sobre todo para algunas de las nuevas universidades surgidas después de 1995 y destinadas a estudiantes que también trabajan, de medio tiempo, etcétera (las llamadas "universidades patito"). Éstas fueron certificadas por el gobierno sin merecerlo. Pero algunas de las instituciones privadas sí ofrecían una mejor educación que la equivalente disponible en planteles públicos, y casi siempre el mercado lo ha corroborado (con la excepción de las facultades de medicina, leyes e ingeniería de la UNAM). Los egresados de escuelas privadas consiguieron mejores empleos que los de escuelas públicas. La educación privada se convirtió en un símbolo de estatus de la clase media; y no como símbolo del esfuerzo especial de los pobres por incorporar a sus hijos a la clase media a través de la educación, como sucede en la India, por ejemplo.

Durante el año escolar 1991-1992 existía alrededor de un millón de estudiantes inscritos en instituciones de educación superior, incluyendo todas las variantes (universidades, institutos tecnológicos, niveles de posgrado), de los cuales 18% pertenecían a instituciones privadas.[**] Para 2007-2008 el total general llegó a 2.6 millones,[***] un incremento enorme en quince años. De este

---

[*] Alrededor del 8-10% de escuelas privadas.

[**] El número exacto de estudiantes inscritos en educación superior era de 1,091,324.

[***] Lo cual corresponde a un aumento del 150%.

33%, o casi el doble, se encontraba en instituciones privadas.[*][40] La proporción es más o menos la misma que en Brasil y representa un cambio inmenso respecto al modelo de educación superior enteramente pública, laica (muchas de las escuelas privadas son religiosas) y gratuita, de la que México se vanaglorió.

La situación del turismo o las vacaciones es análoga. Resulta un poco más difícil de calcular, pero al menos de manera indirecta, abundan indicadores que sugieren un gran salto equivalente en los viajes domésticos e internacionales de los mexicanos. En 1994, el número de pasajeros en vuelos internacionales originados en México fue de 10.7 millones; en 2009 el total alcanzó la cifra de 22.5 millones; la expansión del número de turistas extranjeros que visitaron el país fue mucho menor. En el mismo año (1994) se contabilizaron 18 millones de pasajeros exclusivamente domésticos; para 2009 el número se acercó a 24 millones.[**][41] Pero el incremento más espectacular se dio en los vuelos *charter*, puesto que éstos están más claramente vinculados al turismo que los vuelos regulares.[***][42]

Las anécdotas confirman estas tendencias. En 2006, el número de aficionados mexicanos al futbol que acompañó a lá Selección hasta Alemania fue de 35 mil. Los gastos para apoyar y aplaudir a un equipo condenado al fracaso, fueron en euros, por supuesto. Hoy en día, las playas, las zonas arqueológicas, los parques nacionales y los pueblos coloniales de México se atestan de turistas nacionales, muchos de ellos de viaje por primera vez en sus vidas: uno puede detectarlo en la mirada azorada, en el orgullo con

---

[*] Y 67% pertenecían a instituciones públicas.

[**] Para 1994 el número exacto de vuelos internacionales es 10,737,422. Para 2009 el número exacto de vuelos internacionales es 22,540,000. Y para 1994 el número exacto de pasajeros domésticos es 18,393,897. Obviamente hay muchos pasajeros que vuelan más de una vez, y por tanto el número de personas es menor, pero la tendencia al aumento es la misma.

[***] Más de un millón y medio (1,631,000) en 1994, y más de 9 millones en 2009.

el que vislumbran las maravillas de México y en sus gestos, hábitos, fenotipo e inocencia. Los visitantes están empezando a conocer y a entender su propio país, y a saber y comprender lo que *quieren*, aunque sigan confundidos acerca de quiénes *son*. En una encuesta de 2001 en donde se preguntaba a los mexicanos cómo se veían a sí mismos en términos de clase social, 1% contestó que "ricos", 16% "pobres" y un asombroso 82% afirmó que pertenecía a la clase media (4% a la clase media alta, 44% a la clase media media y 34% a la clase media baja).[43] Ésta fue claramente una respuesta "aspiracional". Sabemos que 82% de los mexicanos no son de clase media; cuando mucho 60% lo son, así que por lo menos 22% de los que respondieron estaban equivocados en su cálculo, pero no en sus expectativas: quieren ser de clase media y creen que esa aspiración está a la vuelta de la esquina. Pero como explica Federico Reyes Heroles en un ensayo que refleja esa misma encuesta, ellos se ven a sí mismos en mucho mejor estado que sus padres (como Lalo) y mucho mejor que sus compatriotas muy pobres.[44]

¿Cómo sucedió todo esto?

¿De dónde viene esta clase media? ¿Existía tanta movilidad social en México que puede uno fácilmente detectar las tendencias ascendentes desde los deciles más pobres* hacia los de clase media?** ¿Sucede conforme la clase media recibe, con el tiempo, una parte creciente del ingreso nacional y los muy ricos una porción cada vez menor del pastel? ¿O es que el pastel ha crecido tan rápido en los últimos quince años que todos comparten las mismas proporciones de un pastel mayor? O, mezclando metáforas, ¿es que

---

* Digamos, uno, dos y tres.

** Digamos, cuatro, cinco, seis, siete, ocho y nueve.

la marea alta ha elevado a todos los barcos? Probablemente todo
lo anterior es correcto, pero otros factores también explican esta
notable expansión.

La movilidad no representa la totalidad de la respuesta. Un estudio de 2008 llevado a acabo por el ESRU, un *think-tank* de la Ciudad de México, descubrió que los integrantes de los dos deciles más
bajos estaban condenados a permanecer ahí para siempre; y quienes formaban parte del 20% mayor de la población en términos
de ingreso, se quedarían ahí, más o menos de modo permanente.
El estudio también reveló que las posibilidades de matrimonio entre personas de diferente nivel educativo o de ingreso resultaban
prácticamente nulas, a diferencia de los primeros años del periodo
posrevolucionario en México. Cualquier mezcla se daría, en todo
caso, en el sector medio del espectro de ingresos.* [45]

Probablemente la respuesta real se halla en una convergencia
de explicaciones que apenas se pueden enumerar aquí. En primer
lugar, la estabilidad económica y el innegable, si bien mediocre,
crecimiento de los últimos 13 años (1996-2008) se sesgó a favor de
los pobres: las políticas de combate a la pobreza fueron eficaces; las
remesas de Estados Unidos llegaron, el empleo formal e informal
(la mayor parte del aumento en los empleos en la última década y
media se dio en trabajos de baja remuneración y calificación) creció, y la inflación se controló. Los tres o cuatro deciles de menor
ingreso, pero también aquellos en los siguientes dos o tres aunque
en menor grado, vieron mejorar su suerte significativamente.[46]

En segundo lugar, la estabilidad de precios, la política económica y los programas sociales le brindaron a muchos, en la punta
de la pirámide de los pobres o en el piso de la pirámide de la clase
media, acceso a créditos de los que antes carecían. Esto generó
un auge de viviendas y automóviles, así como de otros bienes de

---

* Tres deciles más abajo de la media, y por encima de ella.

consumo duradero y de servicios típicos de clases medias. Estos bienes y servicios habían sido accesibles, hasta entonces, sólo para la vieja clase media;[*] de pronto, la nueva clase media[**] gozó de los mismos privilegios. Finalmente, como lo muestra mejor que nada el crecimiento explosivo de los teléfonos celulares, los precios de los bienes y servicios destinados a la clase media se desfondaron en muchos ámbitos de la sociedad y la economía. Esos factores permitieron a personas ligeramente más acomodadas disfrutar de acceso a crédito a tasas razonables (aunque no baratas), y adquirir tiliches tradicionalmente fuera de su alcance. En México, hace veinte años el teléfono fijo era un lujo: el tiempo de espera para la instalación era eterno, el costo sobrepasaba los mil dólares, y se necesitaba todo tipo de papeles, escrituras, etcétera. Hoy, un adolescente con lo que trae en el bolsillo puede comprar un celular en la tienda de la esquina.

La caída en los precios de esas nuevas necesidades virtuales se debe, a su vez, a varios factores. Uno fue la privatización de algunos proveedores de dichos servicios. Tal es el caso de Telmex, que pasó a manos de Carlos Slim en 1992. Otra tendencia fue una mayor competencia interna: por ejemplo, las líneas aéreas de bajo costo que desde 2006 redujeron tarifas de manera drástica, disminuyendo sus ganancias, pero finalmente forzaron a otras aerolíneas a seguir su ejemplo. La apertura comercial iniciada en 1987 y que culminó con el TLCAN y sus paulatinas desgravaciones arancelarias —por ejemplo para autos usados o televisores de plasma— fue otro factor al dotar a los consumidores de productos más baratos del exterior, y forzar a los productores domésticos a rebajar sus precios. Finalmente, pero quizá sea lo más importante, el progreso tecnológico abarató los costos de producción de computadoras, teléfonos

---

[*] En los deciles 6-9.

[**] Los próximos tres deciles.

celulares, televisores de plasma, automóviles, inclusive casas para la gente de clase media baja cuyos ingresos tal vez aumentaron poco, pero encerraban un poder adquisitivo mucho mayor en 2008 que en 1994 (lo mismo ocurrió en los primeros años de la industrialización en la Europa del siglo XIX). Así, por la vía del consumo y también por el ingreso y sus costumbres, la capa superior de pobres pasó a pertenecer a la clase media baja y el país se transformó, dramática e inmensamente, para bien.

Sobran ejemplos de esta metamorfosis, pero quizá uno en particular sea especialmente revelador por combinar ambas clases medias: la vieja y la nueva. Se trata de una "antigua" comunidad "novedosa" ubicada en Sinaloa, uno de los estados más prósperos y dinámicos de México, sin ser parte del atípico "norte" fronterizo. Los Mochis era una somnolienta ciudad de medio pelo, productora de azúcar, rodeada de antiguos cañaverales —propiedad de estadounidenses— y un gran ingenio fundado en 1903 alrededor del cual creció la ciudad, y gracias al cual hicieron su fortuna algunas de las viejas familias más ricas de México como los Redo (los mejores amigos mexicanos de Ronald Reagan). Hoy es una aglomeración de 230 mil habitantes y el granero de México;[47] está en el centro de un enorme distrito de riego* nutrido por represas construidas en los años treinta y cuarenta, donde hace años el país inició sus exitosas exportaciones de hortalizas. Ahora produce también soya, trigo, algodón y maíz con dos cosechas al año y rendimientos a menudo superiores a los de Kansas, Nebraska, Brasil o Europa Central. La ciudad se conecta con otra población agrícola, la igualmente próspera Guasave, y con Topolobampo, un puerto de gran calado, en el Pacífico. Justo al este de Los Mochis, donde los llanos empiezan a ascender hacia la Sierra Madre Occidental, se ubican muchas de las zonas tradicionalmente

---

* Más de 150 mil hectáreas.

más productivas de materia prima de estupefacientes. Desde la
Segunda Guerra Mundial, incluso antes, los campesinos cultivan
amapola para la heroína y —al menos hasta el boom de California— la mejor marihuana del mundo.

Mochis, como se le conoce, presume estadísticas que el resto
de México envidia. Más de tres cuartas partes de su población
tiene acceso a servicios médicos; el número de años de escolaridad
es de 10.2, casi 50% arriba del promedio nacional; dos terceras
partes de sus viviendas poseen más de dos recámaras; prácticamente todas cuentan con televisión y casi 30% con una computadora personal.[*][48] Es una ciudad limpia y próspera; la gente se
vuelve loca con el béisbol y desprecia el futbol; ahí, la migración
no es sinónimo de partir al norte, sino del arribo de jornaleros
de Oaxaca, Chiapas o Centroamérica para levantar las cosechas de
verano; la cultura de la droga de Sinaloa (donde se originaron los
famosos narcocorridos), no estorba a la agricultura reintensiva en
capital y de clase mundial, sino que la complementa. La gente es
alta, su hombre de negocios más famoso y popular alcalde o político fue electo gobernador en 2010. Si los empresarios exitosos en
México se parecieran a los de Los Mochis, muchas de las tribulaciones del país ya habrían terminado.

Con los múltiples ejemplos es evidente que ya México es un
país con mayoría de clase media. Ahora bien, ¿por qué resulta incompatible esta sociedad de clase media con el exacerbado individualismo del carácter mexicano? Por dos motivos. El primero es el
más obvio. En una sociedad de clase media, más allá de lo que sus
miembros puedan pensar o desear, casi toda la gente —una abrumadora mayoría como en Japón, o una parte como en Brasil— es,
al final del día, muy parecida entre sí. Los estadounidenses prefieren no creer esta verdad y quieren convencerse a sí mismos de que

---

[*] 98% del total de las viviendas posee una televisión.

esto no les atañe a ellos; los suecos, por otro lado, cavilan sobre eso, lo aceptan y lo detestan. La gente puede buscar y en ocasiones encontrar maneras de enfatizar sus diferencias, sean políticas, religiosas, ideológicas, basadas en las modas o enraizadas en la política popular. Pero en última instancia, entre 60 y 90% de los habitantes de un determinado lugar trabajan las mismas horas, ganan más o menos lo mismo, consumen los mismos bienes, envían a sus hijos a escuelas semejantes, viven en casas parecidas, se visten de manera similar, van a ver las mismas películas y conciertos, experimentan una sexualidad parecida, votan por los mismos partidos y están sujetos a las mismas reglas.

La sociedad sin clases de Marx y Lenin todavía no ha aparecido, y tal vez nunca surja. Pero lo más cercano se encuentra hoy en las sociedades modernas de clase media, tal como las conocemos, en las regiones del Atlántico y del Pacífico Norte. No es una sociedad justa o igualitaria (la brecha de ingresos entre un obrero recién despedido de la General Motors en Michigan y el de un director de Goldman Sachs, así como el abismo equivalente en otros países, desafía la imaginación). Es una sociedad donde siempre habrá un sector de pobres y excluidos: las minorías discriminadas, los inmigrantes, las regiones empobrecidas o los ancianos abandonados a su suerte; los niños del *crack* y los *beurs*, los indigentes sin casa y los drogadictos; la población carcelaria y aquellos que simplemente no se adaptan. Por ningún motivo se trata de una sociedad con la movilidad que sus apologistas pregonan: el hijo de un asalariado de General Motors muy probablemente sea otro obrero asalariado, y el del corredor de bolsa o banquero de Wall Street, probablemente también termine trabajando en Wall Street.

Pero es una sociedad donde en última instancia manda lo colectivo más allá de la intensidad específica del individualismo de un país o de otro. Esas sociedades de clase media no podrían funcionar de otra manera. Los estadounidenses podrán rechazar el transporte público más que los franceses; los alemanes y los italianos rechazan los límites de velocidad más que los estadounidenses; los canadienses no podrían vivir sin su adorado, aunque imperfecto, Sistema Nacional de Salud; y los estadounidenses nunca aceptarían no poder "escoger" a su propio médico. Y cada sociedad seleccionará sus maneras preferidas de acción colectiva: los británicos los sindicatos; los franceses su *Maisons des Jeunes et de la Culture*; y los estadounidenses su solidaridad basada en la fe y su vocación por la autoayuda. Pero todos juegan con las mismas reglas y las acatan, o se atienen a las consecuencias de violarlas.

El individualismo mexicano es otro. Nosotros no queremos ni pensamos que somos "todos" lo mismo; y simplemente no aceptamos las consecuencias de ser "todos" lo mismo. Así, no pagamos impuestos (México tiene una de las más bajas recaudaciones fiscales respecto al PIB en el mundo y la menor entre las naciones de la OCDE); no votamos o participamos en sindicatos ni organizaciones cívicas, ni usamos transporte público si tenemos coche. Tampoco aceptamos la inviolabilidad de las normas y leyes, ni rechazamos las soluciones individuales para desafíos claramente colectivos. Si permaneciésemos como un país con un pequeño número de gente fabulosamente rica (que todavía tenemos) y una inmensa mayoría de pobres (que ya no tenemos), tal vez seguiríamos funcionando con el arraigado individualismo que le permitió a México emerger y sobrevivir como pueblo y como nación bajo las más adversas circunstancias. Pero las normas que regulan una "sociedad de iguales" son ajenas a México, sin duda porque durante siglos no fue una sociedad de iguales, ni tampoco de ciudadanos o de miembros de la clase media. Desafortunadamente, la sociedad de hoy en día no puede funcionar sin dichas reglas, hábitos, costumbres, prácticas y acuerdos básicos que su individualismo arcaico no tolera.

El segundo motivo de esta incompatibilidad involucra a las políticas públicas. Es casi imposible gobernar bien al país y a la vez rendirle tributo al individualismo, cuando dicho país se ha convertido aceleradamente en una sociedad de masas de clase media. Las políticas que se acomodaban al México de antes ya no se avienen a la nueva realidad. Ningún gobierno mexicano se atreve a contrariar el arraigado individualismo que brota del pasado; sin embargo, prácticamente ninguna política pública es deseable o posible si no acepta la premisa de la condición de clase media de la nación mexicana actual. Dos ejemplos ilustran claramente este punto.

En el capítulo anterior, mencionamos la abrumadora preferencia del país por viviendas individuales de tipo horizontal; demostramos que, además de las razones culturales, existían para ello otros motivos, materiales y topográficos. Pero estos motivos se agotan: todavía abunda la tierra barata en la mayoría de las grandes zonas metropolitanas de México, pero el transporte urbano y el infinito tiempo que se pierde viviendo a decenas de kilómetros del centro de la ciudad ya no es una opción barata, ni facilita la vida. Hoy, la única manera de poseer una morada individual y horizontal es en lugares cada vez más alejados del corazón de las grandes aglomeraciones urbanas. Eso significa llevar agua, luz, caminos, escuelas, transporte y seguridad más lejos aún de donde hoy se encuentran. Una solución obvia, que están probando tanto las autoridades federales, como estatales y municipales, es cambiar, gradual o abruptamente a viviendas de tipo vertical. Pero cualesquiera que sean sus desventajas y defectos —y quien ha visitado los multifamiliares del Bronx o los HLM en las *banlieues* de París lo sabe—, los costos y tiempos de transporte que implican son mucho menores. Aun así, las autoridades y los desarrolladores se muestran escépticos. Temen que el consumidor de vivienda mexicano no se conformará, ni reaccionará racionalmente ante las razones y los incentivos a favor de las viviendas verticales. Pero, por otro lado, las manchas urbanas son ya caóticas, casi inmanejables y pronto se volverán una verdadera pesadilla.

Otro ejemplo, relacionado con el anterior, es la negativa pertinaz de la clase media capitalina de utilizar el transporte público. Se ha intentado todo en la capital del país para reducir la congestión del tránsito: segundos pisos, arterias de alta velocidad atravesando viejos barrios, prohibición del uso del carro un día a la semana, etcétera. Nada ha funcionado, entre otras cosas, por la explosión en el número de automóviles que mencionamos antes. Muchas ciudades del mundo cuentan con más automóviles per cápita que México, pero no con sus niveles de tráfico o su contaminación. ¿Por qué? Porque con la obvia excepción de ciudades como Los Ángeles y Dallas, por ejemplo, las clases medias de Nueva York y Berlín, de París y Madrid, de Londres y Tokio, aun cuando las familias pueden comprar varios autos, usan más el transporte público para ir y venir del trabajo; la otra resulta impensable. Los precios de la gasolina, de los estacionamientos, los impuestos, los peajes y los seguros, así como el tiempo perdido en el tráfico vuelven prohibitivo el transporte individual. Así que a pesar de su romance con el automóvil prescinden de él entre semana, o al menos en horarios laborales.

Pero no es el caso de los chilangos. Es cierto que el metro se construyó hace cuarenta años, y con toda razón, para atender a los barrios más pobres; y que no hay incentivos verdaderos para que las clases medias recurran al camión o al metro. Es igualmente innegable que las condiciones del metro, de los autobuses y, sobre todo, de las peseras o microbuses, no los hacen atractivos para las clases medias. Las multitudes, el calor, el tiempo, así como la mezcla social, los carteristas y el acoso sexual no son fácilmente aceptados por este segmento de la sociedad. Pero el bagaje cultural pesa tanto como las consideraciones materiales. Incluso en Buenos Aires —con un "subte" mucho más antiguo— o en los metros más modernos de Sao Paulo y Santiago, uno distingue nutridos contingentes de clase media saliendo en las mañanas a trabajar o regresando por las tardes. No porque les falte un auto o por el menosprecio a su individualismo, sino por el tiempo que se desperdicia en el tránsito o por el ahorro que significa el metro.

Las sociedades de clase media pueden ser individualistas y a la vez funcionar adecuadamente. Estados Unidos es un país mucho menos individualista de lo que supone, pero mucho más que sus pares entre los países ricos. En última instancia, sin embargo, la autoconciencia de dónde uno está parado importa menos que las condiciones materiales en las que se encuentra. El individualismo mexicano es completamente disfuncional para la condición de clase media de la sociedad mexicana.

NOTAS DEL CAPÍTULO 2

[1] "Pobreza por ingresos según Entidad Federativa, 1992-2008" CONEVAL, Ciudad de México, 2008, de www.coneval.gob.mx/contenido/med_pobreza/4136.pdf; "Presenta CONEVAL metodología oficial para la medición multidimensional de la pobreza ante la comisión de desarrollo social de la Cámara de Diputados", CONEVAL, Ciudad de México, febrero, 2010, de www.coneval.gob.mx/contenido/prensa/6875.pdf

[2] José E. Iturriaga, *La estructura social y cultural de México*, Ciudad de México: Fondo de Cultura Económica y Nacional Financiera, 1994, p. 28.

[3] Enrique Alduncin Abitia, *Los valores de los mexicanos. En busca de una esencia*, Vol. III, Ciudad de México: Grupo Financiero Banamex, 1993, p. 82.

[4] "El Principio de la Fundación", R. Ayuntamiento de Ciudad Madero, Tamaulipas, México, 2008, de www.ciudadmadero.gob.mx

[5] "Pemex es... de los líderes", *Reforma*, Ciudad de México, julio 8 de 2008.

[6] "Población total con estimación, por entidad, municipio y localidad, según sexo", *Conteo de población y vivienda 2005*, INEGI, Aguascalientes, México, 2005, de http://www.inegi.org.mx

[7] "Grado Promedio de Escolaridad", *Conteo de Población y Vivienda 2005*, INEGI, México, 2005, www.inegi.org.mx; "Población de 5 años o más, por entidad y municipio, según asistencia escolar", *Conteo de Población y Vivienda 2005*, INEGI, México, 2005, www.inegi.org.mx; "Alumnos inscritos, existencias, aprobados y egresados, personal docente y escuelas en educación básica y media superior de la modalidad escolarizada a fin de cursos por municipio y nivel educativo. Ciclo escolar 2007/08" *Anuario Estadístico, Tamaulipas*, INEGI, México, 2009, de www.inegi.org.mx/est/contenidos/espanol/sistemas/aee10/estatal/tamps/default.htm

[8] "Enciclopedia de los Municipios de México, Estado de Tamaulipas, Ciudad Madero", Instituto Nacional para el Federalismo y el Desarrollo Municipal, Tamaulipas, México, 2005, www.e-local.gob.mx/wb/ELOCALNew/enciclo_tamps; "Hogares en viviendas particulares habitadas, por entidad, municipio y localidad, según disponibilidad de computadora", *Conteo de Población y Vivienda 2005*, INEGI, México, 2005, de www.inegi.org.mx

[9] "Niveles Socioeconómicos por Entidad Federativa 2007-2008", Consulta Mitofsky, México, enero 2009, p. 4.

[10] Evarardo Elizondo, "Competitividad y Estabilidad en México", Secretaría de Economía, México, 2004, de www.economia.gob.mx

[11] Celia Yamashiro,"Volaris, un vuelo de bautismo", CNNExpansion.com 10 de noviembre, 2008.

[12] Datos proporcionados por uno de los principales desarrolladores de vivienda en la zona.

[13] "Income Distribution, Inequality, and Those Left Behind", *Global Economic Prospects*, Washington D.C.: Banco Mundial, 2007, p. 69; "Who's in the middle?", *The Economist*, 12 de febrero, 2009, de www.economist.com/node/13063338

[14] "Income Distribution, Inequality, and Those Left Behind", *Global Economic Prospects* (Washington D.C.: Banco Mundial, 2007), p. 73; Dragusanu, Raluca and Dominc Wilson, "The Expanding Middle: The Exploding World Middle Class and Falling Global Inequality", Goldman Sachs, *Global Economics Paper No: 170*, 7 de julio 2008, p. 7.

[15] "Who's in the middle?", *The Economist*, 12 de febrero, 2009.

[16] "Burgeoning bourgeoisie", *The Economist*, 12 de febrero, 2009, de http://www.economist.com/node/13063298

17 "Who's in the Middle?", *The Economist*, 12 de febrero, 2009.

[18] "Income Distribution, Inequality, and Those Left Behind", *Global Economic Prospects*, Washington D.C.: Banco Mundial, 2007, p. 73.

[19] "Ingreso corriente trimestral por tamaño de localidad", *Encuesta Nacional de Ingresos y Gastos de los Hogares 2008 (ENIGH)*, INEGI, México 2008.

[20] *Idem.*

[21] "Gasto corriente monetario promedio trimestral", *Encuesta Nacional de Ingresos y Gastos de los Hogares 2008 (ENIGH)"*, INEGI, México 2008.

[22] *Idem.*

[23] Marcel Neri, coord., "Consumidores, Produtores e a Nova Classe Média: Miséria, Desigualdade e Determinantes das Classes", Fundación Getulio Vargas, Brasil, septiembre, 2009, p. 74, de www.3.fgv.br/ibrecps/cpc/CPC_textofim_neri.pdf

[24] "Ventas Anuales 1981, 1992 y 1994", Asociación Mexicana de la Industria Automotriz (AMIA), México, mayo, 2009.

[25] "Autos importados ilegalmente 2006", Confederación de Asociaciones de Agentes Aduanales de la República Mexicana, (CAAAREM), México, abril, 2009; "Ventas Anuales 2006", Asociación Mexicana de la Industria Automotriz (AMIA), México, mayo, 2009; Ward's Automotive Group, "U.S. Vehicle Sales, 1931-2009", Penton Media, Estados Unidos, 2010. wardsauto.com/keydata/historical/UsaSa01summary/

[26] "Vehículos de motor registrados en circulación", INEGI, México, 2009, p. 281, 200.23.8.5/prod_serv/contenidos/espanol/bvinegi/productos/integracion/pais/aeeum/2009/Aeeum092.pdf

[27] "Hogares con televisión por cable" y "Hogares con televisión", *Estadísticas sobre Disponibilidad y Uso de Tecnología de Información y Comunicaciones en los Hogares, 2009*, INEGI, México, 2009, p. 7.

[28] Lilia Chacón, "Se abaratan TVs planas y crecen ventas", *Reforma*, Ciudad de México, 6 de diciembre, 2008.

[29] "Tarjetas de crédito emitidas al cierre del trimestre, 2002-2010". *Estadísticas de los sistemas de pago de bajo valor, Tarjetas, Tarjetas de Crédito, Tarjetas vigentes al cierre del trimestre*, Banco de México, Mexico, 2010, www.banxico.org.mx/sistemas-de-pago/estadisticas/sistemas-pago-bajo-valor.html

[30] *Idem.*

[31] "Compra tu vivienda nueva o usada para crédito Infonavit", INFONAVIT, México, 2010, www.infonavit.org.mx

[32] "Créditos otorgados por periodo, programa y organismo", Consejo Nacional de Vivienda (CONAVI), México, 2010.

[33] *Idem.*; "Desempeño Sector Vivienda: cierre septiembre", Reunión CANA-DEVI, Ciudad de México, Octubre 2010, www.canadevivallemexico.org.mx/download/plenaria/CONAVI281010.pdf

[34] "Créditos otorgados por periodo, programa y organismo", Consejo Nacional de Vivienda (CONAVI), México, 2010.

[35] "Usuarios teléfonos celulares, México", Centro Latinoamericano y Caribeño de Demografía, División de Población de la CEPAL, mayo, 2009; "Telefonía móvil usuarios 1990-2010 (mensual)", Comisión Federal de Telecomunicaciones, (COFETEL), México, 2011, www.cft.gob.mx/es/Cofetel_2008/Cofe_telefonia_movil_usuarios_1990__2007_mensual; "Serie Mensual de líneas telefónicas fijas en servicio residenciales y no residenciales 1994-2010", COFETEL, México, 2011, www.cft.gob.mx/es/Cofetel_2008/Cofe_serie_mensual_de_lineas_telefonicas_fijas_en_; "Viviendas particulares habitadas por entidad federativa, bienes y tecnologías de la información y la comunicación según disponibilidad", Censo de Población y Vivienda 2010, INEGI, México, 2011.

[36] "Millennium Development Goals Indicators. México", Naciones Unidas, julio, 2009, mdgs.un.org/unsd/mdg/Data.aspx?cr=484; "Usuarios estimados de internet en México 2000-2010 (anual)," COFETEL, México, 2011, www.cft.gob.mx/es/Cofetel_2008/Cofe_servicios_de_internet

[37] Yasira Pérez and Rodrigo León, "Crece el uso de nuevas tecnologías", *Reforma*, Ciudad de México, agosto 12, 2010.

[38] "Número de asegurados 1994- 2008", Asociación Mexicana de Instituciones de Seguros (AMIS), México, junio, 2009; "Accidentes y enfermedades. Resumen Ejecutivo, diciembre, 2009", AMIS, México, 2009 p.6. www.amis.org.mx/InformaWeb/Documentos/Archivos/ResumenEjecutivoDIC09.pdf

[39] "Población total de alumnos, México", CEPAL, mayo, 2009.

[40] *Idem.*; "Población escolar de educación superior según nivel educativo (TSU, LUT, Normal y Posgrado) 2007-2008), *Anuarios Estadísticos 2005-2008*, Asociación Nacional de Universidades e Instituciones de Educación Superior (ANUIES) e Instituto Nacional para la Evaluación de la Educación (INEE), México, Agosto, 2009, www.anuies.mx/servicios/e_educacion/index2.php

[41] "Pasajeros transportados por empresas nacionales en servicio doméstico regular 1989-2009", "Pasajeros transportados por empresas nacionales en servicio internacional regular 1989-2009" y "Pasajeros transportados por empresas extranjeras en servicio regular 1989-2009", *La Aviación Mexicana en Cifras 1989-2009*, Secretaría de Comunicaciones y Transportes, México, Agosto 2009. pp. 26-29, www.sct.gob.mx/uploads/media/Aviacion_Mexicana_en_Cifras.pdf

[42] "Pasajeros transportados por empresas nacionales en servicio doméstico regular 1989-2009, líneas aéreas regionales" y "Pasajeros transportados por empresas nacionales en servicio internacional regular 1989-2009, líneas aéreas regionales", *La Aviación Mexicana en Cifras 1989-2009*, Secretaria de Comunicaciones y Transportes, México, Agosto 2009. p. 26, www.sct.gob.mx/uploads/media/Aviacion_Mexicana_en_Cifras.pdf

[43] "Opinómetro", *Milenio*, Ciudad de México, 19 de marzo, 2001.

[44] Federico Reyes Heroles, "La Oportunidad del Bicententenario", en *México 2010. El Juicio del Siglo*, María Amparo Cásar y Guadalupe González, coord., Ciudad de México: Taurus, 2010.

[45] *Movilidad Social en México*, Ciudad de México: Fundación Espinosa Rugarcía (ESRU), 2008, pp. 4 y 6.

[46] Nora Lustig, "Growth, Inequality and Poverty in post-reform México", Conferencia dada para "Whither Mexico?", Center for Latin American Issues, George Washington University, 15 de mayo, 2009, pp. 4, 21 y 38.

[47] "Población total, por entidad, municipio y localidad", *Segundo Conteo de Población y Vivienda 2005*, INEGI, México, 2009, www.inegi.org.mx/

[48] "Viviendas particulares habitadas por entidad, municipio y localidad según disponibilidad de televisión y computadora". *Conteo de Población y Vivienda 2005*, INEGI, México, 2005, www.inegi.org.mx/sistemas/olap/proyectos/bd/consulta.asp?p=10215&c=16851&s=est#

CAPÍTULO 3

Víctimas y enemigos del conflicto y de la competencia

Existe una ley de hierro de la antropología pop mexicana con un corolario directo en la política nacional. Dice básicamente que a los mexicanos nos gusta vernos *como* víctimas y que también amamos a las víctimas. Éste es un buen punto de partida para esta nueva incursión en el carácter nacional mexicano, —otra vez, con todos los matices trazados al comienzo de este libro. Aquí buscaremos describir y analizar el rasgo cultural en cuestión, para ver, en el siguiente capítulo, cómo choca con nuestra realidad actual.

Concebir a México como una nación de víctimas y a la política como un deporte donde la posición más ventajosa es la de mártir resulta ser tal vez el rasgo más estereotípico asociado con el alma mexicana y la política del país. Y no es enteramente falso. En las obras de los clásicos —Gamio, Ramos y Paz, por ejemplo—, la victimización se representa como ese "complejo de inferioridad" de los mexicanos (Ramos, aunque quizás D. H. Lawrence se le haya adelantado en *La serpiente emplumada*); o bien, como el "indio" amenazado y abandonado (Gamio), que es "tímido, carece de energías y aspiraciones y vive siempre temeroso de los vejámenes y del escarnio de la 'gente de razón', del hombre blanco. Aún macula su frente el verdugón que alzara la bota ferrada del castellano conquistador".[1] Y, por supuesto, Paz:

Plantado en su arisca soledad, espinoso y cortés a un tiempo, todo le sirve para defenderse: el silencio y la palabra, la cortesía y el desprecio, la ironía y la resignación... Atraviesa la vida como desollado; todo puede herirle, palabras y sospecha de palabras... El estoicismo es la más alta de nuestras virtudes guerreras y políticas... Desde niños nos enseñan a sufrir con dignidad las derrotas... La resignación es una de nuestras virtudes populares. Más que el brillo de la victoria nos conmueve la entereza ante la adversidad.[2]

Existen diversas explicaciones para esta inclinación al sufrimiento tan propiamente mexicana, este sentirse víctima y sobrellevarlo con temple estoico, y esta tendencia a celebrar a quienes han sido arrojados a, o han sabido colocarse en este nicho político tan deseable. Como de costumbre, muchas de las explicaciones se remontan a la Conquista, y a la violación fundacional que implicó. Como lo suelen repetir los clásicos (y semiclásicos), los españoles no llegaron para asentarse sino para conquistar. Desembarcaron sin mujeres y, siendo hidalgos y terratenientes, no estaban destinados al trabajo en el campo o en las minas. Así, requirieron de mujeres locales para satisfacer sus necesidades masculinas, y de hombres locales para resolver sus necesidades económicas; ambos satisfactores no eran del todo compatibles. En una versión común de los hechos (no necesariamente exacta), las mujeres fueron violadas y los hombres esclavizados. Para que estas tragedias sucedieran de manera simultanea era necesario que tanto los hombres como las mujeres vivieran bajo una permanente y verosímil amenaza de muerte, y que la correlación de fuerzas —como lo habría dicho Lenin— corroborara y actualizara esa amenaza, materializándola con la suficiente frecuencia para volverla creíble, pero no tan seguido como para destruir la mano de obra e imposibilitar el sexo. Dada esta visión de las circunstancias percibidas, no es de asombrarse que los primeros mexicanos se consideraran a sí mismos víctimas —y que puedan seguir concibiéndose de la misma manera hasta el fin de los tiempos. No debe extrañarnos que los mexicanos simpaticen casi automáticamente con las víctimas y en general con los que buscan puestos o el poder "desde abajo".

Esta narrativa persiste y continúa siendo objeto de consenso analítico entre los clásicos, al menos respecto al período posterior a la Independencia, y hasta el final de la Revolución. El "pueblo" (casi siempre identificado, hasta muy recientemente, con la población indígena, o como lo formuló Gamio repetidas veces, con aquellos de "sangre mixta donde la veta predominante es la indígena") ha sido explotado y oprimido, sucesiva y sistemáticamente, por los criollos recién emancipados, los texanos y estadounidenses, los invasores franceses en 1862 y sus acólitos conservadores, la dictadura porfiriana, los nuevos imperialistas norteamericanos, y finalmente —aunque ya no forme parte del vocabulario de los clásicos pero sí del imaginario social de sus sucesores—, por los vencedores de la épica revolucionaria traicionada. En pocas palabras, al pueblo mexicano, aun antes de ser mexicano, siempre se lo han chingado los demás. "Desde ahora, los mexicanos sólo han sabido morir" (Ramos) y en este fracaso yace la naturaleza de sus máscaras (Paz), su complejo de inferioridad (Ramos, Ramírez y Uranga), su conciencia de ser una "pobre y doliente raza" (Gamio), y las infinitas anécdotas sobre el nexo mexicano con los "vencidos", y su consiguiente rechazo a los "vencedores".[3]

La siguiente historia se ha contado tantas veces que debería desaparecer, pero es ilustrativa, así que va de nuevo. Hay numerosas estatuas del conquistador Francisco Pizarro en Lima y por todo Perú. Sin embargo, la de la capital encierra su propia historia divertida. Forjada por el escultor estadounidense Ramsay MacDonald, la estatua original representaba a Hernán Cortés. Inicialmente, el escultor quiso donarla a México, pero el gobierno mexicano la rechazó porque resultaba ofensiva a su historia nacional —además ni se parecía tanto a Cortés. Así que el artista se llevó su estatua de vuelta a Virginia. Pero cuando murió en 1935, su viuda decidió regalarla a Perú, no como una estatua que representaba a Hernán Cortés, sino a Francisco Pizarro. Las autoridades municipales de Lima la recibieron con honores y la colocaron en el atrio de la Catedral. Desde entonces ha cambiado de sede varias veces, y ahora se encuentra en el famoso Parque de la Muralla.

En Santiago de Cuba, la casa del conquistador Diego Velázquez de Cuellar se conserva aún; en Puerto Rico en la plaza central de San Juan figura una estatua de Ponce de León, y el conquistador está enterrado en la Catedral; en Guatemala existe una ciudad que lleva el nombre de Pedro de Alvarado; y en Chile no sólo se eleva una estatua de Pedro de Valdivia en la plaza central de Santiago, sino que una de las ciudades más importantes del país porta su apellido. Pero en México no hay una sola estatua de Cortés, y los restos del conquistador descansan en la iglesia abandonada y casi nunca visitada de Jesús de Nazaret, en el centro de la ciudad, a unos pasos de la estación del metro Pino Suárez. Según Enrique Krauze no hay ni bustos de Cortés y sólo tres evocaciones geográficas: el Mar de Cortés, el Paso de Cortés y el Palacio epónimo, en Cuernavaca.[4] Los incas sufrieron maltratos tan brutales como los aztecas; Pizarro y sus colegas fueron tan sanguinarios como Cortés y sus subordinados españoles. Un país asume su herencia, y el otro no. O más bien, México simultáneamente asume y niega sus orígenes. En Perú no hubo revolución mexicana (cuando mucho el régimen militar de Velasco Alvarado de 1968 a 1974) y los blancos que escribieron su historia permanecieron en el poder hasta hace poco. Ellos se identificaron siempre con Pizarro, y los indios probablemente con Tupac Amaru.

Indios y mestizos

Todo lo anterior tendría sentido si el país no hubiera asumido el mito del mestizaje y no pensara siempre que su identidad es resultado de una mezcla cultural impuesta, es decir, de la derrota de los indios y la victoria de los españoles: de los extranjeros. Esta visión tal vez se acerca más a la verdad, pero contradice el *ethos* mismo de México —la nación mestiza por excelencia. México se rige por la máxima inscrita en la Plaza de las Tres Culturas en Tlatelolco, inaugurada a mediados de los años sesenta del siglo pasado, cuando ahí se construyó la Secretaría de Relaciones Exteriores, aglutinando así a las tres culturas mexicanas: la precolombina, a través de las ruinas aztecas de Tlatelolco; la colonial, con el convento católico erigido ahí mismo siglos atrás; y la moderna, cristalizada en la nueva Secretaría y en los proyectos multifamiliares de Mario Pani. La inscripción de la plaza reza: "El 13 de Agosto de 1521, heroicamente defendido por Cuauhtémoc, cayó Tlatelolco en poder de Hernán Cortés. No fue ni triunfo ni derrota, fue el doloroso nacimiento del pueblo mestizo que es el México de hoy."

Resulta difícil determinar qué vino primero: la adopción por los mexicanos de su tradicional estatus de víctimas, a partir de la cual los antropólogos, historiadores y poetas han sacado sus consabidas conclusiones, o el trabajo y los lamentos de los académicos e intelectuales, que durante años elaboraron una concepción impuesta a la gente de a pie que no necesariamente la compartía en un principio. Esta última conclusión refleja las enseñanzas de antropólogos modernos como Roger Bartra. Nadie ha desarrollado más a fondo esta noción, ni la ha defendido con tanta elocuencia e inteligencia como él. Con colegas como Claudio Lomnitz de la Universidad de Columbia, Bartra piensa que la misma noción de un alma o carácter mexicano es un constructo cultural o ideológico derivado mucho más de la imaginación de los clásicos que de la psique colectiva de las masas. Más aún, dice Bartra, los clásicos no actuaban o escribían con ingenuidad o altruismo, sino que elaboraron sus tesis con un claro objetivo: permitirle a los únicos dos regímenes duraderos desde la Independencia —el Porfiriato y el de la Revolución—, arropar su dominio autoritario, elitista y proestadounidense con un nacionalismo popular y consensual. He allí la explicación, según Bartra, de la longevidad excepcional de ambos regímenes: 35 años de Porfiriato y siete décadas del PRI. La mera idea de un carácter nacional es producto —espontáneo o deliberado— de un empeño cultural, político y social. Dicho esto, y sin contradecir a Bartra, no puede surgir de la nada: debe ajustarse a una realidad que a la vez refleja y modifica.[5]

Entre la idea de un "carácter nacional" preexistente, descubierto por los antropólogos y los poetas, y una estructura ideológica impuesta por las élites dominantes surge una interpretación intermedia. Sugiere que mientras los mexicanos se percibieron a sí mismos y fueron percibidos como una población indígena, resultó inevitable que la sensación de víctima se les impusiera y a la vez reflejara sus sentimientos preexistentes. No fue sino hasta que el país comenzó a concebirse orgullosa y justamente, sobre todo en el espejo de la "historia oficial", como una sociedad mestiza, con una minoría indígena en veloz decrecimiento, que pudo empezar a separar sus propias pasiones de aquellas ideas y descripciones impuestas por los intelectuales; sólo así comenzaron a cambiar tanto el sentir de los mexicanos sobre sí mismos, como los enfoques de los intelectuales y académicos.[*] Pero la inercia era demasiado potente, y por consiguiente en la cosmogonía nacional durante el siglo XX, si el indio seguía siendo la perenne víctima de la conquista,

---

[*] Al menos para propósitos educativos, la historia oficial de México nació probablemente en 1905, cuando Porfirio Díaz nombró a Justo Sierra Secretario de Educación, y éste transformó dos de sus obras, *Historia patria* e *Historia general*, en libros de texto oficiales para escuelas primarias, secundarias y preparatorias.

y el mestizo no era más que un reflejo del indio, se le transfirió al mestizo la condición de víctima *ipso facto*. En él se justificaban entonces los mismos mecanismos de defensa y sobrevivencia que el indio había adoptado desde 1521. En gran medida los clásicos y sus discípulos tuvieron razón: como se verá a través de las cifras específicas detalladas adelante, México se convirtió realmente en una nación mestiza apenas en el primer tercio del siglo xx. Durante buena parte de la primera mitad de ese siglo, los rasgos atribuidos al "alma mexicana" se originaban correcta o incorrectamente, en la población indígena.[*]

La transformación de una población mayormente indígena en una sociedad mestiza comienza a consumarse con la Revolución. En términos intelectuales, dicha transformación se asocia con Andrés Molina Enríquez y su "mestizofilia", con Vasconcelos y su "raza cósmica" —tan notable por su optimismo y orgullo, y tan absurda a la vez— en su construcción de lo mestizo. Vasconcelos pensaba que, a diferencia de Estados Unidos e Inglaterra —que excluían de su crisol a la población indígena y por consecuencia se condenaban al fracaso, incluso a la desaparición— la mezcla étnica del mestizo estaba destinada al éxito, ya que era incluyente y aseguraba la presencia de todos. Para empezar, era una mezcla generosa: "[Los anglosajones] cometieron el pecado de destruir esas razas, en tanto que nosotros las asimilamos, y esto nos da derechos nuevos y esperanzas de una misión sin precedente en la Historia." Pero además, se trataba de una mezcla superior: "Lo que de allí va a salir es la raza definitiva, la raza síntesis o raza integral, hecha con el genio y con la sangre de todos los pueblos y, por lo mismo, más capaz de verdadera fraternidad y de visión realmente universal."[6]

---

[*] Estoy particularmente agradecido con Héctor Aguilar Camín por haber compartido conmigo sus reflexiones acerca de estos temas, antes de haberlas publicado en sus más notables ensayos y libros históricos.

El aspecto central del mestizaje, sin embargo, no se relaciona con sus orígenes en tanta producción ideológica, sino con el hecho de que hasta hace muy poco y de modos muy específicos —por ejemplo, con la predilección e identificación con las víctimas— ser mestizo en México se asociaba con ser indio. En las palabras de Emilio Uranga:

> Así, el mexicano, es, en sus últimos tiempos, una elección de accidente en la substancia india… Cuando el europeo ve al mestizo no se tropieza con nada, atraviesa ese vacío y sólo se detiene en lo indio, que lo fascina. El mestizo que se ha dado cuenta de esta situación tiene ya arreglados sus asuntos: avanzará hacia la mirada europea dando la cara de su substancia india para ser salvado como accidente de esa substancia. El mestizo es un accidente del indio, una nada adherida al ser-en-sí del indio, que al ser amado, justificado, por el europeo o el norteamericano, recibirá también justificación… Cuando las reliquias indias pasean fascinando a los norteamericanos el mestizo se siente justificado; entonces quisiera que todo se transformara en producto indígena, que toda su vida fuera un bloque compacto de manera india de ver el mundo. Toda revolución que se hace a nombre del indio… (es porque) Sólo lo indio ha logrado adquirir cotización universal, la cultura mestiza no ha tramontado sus horizontes regionales.[7]

En su momento, tanto el estadounidense y el europeo hablaron de este asunto, como ha mostrado Guillermo Sheridan.[8] Durante los años veinte y treinta, emergió una curiosidad por el exotismo indígena en Europa y Estados Unidos, tanto en las artes como en las letras, que generó una imagen del "Indio" idealizada y falsa, exclusivamente para consumo extranjero.

Abundan sólidos motivos demográficos e históricos para fincar esta asociación entre la realidad mestiza y la indígena. Mientras México siguió siendo un país sobre todo rural —hasta mediados de los años cincuenta—, ¿dónde más podía producirse el mestizaje, si no en el campo, después de su desarrollo inicial en las haciendas del periodo colonial y del siglo XIX? En el primer censo nacional general, levantado en 1895, 89% de la población vivía en el campo; no fue sino hasta la década de los sesenta del siglo XX que la mayoría de esa población pasó a ser urbana. Extrañamente, sin embargo, en el Censo de 1910 sólo el 11% se tabuló como indígena —apenas dos veces la proporción actual—, y 10% se consideraba europeo.[9] Los números no dan. Estas cifras implican que más o menos 75% de la población mexicana del campo a principios del siglo antepasado ya era mestiza, dado que hubiera sido casi imposible que grandes masas indígenas habitaran las ciudades. Por ello, muchos estudiosos han cuestionado estas cifras —entre ellos, los autores de un estudio realizado por la UNAM en 2005, basado parcialmente en los datos de censos del siglo XIX. Los autores de dicho estudio estiman que en 1885, 43% de la población del país era mestiza y 38% indígena —esto es, ambos sectores eran, al menos estadísticamente, equivalentes. Fue apenas en 1921 cuando la proporción se volvió 2:1 a favor del sector mestizo.[10] Aunque se puede argumentar que "el mestizo" puede ser un indio que simplemente ha adquirido un tipo y un nivel de vida distintos, lo cierto es que en esa época la definición de uno y otro solía limitarse a los criterios de sangre, lenguaje y comunidad de residencia.

¿Será creíble la cifra del Censo de 1910, que clasifica sólo a 11% de la población como indígena? ¿En la aurora de la Revolución eran ya mestizos la mayoría de los habitantes del campo? ¿Es posible que se haya producido una mezcla étnica tan radical únicamente en el campo durante los cuatro siglos previos? Algunos intensos defensores de las raíces indígenas de México no lo creen. Guillermo Bonfil, quizá el indigenista más elocuente y enérgico de la época moderna, lo dice abiertamente: "Las masas combatientes [de la Revolución] son, en su gran mayoría, campesinos indios y desindianizados."[11] De modo similar, Gamio enfatizaba —en 1917— que "la mayoría [de la población] estaba compuesta de indios, racial y culturalmente"; y al igual que Bonfil, él también insistía que en su mayoría "los rebeldes pertenecían a la raza india".[12] De modo más realista, ¿no era el campo, al menos hasta los años treinta y principios de la industrialización en los años cuarenta, esencialmente un enorme mar de poblaciones y culturas indígenas heterogéneas, que vivían en el tipo de poblado donde nació Zapata, donde el catolicismo había incorporado los rituales precolombinos; donde el español acaso se entendía pero nunca se hablaba, y donde quizá algunos rasgos fisiológicos podrían sugerir un mestizaje estrictamente biológico, pero de ninguna manera cultural, social o político?

Si para quienes realizaban los censos la lengua era la característica definitoria de la etnia de la población, es posible que una respuesta afirmativa a la pregunta "¿Habla usted español?", pudiera significar simplemente "sí, poseo un conocimiento rudimentario del español, que sólo uso en el mercado, la iglesia y el ejército". De acuerdo con el Censo de 1910, cuatro quintas partes de los habitantes de México hablaban español; pero ese era el español que se hablaba.[13] Probablemente hasta dos terceras partes de esos 15 millones hablaban lenguas indígenas entre ellos. Es cierto que en aquellos poblados, como en la Guatemala moderna, las distinciones entre las comunidades indígenas se fijan de acuerdo con "dosis" minúsculas de mestizaje. Aquellos que poseen al menos una gota de sangre blanca no son considerados completamente indios, aun si lo aparentan. México nunca ha ofrecido realmente una buena respuesta a esta pregunta: ¿qué significa ser indio? La definición del término se extiende desde el uso de una lengua distinta al español hasta una forma de vida particular, e incluye, como veremos en el capítulo 6, la connotación terriblemente peyorativa y racista de las palabras "pinche indio".*

En la famosa entrevista concedida a James Creelman en 1908, después de casi 30 años en el poder y probablemente con un conocimiento más profundo y extenso del país que nadie, Porfirio Díaz afirmó que "los indios [eran] más de la mitad de nuestra población".[14] En 1951, José Iturriaga declaró, basándose en el trabajo de Gonzalo Aguirre Beltrán, que cuando comenzaron las guerras de Independencia en 1810 los indios superaban a los mestizos dos a uno.[15] Molina Enríquez, en *Los grandes problemas nacionales* (1910), identificaba a los mestizos con la clase media, que en ese momento definitivamente no representaba a más de 10% de la población. Incluso en 1934 Samuel Ramos proclamó que el campesino "casi siempre en México pertenece a la raza indígena", y en 1930 el 82% de la población era aún rural.[16] Además la población mestiza distaba de ser homogénea.** Según el historiador inglés Alan Knight: "Nunca ha existido una sociedad mestiza definible —ni una personalidad social—, sino sólo campesinos mestizos, obreros mestizos, curas mestizos, políticos y empresarios, cuya condición mestiza compartida ha sido relevante sólo en tanto ésta los diferenciaba colectivamente del indio".[17] Tal vez por este motivo aún hoy el Instituto Nacional de Estadística y Geografía no clasifica a los mexicanos como "caucásicos o blancos" ni como "mestizos", sino

---

* Un fenómeno similar se puede observar en un nivel quizá más anecdótico pero también más profundo. Desde los años cincuenta en México los anuncios en la televisión, las revistas y el cine, de productos como los cosméticos femeninos, la cerveza y muchos otros bienes de consumo, usaron modelos rubias, de piel blanca y ojos azules, quienes claramente encierran poco parecido con el fenotipo nacional. El motivo siempre ha sido claro: la naturaleza aspiracional de la publicidad mexicana. Quizás el ejemplo más famoso sea el de los años sesenta y setenta de la cerveza *Superior*, en donde aparecían unas despampanantes güeras con poca ropa y la leyenda: "La rubia superior que todos quieren."

** También le debo esto a largas conversaciones con Héctor Aguilar Camín.

únicamente como "indígenas". Y sólo a partir de 1921 las cifras se empezaron a volver más fiables y consistentes, aunque todavía con grandes imprecisiones. En el censo de aquel año, 60% de la población era mestiza y 30% indígena.[18]

Si en los albores de la Revolución los mestizos representaban una minoría y los indios una mayoría de la población, ¿no fueron conceptualmente transferidos a los mestizos urbanos las virtudes y vicios estereotípicos atribuidos a los indios desde tiempos inmemoriales? La mayoría de los rasgos dizque propios de los mestizos eran sin duda aquellos supuestamente detectados —aunque en realidad elaborados— por los escritores, artistas e intelectuales en general, tal y como éstos los "veían" en las poblaciones indígenas a lo ancho del territorio llamado México. Y uno de estos rasgos consistía en la identificación con las víctimas, y su corolario: un asombroso abanico de mecanismos de defensa desarrollados a lo largo de casi cuatro siglos de opresión (colonial y poscolonial). La joya de la corona —esto es, el mecanismo de defensa detrás de las máscaras enigmáticas de Paz y de las notables disertaciones de Fuentes sobre la identidad mexicana— es la evasión del conflicto, la huida ante la confrontación, la búsqueda constante de eufemismos y formas cuasi sacras de la gentileza y la caballerosidad, las cuales pueden o no coexistir con distintos arrebatos de violencia, enojo e insultos. En las palabras del psicoanalista Santiago Ramírez:

> El trauma que la Conquista le imprimió al indígena fue de tal magnitud que sus posibilidades de lucha en la nueva cultura se anularon; su mecanismo de defensa y su fuerza es aceptar lo que tiene, desconfiar de todo aquello que el español, el criollo o el mestizo ladino le pueden ofrecer (...) El indio elude el conflicto con los elementos culturales que se encuentran por encima de él, llámense benefactores o agresores.[19]

Nunca busques un pleito si se puede evitar

En muchos sentidos, el indio, y por ende el mestizo —y al parecer todos los mexicanos en general— tienen razón. La confrontación siempre fue un mal negocio, empezando por Moctezuma y Cortés, y pasando por todos los héroes de la Revolución —cada uno de ellos asesinado: Madero, Zapata, Villa, Carranza, Obregón. Los elaborados mecanismos mexicanos de defensa estaban plena y abiertamente justificados, aunque no siempre resultaban eficaces o fáciles de entender. El geógrafo alemán Alexander von Humboldt escribió en 1805: "A los mexicanos les gusta envolver hasta sus actos más insignificantes en un halo de misterio."[20] Carlos Fuentes en particular ha escrito mucho y bien acerca de la proclividad mexicana por los eufemismos y la exagerada cortesía como instrumentos de autodefensa, cuando no de evasión de conflicto.

> Las elaboradísimas fórmulas de la cortesía verbal en México, el uso del subjuntivo, la constante apelación al diminutivo, son protecciones contra el "albur" y sus secuelas violentas. Se dice "Esta es su casa" a fin de que el invitado la respete como respetaría la casa propia; la fórmula encierra un temor al extraño, al ratero, al vándalo, al violador: las casas mexicanas se esconden detrás de altísimos muros coronados por vidrios rotos. Se dice "Si usted tuviese la bondad de prestarme…" porque si se dice, secamente, "Préstame tal cosa", la respuesta sería: "Y tú préstame a tu hermana."[21]

La clave no reside tanto en defenderse de la agresión, como sugiere Fuentes con elocuencia, sino en evitar el conflicto a toda costa, ya sea verbal o de cualquier índole. Y al revés, una de las mayores ofensas que puede experimentar un mexicano es que se le hable "golpeado": innumerables obreros, trabajadores domésticos, novias y personal administrativo prefieren perder su empleo o terminar una relación que tolerarlo. Cuando se les pregunta por qué se fueron, invariablemente contestan: "Me habló golpeado" —lo cual significa que el jefe o la jefa, el dueño, la ama de casa o el novio se dirigió a esta pobre víctima en términos explícitos y en tono abrupto, aunque no necesariamente en forma de insulto. Pero hablar golpeado, al parecer, genera tanta incomodidad, malestar y desasosiego que admitirlo resulta más odioso que perder un empleo, una pareja o una amistad. La confrontación es intrínsecamente deplorable y se debe esquivar a toda costa, con independencia de sus causas o consecuencias. Es indeseable y perniciosa en su esencia misma.

Recuerdo una escena en Tepoztlán hace algunos años, en ese "Pueblo Mágico" que ha seducido durante décadas a visitantes extranjeros del mundo entero. Allí escribió Oscar Lewis una de sus obras seminales sobre el campesinado mexicano —a diferencia de los habitantes de las ciudades— y a él le dedicó Anita Brenner su *Idols Behind Altars* en 1930. Los habitantes de Tepoztlán son conocidos por su orgullo e increíble resentimiento, por su apego a las formas tradicionales, y por dejar que las cosas se salgan de control durante los fines de semana, cuando todos —tepoztecos y tepostizos— beben más de la cuenta, aun para estándares mexicanos. Sucedió en 1989, unos meses después del fraude electoral de 1988. A partir de su "derrota" Cuauhtémoc Cárdenas se propuso construir un partido político para participar en las innumerables y constantes elecciones que se celebran por todo México y a todos los niveles: pueblos, ciudades, estados, congresos locales, etcétera. Sus seguidores presentaron candidaturas, vigilaron casillas y estuvieron particularmente atentos a los mecanismos de conteo. Como Cárdenas conocía bien a su gente, sabía que sus adeptos en provincia tenderían a evitar la confrontación con los caciques locales del PRI; enviaba entonces a simpatizantes capitalinos para supervisar a los supervisores. Fue así como terminé acompañando a Jorge Martínez "El Chale" a varias casillas en Tepoztlán, el día de las elecciones. Y fue ahí, al anochecer, que fuimos testigos del principio de un gran pleito.

Ambos insistíamos que los cardenistas locales debían oponerse al fraude, y no avalar las actas de escrutinio que albergaban alteraciones e irregularidades evidentes. Pero los tepoztecos no estaban convencidos y se resistían a entrarle a la pelea. Finalmente uno de ellos mostró el cobre: "Es que si armamos mucho escándalo, los del PRI se van a enojar." Lo cual era, por lo demás, absolutamente cierto. Pero de eso se trataba, justamente: de frenar en seco a los mafiosos del régimen anterior y de no dejar que se robaran una elección más, aun si se enojaban. Nuestro "bando" reculó, aunque es probable que de haber peleado el asunto hubiéramos triunfado. El PRI ganó con trampas y pasaron varios años antes de que la oposición venciera en Tepoztlán. En un primer momento mi acompañante y yo nos quedamos estupefactos pero después de pensarlo un poco nos dimos cuenta de que, a su modo, los tepoztecos acomodaticios tenían algo de razón. Al día siguiente nosotros regresaríamos a la Ciudad de México; ellos permanecerían ahí y se verían obligados a seguir lidiando con los abusos eternos del PRI. Cárdenas debía atender una infinidad de asuntos; ellos sólo uno: seguir viviendo sus vidas en Tepoztlán, más o menos de la misma manera que hacía cuatro siglos. Las confrontaciones pasadas —desde el comienzo del levantamiento zapatista en Anenecuilco en 1911 hasta el movimiento de Rubén Jaramillo en los años sesenta— no habían conducido más que a la muerte y la destrucción.

Esta tendencia y la tradición que la origina se han confirmado por varias encuestas comparativas contemporáneas. En una de Latinobarómetro levantada en 2008, se le pidió a los ciudadanos de 18 países latinoamericanos su opinión sobre si las marchas callejeras, las protestas y las manifestaciones eran "normales en una democracia", "necesarias para que las demandas fueran tomadas en cuenta", una "forma para que los jóvenes se involucraran en los procesos políticos", o simplemente una manera de "producir caos y destrucción". Los mexicanos escogieron la última opción más que los ciudadanos de cualquier otro país, con la excepción de Ecuador y El Salvador. Vale la pena recordar que los últimos cinco presidentes ecuatorianos han sido derrocados por "el pueblo", y que El Salvador sufrió una cruenta guerra civil entre 1979 y 1992. Según la encuesta, un impresionante 65% de los mexicanos eligió la última respuesta del cuestionario, aunque es posible que esta cifra haya sido provocada en parte por el recuerdo —entonces reciente— de las marchas, protestas y plantones en la Ciudad de México después de las elecciones presidenciales de 2006.[22]

Los porqués de la aversión al conflicto: la violencia, la futilidad irreparable y el tercio excluido

Se suelen proponer cuatro explicaciones para esta aversión nacional generalizada hacia el conflicto, suponiendo por supuesto que sea real y duradera. Como bien lo ha resumido Jesús Silva-Herzog Márquez:

> Y el primer pleito que hay que librar es, precisamente a favor del conflicto. Domina al imaginario mexicano la intuición del precipicio y la condena del antagonismo. Bajo esas ideas, ser prudente es ser renuente al conflicto, ubicarlo como el peor de los males. Será posiblemente la honda herencia revolucionaria lo que imprime a cada fricción política el dramatismo de un caos inminente. Se piensa que el conflicto nos lanza de inmediato a la selva de lo ingobernable… [Tenemos que] confiar, por vez primera, en la fertilidad del conflicto.[23]

La primera explicación subraya una suerte de mecanismo de auto-contención automático, casi "de fábrica", que una sociedad supuestamente archiviolenta ha adquirido a lo largo de los años y que ha desarrollado como un modo de asegurarse de que los atavismos brutales de lo que comúnmente se llama "el México bronco" no se salgan de cauce. El acento en esta explicación recae en las consecuencias de la violencia y no tanto en eludir la confrontación, y se vincula con la muy estereotípica indiferencia mexicana hacia la muerte. Nada ha fascinado más a los literatos y sociólogos en sus especulaciones como la actitud mexicana hacia la muerte —bien ejemplificada en las "caricaturas" del siglo XIX de José Guadalupe Posada—, las celebraciones del Día de Muertos y los innumerables comentarios y testimonios de toda clase de extranjeros sobre la resignación del país ante la aproximación o la llegada de la muerte.

Parecería una perogrullada este razonamiento. Se supone que México atravesó por algunos de los episodios más violentos de la historia mundial, empezando por la Conquista cuando según la "Leyenda negra" la población indígena fue diezmada; la Revolución de 1910-1917, donde murió un millón de personas; el movimiento estudiantil de 1968, cuando fueron masacrados al menos 500 estudiantes en un solo atardecer; y, más recientemente, la guerra del narcotráfico, que hasta el año 2011 había cobrado un saldo de más de 35 mil muertos. Si se suma a esto la evidencia anecdótica de la violencia y la brutalidad mexicanas, tal como lo describen mexicanos y extranjeros por igual (D.H. Lawrence y Evelyn Waugh, sobre todo, pero también Graham Greene en *Lawless Roads*, Malcom Lowry en *Bajo el volcán*, *Viva México* de Serguei Einsestein, así como parte de la obra de Paz, Fuentes o Rulfo), además de la lista infinita de historias de balaceras, torturas policiacas, venganzas y abusos de los terratenientes sobre los campesinos, de los empresarios contra los obreros, etcétera; salta el retrato de un país tan plagado de violencia y siempre tan a punto del desvarío que resulta más que comprensible la aversión de la gente al conflicto y a la confrontación. Los mexicanos saben a dónde conduce todo esto y han padecido sus consecuencias demasiadas veces.

Sólo que en la masacre de 1968 "únicamente" fallecieron 68 víctimas con nombre y apellido; nunca aparecieron ni aparecerán más. Los caídos en combate durante la Revolución no excedieron los 30 o 40 mil (es distinta la cifra que incluye las muertes debidas al caos social y económico producto del conflicto civil, de las ocasionadas por la Influenza española que estalló en 1918, pero no son reflejos directos de la violencia). La verdad es que en México, aun en medio de su desgracia autoinfligida de la "guerra contra el narco", hay menos homicidios por cada 100 mil habitantes que en la mayoría de los países de Latinoamérica. Según la Organización Panamericana de Salud, en 2007 se produjeron en México 11 homicidios por cada 100 mil habitantes, mientras en El Salvador hubo 45, 37 en Colombia, 34 en Venezuela y 31 en Brasil. En Canadá imperó un promedio de 1.8 en 2006 y en Estados Unidos, en 2007, el promedio fue de 6.1; Europa occidental no alcanzó los 5, pero en Rusia se llegó a 20 y en Sudáfrica a 49.5.[24] A partir de 2008 la tasa mexicana subió nuevamente, pero la de Venezuela aún más, por ejemplo.

Esta apreciación se volvió contraintuitiva a partir de 2010, cuando la naturaleza francamente espantosa, la dispersión y la cantidad de asesinatos relacionados con el narco, que además se publicitaban como homicidios "regulares", generaron la impresión de México como un país en guerra. Los reportajes de noticieros, las estadísticas y las evaluaciones privadas concordaban: la violencia en México parecía completamente fuera de control. No obstante, los números seguían corroborando la apreciación anterior, a pesar de la aparente inconsistencia.

Los motivos de esta paradoja son conocidos. Hasta finales de los años ochenta, la violencia en México, aunque no era ajena a las ciudades grandes, seguía perteneciendo al pasado rural; estaba concentrada en y alimentada por los pleitos por la tierra, el agua, los caminos y los privilegios del campo, y sucedía entre las distintas comunidades rurales. Tan recientemente como 1995 en Aguas Blancas y Acteal en 1997, tuvieron lugar dos masacres en zonas rurales. Los motivos: tierra, agua y derechos comunitarios. Esta violencia estaba bien escondida, se barría debajo del tapete, lejos de las luces y los bytes de sonido de los corresponsales extranjeros, los activistas de derechos humanos y los diplomáticos. Ahí estaba, igual de corrosiva y trágica, pero fuera del horizonte visual.

Las cosas ya no son así. Desde 2008, las decapitaciones, mutilaciones, torturas y destrucciones son problemas urbanos y muchas veces ocurren cerca de la frontera con Estados Unidos. Ahora suceden a plena luz del día y se difunden, aun si rara vez se investigan y se condenan. Esta violencia es estridente, escandalosa, e intolerable para las mentes y espíritus modernos de la clase media, pero sigue mucho menos extendida que antes, si bien resulta ahora mucho más ruidosa. Ésta es sólo una paradoja más de la modernidad mexicana.[*]

Todas las estadísticas comparativas son imprecisas y difíciles de utilizar; las fuentes, los años y los métodos carecen de uniformidad. Así, no se deberían tomar estas como cifras exactas, aunque sirvan como indicadores de los grados relativos de violencia en distintos países. Según la encuesta de Latinobarómetro del año 2008 que comparaba niveles de violencia entre vecinos, bandas, familias y escuelas, México quedó en décimo lugar entre 18 países. En México se registró menos violencia en cada rubro que en Brasil

---

[*] Estas reflexiones fueron tomadas en parte del artículo de Joaquín Villalobos, "Doce mitos de la guerra contra el narcotráfico", *Nexos*, México, D.F., no. 385, enero de 2010 y "La guerra de México", *Nexos* México, D.F., no. 392, agosto de 2010; y de Fernando Escalante Gonzalbo, "Homicidios 1997-2007", *Nexos* México, D.F., no. 381, septiembre de 2009.

(número uno de la lista), Guatemala, Panamá, República Dominicana, Venezuela, Honduras, Nicaragua, Perú y El Salvador. Chile
resultó ser uno de los menos violentos.[25] Por lo tanto México no
se acerca ni remotamente a colocarse como la sociedad más violenta de América Latina, aunque sí arroja datos más elevados que
las naciones industrializadas. La música brasileña se antoja más
dulce y menos apologética de la violencia y de la muerte que la
mexicana; resulta inimaginable incluso en una partitura tan me-
lancólica como la de Tom Jobim de los años cincuenta, escrita para
Orfeu Negro, una frase como la proverbial "La vida no vale nada"
de José Alfredo Jiménez. Pero el gigante sudamericano cuna de la
bossa nova es muchísimo más violento que México, con todo y sus
mariachis, rancheras y narcocorridos.

Incluso la Leyenda Negra de la Conquista Española ha sido
exagerada en grado considerable, según varios historiadores. Entre
1519 y el final del siglo XVI no parece para nada evidente, como muchos lo han aseverado, que la población de la Nueva España fuera
casi destruida por los "invasores". Los responsables de la "leyenda",
Sherburne Cook y Woodrow Borah, propusieron las cifras en 1950
que posteriormente se dieron por buenas: la población del altiplano
mexicano habría pasado de 25 millones en 1519, a 17 millones en
1532, y luego de una caída espantosa, a 1.9 millones en 1580.[26]
Pero ya en 1960 el historiador español Nicolás Sánchez Albornoz
advirtió que aunque era cierto que la población había disminuido
de manera drástica se imponían dos matices. Primero, se dificul-
taba enormemente fijar la cifra de partida dado que los aztecas no
realizaban censos ni conteos precisos de su población; segundo, la
mayor parte de las muertes se debieron a epidemias y enfermedades en general y no necesariamente a la violencia directa.[27] Según
los historiadores mexicanos Andrés Lira y Luis Muro una catás-
trofe demográfica sí devastó a la Nueva España entre 1576 y 1579,
y quizá incluso un par de años más. En ese lapso una epidemia de

intensidad casi inconcebible provocó la muerte de dos millones de indígenas, y con ello la escasez de fuerza de trabajo y de diversos productos agrícolas.[28] Pero esto ocurrió más de medio siglo después de la Conquista y le generó grandes dificultades económicas a los conquistadores.

Un historiador argentino ha resumido la visión más moderna de la siguiente manera:

> La verdad es que España no planeó ni ejecutó ningún plan genocida; el derrumbe de la población indígena —y que nadie niega— no está ligado a los enfrentamientos bélicos con los conquistadores, sino a una variedad de causas, entre las que sobresale la del contagio microbiano. La verdad es que la acusación homicídica como causal de despoblación no resiste las investigaciones serias de autores como Nicolás Sánchez Albornoz, José Luis Moreno, Ángel Rosemblat o Rolando Mellafé, que no pertenecen precisamente a las escuelas hispanofílicas. La verdad es que "los indios de América", dice Pierre Chaunu, "no sucumbieron bajo los golpes de las espadas de acero de Toledo, sino bajo el choque microbiano y viral". La verdad (...) es que se manejan cifras con una ligereza frívola, sin los análisis cualitativos básicos, ni los recaudos elementales de las disciplinas estadísticas ligadas a la historia.[29]

En pocas palabras, es innegable la violencia en la sociedad mexicana, pero el excedente ideológico y los efectos que genera son más bien algo construido por la sociedad, no un hecho a secas. Pensadores mexicanos desde Manuel Gamio —comúnmente reconocido como el primer antropólogo del país—, hasta Paz así lo suelen ver. En 1917 Gamio escribió que si México hubiera sido conquistado por los franceses en vez de los españoles, por ejemplo, es probable que "desde hace más de un siglo estaríamos vendidos (...) a los

Estados Unidos o éstos nos habrían tomado y ya se sabe que el sistema colonizador de los 'pioneros', era un tanto más radical que el de los conquistadores, pues consistía en perseguir al indio hasta extinguirlo".[30] Paz también ofrece una visión análoga. Durante la Conquista misma, dice, "la viruela cobró más vidas que los arcabuces de los españoles". Pero el poeta se aventura aún más, y asevera que la vulnerabilidad de las civilizaciones del Nuevo Mundo a las enfermedades fue consecuencia de su propio aislamiento y naturaleza insular, insinuando así que el contacto con cualquier otro elemento exterior hubiera producido los mismos resultados: "América fue un continente sustraído a la historia mundial durante milenios y esta inmensa soledad explica la originalidad de sus creaciones; asimismo, su más obvia y fatal limitación: el primer contacto con el exterior aniquiló a esas sociedades. Carentes de defensas biológicas, las poblaciones indígenas de Mesoamérica fueron fáciles víctimas de los virus europeos y asiáticos".[31]

Respecto a los decesos acontecidos durante la Revolución, el INEGI señala que la población del país decreció de 15.1 millones en el Censo de 1910 —en los albores del conflicto—, a 14.5 millones en 1921. La *Cambridge History of Latin America* ofrece una explicación al respecto: "La guerra, la emigración y la gripa [es decir, la influenza española] fueron los factores primordiales."[32] De acuerdo con otro historiador, un reportero de *El Universal* pudo reunir los siguientes datos: "Se llegaba a la impresionante cifra de 436 000 muertos [por la influenza española entre 1918 y 1919] (…) La factura demográfica que se observa en la comparación de los censos generales de población de 1919 y 1921 debe mucho más a las epidemias que a la violencia revolucionaria."[33] En la misma vena, el historiador francomexicano Jean Meyer ha concluido que: "Entre 1914 y 1919 murieron un millón de mexicanos, alrededor de un cuarto de ellos en los campos de batalla, o frente a los pelotones de fusilamiento, y alrededor de tres cuartos a causa de epidemias y hambrunas."[34] La Revolución fue por supuesto un suceso violento en la historia nacional, pero sólo hasta cierto punto. En diciembre de 1914, por ejemplo, cuando las tropas de Villa, y de Zapata tomaron y ocuparon la Ciudad de México por algunas semanas —acción que la "gente bien" metropolitana suele recordar como la peor pesadilla de su vida—, sucedió algo mucho más sutil y discreto. De acuerdo con los cálculos más confiables, alrededor de 200 personas fueron asesinadas a lo largo de ese mes, muchos de ellos en pleitos callejeros y enfrentamientos con la policía, y no por violencia sistemática.

De hecho, hay buenas razones para pensar que las exageraciones en torno a las muertes de la Conquista, la Revolución y el movimiento del 68 (guardando, obviamente, las proporciones), han servido a un propósito claro, si bien no deliberado y consciente: prevenir futuras revueltas contra la autoridad, otra revolución u otro movimiento estudiantil. El pueblo mexicano fue convencido de que, dada la violencia arraigada en su país y el alma intrínsecamente violenta de los mexicanos, y vista la ausencia de instancias legales adecuadas o restricciones culturales para contener dicha violencia, cualquier intento por derrocar el *statu quo* siempre redundaría en... en lo mismo que resultó del intento anterior. La Revolución se "justifica" dado que las circunstancias sociales anteriores a 1910 eran tan miserables que se antojaba razonable un levantamiento de campesinos, obreros y clase media contra la dictadura de Porfirio Díaz; valía la pena, incluso, a pesar del famoso millón de muertes, en vista de los beneficios obtenidos por los participantes en la revuelta. Pero ningún otro intento contra el nuevo orden se volvería a justificar, a la luz del terrible costo en vidas humanas que el país se vería obligado a pagar. Esta amenaza a voces funcionó y en su éxito radica en parte el secreto del régimen autoritario que perduró en México durante tantos años.

Los movimientos estudiantiles de los años sesenta sufrieron un destino similar. Los estudiantes, sus padres y amistades, además de múltiples periodistas, políticos y académicos de México y del mundo se estremecieron cuando Oriana Fallaci, valiente y ensangrentada, describió desde las ruinas precolombinas de la Plaza de Tlatelolco los cientos de cuerpos a su alrededor.[35] Todos eran, según su reportaje, víctimas de los balazos indiscriminados disparados por el ejército mexicano contra la multitud que abarrotaba la plaza, siguiendo las órdenes giradas a los militares por el cruel y cínico Díaz Ordaz, empeñado en suprimir cualquier tipo de protesta ante la inminente apertura de los Juegos Olímpicos en la Ciudad de México diez días después. Sólo que los cientos de cadáveres, el tiroteo indiscriminado y los ríos de sangre nunca existieron en 1968, ni en otra masacre, en junio de 1971. A lo largo de los siguientes 20 años y, de alguna manera, hasta el día de hoy, los mexicanos han vivido persuadidos de que los gobiernos de entonces y los de ahora eran y son capaces de acribillar indiscriminadamente a cientos de estudiantes. El viejo régimen del PRI mantuvo así aterrorizados a sus adversarios; esto explica en parte la desaparición de los movimientos estudiantiles a partir del 68 y durante las dos décadas siguientes, así como su reaparición únicamente en torno a causas aisladas y protestas de poca monta durante los años ochenta y noventa. Por otro lado, dado que el gobierno *no asesinó* a 600 jóvenes, *no pagó* el precio político, internacional o incluso legal, de haberlo hecho. El mito de la violencia mexicana acabó siendo un muy buen negocio para el sistema político.* Puede que los mexicanos sean adversos a la confrontación en parte por temor a la violencia, pero parte de esa violencia es producto de una imaginación, o si no,

---

* Estoy particularmente agradecido aquí con Joel Ortega, quien formó parte del movimiento estudiantil del 68 y comparte estas ideas, y con quien he tenido innumerables conversaciones sobre el tema a lo largo de los últimos treinta años.

de una muy cínica desinformación. Con la excepción de la Guerra Cristera (1926-1929), cuando miles de campesinos católicos se sublevaron contra el régimen anticlerical de Calles, no ha habido insurrecciones significativas en los últimos 100 años.

Este extraño *quid pro quo* en el cual estudiantes y gobiernos, víctimas y verdugos aceptaron por igual una mentira políticamente conveniente para todos tuvo otra consecuencia que confirma el miedo mexicano a la violencia, y a la vez ilumina el origen de dicho temor: la distorsión de la verdad. A partir de 1968, regímenes de procedencias variadas se han mostrado renuentes a recurrir al uso de la fuerza, cualesquiera que hubieran sido las circunstancias o la justificación de su utilización. Hubo, por supuesto, algunas excepciones —como en 1971, cuando Echeverría envió matones paramilitares a golpear a los estudiantes el 10 de junio y, más adelante, cuando ordenó al ejército arrasar con varios grupos guerrilleros de izquierda sin mucho respeto por los derechos humanos, el debido proceso, etcétera. Pero después se volvió prácticamente inviable proceder de esa manera; las encuestas de hoy explican por qué. En la Primera Encuesta Nacional sobre la Discordia y la Concordia, levantada en 2009, se preguntó: "¿En qué situaciones considera justificado que los gobiernos utilicen la fuerza pública?"; 28% (el grupo más grande) respondió "En ninguno de los casos", y sólo 24% respondió "Ante enfrentamientos violentos con la policía".[36]

Para fines prácticos, este resultado le imposibilita al gobierno emplear a la policía o al ejército, salvo cuando la violencia va dirigida contra "otros" o contra los "no ciudadanos": por ejemplo, los narcotraficantes y el crimen organizado. Aun cuando la sociedad mexicana creía (equivocadamente) que estaba siendo atacada por una insurgencia indígena armada en Chiapas en enero de 1994, la mayoría de los habitantes del país desaprobó el uso de la fuerza pública en su contra, obligando a Salinas de Gortari a ordenar un alto al fuego, abrir negociaciones con los militantes zapatistas y dejar que la revuelta en Chiapas se perpetuara por años. En la "guerra" más reciente del país contra las drogas y el crimen organizado, cuando fueron encuestados los mexicanos favorecieron por más de 10 puntos "el respeto a los derechos humanos y las libertades de todos, aun si esto implica que la lucha contra el crimen sea menos efectiva", frente a "usar redadas, retenes, o un toque de queda para combatir mejor el crimen, aun si esto viola los derechos humanos".[37] En pocas palabras, quizá México sólo conserve un recuerdo distante —aunque tal vez profundo— de la violencia de antaño, incluso anterior a la llegada de los españoles. Como escribió originalmente Santiago Ramírez, inspirando las reflexiones de Paz años después: "[Durante la era precolombina] las diferencias sociales y jerárquicas que mediaban entre una y otra clase social, en particular entre el pueblo y la aristocracia militar y religiosa, eran de tal magnitud que constituían terreno fértil para la expresión de situaciones de conflicto y drama".[38] Puede que esto explique, por cierto, las ejecuciones rituales o sacrificios humanos que se extendían por todo el territorio en aquella época.

La segunda explicación comúnmente esgrimida para dar cuenta de la persistente renuencia mexicana al conflicto, a la confrontación o incluso a las disputas verbales libres de eufemismos y a los enfrentamientos explícitos, radica en la naturaleza irreparable de tal comportamiento: la firme creencia de que es imposible volver a meter al genio en la botella una vez que se sale. En la mente del mexicano simplemente no existe una solución después de un conflicto; no hay manera de recular ante una disputa. En una contienda se dicen y se hacen cosas que no se pueden desdecir o deshacer; después de un pleito las heridas y daños no se sanan ni se reparan. Así pues, lo mejor es eludir por completo la confrontación; más aún si uno se identifica con el lado más débil, lo cual es, como ya hemos dicho, lo que los mexicanos tienden justamente a hacer. El único beneficio posible derivado de la confrontación directa es que alguien pierda y alguien gane, y casi siempre, el que pierde va a ser más "mexicano" o más "popular" que el ganador. Todo esto se aplica tanto en la política, como en las luchas sociales y las relaciones interpersonales. Un síntoma claro de esto aparece en las diferencias entre la educación retórica de los mexicanos y la de los anglosajones. Los estadounidenses y los ingleses pertenecen a clubes de debate o a sociedades donde se confrontan verbalmente sobre cualquier tema dado. Los mexicanos, desde muy temprano en su educación primaria, participan en concursos de oratoria públicos, donde los niños cada uno por su cuenta presumen sus habilidades verbales mientras discurren sobre cualquier tema que ellos o sus maestros hayan elegido. Por definición, en este ejercicio no hay confrontación posible.

Durante años el sistema político mexicano operó a partir de la negociación perpetua. Tanto así que en ocasiones se creaban conflictos artificiales para luego someterlos a un acuerdo negociado. Todo estaba sujeto a negociación, aún si las partes se hallaban en correlaciones de fuerzas distintas. Los trabajadores, mediante sus sindicatos, negociaban mejores salarios y derechos, pero evitaban, siempre que podían, estallar una huelga o tomar una fábrica. Estos métodos no formaban parte del patrón normal de comportamiento y, cuando surgían, como con los ferrocarrileros en 1958-1959, o los profesores universitarios y los trabajadores administrativos de la UNAM en 1977, todo acababa mal: los líderes encarcelados, las instalaciones tomadas por el ejército, una campaña amarillista en la prensa contra los agitadores, etcétera. Lo mismo aplica para los campesinos. Después de la Revolución, durante la Cristiada (entre 1926 y 1929) y en algunos levantamientos a mediados de los años treinta durante el mandato de Cárdenas, las zonas rurales de México se volvieron como las describe Rulfo: yermas, solitarias y silenciosas. Las promesas de la Revolución fueron traicionadas y luego olvidadas. Campesinos sin tierra o provistos sólo de mi-núsculas parcelas de tierra incultivable trataban de negociar subsi-dios, apoyos, pequeños incrementos en el tamaño de sus terrenos, pero rara vez recurrían a la confrontación directa. En vez de lu-char, prefirieron huir... a Estados Unidos. Y en la arena política la oposición tampoco optaba por el conflicto en lugar de la negocia-ción. Por eso uno de nuestros dichos favoritos reza: "Más vale un mal arreglo que un buen pleito", esto en un país donde la sabiduría popular sobrevive gracias a fórmulas elípticas y elegantes. En una encuesta de 1993 sobre los valores de los mexicanos realizada por Enrique Alduncin, puestos a escoger entre los dichos, "golpea el acero cuando todavía está caliente" y "todo llega a aquel que sabe esperar", 25% de las personas escogieron el primero (i.e., la acción directa e inmediata), y 75% la segunda (i.e., ser paciente y dejar que las cosas lleguen solas).[39]

Asimismo, cuando los encuestadores preguntaron si se obte-nían mejores resultados a través de la cooperación o de la compe-tencia, 84% prefirió la primera y 16% la segunda.[40] La competencia libre y abierta parece ser el tipo de lucha sustantiva más desapro-bada por la mentalidad mexicana. Una cosa es arrastrar entre to-dos a los cangrejos de regreso a la cubeta de manera subrepticia, o adentrarse en pugnas intestinas burocráticas de negocios o aca-démicas, y otra muy distinta es competir abiertamente a la luz del día. Esa competencia parece ser indigna, indebida y fútil. Siempre ganará el competidor más grande, más fuerte, más rico y más vo-luntarioso: entonces, ¿para qué oponerse, si el desenlace ya se co-noce y se puede sacar mejor partido de un trato que de un pleito? Y sin embargo, pocas cosas le hacen más daño al México de hoy que la ausencia de competencia en su economía, en la esfera política, en el movimiento obrero y en los medios de comunicación.

Abundan los dichos mexicanos que más o menos dicen lo mismo: "Es mejor decir aquí corrió, que aquí murió"; "Es de pendejos jugarse el pellejo"; "A enemigo que huye, puente de plata"; "Aunque veas pleito ganado vete con cuidado". En al menos dos ocasiones a lo largo de los últimos 20 años, una poderosa pero en última instancia ya derrotada oposición prefirió retirarse a tiempo ante un posible enfrentamiento: en la primera, porque los líderes sabían que sus seguidores no se sacrificarían por ellos o se aventarían con ellos al precipicio; en la segunda, porque una vez que los seguidores y simpatizantes se acercaron demasiado al precipicio, desertaron a sus líderes. En 1988, Cuauhtémoc Cárdenas, sus adeptos y una enorme porción de la población se convencieron de que Carlos Salinas de Gortari les había robado la elección. En los días y semanas que siguieron al 6 de julio se llevaron a cabo mítines gigantescos en la Ciudad de México. Desde el movimiento de 1968 la gente no se había atrevido a congregarse de manera tan multitudinaria en el Zócalo para protestar contra el gobierno. Esta vez no hubo espacio para la negociación: Salinas buscó un acuerdo pero en vano. Cientos de miles de personas se manifestaron en las calles pidiendo transparencia electoral, y que Cárdenas fuera declarado el vencedor. El enfrentamiento final ocurrió a principios de agosto cuando Cárdenas se dirigió a sus innumerables seguidores frente a Palacio Nacional que, cuentan los rumores, estaba atestado de militares, prestos a disparar si la multitud intentaba franquear las puertas e instalar por la fuerza a Cárdenas como nuevo presidente. Pero al final ganó la sabiduría y el lado más "mexicano" del líder. Cárdenas se mantuvo firme en su acusación de fraude electoral, se negó a toda negociación, pero instó a sus seguidores a volver a casa, a construir un partido político, a evitar el enfrentamiento y perseverar en la lucha. La gente ha vuelto al Zócalo muchas veces y ha seguido luchando pero no han triunfado.

Es probable que Cárdenas haya acertado al echarse para atrás; no hubiera ganado nada con derramar sangre ni con destruir la afamada estabilidad del sistema político mexicano. Cuando le pregunté tres años después, respecto a una elección de medio periodo en la que su nuevo partido recibió una paliza, por qué no boicoteaba al menos el Congreso (en 1988 su bancada legislativa era casi mayoritaria) respondió que sus aliados no lo hubiesen seguido hasta el final. Una cosa era manifestarse en las calles, gritar consignas y agitar pancartas incendiarias; otra muy distinta renunciar a una curul en el Congreso.

En las elecciones presidenciales del año 2006 se produjo un ejemplo contra factual interesante. De nuevo la izquierda sintió que le habían robado la elección, con muchos menos fundamentos, desde nuestro punto de vista, que en 1988. El PRD quedó en un muy cercano segundo lugar (menos de 1% de diferencia) y una vez más la gente salió a las calles. Pero en esta ocasión Andrés Manuel López Obrador decidió *no* echarse para atrás. Convocó a sus seguidores y los instó a ocupar permanentemente el Zócalo capitalino y a bloquear el Paseo de la Reforma. Por más de un mes la gente obedeció a su líder. López Obrador denunció a Felipe Calderón y a Vicente Fox como criminales, usurpadores, espurios y rateros. Siguió presionando hasta la toma de posesión presidencial cuando la izquierda trató de impedir por la fuerza que Calderón jurara ante el Congreso.

López Obrador fracasó, como fracasó también Cárdenas, y por los mismos motivos. Ambos perdieron por la negativa de sus seguidores a acompañarlos hasta el final. La única diferencia es que Cárdenas lo entendió a tiempo y López Obrador pagó el precio de albergar la esperanza, al parecer, de que se había superado la sempiterna aversión hacia el conflicto. Pero ambos también terminaron dándole la razón a sus seguidores: no hay vuelta atrás después de un conflicto, no hay ningún camino para volver sobre los pasos, ninguna reconciliación posible con el enemigo después de la guerra. Ni Cárdenas ni López Obrador normalizaron su relación con el gobierno. En buena medida a esto se debe que un país que por lógica debería ser gobernado por la centroizquierda, lo ha sido durante casi diez años por centroderecha.

La siguiente explicación del rechazo mexicano a la controversia es, al mismo tiempo, la más simple y la más fundamental. Se reduce al hecho de que la confrontación resulta inútil, particularmente si uno se identifica o encarna la parte más débil de un conflicto. Nada útil, según el imaginario social mexicano, se ha ganado nunca a través de un pleito, salvo la nobleza, acaso, de la muerte. Todos los héroes nacionales, con la sola excepción de Benito Juárez, han muerto en batalla: desde Cuauhtémoc en 1521 hasta Lucio Cabañas en 1972. Buscar pleito con un vecino, un pariente, una pareja, hijo o padre, confrontar a un rival o a un amigo con la evidencia palmaria de traición o con animosidad, es inútil. Si el objetivo es resolver asuntos, no sirve de nada traerlos a la luz ni explicitarlos; si lo que se quiere es reafirmar un punto, pero se sabe que nada se gana así, entonces, ¿para qué preocuparse? Y si la idea es derrotar a un adversario, vengando un agravio o enmendando el desaire, la mejor herramienta es dejar que el ofensor ni siquiera se dé cuenta del mal que causó. Como bien me aconsejó un viejo y sabio político mexicano, amigo mío: "Si quieres destruir a un enemigo, tienes que clavarle la espada y atravesarle el cuerpo sin que siquiera se dé cuenta de lo que le ha ocurrido."

Las riñas personales se consideran tanto de mala educación como carentes de sentido: ¿para qué ser maleducado y decirle a alguien —un policía que te quiere detener violentamente, un golpeador de mujeres, un amigo traicionero, un político corrupto, un académico plagiario— lo que piensas, si nada va a resultar de ello? El mito cuenta que los mexicanos soportan todo tipo de abusos hasta el día en que explotan. Pero la verdad es que no han explotado. Con la excepción de la Independencia —en gran medida lograda gracias a las élites criollas—, la guerra contra los franceses, la Revolución y la muy circunscrita Guerra Cristera a mediados de los años veinte, cuando las masas sí se levantaron, prevalece una gran desproporción entre la inmensa magnitud de los abusos y la baja intensidad y frecuencia de las reacciones violentas hacia ellos.

Una cuarta y última explicación de la aversión al conflicto, descansa en un rasgo más profundo de la psique mexicana, mucho más difícil de explicar, ya que es intangible y ha sido descrito con menor precisión por los clásicos. Se trata de un empeño casi mágico de negar el principio del tercio excluido, para evitar no sólo confrontaciones sino decisiones polares o binarias en general. El principio que establece la incompatibilidad mutua de dos términos o partes (A y no A) que no pueden coexistir en el tiempo y el espacio es tan viejo como Aristóteles. Es un principio filosófico, lógico y natural, según el cual si dos proposiciones son contradictorias, la veracidad o falsedad de una implica la falsedad o veracidad de la otra (una proposición sólo puede ser verdadera si no es falsa y sólo puede ser falsa si no es verdadera, porque una tercera opción está excluida). O, según el propio Aristóteles: "no es posible tampoco que haya un término medio entre dos proposiciones contrarias; es necesario afirmar o negar una cosa de otra."[41]

El tercio excluido también constituye un principio político, aunque muchos políticos argumentarían que la esencia misma de la política consiste precisamente en lograr que dos propósitos incompatibles no lo parezcan. Los sistemas legales, contractuales, éticos y matemáticos se basan en este principio. Nadie puede ser a la vez culpable e inocente; firmar un contrato y violarlo al mismo tiempo; establecer un silogismo, prueba o teorema donde un término y su contrario sean ambos simultáneamente ciertos. Lo mismo aplica para los sistemas éticos y morales: resulta difícil, si no imposible, que deseos, aspiraciones, esperanzas o ambiciones mutuamente incompatibles coincidan. Lo cual, por supuesto, no vale para el subconsciente, o incluso para pasiones, impulsos y deseos conscientes. Si Freud descubrió algo fue que la mente y la psique contienen impulsos contradictorios. Las cosas se complican cuando casos normales, incluso frecuentes de incompatibilidad entre aspiraciones polares de la mente y el corazón se transfieren a la vida cotidiana, y a las esferas política, económica y social. La mayoría de las veces la realidad material termina imponiéndose a las pasiones psicológicas o culturales.

Así como los mexicanos aborrecen el conflicto, también nos mostramos renuentes a elegir entre opuestos polares o binarios. En pocas palabras, queremos siempre "chiflar y comer pinole", o "mamar y dar de topes". Todo lo binario los repele: las elecciones, la ley, el mercado, la competencia o elegir un bando o tomar partido en cualquier empresa humana o nacional. Elegir es colocarse de uno u otro lado; ponerse de un lado es hacer feliz a alguien y disgustar a otro, y el enojo debe ser evadido siempre que sea posible. Psicoanalistas como Federico San Román han llegado a creer que muchos mexicanos recurren a juegos de palabras en sustitución de respuestas violentas que provocarían normalmente la agresión. Cierto tipo de discurso —identificado pero no limitado a los albures— permite la coexistencia de dos mensajes distintos. El primero es un enunciado inocuo y juguetón; el segundo manifiesta información que si fuera explícita, resultaría ofensiva. Los juegos de palabras se convierten en un instrumento de compensación de las tensiones, inseguridades y peligros cotidianos, mediante el lenguaje; como las acciones se prohíben debido a sus consecuencias, sólo queda la imaginación. Ahí todos los deseos son realizables, las palabras encierran poderes mágicos y lo imposible es factible: la victoria, el control, incluso la venganza. En este mundo mágico desaparecen el miedo a ser vencido y la inseguridad que subyace a él y lo explica. No queda nada a qué temerle.

Cantinflas y Pedro Infante

La aversión mexicana por el enfrentamiento surge entonces de una combinación de estos cuatro factores: 1) el miedo de que todo conflicto conduce directamente a la violencia, particularmente en una sociedad proclive a la agresividad; 2) la creencia de que después del altercado no hay reconciliación posible; 3) la convicción de que cualquier confrontación es en última instancia inútil; 4) la negación de proposiciones binarias y del principio del tercio excluido. Pero la renuencia al conflicto también constituye una consecuencia directa de la identificación con la víctima. El ejemplo más extraordinario del mexicano que evade sistemáticamente la confrontación, tanto porque refleja indudables rasgos nacionales como porque se le identifica como el "mexicano típico", es por supuesto Cantinflas. A pesar de sus desafortunadas incursiones en el cine hollywoodense (*Alrededor del mundo en ochenta días*, en el papel de Passepartout con David Niven y el "churro" racista *Pepe*, con William Holden, Tony Curtis y Debbie Reynolds) y su malogrado regreso a las pantallas en los años setenta, sigue siendo único en muchas maneras. Creó una palabra incorporada al Diccionario de la Lengua Española de la Real Academia Española en 1992: "cantinflear", que según el diccionario significa: "Hablar de forma disparatada e incongruente y sin decir nada; actuar de la misma manera."[42]

Esto es exactamente a lo que nos referimos. Cantinflear o ser cantinflesco significa evadir la expresión directa, una postura clara, la definición de un punto de vista —y al menos en el caso del Cantinflas de los años cuarenta, ser simultanea y extraordinariamente gracioso y entrañable al hacerlo. Cantinflas lograba escabullirse de cualquier embrollo y abrirse camino con base en pura labia y locuacidad, el uso del doble sentido y el eufemismo, las frases y gestos de sentido tácito y a ratos incomprensibles. Sobrevive como un ícono de la vida urbana de mediados de siglo xx y como el epítome de la hostilidad mexicana al pleito. Como bien lo dijo Santiago Ramírez: "Con su ingenio y lenguaje elusivo, se evade una y otra vez del contacto difícil con la autoridad; su forma de hablar es un no dejarse aprehender ya que desconfiado y temeroso elude el contacto."[43] El poeta italomexicano nacido en Alejandría, Fabio Morábito, lo formula de un modo más lírico: "A la ciudad más grande/ vine a dar, a esta urbe/ que nunca cicatriza;// la lengua aquí se esconde/ bajo tantas heridas/ que hablar es lastimarse,// y quien habla mejor/ es quien lastima más,/ el que mejor se esconde."[44]

Es más fácil medir la resistencia a la confrontación en la esfera política, dado que muchas encuestas suelen explorar a las motivaciones políticas de los ciudadanos. En el sondeo citado sobre la discordia, cuando se le preguntó a la gente si estaba de acuerdo o en desacuerdo con el comportamiento de ciertos grupos políticos, las respuestas fueron muy ilustrativas. Las marchas y plantones recibieron 73% de desaprobación y sólo 27% de aprobación; las huelgas de hambre 78% y 22%; la toma por la fuerza de las cámaras legislativas, 80% y 20%; la toma de carreteras, casetas de cobro y puentes, 84% y 16%. Más aún, incluso respecto a agresiones verbales entre grupos, 96% de los entrevistados se declararon en contra y sólo 4% a favor; la confrontación física con la policía o el ejército fue rechazada por 97% y avalada únicamente por 3%. Por último, cuando se interrogó a los encuestados sobre su opinión frente a la agresión física entre grupos políticos, 98% se declaró en contra. Es difícil imaginar estadísticas similares en otros países democráticos.[45] Algunos encuestadores creen que una de las razones de esta renuencia surge de una interpretación más amplia de la simpatía innata de los mexicanos con el campesinado, descrita en el capítulo 1. Según esta perspectiva, si su causa es justa, cualquier tipo de lucha para lograrla también lo es y se justifica; por ende cualquier clase de represión de esa lucha es injustificada.

No podemos evitar aquí una nueva cita de Emilio Uranga. Articula lo mismo que muchos de los clásicos pensaban pero no siempre mostraban el valor de expresar en voz alta. Uranga explica, con elocuencia y gracia, como la renuencia al conflicto se origina en la debilidad y la fragilidad:

> El mexicano se siente débil por dentro, frágil. Ha aprendido desde la infancia que su fuero interno es vulnerable y hendible, de aquí todas estas técnicas de preservación y protección que el mexicano se construye en su entorno para impedir que los impactos del mundo le alcancen y hieran. De aquí también su delicadeza, las formas finas de su trato, el evitar las brusquedades, las expresiones groseras. Pero también esa constante preocupación por escurrir, por pasar inadvertido y la consecuente impresión que desde fuera da el mexicano de evadirse y escabullirse, de no darse a notar.[46] *

Más allá del psicologismo implícito y anacrónico en estas líneas —el texto se escribió en 1949—, Uranga detectó lo que ahora explicitan las encuestas. En México impera un rechazo profundo al conflicto, y este rasgo escondido en algún lugar remoto del alma mexicana explica muchas aristas del comportamiento nacional, a la vez que es explicado por muchas de nuestras experiencias históricas.

Todo ello nos trae de vuelta a la predilección por las víctimas en general y por las víctimas políticas en particular. Nos permite entender por qué la mayoría de los héroes mexicanos han sido víctimas de algún tipo: Cuauhtémoc, Hidalgo, Morelos y los otros próceres de la Independencia; los Niños Héroes de Chapultepec; Villa, Zapata y, en años más recientes, los líderes guerrilleros

---

* Las expresiones vulgares son de hecho bastante comunes, pero raramente se dirigen directamente al interlocutor.

Genaro Vázquez, Lucio Cabañas, el subcomandante Marcos y López Obrador; los únicos que no fallecieron trágicamente son estos dos últimos. Los mexicanos tienden a simpatizar con las víctimas no porque sean producto de los accidentes de la historia o de causas naturales, sino porque son los vencidos. Y los mexicanos se identifican con la derrota porque en nuestra historiografía ésta ha constituido el principal tema recurrente, siendo la consecuencia directa del conflicto.

Una de las figuras estelares del cine mexicano fue obviamente Pepe el Toro, el personaje de Pedro Infante, injustamente encarcelado en las clásicas películas *Nosotros los pobres* y *Ustedes los ricos* de 1948. A Pepe el Toro se le acusa falsamente del asesinato de un rival en un lío amoroso y lo meten a la cárcel. Después huye para visitar a su madre en el lecho de muerte y encontrar al asesino. Fracasa y lo vuelven a encarcelar, pero por fin el verdadero asesino confiesa y el héroe recupera su libertad. Es la víctima por excelencia que admite su destino con dignidad y estoicismo; también es el gran héroe mexicano— protagonizado por Pedro Infante el mártir más querido de la historia moderna de México, fallecido en 1957 en un accidente aéreo y acompañado a su sepelio a través de la capital por cientos de miles de admiradores. Pepe el Toro se defiende pero también se resigna a su suerte, como sugiere el mismo título de las dos películas: *Nosotros* [somos] *los pobres* y *Ustedes* [son] *los ricos*. Ambas siguen transmitiéndose en la tele y siguen cautivando a una tercera o cuarta generación de televidentes mexicanos.

La resignación es la mejor alternativa al conflicto, sostienen muchos mexicanos. Así versaban las plegarias de los Doce Ancianos de Tenochtitlan, con los principales señores indígenas, en el año 1524, tres años después de la caída de la ciudad en manos de Cortés: "Déjennos pues ya morir,/ déjennos ya perecer, / puesto que ya nuestros dioses han muerto." Ya sea en el hogar, frente a la violencia doméstica o en política exterior; ya sea en el barrio o en

el congreso, en las calles o en las comunidades académicas e intelectuales, el enfrentamiento directo o la competencia encierra una
connotación inevitablemente negativa. Huelga decir que a veces el
pleito no se puede evitar; las pasiones se desbordan; se exageran los
tragos y el resentimiento; las ambiciones políticas y los intereses
nacionales provocan altercados que rompen las reglas y se alejan
del comportamiento acostumbrado. Pero éste nunca es el resultado idóneo; siempre es, si acaso, la última opción. Idealmente, la
negociación, los acuerdos mutuos, la sumisión o la imposición son
preferibles. En ocasiones, sin embargo, no queda de otra que permitir la agresión y el conflicto, y entonces surge la supuestamente
arquetípica violencia mexicana, a ratos de naturaleza brutal. La
sociedad mexicana no está desprovista de rasgos violentos; pero
la agresividad es el último recurso y emerge sólo al fracasar otras
opciones. Los episodios intermitentes de violencia en la historia
mexicana, desde la rebelión de Jacinto Canek en 1761 y los levantamientos chichimecas en el siglo XVI, hasta la Guerra de Castas
y la rebelión de la Cruz Parlante en tierra maya en el siglo XIX, y
la Guerra Cristera en los años veinte del siglo XX, son ejemplos de
acontecimientos violentos esporádicos, efímeros, fútiles, y condenados al fracaso desde su inicio.

Perpetuando el poder[*]

Quizá la mejor manera de pasar al análisis de la democracia actual
en México y de cómo este rechazo nacional al debate y a la discre-
pancia resulta completamente disfuncional con dicha democracia
reside en la forma de selección de los presidentes mexicanos hasta

---

[*] Mucho de este material se encuentra en mi libro *La Herencia: Arqueología de la
sucesión presidencial en México*, Alfaguara, México, 1999.

el año 2000. Recordemos que nunca ha sido fácil transferir el poder en México. Desde la Independencia en 1821 y hasta el principio del Porfiriato en 1876, México transitó entre golpes de estado, insurrecciones, dictaduras, invasiones extranjeras y complicidades locales, hasta guerras civiles y líderes heroicos en tiempos de guerra pero incompetentes en épocas de paz. Finalmente puso fin a esta inestabilidad al optar por una figura que permaneció en el poder durante más de 30 años. Pero esto condujo a la Revolución y al retorno del mismo dilema: ¿cómo lograr que la transferencia del poder sea al menos ordenada y pacífica, por antidemocrático que el sistema largamente buscado pueda parecer?

El primer paso se dio en 1929, un año después del asesinato de Álvaro Obregón en la Ciudad de México tras haber sido reelecto para el periodo presidencial 1928-1932. En 1929, sus colegas, sucesores, rivales —y quizá, incluso, sus asesinos— crearon un partido político dentro del cual se tomarían todas las decisiones fundamentales y, sobre todo, la principal: quién sería el próximo presidente. Se estableció un sistema draconiano de presidencia sexenal, sin posibilidad de reelección; el presidente sería plenipotenciario y alcanzaría la cumbre de su poder al designar él mismo a su sucesor —como un emperador romano que hiciera de su heredero un hijo adoptivo, en vez de convertir en heredero a su hijo natural—, quien sería ratificado por una elección pro-forma y *post facto*. Todos sus rivales y adversarios aceptarían sin chistar la designación del elegido y su supuesta "victoria electoral"; el líder saliente, por su lado, se abstendría de cualquier involucramiento posterior en la política. El nuevo mecanismo funcionó por primera vez en 1940, cuando Lázaro Cárdenas renunció a la oportunidad de reelegirse, escogió a un sucesor, le transfirió el poder con base en la represión y el fraude, y se abstuvo de perpetuar su agenda progresista.

El sistema descansaba en varias premisas, pero la principal consistía en la naturaleza irrevocable de la decisión presidencial. Era inapelable. Los contendientes la aceptaban; nadie cuestionaba el triunfo del ganador y éste desistía de castigar a sus rivales. El mecanismo casi mágico funcionó a la perfección hasta 1994. Cada seis años, como cronómetro, México se dotaba de un nuevo presidente, de forma pacífica, aunque ni remotamente democrática; sin embargo, fue considerado un procedimiento exitoso, incluso admirable, tanto por nacionales como por extranjeros, por la derecha y la izquierda, ganadores y perdedores, las élites y, al menos tácitamente, por las masas. Se trataba de una solución mexicana y arquetípica al dilema planteado. Las controversias y confrontaciones, la competencia abierta y el conflicto se pusieron de lado; todo sucedía en secreto: ningún candidato declaraba jamás su intención de ser presidente hasta que el presidente saliente tomara su decisión y en las palabras memorables de Fidel Velázquez: "El que se mueve no sale en la foto."

La clave radicaba en la actitud de los perdedores: aceptar la derrota con gracia, albergando la esperanza (ilusa) de participar en una contienda posterior o, al menos, de recibir un nombramiento en el nuevo gabinete; pero nunca, bajo ninguna circunstancia, se cuestionaba la decisión. De algún modo misterioso —pero a la vez predecible, dado el firme arraigo de este mecanismo en la repulsión mexicana por el conflicto—, este modo de escoger a los nuevos dirigentes del país funcionó. En 1940 se produjo un verdadero rompimiento en el seno del partido oficial y fue preciso manipular la elección de Ávila Camacho de forma descarada para garantizar que todos entendieran el meollo del mecanismo: la decisión del titular no se apelaba, nunca, por nadie. En las elecciones de 1946 y 1952 los rechazos de los rivales descartados al "dedazo" presidencial parecieron irrisorios; entre 1958 y 1988 no surgió una sola reacción en el PRI respecto al "dedazo", y cada aspirante vencido aceptaba su suerte como gladiador romano: no tuvo lugar una sola rebelión. Todos los perdedores preferían la paz a la inestabilidad del sistema;

todos los seguidores de los vencidos se plegaban rápidamente a la autoridad del vencedor. Todo se negociaba en lo oscurito; nada se discutía a puerta abierta.

Por supuesto —y en esto consistía la debilidad del sistema así como el efecto más pernicioso de la aversión al conflicto como forma de vida—, los intereses encontrados de los candidatos, cada cual compitiendo por la aprobación del presidente en turno, eran reales y no se evaporaban con el veredicto final. Puede que los indígenas, después de la Conquista, hayan asumido su destino con plena resignación; es cierto que los campesinos despojados de sus tierras durante el Porfiriato se tardaron más de 30 años en defenderse; luego fueron vencidos nuevamente y aceptaron su derrota con el mismo estoicismo; los estudiantes y otros movimientos de oposición prefirieron la negociación al enfrentamiento: no obstante todo eso no implicaba que las divisiones y diferencias se hayan desvanecido de la sociedad mexicana. El sistema de sucesión presidencial funcionaba bien esencialmente porque escondía esas diferencias bajo la alfombra, no porque las atendiera y mucho menos las resolviera.

Lógicamente, conforme se desgastó el sistema y el país cambiaba, dicha debilidad salió a la superficie. En 1988 el gobierno se vio obligado nuevamente a recurrir al fraude electoral, dadas las nuevas divisiones internas en el PRI y porque Cuauhtémoc Cárdenas, hijo del padre del sistema, se negó a respetarlas. Asimismo, el perdedor de 1994, el Jefe de Gobierno de la Ciudad de México, Manuel Camacho, trató de cuestionar la decisión, pero terminó por someterse, aunque en ese caso sólo se salvó de la desgracia y del ostracismo político gracias a sucesos ajenos a la elección, como el levantamiento en Chiapas, en Año Nuevo y el asesinato de Colosio en marzo de ese año. El PRI controló por última vez la elección, pero no ha ganado una contienda electoral nacional desde entonces, y si lo vuelve a hacer, no será gracias a los mecanismos de antes. El viejo sistema, al igual que sus raíces en la psique mexicana, pudo aplazar, contener y distender el conflicto, pero nunca suprimir sus causas ni sus consecuencias. El sistema no "creía" en Freud ni en el "retorno de lo reprimido", o la "labor" constante del inconsciente; en otras palabras, no "creía" en los orígenes que subyacen al conflicto político, o a las confrontaciones personales, sociales, culturales, étnicas y económicas.

En la *zietgeist* moderna, racista y clasista de la clase media mexicana surge con frecuencia una expresión desafortunada que condensa la esencia de la aversión del país por el conflicto: "Se fue como las chachas." Esta expresión casi siempre se refiere a quienes se considera que se dieron por vencidos sin ofrecer ni demandar ningún tipo de explicación, sin intentar arreglar los problemas, ni enfrentarlos o pedir algún tipo de recompensa justa y necesaria; se refiere a las personas, en otras palabras, que se van subrepticiamente, como se piensa que se van las empleadas domésticas. Es una expresión denigrante, peyorativa y sumamente irrespetuosa, pero que dice mucho más de cómo nos concebimos los mexicanos a nosotros mismos, que de cómo vemos a las clases populares.

NOTAS DEL CAPÍTULO 3

[1] Samuel Ramos, *El perfil del hombre y la cultura en México*, Ciudad de México: Colección Austral, Editorial Planeta Mexicana, 2008, p. 10; Manuel Gamio, *Forjando patria*, Ciudad de México: Editorial Porrúa, 2006, p. 21.

[2] Octavio Paz, *El laberinto de la soledad*, Ciudad de México: Fondo de Cultura Económica, 2004, pp. 32 y 34.

[3] Manuel Gamio, *Forjando patria*, p. 21; Samuel Ramos, *El perfil del hombre y la cultura en México*, p. 16; Octavio Paz, *El laberinto de la soledad*, p. 32.

4 Enrique Krauze, *De héroes y mitos*, Ciudad de México: Tusquets editores, 2010, pp. 73 y 73.

[5] Claudio Lomnitz-Adler, *Las salidas del laberinto*, Ciudad de México: Joaquín Mortiz, 1995, pp. 19-22; Roger Bartra, *La Jaula de la Melancolía*, Ciudad de México: Grijalbo, 1986.

[6] José Vasconcelos, "La raza cósmica", en Roger Bartra, *Anatomía del mexicano*, Ciudad de México: Random House Mondadori, 2005, pp. 64 y 67.

[7] Emilio Uranga, "Ontología del Mexicano", en Roger Bartra, *Anatomía del Mexicano*, p. 157.

[8] Guillermo Sheridan, "México en 1932: la polémica nacionalista", en *Vida y pensamiento de México*, Ciudad de México: Fondo de Cultura Económica, 1999.

[9] José Iturriaga, *La estructura social y cultural de México*, Ciudad de México: Nacional Financiera y Fondo de Cultura Económica, 1994, p. 93.

[10] Federico Navarrete, "El mestizaje y las culturas regionales" en *Las relaciones interétnicas en México*, Programa México Nación Multicultural de la UNAM, México, 2005, www.nacionmulticultural.unam.mx/Portal/Izquierdo/BANCO/Mxmulticultural/Elmestizajeylasculturas-elmestizaje.html ; José Iturriaga, *La estructura social y cultural de México*, p. 95.

[11] Guillermo Bonfil Batalla, *México Profundo*, Ciudad de México: Random House Mondadori, 2005, p. 164.

[12] Manuel Gamio, *Forjando patria*, p. 9; Guillermo Bonfil Batalla, *México profundo*, p. 164.

[13] "Resumen general de población, según el idioma o lengua hablado", *Censo de Población y Vivienda 1910*, INEGI, México, de www.inegi.org.mx/sistemas/TabuladosBasicos/default.aspx?c=16769&s=est

[14] James Creelman, "President Diaz. Hero of the Americas", *Pearson's Magazine*, vol. XIX, Núm. 3, marzo 1908, p. 241.

[15] José Iturriaga, *La estructura social y cultural de México*, p. 90.

[16] Andrés Molina Enríquez, *Los grandes problemas nacionales*, citado por Guillermo Bonfil Batalla, *México profundo*, p. 164; y Samuel Ramos, *El perfil del hombre*, p. 58.

[17] Alan Knight, *The Mexican Revolution*, vol. I. *Porfirians, Liberals and Peasants*, Lincoln y Londres: University of Nebraska Press, 1990, p. 6.

[18] José Iturriaga, *La estructura social y cultural de México*, p. 95.

[19] Santiago Ramírez Sandoval, *El mexicano: psicología de sus motivaciones*, Ciudad de México: Grijalbo, 2006, p. 72.

[20] Alexander Humboldt, citado por Roger Bartra en *La Jaula de la Melancolía*, Ciudad de México: Grijalbo, 2007, p. 242.

[21] Carlos Fuentes, "Tiempo Mexicano", en Roger Bartra, *Anatomía del mexicano*, México: Random House Mondadori, 2005, pp. 257-258.

[22] *Latinobarómetro Reporte Anual 2008*, Santiago, Chile: Latinobarómetro Corporation, p. 101.

[23] Jesús Silva-Herzog Márquez, "Los buenos pleitos", *Reforma*, Ciudad de México, 20 de noviembre, 2009.

[24] "Estimated Mortality Rate (100 000 pop) Homicide", *Health Situation in the Americas. Basic Indicators*, Organización Panamericana de la Salud (OPS), Washington, D. C., 2007, p. 8, www.paho.org/english/dd/ais/BI_2007_ENG. pdf; "Palabras del presidente Álvaro Uribe en la apertura de la Semana por la Vida y la Familia", Presidencia de la República de Colombia, Bogotá, Colombia, 24 de septiembre, 2007, web.presidencia.gov.co/sp/2007/septiembre/24/05242007.html; "Homicidios dolosos. Comparativo Internacional. Tasa por 100 mil habitantes", *Sexta Encuesta Nacional sobre Inseguridad* (ENSI-6 2009), Instituto Ciudadano de Estudios sobre la Inseguridad, A.C., México, 2009, p. 110, www.icesi.org.mx/documentos/encuestas/encuestasNacionales/ENSI-6. pdf. De acuerdo con otras fuentes como la OMS, la tasa de homicidios en México disminuyó a 8 por cada 100 mil habitantes en 2005 y comenzó a incrementarse después de 2007.

[25] *Latinobarómetro Reporte Anual 2008*, p. 56.

[26] Sherburne Cook y Woodrow Borah, en Leslie Bethell, ed., *Historia de América Latina*, vol. I, *América Latina colonial: La América precolombina y la conquista*, Barcelona, España: Grijalbo Mondadori, 1998, p. 174.

[27] Nicolás Sánchez-Albornoz, "El Debate Inagotable", *Revista de Indias*, Vol. LXIII, Núm. 227, 2003.

[28] Andrés Lira y Luis Muro, "El siglo de la integración", *Historia General de México*, Vol. 1, Ciudad de México: Colegio de México, 1981, p. 386.

[29] Antonio Caponnetto, "Tres lugares comunes de las leyendas negras", México, de www.churchforum.org/tres-lugares-comunes-leyendas-negras.htm

[30] Manuel Gamio, *Forjando pátria*, p. 154.

[31] Octavio Paz, "Voluntad de Forma" en *México, esplendores de treinta siglos*, Los Ángeles: Amigos de las Artes de México, 1991, pp. 7 y 20

[32] *Estados Unidos Mexicanos. Cien años de censos de población*, Aguascalientes: INEGI, 1996, pp. 17 y 21; Leslie Bethell, ed. *Historia de América Latina, vol. 9 México, América Central y el Caribe, c. 1870-1930*, Cambridge University Press y Editorial Crítica, 1992, p. 145.

[33] Álvaro Matute, *Historia de la Revolución Mexicana. 1917-1924, Las dificultades del nuevo Estado*, Ciudad de México: El Colegio de México, 1995, p. 227.

[34] Jean Meyer, *La révolution mexicaine*, Francia: Calmann-Lévy, 1973, p.89.

[35] Oriana Fallaci, "La notte di sangue in cui sono stata ferita", *L'Europeo*, núm. 42, 1968, www.oriana-fallaci.com/numero-42-1968/articolo.html

[36] *Primera Encuesta Nacional sobre la Discordia y la Concordia*, Consejo de Investigación y Comunicación, S. C., México, diciembre, 2008, p. 21. Información obtenida de la revista *Nexos*, febrero, 2009.

[37] "Encuesta Nacional", GAUSSC, México, Diciember 2009.

[38] Santiago Ramírez, *El mexicano: psicología de sus motivaciones*, p. 41.

[39] Enrique Alduncin Abitia, *Los valores de los mexicanos. En busca de una esencia*, vol. III, Ciudad de México: Grupo Financiero Banamex, 1993, p. 125.

[40] *Ibid*, p. 130.

[41] Aristóteles, Metafísica, edición digital de la Biblioteca Virtual Miguel de Cervantes, 1999, basad en la edición de Miguel Candel, Madrid España: Colección Austral, Espasa Calpe, 1997, libro IV, capítulo VII, www.cervantesvirtual.com/servlet/SirveObras/12260620880115953087846/p0000001.htm#I_31_

[42] *Diccionario de la Lengua Española*, Real Academia Española de la Lengua, Madrid, España: Real Academia Española de la Lengua, 2001.

[43] Santiago Ramírez, *El mexicano: psicología de sus motivaciones*, p. 85.

[44] Fabio Morábito, *Lotes Baldíos*, Ciudad de México: Editorial Aldus, 2001, p. 36.

[45] *Primera Encuesta Nacional sobre la Discordia y la Concordia*. Consejo de Investigación y Comunicación, S. C., México, diciembre 2008, p. 20. Información obtenida de la revista *Nexos*, febrero 2009.

[46] Emilio Uranga, "Ontología del mexicano", p. 2.

CAPÍTULO 4

Por fin, una democracia mexicana

Hoy en día México es una democracia verdadera, representativa, a pesar de sus defectos. Vimos en los dos primeros capítulos como se entredicen el individualismo mexicano y el advenimiento de la clase media, aquí se discutirá cómo la aversión al conflicto propia del carácter nacional resulta disfuncional para la incipiente democracia mexicana e impide su desarrollo. Algo tendrá que ceder: o los viejos rasgos caracteriales, o la construcción de una democracia funcional. Este capítulo se centra en la descripción de los aspectos de la democracia mexicana que sí funcionan, y de los que no.

Por primera vez en la historia, con la excepción de un par de casos raros y más bien únicos (Juárez en 1868 y Madero en 1911), el país ha logrado construir y conservar un sistema político donde el poder se gana, se conserva y se pierde en las urnas. No sólo existen elecciones constantes, sino que éstas se celebran de modo básicamente limpio, libre y equitativo, tanto a nivel local como estatal y federal. Como veremos, generalizaciones como las anteriores dejan mucho que desear en términos de los detalles que soslayan, pero a cierto nivel de abstracción son exactas. Parecería que el país por fin entró en la época de mandatos democráticos, mejor arraigados y más ordenados que en algunos países de América Latina, más caóticos y escandalosos que en otros, y con diversos grados de compromiso por parte de los mexicanos. No es poca cosa para un país que nunca vivió en democracia, a diferencia de muchos de sus vecinos de este hemisferio, que instauraron un sistema de sufragio censitario o de democracia elitista desde finales del siglo XIX.

Esta democracia está concebida para funcionar con los mismos mecanismos y para los mismos fines que las demás democracias que existen desde Atenas. Su lógica no busca borrar las diferencias sociales, ideológicas, políticas o étnicas, sino más bien dejar que las inevitables discrepancias —muchas veces deseables— y los intereses encontrados puedan ser manejados y resueltos pacíficamente. La democracia no refleja realmente la *volonté générale* de Rousseau, sino más bien los intereses divergentes de la sociedad; no elimina los conflictos entre diversos grupos sociales, simplemente los canaliza hacia procesos de solución generalmente pacíficos, ordenados, legales y eficientes. La mayoría de las diferencias sociales nunca se resuelven del todo; se administran y regulan de forma que causen el menor daño posible a la sociedad. Esto se logra, a grandes trazos, mediante una mezcla de formación de gobierno de mayorías y de respeto a los derechos de las minorías. Nunca nadie gana todo, y nunca nadie lo pierde todo. Las mayorías cambian y gobiernan dentro de determinados límites; las minorías son respetadas y expresan sus frustraciones o ambiciones dentro de esos mismos límites. Pero la expresión de los intereses, el hecho de involucrarse plenamente en el debate y las contradicciones, —incluyendo todas sus manifestaciones, con la sola excepción de aquellas que se encuentran claramente fuera de la ley—, forman parte del paquete de la democracia. Las democracias no están diseñadas para unir a las personas. Su razón de ser es dejar que las personas que viven naturalmente divididas sigan haciéndolo de manera más próspera, pacífica y equilibrada.

El sistema de justicia, el narco y la ayuda americana

He aquí la parte más difícil para México. Si el rasgo del carácter
mexicano que se discutió y describió en el capítulo anterior reviste
alguna implicación profunda, es que la cultura política mexicana
—dado su ferviente rechazo a la confrontación, la competencia
y la controversia— no sólo permanece mal preparada para la democracia, sino que resulta completamente incompatible con una
democracia eficaz, socialmente aceptada y plenamente libre. Los
defectos de la democracia mexicana, reales y palmarios, no sólo
surgen de su corta edad, de su naturaleza incompleta y de la obsti-
nación del país en conservar las mismas instituciones bajo las cuáles vivió durante los años de régimen autoritario. Provienen, sobre
todo, de una deficiencia fundamental: la democracia requiere que
el conflicto y la controversia se lleven a la luz pública para permitir
que —como dijo Mao en un contexto completamente distinto—
"florezcan cien flores". Es decir, es sano para la democracia que
afloren el disenso y los desacuerdos públicos y no que se sublimen
por otras vías los conflictos posibles e inevitables.

Las instituciones más bien avejentadas y obsoletas de México
constituyen, al menos a un nivel inconsciente, un reflejo del carácter mexicano previamente descrito: la aversión al conflicto. Quizá
uno de los ejemplos más ilustrativos de las peculiares instituciones construidas en México durante la "dictadura perfecta" (según
Vargas Llosa) estribó en el sistema de administración de justicia
escrita heredado de España y perfeccionado en México. Como en
casi todo el resto de América Latina, dentro del sistema jurídico
mexicano no aparecen los jurados (y los especialistas pueden discutir durante horas acerca de los méritos y desventajas relativos
de los jurados o los jueces que dictan sentencia). Pero tampoco
se había adoptado un sistema de juicios orales generalizado en la
justicia penal o civil. En México empezaron a ponerse en práctica

hacia finales del primer decenio de este siglo y sólo en un manojo de estados; se supone que para el 2016 se generalizarán en el resto de México. En síntesis, dentro de una nación donde hasta hace medio siglo la mayoría de la población no sabía leer ni escribir, todo en los tribunales sucedía y aún sucede por escrito.

En realidad en los tribunales no sucede propiamente nada. Los argumentos por escrito, las declaraciones, las pruebas y testimonios, se presentan ante un juez en su "oficina", donde pasan por una revisión y donde se dictan las sentencias. La mayor parte del tiempo ni siquiera es un juez el que juzga y toma las decisiones sino un modesto burócrata (el "secretario de juzgado") que hace el trabajo del juez a cambio de un salario miserable. No es de sorprenderse, pues, que de acuerdo con una encuesta llevada a cabo en 2009 por el periódico *Reforma*, 92% de todas las audiencias en el juzgado penal se lleven a cabo sin la presencia de un juez y 80% de los mexicanos detenidos alguna vez por la policía nunca hablaron directamente con un juez. Una consecuencia de esta lamentable situación es que a 40% de la población de las cárceles nunca se le ha dictado sentencia y debe esperar a veces años antes de que se le inicie un juicio. Por tanto las cárceles se hallan sobrepobladas y en ellas conviven presos sentenciados con presos que aún aguardan un juicio.[1] No hay proceso contencioso, argumentos orales o testimonios; no existen salas reservadas para el tribunal ni para el juez y, tanto en materia civil como en el ámbito penal, las víctimas y los victimarios, los acusadores y los acusados jamás se ven las caras.

Las cosas comenzaron a cambiar hacia el 2006, cuando algunos estados —como Nuevo León, Chihuahua, Querétaro y Baja California— adoptaron los juicios orales en materia penal. El gobierno de Felipe Calderón envió una propuesta de reforma judicial al Congreso que buscaba remplazar el sistema de justicia escrita con juicios orales a nivel federal y penal. La propuesta fue bien recibida, dado que las ventajas del sistema oral —que la mayoría de los países latinoamericanos adoptaron ya hace años— son significativas y evidentes: mayor transparencia, un sistema más expedito y de menor costo, procesos contenciosos, la presencia de un juez y, en general, la posibilidad de ahorrar tiempo y dinero mediante acuerdos fuera de corte antes de que todo se registre por escrito.

No es ninguna coincidencia que México haya sido el último país de la región que abandonara este vestigio de la Colonia, que lo haya hecho tan lenta y reticentemente, y que muchos abogados, jueces y académicos hayan criticado el cambio, argumentando que representaba el inicio de una deriva hacia la "americanización" de la justicia al estilo "Perry Mason", donde la retórica, las payasadas, el dinero y la corrupción se vuelven más importantes que la "verdad". Sólo que en 2010, apenas siete de cada cien crímenes se denunciaban en México en gran parte porque nadie cree en el sistema jurídico. Más de dos tercios de los mexicanos encuestados en 2009 dijeron desconfiar de la policía y del ministerio público; 61% no confiaba en los jueces y sólo la mitad confiaba en la Suprema Corte.[2] Al final, la ley y el estado de derecho en México consisten en acumular y ejercer poder o influencia política, lo cual se refleja subsecuentemente en los fallos y resoluciones judiciales, y no en la justicia como tal.

Estas muy peculiares características del poder judicial también se expresaban en el ejecutivo y el legislativo, y en la relación entre ambos. Mientras México vivió —y por algún tiempo, floreció— bajo un régimen político autoritario, las debilidades del diseño general institucional se antojaban invisibles e irrelevantes. La cuestión de si el poder ejecutivo gozaba de una mayoría en el ámbito legislativo que le permitiera gobernar ni siquiera se presentó porque los miembros del Congreso no eran representantes electos, sino nombramientos presidenciales *de facto*. Desde mediados de los años treinta, el presidente en turno escogía a los candidatos del partido oficial y el partido oficial siempre ganaba. El presidente

contaba siempre con una mayoría en la Cámara de diputados y en
la de senadores. Los primeros senadores de la oposición fueron
elegidos en 1988: 4 de 64. El pri sólo perdió su mayoría en la Cámara de diputados en 1997; y en la de senadores apenas en el 2000.
Carecía por completo de importancia que en México no rigiera la
reelección consecutiva, ni imperara un sistema bipartidista como
en Estados Unidos, o un sistema de elección por mayoría simple,
como en Inglaterra, o el esquema híbrido de los franceses. Todos
estos garantizan la eclosión de mayorías; la del primer ministro
(como en Inglaterra), la del presidente (como en Estados Unidos
o la mayor parte del tiempo en Francia), o la de la oposición legislativa (otra vez, como en Estados Unidos). El problema de cómo
conformar una mayoría no preocupaba al presidente mexicano,
dado que siempre la tenía asegurada; cómo lidiar con las minorías
en el Congreso, o cómo un presidente de minoría podría lograr
la aprobación de una reforma tampoco importaba. Dichos casos
hipotéticos… eran sólo eso: hipotéticos.

En el fondo, la sustancia y las consecuencias de los debates
en el Congreso, en los medios, dentro de los sindicatos, en las
alcaldías o en el seno de las iglesias, no debían ser resueltas; eran
inexistentes. Los altercados políticos —y abundaban los ejemplos—
sucedían sobre todo en las calles, las universidades, en algunas fábricas aisladas y, durante los años sesenta y setenta, sobre todo en
el campo. En tal contexto, no es de sorprenderse que todavía en el
año 2010 no hubiera programas televisados de discusión política, al
menos en televisión abierta y en horario triple A; ningún *Meet the
Press*, ningún *Nightline*, y ningún *Sixty Minutes*, ni en las mañanas
o tardes de los fines de semana, ni en las noches entre semana. Los
presentadores y comentaristas políticos aparecen en las dos principales cadenas de televisión en programas que empiezan después
de la medianoche; los canales de segunda difunden, por supuesto,
programas de segunda. Sus seguidores son única y exclusivamente

los *junkies* de noticias y los veladores. El ciudadano de a pie permanece ajeno y más o menos indiferente a esta clase de emisiones.

Asimismo, el país nunca le prestó demasiada atención al reto de reformar la Constitución y sus leyes secundarias, o cómo ratificar tratados y convenios internacionales cuando el presidente no disponía de una mayoría legislativa; simplemente nunca ocurrió. Hasta 1997, la Constitución de 1917 había sido modificada 489 veces; un artículo en particular —el 73, sobre las facultades del Congreso—, había sufrido 60 alteraciones.[*3] Casi todas las reformas equivalían a concesiones frente a diversos sectores cuyas demandas resultaban inaceptables, pero que de todos modos debían ser apaciguadas; la solución a la mexicana consistió en incluir todos los deseos en la Constitución, transformando al documento fundacional en una suerte de lista de Santa Claus de buenas intenciones y de aspiraciones dizque nacionales.

De igual manera, cuando el Presidente decidía que le convenía al país firmar algún acuerdo internacional —desde la creación de la OEA hasta el TLCAN— lo hacía y ya; giraba instrucciones a sus empleados en el Congreso para que éstos lo aprobaran. Nunca se dio mayor debate para sopesar pros y contras, ni mucho menos sus implicaciones, por lo cual los desacuerdos, por ejemplo sobre el TLCAN, se menospreciaron. La mera idea de que —como en Estados Unidos, Canadá, o la Unión Europea—, la *sociedad* deliberara y participara directamente en estas decisiones a través de un referéndum, tratándose de asuntos de tal magnitud, era inconcebible en México. El país asumía responsabilidades y compromisos

---

[*] "El cómputo (de reformas hechas a la Constitución) depende del criterio que se adopte para hacerlo: tomar en cuenta artículo, o fracciones e incisos de artículo, o temas o decretos que pueden suponer reformas a muchos artículos de una sola vez, etcétera." Sergio García Ramírez, "Las Reformas a la Constitución Vigente", *Vigencia de la Constitución de 1917, LXXX Aniversario*, Secretaría de Gobernación, (Ciudad de México: Archivo General de la Nación, 1997), p. 255.

cruciales en el extranjero sin siquiera debatirlos y, por ende, sin que traslucieran al respecto divisiones u opiniones contrarias. La aparente unanimidad, sin embargo, no brotaba de algún acuerdo de fondo; provenía del rechazo a la noción misma del debate, de la confrontación y de la divergencia. No extrañaba, pues, que México se hallara desprovisto de las herramientas apropiadas para este tipo de retos; no las necesitaba, y no las deseaba.

Ya después, cuando todo eso dejo de ser posible, llegó la hora de pagar la cuenta. Un ejemplo interesante al respecto residió en la cooperación del país con Estados Unidos en la lucha contra el narcotráfico, y el embrollo que eso generó en materia de derechos humanos: no es fácil actuar de manera pre-democrática en una democracia vigente. En cuanto Felipe Calderón asumió la presidencia en diciembre de 2006, le declaró la guerra a los cárteles de la droga. Sacó al ejército a las calles y carreteras del país y buscó el apoyo de Washington para su cruzada. Ciertamente, no se trató de la primera vez que un presidente mexicano intentaba controlar una red de tráfico de estupefacientes que, según se percibía, había rebasado los límites tradicionalmente aceptados del "negocio". Y tampoco fue la primera vez que México solicitaba la ayuda de Estados Unidos. Desde 1995, el país había recibido más de 70 helicópteros HUEY* para utilizar en el combate al tráfico de drogas, que a la postre fueron devueltos al resultar demasiado viejos y en mal estado, y por consumir gasolina en exceso y ser de difícil operación.

Cuando Calderón le pidió a George W. Bush software, hardware, dinero y entrenamiento norteamericanos en una reunión en Mérida, en febrero del 2007, el entonces presidente estadounidense se mostró abierto pero ambivalente. Sus asesores le explicaron que los fondos solicitados (aproximadamente 1.3 miles de millones de dólares a lo largo de tres años), sobrepasaban la can-

---

* Modelo de uno de los helicópteros usados en la Guerra de Vietnam.

tidad que el Departamento de Estado o la DEA podían desembolsar; sólo el Departamento de Defensa podía proveerlos. Pero los recursos del Departamento de Defensa pasan siempre por un largo, complicado y escabroso proceso legislativo. Uno de sus componentes principales —el más latoso para México— incluye disposiciones en materia de derechos humanos ligadas a la venta de armas estadounidenses en el exterior; disposiciones que, a pesar de ser a menudo violadas, desde los años setenta siempre se incluyen en cualquier clase de programa de asistencia.

Calderón quería el dinero y el apoyo de inmediato, y aceptó el acuerdo diseñado por los comités del Senado estadounidense, la administración de Bush, y algunas ONG dedicadas a derechos humanos (principalmente Human Rights Watch). El trato estipulaba que parte del paquete sería sujeto anualmente a una "certificación" por parte del Departamento de Estado, para cerciorarse que México cumpliese algunos compromisos específicos en materia de derechos humanos, y que el Senado estadounidense confirmara que dicha certificación estuviera bien fundada.[*]

Así pues, México solicitó asistencia, la recibió de acuerdo a las condiciones y modos de proceder muy bien conocidos de Estados Unidos, y se convirtió en un testigo activo y un participante tácito en las negociaciones donde se esbozaron las reglas de tal asistencia. Pero, predeciblemente, cuando llegó la hora de la "certificación" surgieron los problemas. El envío de un ejército mal preparado a realizar labores policíacas en ciudades y pueblos de México generó una

---

[*] Esta no fue una estrategia unilateral y excesiva impuesta por Estados Unidos para lograr sus objetivos en otro país, como lo fue la odiosa Ley de Cooperación Antidrogas de 1975, revocada en 2002. Bajo esa ley, el ejecutivo estadounidense certificaba cuáles países "cooperaban" con Washington en materia de drogas y cuáles no. Cada año, un número de países —entre ellos, México— eran amenazados con no pasar la certificación, y se les obligaba a hacer numerosos malabares para evitarlo. En el caso de los gobiernos de Calderón, Bush y Obama, sin embargo, el asunto es completamente distinto.

tormenta considerable en materia de violaciones a los derechos humanos. No era tanto que la milicia mexicana cometiera múltiples y flagrantes violaciones a los derechos humanos a lo largo y ancho de todo el país; las que ocurrían solían ser casos aislados, esporádicos, y más o menos normales en México y en otros países bajo circunstancias similares. Pero los grupos locales e internacionales de derechos humanos observaban todo con lupa, como también lo hacía el Senado estadounidense. El gobierno de Obama ya había decepcionado a varias ONG de derechos humanos, y el proceso se transformó en un calvario para México y para sus fuerzas armadas.

La élite política, los intelectuales, la prensa y los mismos militares se rebelaron en contra de la "intrusión" estadounidense, y demandaron saber con "qué derecho" los verdugos de Abu Ghraib y de Guantánamo juzgaban al ejército mexicano y sus "valientes" esfuerzos por combatir el crimen organizado. Detrás de las quejas absurdas y los lamentos de siempre yacía un problema fundamental. Cuando México firmó la Iniciativa Mérida, no había ningún mecanismo en el Congreso, los medios o la sociedad civil, a través del cual se podían debatir las ventajas y desventajas del acuerdo con Washington, una vez que sus términos se hubieran divulgado con detalle en la arena política.

La consiguiente confrontación entre los partidarios de la guerra contra el narcotráfico, a condición de que se respetaran los derechos humanos, y quienes se oponían a ella esgrimieron la tesis de la violación de la soberanía nacional, que no podía ser asimilada ni por el marco institucional mexicano, ni por la mentalidad cultural del país. Un enfrentamiento de esta naturaleza, a propósito de una decisión tomada tras un intenso debate en torno a un tema de tal importancia y por una exigua mayoría, simplemente no figuraba en el ADN mexicano. La mejor manera de manejar el asunto era ignorándolo. Ni el gobierno de Calderón, ni la oposición del PRI y el PRD sintieron que era indispensable utilizar los mecanismos existentes para resolver éste y otros asuntos parecidos; o bien en el caso de su inexistencia que resultara indispensable inventarlos. El conflicto seguiría envenenando las relaciones entre México y Estados Unidos y los lazos entre Calderón y Obama.

¿Les gusta la democracia a los mexicanos? Si es así, ¿por qué?

El asunto no es tanto que debido a los desencuentros entre las instituciones mexicanas y los requerimientos de un régimen democrático los mexicanos no estén profundamente apegados a su democracia, o que de algún modo extrañen las viejas formas autoritarias (aunque a veces alegan que sí). La amplia coalición democrática de los años recientes no sigue intacta pero permanece latente. Ésta se encuentra conformada por activistas sociales y locales de la oposición, intelectuales, líderes políticos nacionales y partes de la comunidad internacional. Trajo a México, paulatinamente, elecciones de verdad, una prensa libre, múltiples partidos políticos y el principio de la separación de poderes. Nadie quiere volver al viejo sistema autoritario del PRI aunque muchos sigan votando por él. Y sin embargo los mexicanos aún no parecen dispuestos a construir un régimen político compatible con la democracia representativa. Más peligroso aún, se muestran terriblemente renuentes a abandonar su resistencia a la controversia, a la franqueza y a la confrontación directa —una condición *sine qua non* de una democracia que funciona.

Incluso en el año 2008, ya después de las elecciones tan reñidas del 2006 (en una encuesta levantada ese año, 66% de los mexicanos creía que las elecciones no habían sido limpias y sólo 16% pensaba que sí) y al principio del desencanto mexicano con la democracia representativa, México quedó a la mitad exacta de la escala cuando el LAPOP (Latin American Public Opinion Project, por sus siglas en inglés) propuso en una encuesta la clásica formulación churchilliana —la democracia puede tener fallas, pero es preferible a cualquier otra forma de gobierno— a los ciudadanos de veinte países latinoamericanos. Un 68% de los mexicanos respondió afirmativamente. De igual modo en el 2008, 55% estuvo de acuerdo en que "la democracia es la mejor forma de gobierno", mientras que 20% respondió negativamente; 61% pensó que "es mejor tener un gobierno democrático que uno autoritario".[4] En 1996, dos años después de las primeras elecciones más o menos democráticas en México, siete de cada diez mexicanos pensaba que era "bueno" o "muy bueno" que el país dispusiera de un sistema político democrático; para el año 2000, el número había crecido a 73% y, para el 2005, a 80%. Ese mismo año, 84% de todos los mexicanos consideraba que era importante o muy importante vivir en un país con un gobierno democrático.[5] Todos estos porcentajes se comparan favorablemente con el resto de América Latina, incluso con Europa occidental, así como Estados Unidos y Canadá. Más aún, en 2003, cuando se le preguntó a los mexicanos si renunciarían voluntariamente a su libertad de expresión a cambio de vivir sin limitaciones económicas, 61% dijo que no, mientras que sólo 34% respondió que sí;[6] un resultado notable, sobre todo en un país donde la libertad de expresión apenas surgió hacia finales de los años ochenta o a principios de los noventa y donde el apego a dicha libertad ha sido, en el mejor de los casos, irregular y de medias tintas, y donde 40% de la población vive en la pobreza. Es cierto que al acercarse el final de la primera década de este siglo, la devoción mexicana por la democracia empezó a decrecer en comparación con otras naciones latinoamericanas (quizá como resultado de la recesión de 2009, que afectó a México mucho más que a otros países de la región). La aprobación del planteamiento churchilliano bajó a 42% —muy por debajo que el promedio latinoamericano, de

59%; sólo el 44% pensó que los gobiernos democráticos estaban mejor equipados para lidiar con la crisis económica, mientras que el promedio de la región fue de 54%.[7]

El asunto no estriba entonces en el compromiso de los mexicanos con la democracia, o su satisfacción relativa o entre azul y buenas noches con la democracia imperfecta de la que gozan. Los problemas surgen cuando se empiezan a buscar las razones para la insatisfacción y uno se da cuenta de que éstas casi siempre reflejan un alto grado de descontento ante dos fenómenos: según muchos mexicanos la democracia no ha conducido a acuerdos entre políticos o a un consenso en torno a la dirección que debe tomar el país, y no ha puesto fin a las divisiones y discrepancias entre los mexicanos.[*] Aquí nos topamos de vuelta con la resistencia al disentimiento y al conflicto.

La mayoría de los mexicanos cree que el objetivo central de la democracia consiste en permitir y promover la convergencia entre fuerzas políticas y no en garantizar que las divergencias inevitables permanezcan en el rango de las resoluciones pacíficas. La falta de fe mexicana en la democracia crece y uno de los motivos del crecimiento reside en esta confusión fundamental respecto a sus propósitos. En 2001, 50% de todos los mexicanos creía que su país estaba "viviendo en una democracia"; en 2003, la cifra había caído a 37%, y a 31% en 2005. Se ha abierto una clara brecha de ingresos en el seno de estas convicciones: entre las personas que ganaban más de siete veces el salario mínimo (la clase media), alrededor de 65% creía que en el país imperaba la democracia; entre los pobres y

---

[*] El descontento con el gobierno también podría tener un origen en el pasado. Dado que previamente los gobiernos no eran democráticos, los mexicanos los detestaban. Y debido a que muchos continuaron considerándolos antidemocráticos, todavía hoy los detestan. Transfieren así su descontento con el gobierno a la democracia en general. Esto tiene mucho que ver con la naturaleza inmadura de la democracia mexicana, en contraste con la de Chile o Colombia, por ejemplo.

muy pobres, la cifra descendía a aproximadamente 45%. Peor aún, en 2008, al término de casi 15 años de régimen democrático, 75% de los habitantes del país identificó la vida en democracia con un alto nivel de disposición por parte de los miembros del Congreso a llegar a acuerdos con sus colegas de distintos partidos.[8] He aquí la definición —sin duda idealista y romantizada— de la democracia que la mayoría de los mexicanos comparte. Definición equivocada.

La democracia no se reduce a la bondad y la hermandad entre el gobierno y la oposición durante el "tiempo de preguntas" en la Cámara de los Comunes en el parlamento inglés; implica que los intercambios estridentes, sarcásticos y en ocasiones desagradables no pasen de eso: batallas retóricas que reflejan verdaderas diferencias de opinión e intereses encontrados. Éste es el reto del México de hoy, sobre todo porque tantos principios supuestamente consensuales dados por sentados durante el régimen autoritario son ahora obsoletos, contraproducentes o contrarios a las creencias y convicciones de segmentos significativos de la población, a quienes nunca se les solicitó su opinión.

Un buen ejemplo de esta paradoja, donde los mexicanos prefieren vivir en democracia pero por motivos equivocados, radica en un asunto técnico presupuestal que pocos expertos detectaron. Entre 2000 y 2009 —esto es, en los nueve años de presencia panista en Palacio Nacional— el gobierno gozó de excedentes inesperados en materia de ingresos presupuestales: 1.5% del PIB al año durante el periodo de Fox, y de 2.2% anual durante los tres primeros años de Calderón. [9] El origen del superávit estribó, por un lado, en un gasto público menor de lo que se esperaba* y por otro, en ingresos mayores a los que se estimaban, gracias a los elevados precios del petróleo. Todo esto desembocó en una bonanza

---

* Esto se debió a menores intereses sobre la deuda pública, gracias a los prepagos en el exterior, y a menor inflación y tasas de interés más bajas.

general de aproximadamente 17% del PIB a lo largo de los nueve años: una suma altísima. De forma simultanea, la economía mexicana promedió un crecimiento anual del 2.5% para este periodo —mediocre, según cualquier criterio.[10] ¿Por qué? ¿A dónde fue a parar ese dinero?

La respuesta se encuentra en el sistema político mexicano. Desde el año 2000 el gobierno del PAN, sin mayoría en el Congreso, no quiso depender de ninguno de los dos partidos de oposición para aprobar el presupuesto. Por lo tanto negoció con ambos y le prometió todo a los gobernadores del PRI y del PRD —que suelen ser "dueños" de sus diputados en el Congreso— transferencias monumentales de fondos federales, a cambio de un apoyo unánime a la aprobación del presupuesto. Los gobernadores (prácticamente todos los presupuestos federales desde el año 2000 se han aprobado por consenso) se llevaron su parte del pastel: enormes sumas de recursos sin etiquetar y sin fiscalización, muchas gastadas en naderías, desde coches y viajes caros hasta programas de obras públicas muy vistosas pero innecesarias. Los gobiernos del PAN, como sus predecesores del PRI, prefirieron la unanimidad a la confrontación y pudieron comprarla. Pero el precio fue alto. Una porción considerable del 17% que se gastó en estados y ciudades, o en proyectos locales baladíes de sus gobernantes se pudo haber invertido en áreas de la economía que sí generaran crecimiento.*

La decisión crucial que México no ha tomado —esencialmente por los motivos culturales ya citados— es la de consumar una verdadera ruptura con el pasado autoritario. Cuando el PRI perdió la presidencia en el año 2000, dos corrientes de ideas compitieron por el oído del nuevo presidente y el apoyo de aquellos segmentos de las

---

* Esta tesis también ha sido desarrollada por Héctor Aguilar Camín, en su columna titulada "Federalismo multimillonario" del día 17 de febrero de 2011 publicada en el periódico *Milenio*.

élites que no estaban enteramente vinculadas con el viejo régimen.
Una, la que finalmente triunfó, sostenía que las instituciones mexicanas, al menos en teoría —su Constitución, sus leyes, los partidos
políticos, el Congreso, los medios, los sindicatos, etcétera—, podían
seguir funcionando perfectamente bajo las nuevas circunstancias
democráticas. No había necesidad alguna, según esta escuela, de
buscar un "borrón y cuenta nueva" respecto al pasado, ni de inves-
tigarlo o de construir un orden institucional distinto acorde a las
nuevas circunstancias. Las estructuras existentes podrían en esta
óptica adaptarse fácilmente a la serie de condiciones nuevas.

Aunado a esta lógica conceptual a favor de la continuidad,
imperaba también un argumento más pragmático. México debía
ya evitar sus infames crisis financieras sexenales (como en 1976,
1982, 1987-88, 1994-95), y esto resultaba aún más indispensable en
el 2000, dado que por primera vez había pasado el control del Estado a manos inexpertas. Así, por ambos tipos de motivación esta
corriente de pensamiento estaba a favor de dejar todo por la paz.

La otra corriente de ideas sostenía que las instituciones tradicionales del país —la presidencia todopoderosa, un Congreso
impotente y a modo, medios de comunicación controlados, un sistema judicial basado más en la corrupción que en la justicia, una
burocracia competente pero apartada por completo de la sociedad
y de una clase política corrupta, inepta y mal preparada— resultaban tristemente incompatibles con la democracia moderna. No
había manera de que prosperaran incluso en la nueva época. Era
necesaria una estructura institucional distinta y sólo un verdadero
rompimiento con el pasado permitiría lograr su conformación y
aceptación.[*]

---

[*] La mejor justificación para un nuevo, aunque inevitablemente doloroso comienzo era develar los lados más oscuros del pasado; sólo con un sistema distinto podría el país gozar de su largamente esperada y muy trabajosamente lograda
democracia.

Esta corriente perdió y su derrota se ha perpetuado. Como resultado, México ha vivido desde 1997 en una democracia representativa plena, con las mismas instituciones generadas a lo largo de su época de régimen autoritario que son completamente disfuncionales —como lo demuestra la parálisis actual del país. Tres presidentes de extracciones muy diversas; un economista con doctorado, un empresario, y un abogado y político profesional— han intentado todo tipo de reformas y todos han fracasado, a partir de 1997, cuando el PRI perdió la mayoría.

Dos retos democráticos fundamentales desafían la imaginación, la perseverancia y el carácter nacional mexicanos, y son a la vez producto de ese carácter nacional. El primero es un sistema tripartidista inmanejable. El segundo es consecuencia directa de la aversión al conflicto: ¿cómo imponer una confrontación política democrática y una competencia económica abierta en una sociedad que teme y desconfía de ellas como si fueran la peste misma, y permitir así el advenimiento de un compromiso político transparente y el crecimiento de la economía y la justicia social?

El peor de los mundos posibles: un sistema tripartidista

Durante mucho tiempo, y ciertamente en 1988, la sabiduría popular imperante alegaba que en México la transición del régimen autoritario a la democracia sucedería por el lado izquierdo del espectro político. El PRI, según esta teoría, se había inclinado demasiado a la derecha después de 1982, y luego entre 1989 y 1994; su ala tecnócrata se lo había devorado, llevando al país por la vía de la privatización, la apertura comercial, la firma de un tratado de libre comercio con Estados Unidos, recortes masivos a los subsidios alimenticios, caídas de los salarios reales y una predilección generalizada por la globalización.

Todo esto, se decía, rebasaba y dejaba estupefacta a la vieja izquierda del PRI —los sindicatos de trabajadores y campesinos, la burocracia, los intelectuales y líderes locales—, en una sociedad donde la inequidad y el resentimiento de antaño eran de tal magnitud que sólo podía ser gobernada por la izquierda. Más aún, la nueva clase media urbana, especialmente después de la debacle económica de 1982 y la subsiguiente "década perdida" por la crisis de la deuda, era demasiado pequeña y pasiva, y estaba demasiado resentida para actuar como contrapeso. El futuro, entonces, pertenecía a un sistema bipartidista, en el cual la fracción tecnócrata del PRI se aliaría con el pequeño, provinciano, conservador y católico PAN, o bien, lo iría sustituyendo gradualmente; y el ala izquierda del PRI, por su lado, uniría fuerzas con los múltiples grupúsculos marginados de la arena política pertenecientes a la vieja izquierda comunista, trotskista y castrista. Estos dos frentes se alternarían en el poder y el PAN permanecería como un partido pequeño con un apoyo de cuando mucho 15% (más o menos lo que obtuvo en 1988 y a mediados de esa misma década en las elecciones locales), o bien sería absorbido por los tecnócratas.

Las elecciones presidenciales de 1988 parecieron confirmar este pronóstico, ya que la élite tecnócrata del PRI, encabezada por Carlos Salinas de Gortari, "ganó" la elección con 50% de los votos (aunque probablemente haya recibido sólo entre 40 y 45%) y a la fracción de izquierda escindida del PRI, encabezada por Cuauhtémoc Cárdenas, le fue asignado un 30% (aunque muy probablemente haya obtenido entre 35 y 40%). El PAN se quedó muy atrás con alrededor de 15%. Estos resultados se magnificaron en la Ciudad de México, la región con la clase media más moderna y educada del país, donde la izquierda venció al PRI por dos a uno.

A pesar de que esta salida hipotética del régimen autoritario no fue aplaudida por todo el mundo, encerraba la ventaja de alentar dos tipos de continuidad. En primer lugar, simplemente formalizaba el

previo sistema "pendular" —descubierto por los politólogos mexicanos y estadounidenses desde mediados de los años cincuenta y
según el cual, aun bajo el mandato priista, México siempre había
sido gobernado de manera sucesiva por presidentes del PRI de la
derecha y de la izquierda, lo cual generaba algún tipo de equilibrio y movilidad. Nadie se sentía del todo excluido y nadie tenía
el poder asegurado. En segundo lugar, garantizaba que el centro
de gravedad del nuevo sistema político permaneciera más o menos
donde se había ubicado desde los años veinte: las posturas excesivamente orientadas al mercado, en apariencia pro Estados Unidos
y demasiado cercanas a los intereses de la Iglesia se mantendrían
al margen del poder; el acuerdo fundamental entre las fracciones
principales de la vieja Revolución se extendería ahora a los dos partidos emanados de los caminos de la democratización, la globalización y la modernización que México seguía de manera ineluctable.

Las cosas no salieron así. Lo que es más, la idea era bastante
ingenua. Si, México, con sus desigualdades sociales, estaba teóricamente predestinado a ser gobernado desde la izquierda, pero eso
ocurriría en todo caso medio siglo más tarde, o nunca si el país en
efecto cambiara. En casi todas las transiciones democráticas de América Latina o Europa del Este, la necesidad de apaciguar a las élites
conservadoras y a los poderes fácticos había conducido a salidas del
autoritarismo por la derecha del espectro, no por la izquierda. La
única excepción notable fue Nelson Mandela en Sudáfrica, pero
sólo gracias a su inmensa estatura moral y personal; y las políticas
que implementó una vez electo presidente en 1994 fueron orto-
doxas y conservadoras, particularmente en materia económica y de
seguridad. En Chile, Brasil, Argentina, España, Grecia, Polonia,
y El Salvador, entre otros países, la transición se llevó a cabo por
la derecha. En México fue igual, como debió haberse esperado.

La izquierda comenzó a desplomarse a partir de 1991, por
lo menos en comparación con los resultados obtenidos tres años

antes. A pesar de haberse unido bajo la bandera de un solo partido, el PRD, y un único líder —Cárdenas—, perdió votos en cada elección: recibió sólo el 17% en las presidenciales de 1994 y aunque le fue bien en 1997 en la Ciudad de México y en la contienda nacional legislativa y consiguió un 25%, retrocedió a 17% en el año 2000.[11] De manera simultánea, sin embargo, y por las mismas razones que todos habían sospechado y/o esperado que la izquierda ganaría, no desapareció: después de la debacle de 1991, nunca cayó por debajo de ese 17% y en ocasiones tuvo mejor suerte; tanto así que consolidó su poder en la Ciudad de México, en Michoacán y en un puñado de regiones adicionales del país.

La sorpresa, por supuesto, fue el PAN. Desplazó a la izquierda en las elecciones de 1994, después de una alianza virtual e informal con el gobierno de Salinas que durante seis años le permitió ganar varias gubernaturas estatales por primera vez en la historia (Baja California, Guanajuato y Chihuahua). Alcanzó casi un tercio de las intenciones del voto nacional después de un debate en el que su candidato presidencial se desempeño con mucho mayor éxito que sus rivales. En 1997 el PAN siguió creciendo y, en el año 2000 su candidato Vicente Fox finalmente logró lo que casi todos los analistas habían predicho que sucedería con la otra opción: sacar al PRI de Los Pinos. Además, el PAN retuvo suficientes lugares en las elecciones intermedias de 2003 como para seguir gobernando. En 2006, volvió a ganar la presidencia, de panzazo pero limpiamente; esta vez, con Felipe Calderón.

La moraleja de la historia y la subsiguiente complicación para México es que en vez de llegar al alba del siglo XXI con una democracia bipartidista funcional, o al menos con un arreglo tetrapartidista dotado de una segunda vuelta *de facto* o *de jure*, enfrentaba el peor de los retos, el más inestable, extraño y conflictivo posible: un sistema tripartidista donde todo se vale. Peor aún, la fórmula tripartidista específica de México posee ciertas características que la vuelven aún más disfuncional. Tras la alternancia inicial del año 2000, cualquiera de los tres partidos pudo haber ganado una elección nacional, ya sea legislativa o presidencial. He aquí el resultado de las cinco elecciones plenamente democráticas celebradas en México en tiempos recientes:

1997		2000		2003		2006		2009	
Legislativas intermedias		Presidencial		Legislativas intermedias		Presidencial		Legislativas intermedias	
PRI	38%	PAN	43%	PAN	30%	PAN	35.9%	PRI	37%
PAN	26%	PRI	36%	PRI	23%	PRD/ PT/ Convergencia	35.3%	PAN	28%
PRD	25%	PRD	17%	PRD	18%	PRI	22%	PRD/ PT/ Convergencia	12%

Fuente: Instituto Federal Electoral.[12]

En otras palabras, en cinco elecciones a lo largo de doce años, el viejo PRI ganó tres veces, el PAN dos, y el PRD ninguna. Pero el PRD llegó en segundo lugar dos veces, y el PRI una vez en tercero. Este es el resultado más voluble e impredecible que se puede imaginar, y demuestra un grado notable de "deslealtad" por parte de los votantes en un periodo corto de tiempo. Un patrón análogo emerge de las elecciones por las gubernaturas en los 32 estados mexicanos; en la mayoría existen sólo dos partidos competitivos, pero esos dos varían no sólo de estado en estado, sino en algunos casos, de elección en elección dentro de un mismo estado.

Este sistema es el peor posible, ya que prácticamente asegura que cada partido siempre obtendrá algo y que todos pueden, razonablemente, esperar obtener más. Por consiguiente, los partidos no poseen incentivo alguno ni para llegar a acuerdos ni para confrontarse directamente; prefieren crecer a partir de una plataforma vaga, no confrontacional, que le permite a cualquiera de los tres permanecer unido y derrotar a los otros dos, si no esta vez, la siguiente. El electorado no le garantiza una mayoría a ninguno de los tres partidos, y por lo tanto ni uno de ellos puede aspirar a poner en práctica su agenda, sea cual sea. Además, cualquier alianza significativa entre dos de los partidos contra el tercero (por ejemplo, el PRI y el PAN contra el PRD o, como en el 2010-2011, entre PAN y el PRD contra el PRI) supone el riesgo de enajenar a fracciones significativas dentro de los dos aliados, además de exponerse a acusaciones de oportunismo y cinismo. Todo esto permite que el partido aislado reivindique su impecabilidad moral y atraiga a las fracciones desencantadas de los otros partidos. Esta situación ha sido más o menos la misma desde 1997. El PRD controla el gobierno de la Ciudad de México, el segundo puesto de elección popular más importante del país, y el tercero más grande en términos de presupuesto. El PAN ha retenido la presidencia; y el PRI ostenta la mayoría relativa en el Congreso (en 1997 y 2009), además del mayor número de gubernaturas —incluyendo la de los dos estados más poblados: el Estado de México y Veracruz.

¿Por qué resultaron así las cosas? Obviamente por muchas razones, pero en parte porque la alternativa —esto es, una reconfiguración de los partidos políticos— implicaba divisiones dentro de cada partido y una realineación sobre bases políticas e ideológicas. Significaba que el ala moderna y tecnócrata del PRI rompiera con la vieja fracción nacionalista y populista; que la izquierda socialdemócrata reformista se separara de la izquierda radical y revolucionaria; y que el centro derecha moderada y moderno del PAN se distanciara de la fracción ultraconservadora y ultracatólica. Cada una de estas escisiones habría sido posible sólo a través de la confrontación política e ideológica —en donde cada bloque abandonara a sus compañeros burocráticos para unir fuerzas con sus almas gemelas programáticas.

Esto nunca ocurrió. Tras la ruptura del PRI en 1988 encabezada por Cárdenas, sólo se ha generado una escisión adicional de la lideresa del Sindicato de maestros, en 2003. Nadie de importancia ha abandonado el PAN o el PRD para unirse a un grupo más afín ideológicamente hablando. La razón: cualquier realineación habría obligado y sigue obligando a un enfrentamiento con los aliados de ayer, para aliarse con los nuevos amigos de hoy. Pero el taburete de tres patas, a diferencia de una silla de cuatro o un individuo bípedo, es por definición la estructura más inestable y la más fácil de tirar. Y sin embargo permanece intacta desde 1988; no hay absolutamente ningún motivo para creer que esto vaya a cambiar en el futuro cercano. La estructura tripartidista inherentemente inmanejable y que sólo se puede suprimir y remplazar por una estructura cuádruple o doble si se establece un sistema electoral que genere mayorías va a persistir. Mientras se requieran dos tercios de los votos en ambas cámaras del Congreso para modificar la Constitución, cada partido conservará un tercio bloqueante —aunque sea en la calle.

Los últimos tres presidentes mexicanos han recibido un mandato electoral cada vez menor al de su predecesor: Ernesto Zedillo, 49% en 1994; Vicente Fox, 43% en 2000; Felipe Calderón, 35.9% en 2006.[13] La única solución para revertir esta tendencia consiste en obligar al electorado a decidir: a votar por referéndum sobre temas constitucionales críticos y en una elección de segunda vuelta entre los dos candidatos vencedores de la primera ronda. Pero esto choca con la aversión mexicana al conflicto. ¿Por qué pelear contra alguien si uno simplemente puede llevar la fiesta en paz? ¿Por qué sacar los desacuerdos a la luz pública e imponer decisiones mayoritarias? Si bien nadie cuestiona la naturaleza democrática de este pacto tácito, tampoco nadie lo considera funcional o adecuado frente a los inmensos retos que enfrenta el país. Se antoja particularmente pernicioso para manejar las poderosas fuerzas centrífugas de México, que estuvieron subyugadas bajo el sistema de partido único pero que ahora se vuelven cada vez más destructivas —como se verá en el capítulo 8.

Estas fuerzas sólo se pueden controlar a través de una democracia en donde la confrontación abierta, transparente y explícita entre los diversos intereses regionales, étnicos, económicos y políticos, simultáneamente concilie las brechas abismales en la sociedad mexicana y permita a la mayoría de sus habitantes imponerse a minorías recalcitrantes, con soluciones alcanzadas democráticamente. Esto no está sucediendo en gran parte porque nadie quiere llevar a la esfera pública los puntos de vista opuestos y los intereses divergentes que existen a lo largo y ancho del país. Nuestra democracia ni hace aflorar a estos conflictos ni permite que se solucionen pacíficamente; la consecuencia es que se agravan.

No es ésta la única consecuencia práctica y democrática del rasgo del carácter nacional subrayada a lo largo del capítulo anterior. Quizás el resultado más serio —y el segundo reto— involucra a la política económica y social, o más directamente, la falta de competencia en la sociedad mexicana, y en cualquier enfoque o regulación antimonopólica digna del término. Henos aquí de lleno en el meollo del dilema mexicano.

La competencia y los Récord Guinness

Ya hemos visto cómo el poder se ha concentrado brutalmente en México desde tiempos inmemoriales. Existe una sola compañía petrolera, un solo sindicato de maestros, una sola cadena televisiva de verdad (las demás son locales, o pasatiempos de sus dueños, o reservadas para programas de intelectuales que a nadie interesan), una compañía de cemento con dimensiones respetables, una compañía de luz, un fabricante de tortilla, uno de pan, *ningún* candidato independiente a la presidencia, un magnate cuya fortuna neta rebasa la suma de las de los siguientes veinte hombres más ricos del país. Y esto ha sido así desde siempre, al menos desde la Conquista que, entre otras cosas, implicó una concentración absoluta de las tierras en manos de la Corona y la Iglesia, y el comercio en una sola empresa (la Casa de Contratación), en un puerto (Cádiz-Sevilla), con un solo país (España). Abundan las explicaciones —históricas, económicas, políticas—, pero al menos una adicional —el factor cultural— que condujo a la perpetuación de estas circunstancias. Y ese factor encierra quizá la consecuencia más perniciosa de la aversión mexicana al conflicto: su absoluto desprecio y desconfianza por la competencia. Al final de cuentas, el equivalente económico de la aversión al conflicto (y la tendencia perenne al *wishful thinking*, con la concomitante renuencia a escoger entre dos opuestos incompatibles) es la "aversión al riesgo". Esto puede ser verdaderamente letal para una economía de mercado, el tipo de economía que México vive hoy en día. Esta clase de economías prosperan gracias a la competencia y el riesgo; se estancan cuando dominan los monopolios y se reduce la toma de riesgos. Allí está México.

La competencia inevitablemente implica la victoria de uno y la derrota de otro, y los mexicanos detestan perder. Ambos desenlaces pueden ser relativos, temporales, o incluso benéficos para la entidad colectiva en la cual el ganador y el perdedor compiten. Competir significa correr riesgos y comprometerse con la confrontación: leal, transparente, legal, o despiadada y sin miramientos —pero confrontación al fin. Involucrarse en ella implica la posibilidad del fracaso, la humillación y la vergüenza, o la destrucción de un rival, adversario, o enemigo, que algún día podrá buscar la revancha. Ninguna economía de mercado hoy en día goza siquiera de una competencia imperfecta: los monopolios son la regla. Pero casi todas las economías de esta naturaleza, así como los movimientos sindicales, los medios y los sistemas políticos, están regulados para evitar los excesos a los que llegaron las compañías Standard Oil o ATT en Estados Unidos en distintos momentos del siglo XX. Las economías de mercado exitosas viven a la merced relativa de los dientes de los órganos reguladores —unos más que otros— que se interponen cuando la fijación de precios, las asignaciones de mercado o cárteles, la competencia injusta u otros comportamientos monopólicos se vuelven demasiado obvios o dañinos para la sociedad o la economía.

México carece de esta clase de instituciones: su impotente Comisión Federal de Competencia no es autónoma, y la Procuraduría General de la República aún no puede llevar a cabo juicios antimonopólicos contra ninguna empresa. En parte México ha sobrevivido sin estas instituciones porque al menos hasta mediados de los años noventa, el tipo de capitalismo nepotista y amiguista que se incubó en el país no las requería, y en parte porque la idea misma del Estado imponiendo la competencia en una sociedad que la detesta resultaba impensable para el país, para sus élites y para la opinión pública. Sin embargo en México y en el resto del mundo ha surgido un consenso amplio y creciente: el principal obstáculo al crecimiento económico futuro del país, así como para la expansión de la clase media, yace en esta concentración excesiva del poder. Como se ha dicho aquí, todo el poder en México se ejerce por unos pocos: el político, el económico, el financiero, el de los medios, el intelectual, el público y privado, el laboral, entre otros. Más y más expertos, desde el Banco Mundial y *The Economist*, a ex funcionarios de la Secretaría de Hacienda y el Gobernador del Banco de México; de los demagogos de izquierda a los anacrónicos fundamentalistas del libre mercado; de novelistas como Carlos Fuentes a los intelectuales con páginas editoriales en los periódicos, todos parecen estar de acuerdo en que algo se tiene que hacer con los muchos monopolios de México. Desafortunadamente no existe un movimiento social que respalde esta convergencia de opiniones de las élites, incluso quienes profesan compartir puntos de vista a favor de la competencia a la hora de la hora esquivan los detalles concretos del problema y rehúyen las tomas de posición.

Esta indiferencia relativa nace de muchas motivaciones, que van del miedo a las represalias y hasta los compadrazgos. Pero una explicación indudable del problema reside en la aversión al conflicto y la renuencia a hallarse un día expuestos a la competencia. Es notable el hecho de que una tecnocracia administrativa y una élite intelectual tan sofisticadas, por ejemplo, se incomoden tanto con cualquier cosa que evoque vagamente a una meritocracia. Con la excepción parcial de la Cancillería, la Secretaría de Hacienda y el Banco de México, los empleos públicos en el país son antimeritocráticos. El nuestro es un sistema de amiguismo a gran escala. Y con excepción de las facultades de Ingeniería, Derecho y Medicina de la UNAM, así como del Departamento de Economía del ITAM y de Ingeniería del Tec de Monterrey, no hay equivalentes en México de las escuelas del "Ivy League" estadounidense (universidades de élite y de excelencia académica), o de la U de Chile, la USP de Sao Paulo, Oxbridge o las *grandes écoles* de Francia. Esto es aún más evidente en la industria editorial, el periodismo, los institutos nacionales, la concesión de premios y medallas, etcétera. Otra vez, las razones son múltiples pero una sobresale: una meritocracia demanda competencia; unos ganan y otros pierden; y la competencia implica tensiones y confrontaciones que los mexicanos detestan.

Un ejemplo maravilloso de este síndrome se encuentra en la cultura del libro Guinness. Como decía un artículo de 2009 en el *New York Times*, "Si el libro Guinness alguna vez inventa una categoría para el país más obsesionado con estar en el libro Guinness, México indudablemente figuraría entre los finalistas".[14] En el artículo aparece una lista de los récords más extravagantes que los mexicanos han tratado de romper: el mayor número de personas bailando simultáneamente *Thriller* de Michael Jackson; más mariachis reunidos en un solo lugar; la pasarela más larga y el beso con mayor duración en el día del amor; la albóndiga y el pay de queso más grandes; y por supuesto, el taco, la torta y el tamal de mayor volumen en el mundo. Los récords más recientes fueron el del árbol de Navidad artificial más alto y la pista de patinaje más amplia a fines de 2009. Todos estos intentos heroicos fueron llevados a cabo, predeciblemente, con absoluto apoyo del gobierno. Como dijo el politólogo Carlos Elizondo, lo más sorprendente es que un país que evita la competencia a cualquier costo quiera acumular récords Guinness. Elizondo pregunta: "¿Por qué tanta obsesión por romper récords Guinness?" Su respuesta es elegante y preclara:

> Por lo mismo que no nos gusta competir. Son récords basados en el principio de no competir. Se trata simplemente de hacer algo más grandote o con más gente (…) A nadie en el mundo le interesa realmente el tema. (…) No existe un torneo mundial de alcaldes persiguiendo el árbol de Navidad más alto del planeta y donde nosotros, por nuestro esfuerzo, creatividad e ingenio, fuimos más competentes que el resto de las ciudades.[15]

Una consecuencia final y dañina de la aversión al conflicto reside en las reglas en torno a la competencia electoral. En tiempos recientes, esto es, durante la infancia de la era democrática del país, la resistencia a la confrontación adquirió rasgos particularmente destructivos y tragicómicos, plasmados en las reformas electorales aprobadas en 2007, que tal vez gocen de larga vida.

México ha celebrado dos comicios presidenciales democráticos en su historia y dos que casi lo fueron. La elección de Francisco I. Madero en 1911 tuvo lugar en un país que apenas emergía de una dictadura de treinta años, sin leyes, sin tradiciones electorales, ni contendientes reales. La elección de Ernesto Zedillo en 1994 fue libre, pero no equitativa. La de Vicente Fox en el año 2000 fue la única verdaderamente inmaculada; la de Felipe Calderón en 2006 fue libre y justa aunque muchos la consideraron desaseada. Sin embargo en los tres casos el comportamiento de los medios masivos mexicanos resultó todo menos que democrático. Favorecieron de manera abrumadora al candidato del PRI en 1994 y a Francisco Labastida en 2000, y se sesgaron descaradamente a favor del PRD con López Obrador en 2006, hasta el final de la campaña, cuando cambiaron de bando y se inclinaron por Felipe Calderón. El asunto no era tanto a quién favorecían, sino al hecho de que claramente apoyaban a un candidato en detrimento de los otros. Todas las elecciones previas fueron o completamente insignificantes (José López Portillo compitió sin oposición en 1976 y recibió el 96% de los votos), o tan profundamente manoseadas (1940, 1952, 1988) que no pueden ser consideradas democráticas bajo ninguna definición de la palabra.

En las dos elecciones realmente competidas (2000 y 2006), las campañas negativas y la guerra sucia en los medios fueron comunes: ni más ni menos que en el resto del mundo democrático. En México, mediante la compra de tiempo aire o aprovechando el que se asignaba oficialmente, o en entrevistas de televisión y radio, los tres candidatos principales repartieron tanto lodo como el que recibieron. El candidato del PRD concluyó que había sido injustamente despojado del triunfo por medio de varios estratagemas y subterfugios, pero sobre todo por la influencia de campañas negativas e injustas dirigidas por sus adversarios y/o por terceros: los medios, los empresarios, el Presidente Fox, etcétera. López Obrador soslayó el hecho de que durante cinco de los seis años de gobierno de Fox, él había sido el consentido de los medios, y particularmente de Televisa, y que él mismo atrajo el oprobio del sector privado básicamente amenazando con desaparecerlo del mapa.

En cualquier caso, después de su derrota, y en un esfuerzo desesperado por reformar las leyes electorales hasta que fueran aceptables para todos, el PRI (al que le fue pésimo en 2006) y el presidente Calderón (que necesitaba a cualquier costo obtener el apoyo priista para gobernar), le permitieron a la izquierda reescribir las reglas. Y lo hicieron con creces. En la Constitución (artículo 6°) y en el Código Electoral (artículo 233) los perdedores de la contienda de 2006 prohibieron y penalizaron a los partidos o candidatos que realizaran campañas negativas. El nuevo lenguaje constitucional rezaba: "La manifestación de las ideas no será objeto de ninguna inquisición judicial o administrativa, sino en el caso de que ataque a la moral, los derechos de terceros, provoque algún delito, o perturbe el orden público."[16]

Esto fue luego interpretado en la legislación secundaria como una prohibición de "expresiones que denigren a las instituciones y a los propios partidos, o que calumnien a las personas. El Consejo General del Instituto está facultado para ordenar, una vez satisfechos los procedimientos establecidos en este Código, la suspensión inmediata de los mensajes en radio o televisión contrarios a esta norma, así como el retiro de cualquier otra propaganda".[17] Así, México insertó en su Constitución su aversión al conflicto, como si traducir rasgos del carácter nacional en leyes surtiera impacto alguno en la vida diaria, política o de cualquier otro orden. El único resultado de este esfuerzo absurdo fue desterrar a las campañas negativas y a la confrontación electoral de las áreas en las que se prohibían —radio y televisión— y trasladarlas a los espacios donde permanecían dentro de la ley, aunque fuera sólo por omisión: internet, principalmente.

En el caso de las democracias maduras que han experimentado años de campañas negativas y batallas mediáticas, se puede argumentar que cierto tipo de limitaciones pueden resultar deseables, bajo circunstancias determinadas o en ciertos momentos. No hay evidencias claras en la literatura sobre si las campañas negativas funcionan o decepcionan a la gente; si acaso mantener un tono positivo deja mayores o menores dividendos electorales que cuando se enloda al adversario. Sólo sabemos que pasar por alto las campañas negativas puede ser fatal (ver los *Swiftboats* de John Kerry en 2004). Salvo en México, donde la renuencia a involucrarse en altercados es tanta que la mejor reacción a la crítica ha sido, en varias elecciones, incluyendo las intermedias de 2009, poner la otra mejilla.

En conclusión, las instituciones y prácticas políticas, electorales, de orden público y antimonopólicas de México no le hacen un favor al país. En lugar de provenir del sistema autoritario que vivió —y padeció— la nación durante setenta años y cuya desaparición nos llevó a tantos a esperar que estos defectos se desvanecieran con el advenimiento de la democracia, sobrevivieron al viejo régimen. La razón es sencilla. No surgieron del reciente pasado autoritario, sino de los rasgos del carácter nacional, históricos y culturales, de un pasado remoto. Y una vez más confirmamos lo que habíamos sospechado: México y los mexicanos han hecho de esquivar la confrontación, la contradicción y el conflicto, a una escala personal, política e incluso internacional, una forma de vida que permitió, en su momento, la supervivencia de un pueblo y su emergencia como nación. Hoy este modo de vida obstruye el paso a la modernidad de ese mismo pueblo y de esa misma nación.

NOTAS DEL CAPÍTULO 4

[1] Miguel Carbonell y Enrique Ochoa, "¿Por dónde empezar?", Enfoque, *Reforma*, Ciudad de México, 10 de diciembre, 2006.

[2] Rolando Herrera, "Se castiga sólo 1% de delitos", *Reforma*, Ciudad de México, 29 de agosto, 2009.

[3] *Evolución de la Constitución Política de los Estados Unidos Mexicanos, por Artículo*, Instituto de Investigaciones Jurídicas, Universidad Nacional Autónoma de México, UNAM, México, 2009, www.juridicas.unam.mx

[4] *Encuesta Nacional sobre Cultura Política y Prácticas Ciudadanas de la SEGOB* (ENCUP), Ciudad de México: Secretaría de Gobernación, 2008, p. 58; "Cultura política de la democracia en México, 2008: El impacto de la gobernabilidad", Latin American Public Opinion Project (LAPOP) Nashville, Estados Unidos: Universidad de Vanderbilt, 2008, p. 16.

[5] Alejandro Moreno, "Concepto y valoración de la democracia: hallazgos de la Encuesta Mundial de Valores 2005 en México", *Este País*, Núm. 181, abril, 2006, pp. 66 y 67.

[6] *Encuesta Nacional sobre Cultura Política y Prácticas Ciudadanas de la SEGOB* (ENCUP) Ciudad de México: Secretaría de Gobernación, 2003, p.10.

[7] "Latinobarómetro, Reporte Anual 2009", Santiago, Chile: Corporación Latinobarómetro, 2009, pp. 22 y 23.

[8] *Encuesta Nacional sobre Cultura Política y Prácticas Ciudadanas de la SEGOB* (ENCUP), Ciudad de México: Secretaría de Gobernación, 2008, p. 37, 46-47. Más preocupante, quizá, es el hecho de que la participación de electores de entre 18 y 20 años descendió entre 2006 y 2009; sólo 40% de los nuevos votantes acudieron a las urnas. Karla Garduño y Martha Martínez, "Generación 2010", Enfoque, *Refoma*, México, 8 de agosto, 2010.

[9] Conversación privada con el anterior director del Banco de México, México, septiembre, 2009.

[10] *Idem*.

[11] "Atlas de Resultados Electorales Federales 1991-2009", Instituto Federal Electoral, México, 2010, www.ife.org.mx/documentos/RESELEC/SICEEF/principal.html

[12] *Idem.*

[13] *Idem.*

[14] Marc Lacey, "Seeking the World's Biggest Meatball? Try Mexico", *The New York Times*, Nueva York, Estados Unidos, 7 de septiembre, 2009, www.nytimes.com/2009/09/08/world/americas/08records.html?_r=1

[15] Carlos Elizondo Meyer-Serra, "Tráfico Guinness", *Reforma*, Ciudad de México, diciembre 24, 2009.

[16] *Constitución Política de los Estados Unidos Mexicanos*, Instituto de Investigaciones Jurídicas, UNAM, México, 2010, Artículo 6.

[17] *Código Federal de Instituciones y Procedimientos Electorales* (COFIPE), Ciudad de México: Instituto Federal Electoral, 2008, Artículo 233.

CAPÍTULO 5

El poder del pasado y el miedo a lo extranjero

Pocas generalizaciones acerca de los mexicanos, sostenidas por nacionales y extranjeros, son tan comunes como las que señalan la obsesión del país con su historia y el concomitante miedo y rechazo que provoca "el otro". En los siguientes dos capítulos volveremos a contrastar un rasgo del carácter nacional con la realidad material a la que afecta y contradice.

En un ensayo sobre las diferencias entre México y Estados Unidos, publicado en *The New Yorker* en 1979, Paz enfatizaba cómo ambos países se distinguen por su manera distinta de enfrentar su pasado: México voltea hacia atrás y se deprime; Estados Unidos mira hacia adelante y olvida.[1] La idea de que el mundo exterior ha sido siempre una fuente de peligros y desgracias para los mexicanos, y que todo lo que viene de fuera amenaza al país, obviamente dista de ser irracional y halla sus fundamentos en la historia. Pero la obsesión del país con su pasado también surge del modo en que éste es interpretado: un pasado de opresión y traiciones. La historia oficial de México, en casi todas las lecturas que se han hecho de ella, se compone de una serie de episodios sucesivos de invasión, violaciones, conquista, traición y muerte, todas vinculadas a un "otro" que siempre es extranjero, extraño y ajeno.

Ya hemos insistido en la naturaleza contradictoria de esta noción. Como lo ha dicho en repetidas ocasiones el escritor Luis González de Alba: si el "nosotros" de hoy equipara a los mexicanos con los indígenas conquistados entre 1519 y 1521, ¿cómo es posible que todos seamos *mestizos* —por definición, hijos de indígenas *y* españoles?[2] ¿Cómo logramos ser sólo descendientes de indígenas? Detrás de esta muy citada paradoja se asoma una pregunta factual interesante y un análisis psicosocial que, aunque puede parecer simplista, da ciertas claves acerca del miedo de los mexicanos ante lo ajeno y el entrampamiento con el pasado.

Hay una lógica para que los mexicanos se piensen a sí mismos más como indígenas que como españoles, o como mestizos monoétnicos y no como producto del mestizaje multiétnico. En la gran mayoría de los casos, durante los primeros años de la Conquista y la Colonia, los mestizos eran hijos de madres indígenas y padres españoles; casi nunca al contrario. También es un hecho que el padre español era un padre ausente, por decir lo menos. Literalmente, estaba sólo de paso, saciaba su apetito sexual y seguía su camino. Como ha dicho Federico San Román a partir de una tesis de Santiago Ramírez, esta ausencia del padre explica tanto el individualismo mexicano como su aversión al conflicto. Ambos fueron mecanismos de defensa gestados para proteger al mexicano abandonado de un mundo hostil donde el padre protector era inexistente.[3] Los españoles procrearon con muchas mujeres sin cumplir el papel de padres ni de esposos. Los primeros mestizos crecieron sin padre y en familias no integradas. El mexicano entonces, dice San Román, es un ser crónicamente sin padre, cuya bastardía inicial dejó una huella que sigue repitiéndose hasta hoy. Así, su mirada está siempre enfocada en el pasado, en el mismo drama, en la misma traición, en el mismo abandono. Esa traición recurrente, transmitida de generación en generación, alimenta la furia histórica que tiene mucho más que ver con la pobreza, la insatisfacción y la desintegración familiar actual, que con eventos sucedidos hace quinientos años.

(Re)Escribiendo la historia

Sea como sea, no disponemos más que de un escaso margen para discutir cómo empezó la historia "mexicana": cómo y por qué Cortés conquistó el imperio azteca con 400 hombres y 12 o 13 caballos. La respuesta es que... no lo hizo. Como bien lo saben todos los mexicanos de hoy, los vecinos oprimidos y colonizados de los aztecas fueron quienes lo hicieron, aliados con una epidemia de viruela llegada de Cuba en el verano de 1520, con la insistencia de los aztecas en preservar la vida de sus prisioneros de guerra para sus sacrificios humanos, y con la cosmología que les auguraba una debacle inminente.[4] Lo único que logró Cortés —en una de las hazañas políticas más notables de todos los tiempos— fue canalizar el descontento masivo, propiciado por los sacrificios humanos, el canibalismo, los tributos de guerra contra el imperio y la cosmovisión azteca, hacia un vórtice de debilidades, traiciones y corrupción. Pero esta precisa y aterrizada versión de la historia no sirve como piedra angular en la construcción de una nación, ni como materia prima de mitos y leyendas.

Para que funcione como mito fundacional, tendría que ser al revés. Así, nuestros ancestros indígenas fueron derrotados por un enemigo poderoso que se aprovechó de su proeza tecnológica y de las divisiones en el seno del "equipo de casa" para someter a todo un país. De esta manera, por primera vez un "otro" extranjero trajo consigo la plaga y la peste que azoló a la gente de México; no necesariamente en los hechos reales, pero sí en la historia oral y escrita de una cultura obsesionada con su propia historia, y al mismo tiempo familiarizada con sus fundamentos históricos y las diversas maneras de manipularlos. Como lo ha dicho Uranga: "El mexicano da siempre la impresión de ya haber vivido, de traer en los pozos del alma una historia, un mundo que fue y que por emotividad quedó grabado indeleblemente."⁵ Para él (o para ella) la historia es una losa que los vencidos cargan sobre sus hombros.

Los libros de texto gratuitos de primaria, aun en sus versiones más modernas, no pueden evitar ser eufemísticos al hablar de la Conquista. Al describir las razones por las que los indígenas fueron derrotados, enlistan tres. La primera es que:

> los indígenas conquistados no se sentían parte de una unidad política y cultural común a todos. Había tradiciones, lenguas y costumbres distintas. Además, existía una larga historia de guerra de unos contra otros, que había producido odios y rencores. Los mexicas y los incas, que dominaban y explotaban a los demás pueblos, eran los más aborrecidos. Fue por eso que muchas comunidades indias vieron en los españoles unos aliados convenientes para luchar contra sus viejos enemigos. Los jefes de los conquistadores, como Cortés y Pizarro, se dieron cuenta de esta situación rápidamente y aprovecharon las enemistades que existían entre los pueblos indígenas. En las batallas libradas contra los mexicas y los incas, los españoles contaron con miles de aliados indios, decididos a liquidar a sus opresores. No podían imaginarse entonces que tendrían la misma suerte que los vencidos.*

Las otras dos razones que dan los libros de texto son la tecnología y las armas, así como las distintas ideas que se tenían sobre el combate: en el caso de los indígenas "nada proporcionaba mayor gloria que capturar vivo al adversario para llevarlo al sacrificio".⁶

---

* La insinuación de este primer argumento es demasiado evidente: los españoles engañaron a los indígenas que se oponían a los aztecas para que combatieran con ellos y posteriormente los aniquilaron como habían hecho con los aztecas.

Hay una historia maravillosa que cuenta González de Alba acerca del primer esbozo de una historia oficial —y de la consecuente destrucción de las versiones previas de la historia— en el territorio conocido como México. Cuando los aztecas se independizaron de Azcapotzalco, más o menos un siglo antes de la llegada de los españoles, su nuevo rey Itzcoatl ordenó que todos los libros de historia (conocidos como códices) fueran destruidos y reescritos. La razón: los aztecas no recibían las suficientes loas ni el "respeto" que querían, y como dejaba claro el Códice Matritense "no conviene que toda la gente/ conozca las pinturas/ Los que están sujetos [el pueblo]/ se echarán a perder/ y andará torcida la tierra,/ porque allí se guarda mucha mentira/ y muchos en ellas han sido tenidos por los dioses".[7] Desde entonces México dio inicio al reacomodo de la historia según sus metas y su imaginación, mucho antes de convertirse propiamente en México. La contradicción es obvia. Por un lado, el país insiste obsesivamente en escribir y reescribir la historia y en referirse a ella; por otro, "sabe" que ésta siempre puede ser redibujada de un plumazo para lograr ciertos objetivos o para alcanzar propósitos políticos. No hay nada más frágil que una versión oficial de la historia que puede ser descartada y reconstruida en un instante, como lo descubrieron muchas otras naciones, quizá ninguna tan claramente como la antigua Unión Soviética.

Desde tiempos de Itzcoatl hasta ahora, todos en el país —el *establishment* y los niños de las escuelas, las élites y las masas, los políticos y los intelectuales ortodoxos— han construido o aprendido una "historia oficial", como todos los demás ciudadanos del mundo. Esta historia, sin embargo, es un tanto distinta de las otras porque aquí la víctima es rey, la derrota es glorificada y las influencias y agentes extranjeros son decisivos e implacables. La literalidad y la simplificación hacen que el cuento sea fácil de tragar y verdadero, como en cualquier otro país. Los "perdedores" en México, empero, generan una brecha entre hechos y reconstrucciones que probablemente sea mucho más honda que en otras sociedades.

La *trama*, a diferencia de la *historia*, comienza con la tragedia de la Conquista, avanza hacia la devastación provocada por la Leyenda Negra, continúa con tres miserables siglos de colonización hasta la revuelta heroica y masiva por la independencia. Más tarde, estos esfuerzos se ven frustrados por Estados Unidos (1836 y la Secesión de Texas en 1847 con la invasión y ocupación estadounidense); luego por Francia (a través de su invasión y ocupación en 1862); por el Porfiriato y la entrega de México a Estados Unidos. A todo esto le sigue la Revolución y las enconadas insurrecciones contra los malvados "otros", hasta llegar al levantamiento Zapatista contra el TLCAN en 1994 y la nueva venta de la nación implícita en el Tratado de Libre Comercio. Formulada de forma sucinta, la trama oficial de México es: desfloramiento desde el exterior, opresión al interior provocada por la influencia extranjera y un inmenso terror al "otro" extranjero corroborado para siempre por una lectura "correcta" de la historia "real". Así, la obsesión con la historia surge del papel que se le asigna al martirio de México en esta narrativa; la mejor prueba del estado actual de México como "nación víctima" es que nunca ha dejado de serlo. De igual manera, el rechazo y el horror que inspira hoy el factor extranjero se deriva de la fijación con las derrotas y las traiciones del pasado. Van de la mano unas con otras.[*]

No sorprende, entonces, que quinientos años después de la llegada de Colón, y en medio de una fallida reforma educativa en 1992, explotara una inmensa alharaca acerca de la *nueva* versión

---

[*] En un libro que publicamos Hector Aguilar Camín y yo, en 2010 —*Un futuro para México*—, discutimos esta fijación, subrayando que México tiene demasiado pasado y demasiado poco futuro, y la pertinencia de deshacerse de esta obsesión de México con su historia. Héctor Aguilar Camín y Jorge G. Castañeda, *Un futuro para México*, Punto de Lectura, México, 2010.

de los libros de texto gratuitos y obligatorios para las escuelas primarias del país. Estos fueron concebidos, e inicialmente editados, en 1959, cuando comenzaba la última y más exitosa campaña de alfabetización en México. El entonces presidente Adolfo López Mateos y su secretario de Educación Jaime Torres Bodet, quien fue el segundo Director General de la UNESCO, concluyeron que la única manera de unificar los estándares educativos y alfabetizar a todos era a través de libros gratuitos impresos por el Estado para cada una de las materias de la educación primaria incluyendo, por supuesto, historia; particularmente para los alumnos de cuarto, quinto y sexto grados. Estos libros fueron con los que crecieron los *baby boomers* mexicanos en los años sesenta y setenta, cuando el estallido demográfico rebasó el 3.5% al año. Los libros se convirtieron en un símbolo del desarrollo social supuestamente igualitario del país, y sin duda facilitaron el impulso educativo inicial. Se imprimieron por millones en imprentas propiedad del Estado y fueron el objeto de discusiones, presiones y ajustes a lo largo de los años. La Iglesia buscó limitar la educación sexual en los libros de ciencias; la oposición peleó por revisar la naturaleza políticamente apologética de los libros de civismo; incluso Estados Unidos se unió a la refriega al buscar que se moderara el tono a ciertos pasajes en su opinión excesivamente antiestadounidenses.

Pero para 1992, en la víspera del debate sobre el TLCAN en Estados Unidos y sobre una reestructuración educativa organizada por Salinas de Gortari, el gobierno se embarcó en una reforma mayúscula de los libros de ciencia e historia. Sucedía esto también en medio de protestas de parte del ex embajador estadounidense y ex actor John Gavin, por la imagen de su país y del mundo en esos libros de historia. La revisión fue encargada a un grupo externo de historiadores reconocidos y "centristas". Pero la izquierda, los intelectuales excluidos y el Sindicato de maestros protestaron al unísono; al final obligaron a Salinas a retractarse: sólo se efectuaron algunas modificaciones.

¿Por qué tanto escándalo? Principalmente por la relación con Estados Unidos en los siglos XIX y XX; por el papel concreto de ciertos héroes del siglo XIX; por los pros y los contras del Porfiriato, y en menor medida, por el tratamiento dado a la resistencia de las culturas precolombinas ante la Conquista española. Como hemos dicho, cada sociedad se enfrasca en debates importantes acerca de la educación de los niños y en particular de cómo se les enseña historia; todas las naciones "inventan" héroes, que en realidad fueron individuos mucho más imperfectos de lo que se describe en sus libros escolares. El debate de 1992 no fue distinto, salvo que no se enfocó en si los niños debían conocer "la verdad", sino en definir e interpretar "la verdad". En palabras del historiador más destacado en este ejercicio, Héctor Aguilar Camín, la cuestión era si "alguien ha evaluado el impacto profundo que estas consagraciones de la derrota y este recelo frente a las victorias dejan en la cultura cívica de los niños cuando aprenden las extrañas cosas que la historia patria les enseña".[8]

Las cosas "extrañas" que se enseñan a los alumnos incluyen fechar la Independencia en 1810, cuando en realidad tuvo lugar en 1821; insistir, como lo hace la Iglesia ahora —antes no lo hacía—, que en 1576 la Virgen de Guadalupe fue avistada por Juan Diego, que le entregó un ramo de rosas, flores no endémicas de la región; o por presentar la Revolución de 1910 como una épica por "Tierra y Libertad", cuando en realidad los campesinos de Morelos sólo querían sustituir al vicepresidente en turno y recuperar sus tierras.

La discusión histórica brotaba directamente de la autopercepción de los mexicanos como "perdedores": víctimas de los engaños de los demás, sometidos y dignos en la derrota pero nunca orgullosos de las victorias. México es una tierra, como lo describió Paz, "de pasados yuxtapuestos: la Ciudad de México se construyó sobre las ruinas de Tenochtitlán; la ciudad azteca se construyó sobre la imagen de Tula; la ciudad tolteca se construyó sobre la imagen de Teotihuacan... Todo mexicano carga consigo esta continuidad, que se extiende dos mil años atrás".[9] En un país donde todo divide a la gente —la geografía, la etnia, la religión y sobre todo el dinero y la clase social—, la historia es una de las pocas fuerzas unificadoras, una de las pocas zonas de consenso. Pero, para unir al país, esta historia tiene que ser labrada, y su diseño no puede ser neutral ni equitativo dados los inevitables altibajos, victorias y derrotas, éxitos y fracasos que "la verdad" siempre contiene. Se construye como un relato de insultos y heridas, de sufrimiento y duelo, cuyo inicio se remonta a la caída de Tenochtitlán. La tragedia se presenta como la amarga fruta de la traición —la Malinche, los tlaxcaltecas—, combinada con las debilidades —Moctezuma, los reyes tarascos de Michoacán—, y la opresión miope —el dominio sanguinario y brutal de los aztecas sobre sus vecinos.

Faltaba lo peor. Una nación en ciernes, extendida desde la frontera norte con el Oregon británico hasta el sur con Colombia, se desmembraba rápidamente. Perdió el primer gran gajo —un poco más de 300 mil kilómetros cuadrados— en 1823, cuando se separan las naciones de Centroamérica. Durante los primeros treinta años de vida independiente México padeció 50 (malos) gobiernos, y en parte por eso perdió Texas en 1836, y después la mitad de lo que le quedaba en 1847. En 1862, México fue invadido por los franceses y cuando finalmente fueron expulsados cinco años después, y pasado el *interregnum* de Juárez, el país volvió a sucumbir a una dictadura, a la corrupción y a la humillación.

No obstante, para que la historia funcionara como hilo conductor del surgimiento de la nación mexicana, se requería más que esta lúgubre narrativa de agonía, fracaso y heroica pero fútil resistencia. Se necesitaron tres ingredientes adicionales: la reescritura de la historia tantas veces y de modos tan radicales como fuera posible; la glorificación de rasgos permanentes a lo largo de esta tragedia continua; y la construcción de un muro para protegerse de los demonios extranjeros que tantas veces han herido, dañado y casi destruido a la nación y que proveen el *leitmotiv* de su historia. Ésta es una variante bien definida del carácter nacional que permea en cada recoveco de la vida mexicana, en cada región geográfica, en cada corazón, en cada mente y en cada ley. Va desde los aztecas un siglo antes de la llegada de Cortés al debate en 1992 sobre los libros de texto; de la exaltación del martirio de Cuauhtémoc a las innumerables restricciones que se le imponen a los extranjeros que trabajan en México. Este *leitmotiv* o veta de la historia es el rasgo que más resalta de una cultura o un carácter nacional que invariablemente sorprende y confunde al observador de fuera.

La mejor prueba de esta predilección por ese pasado figura en los resultados de ENLACE (Evaluación Nacional del Logro Académico en Centros Escolares) para alumnos de secundaria, de 2010. De las tres categorías —matemáticas, español (que consiste en una prueba de comprensión de lectura), e historia—, 53% de los estudiantes obtuvieron resultados insuficientes en matemáticas, 40% en español pero sólo 13% en historia; 34% tenía un conocimiento apenas elemental en matemáticas, mientras 62% lo tenía en historia; sólo 2% alcanzó resultados de excelencia en matemáticas y 6% en historia —tres veces más.[10] Así pues, en el año 2010 en un país con un PIB per cápita mayor a los 13 mil dólares con una de las economías más abiertas del mundo, los alumnos de secundaria obtuvieron un resultado de tres a cuatro veces más alto en historia que en matemáticas, cuando debiera ser al revés: la competitividad, los empleos, la innovación están en las matemáticas, no en la historia.

Por cierto, la obsesión educativa con la historia tampoco arroja muy buenos resultados. Encuesta tras encuesta, se demuestra que en México, a pesar de todo lo memorizado y de los incontables días de asueto por efemérides históricas que celebra el país* la gente en general, y los niños en particular, apenas si recuerdan sus clases de historia. Mientras que casi cualquier mexicano ha oído hablar de Emiliano Zapata o de Pancho Villa, sólo 29% puede nombrar al primer presidente; menos de la mitad sabe el año en el que comenzó la lucha por la Independencia; sólo 11% está familiarizado con la fecha de la caída de Tenochtitlán; y sólo 23% puede decir cuándo Colón "descubrió" América. Las respuestas son aún menos atinadas para la gente con estudios de primaria únicamente, algo entendible, pero al mismo tiempo indicativo de la futilidad de los debates acerca de los libros de texto. Un magro 6% de todos los mexicanos con educación primaria, o menos, pudo responder correctamente a la pregunta acerca de la fecha en la que se consiguió finalmente la Independencia (1821). De los días feriados por motivos históricos mencionados, ningunos son tan conocidos como las ya tradicionales fiestas en México que no son históricas: el día de la Madre, el día del Niño y el día de la Virgen de Guadalupe.[11]

El rito es el mensaje

Quizá los encuestadores, y muchos autores como yo, estemos totalmente equivocados. México es, ante todo, un país de rituales; si hay una faceta distintiva del carácter nacional es esa. Todo es un rito, un sustituto para esquivar realidades incómodas. Hay ritos religiosos/sociales: el bautizo, la primera comunión, los quince

---

* Entre estas efemérides están el 5 de febrero, día de la Constitución; 21 de marzo, natalicio de Benito Juárez; primero de mayo, día del Trabajo —como en todo el mundo— 5 de mayo victoria sobre los franceses en Puebla en 1862; 16 de septiembre, día de la Independencia; 20 de noviembre, día de la Revolución; todo esto sumado a los días de asueto por motivos religiosos.

años, las bodas y los funerales y novenarios. Hay ritos educativos: graduaciones —desde primaria hasta preparatoria, sin mencionar la graduación universitaria. Hay ritos políticos y patrióticos: para empezar el saludo a la bandera y el canto del himno nacional cada semana en cientos de miles de escuelas; las ceremonias en honor de alguno de los numerosos pobladores del panteón de héroes nacionales; los desfiles conmemorativos y la celebración de los días de cada representación —el día de la Armada, el de la Marina, el de los Maestros, del Albañil, del Niño, de la Madre, del Arquitecto, del Ingeniero, del Doctor y la Enfermera. También existen los eventos rituales de la vida diaria que involucran desde el sempiterno *abrazo* hasta el clásico *besamanos*. Estos ritos interminables representan la expresión social y personal de una de las tesis favoritas de Paz: la forma por encima del contenido, o como después le llamaría, la voluntad de forma.

En sus textos más perspicaces, donde mezclaba crítica estética con una honda introspección nacional, Paz enfatizaba la predilección del mexicano por la forma: en el arte, la arquitectura, la literatura y la política. En su introducción al catálogo *México: esplendores de treinta siglos*, la exposición de arte mexicano en el Museo Metropolitano de Nueva York en 1992, Paz escribió:

> Me parece que éste es el tema que despliega ante nuestros ojos la exposición de arte mexicano: la persistencia de una misma voluntad a través de una variedad increíble de formas, maneras y estilos. No hay nada en común, en apariencia, entre los jaguares estilizados de los olmecas, los ángeles dorados del siglo XVII y la colorida violencia de un óleo de Tamayo, nada, salvo la voluntad de sobrevivir por y en una forma.[12]

Paz lo expresó con una sustancia y un todo desprovistos de connotaciones derogatorias. Si acaso, el poeta pensaba que en ello yacía el genio mexicano: en imponer sobre un mismo contenido —o sobre una misma sensibilidad— una sucesión extraordinaria de formas, y así la forma misma se convierte en el propósito, el motivo y la pasión. Como escribió Paz en otro momento:

> [La Forma] contiene y encierra a la intimidad, impide sus excesos, reprime sus explosiones, la separa y aísla, la preserva. La doble influencia indígena y española se conjuga en nuestra predilección por la ceremonia, las fórmulas y el orden [...] Quizá nuestro tradicionalismo, —que es una de las constantes de nuestro ser y de lo que da coherencia y antigüedad a nuestro pueblo— parte del amor que profesamos a la Forma. [...] La preferencia por la Forma, inclusive vacía de contenido, se manifiesta a lo largo de la historia de nuestro arte, desde la época precortesiana hasta nuestros días.[13]

Esta proclividad —o vacío dirían algunos— desemboca en el énfasis por lo ritual. Es la expresión ordenada de la Forma. Y el rito lo invade todo, incluso la educación. Es muy posible —altamente probable, de hecho— que la insistencia recurrente por imbuir a los niños de historia a través de interminables listas de nombres, fechas y héroes, a pesar de la obvia falta de resultados cuantificables, encuentra su sentido en lo ritual: el rito es el mensaje. No se les taladra a los niños la retahíla de episodios de victimización mexicana para que los recuerden, mucho menos para que los entiendan. El propósito del ejercicio es el ejercicio mismo: los maestros terminan sintiéndose satisfechos por haber hecho su trabajo (sin importar su utilidad); los padres también, por haber cumplido con su obligación de enseñarle a sus hijos los hechos fundamentales de la vida (no importa que no los hayan aprendido); los funcionarios públicos (desde el director de la escuela hasta el Secretario de Educación) se congratulan por haber cumplido con la ley y con las costumbres (sin importar cuan ridícula resulta la ley y cuan artificiales las costumbres); y las élites políticas y culturales del país se sienten gratificadas al ver el respeto que se le tiene a este rito predeterminado. El proceso consagra la predilección mexicana por la simulación, en un catecismo cuasi religioso.

Estos ritos se encuentran profundamente arraigados en la psique de los infantes y adolescentes mexicanos y, si no se asimilan e interiorizan a tiempo, puede que nunca lo hagan. Yo no asistí a la primaria en México; fue en Nueva York y en el Cairo donde cursé mis estudios hasta primero de secundaria; después llegué al Liceo Francés de la ciudad de México a completar mi educación. Treinta años después, cuando fui nombrado Secretario de Relaciones Exteriores, un puesto que, a pesar de sus debilidades políticas y burocráticas, está atiborrado de rituales —el Secretario se sienta o se para a la izquierda inmediata del Presidente en toda ceremonia oficial—, me costaba muchísimo trabajo discernir cómo comportarme: cuándo cantar el himno nacional, cuándo saludar a la bandera, adoptar un gesto circunspecto o melancólico, o contento, cómo saludar a los otros participantes en las ceremonias —con gran entusiasmo, o con un respeto solemne, o con casual distancia—, incluso a qué distancia caminar detrás, a un lado o delante del Presidente, dependiendo de la pompa y circunstancia del momento. Mi total falta de familiaridad con los ritos que uno aprende y asimila desde la primaria me volvían un abanderado mediocre del protocolo mexicano.* Peor aún, era poco adepto para respetar la vieja tradición de comunicación indirecta, de eufemismos, florituras retóricas y expresiones elípticas. Simplemente no respetaba

---

* Mi padre, que también fue Secretario de Relaciones Exteriores durante tres años, también fue a la escuela en el extranjero durante los años veinte, también detestaba los rituales diplomáticos y los evitaba cada vez que podía. Sin embargo, a la hora de hacer un esfuerzo por respetarlos cuando ya no le quedaba de otra, él era mucho mejor que yo.

estos ritos del poder, del discurso y comportamiento público que los políticos, artistas y poetas mexicanos cuidan tan bien. No sólo me metía en problemas con el público en general, sino mucho más grave, le daba municiones a mis adversarios, siempre en afanosa búsqueda de cualquier debilidad aparente en el que viene de fuera. Esto se debía a la tradicional intolerancia del PRI y de los mexicanos hacia "el otro", especialmente cuando ese "otro" es también alguien de afuera. Lo que obviamente no entendí fue que la Forma no es un medio para lograr un fin, un instrumento para la expresión de contenido, un bello (u odioso) recurso para declarar alguna cosa; sino que es un fin en sí mismo, es el mensaje y el último receptáculo cuya importancia eclipsa lo que contiene.

Hoy, esta es la educación histórica en México: un rito que todo niño conoce de memoria y un momento que será recordado para siempre, no por las lecciones aprendidas o por los héroes reverenciados, sino por tratarse de un rito de iniciación. Ir a la escuela consiste, a grandes rasgos, en asistir a los honores a la bandera, cantar el himno nacional, escuchar interminables discursos de graduación, recibir diplomas: el ritual de la presencia. El objeto de la historia que envuelve a este rito, su *raison d'etre*, se ubica en la tragedia, en las memorias de los vencidos, en los resentimientos y la resignación que producen las constantes derrotas siempre a manos de "otros", siempre debidas a subterfugios y tretas de "fuerzas del exterior", perpetuamente alistadas para abusar de la hospitalidad, el altruismo o la decencia mexicana.

Una vez más, el problema de la droga nos permite aclarar la intensidad de esta visión. Desde tiempos inmemoriales (en realidad, desde los años sesenta) México ha insistido en que a pesar de la producción y el traslado de sustancias ilícitas a través del territorio, el país no es más responsable del problema de las drogas, por la oferta, que Estados Unidos por su consumo y demanda. Se ha sostenido siempre que mientras persista la demanda estadounidense de drogas, la oferta mexicana persistirá también. Con frecuencia se subraya la hipocresía de Estados Unidos al dizque combatir la droga, ya que en los hechos nunca lo hacen.

La cuestión se torna más complicada cuando alguien contesta que cuarenta años después de que las drogas penetraron en la vida cotidiana de amplios segmentos de la sociedad estadounidense, la demanda no sólo no ha disminuido, sino que dicha sociedad se siente cómoda, o por lo menos resignada al *statu quo*. Así que —sigue el argumento— Estados Unidos es hipócrita y México es sincero; sólo que Estados Unidos está contento con la situación y México no. México es idealista, ingenuo y decente; Estados Unidos cínico y embaucador, pero México sufre en su desencanto y Estados Unidos se regodea con indiferencia en su desdén. ¿Quién, entonces, está arriba? (como en la película de Penélope Cruz) Según el guión oficial, la honestidad y la nobleza mexicana han sido aprovechadas por los estadounidenses perversos e hipócritas. Sin embargo, los mexicanos rara vez se preguntan por qué son tan decentes y rectos, pero tan oprimidos, mientras que los estadounidenses son correosos y combativos, y se salen con la suya. La razón es obvia: México prefiere tener razón y ser débil, porque se ha convencido de que siempre será débil; pero por lo menos contará siempre con el consuelo de tener razón.

Cuantificar el miedo e invitar al extranjero a pasar

Según una encuesta del Centro de Investigación y Docencia Económica (CIDE) en el 2004, después del advenimiento de la democracia, la globalización, el TLCAN y cierto grado de prosperidad económica, 51% de los mexicanos pensaban que era malo que se diseminaran en México las ideas y costumbres de otros países. Sólo 27% creía que era algo bueno. En 2006, el porcentaje de gente que pensaba que era algo malo bajó a 34%, y aquellos que decían que era bueno subió a 40%. Para 2008, las opiniones positivas crecieron a 50% y las negativas se quedaron con "sólo" 33%.[14] Si la pregunta hubiese sido planteada de un modo un poco distinto, los resultados habrían sido distintos, como sucedió con una encuesta del Pew Global Attitudes Project de 2009 —"nuestro modo de vida tiene que ser protegido contra la influencia extranjera"—, cuatro quintas partes estuvieron de acuerdo, y casi la mitad estuvieron *completamente* de acuerdo. En un ánimo similar, ese mismo año, ante la pregunta de si la globalización era buena o mala para México, las opiniones se dividieron de forma equitativa; cuando la pregunta se volvió a plantear dos años después, esta vez definiendo a la globalización como un mayor contacto entre la economía mexicana y las demás economías del mundo, la mayoría se pronunció a favor. Aun así, 42% pensaba que México se beneficiaba muy poco o nada de la inversión extranjera en general y se oponían tajantemente a que ésta participara en la industria petrolera, eléctrica y en la construcción de infraestructura. Sin embargo, las élites mexicanas a quienes se les interroga con menos rigor científico, se manifiestan mucho más a favor en las tres instancias (petróleo, electricidad e infraestructura).[15] Estas actitudes sin duda han contribuido a proteger a la cultura mexicana, incluso han incrementado su influencia en el exterior, principalmente en Centro y Sudamérica. Pero han mostrado ser totalmente disfuncionales para el país, como veremos en el siguiente capítulo.

El "miedo a lo extranjero" y esta desconfianza ante el mundo exterior no significa que México sea una sociedad poco hospitalaria. De hecho nuestra hospitalidad es legendaria y contribuye, aunque sea en parte, a propiciar un hecho poco conocido: más estadounidenses no militares viven en México (cerca de un millón) que en ningún otro país del mundo.[16] Veinte millones de residentes estadounidenses visitan el país cada año y hay varios cientos de millones de cruces del norte hacia el sur en la frontera sin episodios de violencia, agresión u hostilidad contra los visitantes.[17] Y *sí*, es verdad que en la vida dentro del territorio conocido como México el factor extranjero ha sido siempre arrollador. Por tanto, quizá sea un síntoma del dilema mexicano que a pesar de sus repetidos intentos por acotar la influencia y la intervención extranjeras, el país las haya padecido repetidamente. Que paradoja: una nación que se enorgullece tanto de sus intentos por ser "dueña de su propio destino", pero que casi nunca ha logrado serlo.

Más aún, ha resentido constantemente desde su nacimiento la tentación que todos los líderes mexicanos han experimentado —y ante la que muchos han sucumbido— de pedir apoyo extranjero para lidiar con los conflictos y los empeños internos. Como lo ha documentado el politólogo José Antonio Crespo en un notable libro *Contra la historia oficial*; incluso Benito Juárez solicitó ayuda a Estados Unidos, primero para combatir a los conservadores, luego a los franceses y, una vez más, para derrotar al emperador Maximiliano después de que fuera abandonado por los franceses. En 1856 firmó el oprobioso Tratado de McLane-Ocampo que le permitía a Washington el tránsito por el Istmo de Tehuantepec y por Sonora hacia el Mar de Cortés, así como el derecho de intervenir en México cuando "las circunstancias lo ameriten", sin precisar el consentimiento de las autoridades. El tratado fue rechazado por el Senado de Estados Unidos ya que sus miembros temían que incrementara el número de estados esclavistas, pero Juárez no vaciló en malbaratar varias regiones del territorio y soberanía a cambio de armas y dinero.

Y no se detuvo ahí. Durante un incidente marítimo en el puerto de Veracruz en 1857, Juárez buscó y obtuvo la intervención armada de dos fragatas estadounidenses en contra de Miguel Miramón. Después justificaría su pragmatismo de este modo: "El triunfo de la sagrada causa que defendemos está asegurado. Un gran pueblo (Estados Unidos) ha hecho alianza con nosotros... Siento que la gran familia liberal no haya podido sola, sin auxilio extranjero, pulverizar a la reacción."[18] Unos años después, con Lincoln en la Casa Blanca y Maximiliano y los franceses en la Ciudad de México, el embajador de Juárez en Washington, Matías Romero, le escribió a su Presidente que él (Romero), preferiría perder territorio frente a los estadounidenses que a los franceses, y que la mejor forma de lograrlo era "celebrar un arreglo con los Estados Unidos, en virtud del cual nosotros nos comprometeríamos a cederles una parte o todo el territorio de México que Maximiliano diera a Francia."[19] No se trató precisamente de una defensa orgullosa y altruista de la soberanía nacional, aunque pudiera haber sido una postura políticamente hábil.

Debemos examinar ahora las razones que motivan esta supuesta amenaza que surge de los "otros", puesto que el sentido de la vulnerabilidad mexicana se origina siempre en el mundo exterior. Y nuestro punto de partida es que la obsesión mexicana con su historia y la obsesión con el mundo exterior son inseparables: una es incomprensible sin la otra. Un claro ejemplo es el modo en el que México trata a los extranjeros, aun a aquellos a los que les da la bienvenida, incluso a los que venera, pero de los que siempre desconfía.

¿Xenófobo, yo?

Hoy México es reconocido, y se le agradece profundamente en Latinoamérica y España, por ser una nación que le ha dado asilo a miles de refugiados políticos desde la Guerra Civil española a finales de los años treinta, pasando por los golpes militares en Sudamérica a principios y mediados de los años setenta y en eventos tan recientes como las convulsiones internas en Centroamérica de los años ochenta y noventa. Algunos atemperarán esta admiración con el recordatorio de que los inmigrantes por razones económicas que entran por la frontera sur son sistemáticamente maltratados en su paso hacia Estados Unidos: extorsiones, secuestros, prostitución forzada y tráfico de personas son la norma.[*] Pero, en términos generales, al país se le recuerda con cariño en varios rincones del mundo por la calidez con la que recibe a los extranjeros. Como hemos explicado ya, pocas personas son tan hospitalarias en sus casas y colonias como los mexicanos.

Quienes se han quedado a vivir en México se han percatado de la cantidad de murallas, diques, dificultades y obstáculos que la nación ha erigido para evitar que los extranjeros lleguen a ciertos puestos, adquieran ciertos derechos o gocen de ciertas libertades. Todos estos impedimentos son un síntoma del "regreso de lo reprimido". Como los mexicanos culpan de los atrasos del pasado a los extranjeros, están convencidos de que aún hoy deben seguir cuidándose de ellos. El artículo 32 de la Constitución trata sobre las restricciones a los mexicanos naturalizados. Ha sido enmendado únicamente en dos ocasiones, en 1932 y en 1944, cuando se introdujeron las limitaciones para los mexicanos naturalizados que formaban parte de la marina mercante y de las fuerzas armadas. Así lo explica una versión comentada de las tres constituciones y de las cientos de enmiendas:

La preocupación del Constituyente de 1917 por salvaguardar la seguridad y soberanía nacional se explica en razón de que en el

---

[*] El país parece dividido en cuanto a qué tan bien o qué tan mal se trata a los migrantes de Centro y Sudamérica en su camino a Estados Unidos. En una encuesta realizada en octubre de 2009, 45% de los entrevistados dijo que México trataba a los migrantes indocumentados igual o mejor de lo que se trata a los migrantes mexicanos en Estados Unidos; pero 48% dijo que México los trata igual de mal o peor. Gabinete de Comunicación Estratégica (gce), "Xenofobia en México", México, 9 de octubre, 2010, p. 7.

pasado mexicano se dieron casos en los que extranjeros situados en posiciones estratégicas para la seguridad nacional traicionaron los intereses de México, poniendo en peligro la independencia nacional. Por lo anterior, el Constituyente buscó [...] no sólo otorgar un derecho de preferencia a los individuos que más íntimamente están vinculados con el país, sino también evitar la injerencia extranjera en los asuntos nacionales. Sin embargo, aunque la identidad nacional se ha ido consolidando a través de los años y las instituciones nacionales se han robustecido, las diferencias señaladas en el artículo 32 siguen teniendo total vigencia precisamente como catalizadoras permanentes de la identidad nacional.[20]

Como veremos, se trata de una ley bastante inquietante. La historia comienza con Morelos, sus *Sentimientos de la nación* forman parte del folclor mexicano como un pronunciamiento fundacional que incluye unas cuantas proclamas aterradoras, como la exigencia de que la única religión permitida en este nuevo Estado independiente fuese la católica (quizás es algo entendible viniendo de un cura). Pero el espíritu de dos de las cláusulas incluidas persiste: la 9ª, que indica: "Que los empleos sólo los americanos (así eran llamados los mexicanos de entonces) los obtengan"; y la 10ª: "Que no se admitan extranjeros, si no son artesanos capaces de instruir y libres de toda sospecha." Tanta fue la naturaleza "libertaria" y "tolerante" de los héroes de la Independencia. Como ha dicho un jurista mexicano contemporáneo: "El español deja de ser un elemento demográfico de la nación para convertirse en el otro al que es necesario excluir para construir la auténtica nacionalidad."*[21]

---

* Las cosas no han cambiado mucho. En una encuesta hecha en diciembre de 2009, 40% de los mexicanos estaba de acuerdo con la "declaración" de que para ser 100% mexicano uno tiene que ser católico. Gabinete de Comunicación Estratégica (GCE), "Encuesta nacional. Segundo Semestre, 2009", México, 2009, p. 57.

Pero no sólo Morelos hablaba así. Hasta 1994, el Presidente de México no sólo debía ser mexicano por nacimiento, sino que *tanto su padre como su madre* tenían que haber sido traídos al mundo dentro de los límites del territorio nacional. Hoy, de acuerdo con los artículos 32 y 82 de la Constitución, así como con algunas otras leyes secundarias, los siguientes puestos están reservados para mexicanos de nacimiento: el Presidente, los Secretarios del gabinete, el Jefe de Gobierno de la Ciudad de México, todos los presidentes municipales, los diputados y senadores, así como los miembros de las legislaturas estatales, los gobernadores y secretarios de gobierno de los estados, los embajadores, cónsules, el Director del IMSS, de PEMEX y de CFE, el Rector y la Junta de Gobierno de la UNAM, los rectores de todas las universidades públicas, el Gobernador del Banco de México y los miembros de su consejo, el Consejero Presidente del IFE y los demás consejeros, los ministros de la Suprema Corte de Justicia, los jueces de todas las cortes de apelación, así como todos los jueces de circuito y de distrito, el Presidente de la Comisión Nacional de Derechos Humanos, así como el de la Comisión de Derechos Humanos del Distrito Federal. Ningún mexicano naturalizado o persona con doble nacionalidad puede ocupar estos puestos, ni muchos otros puestos menores.[*]

Estos no son resultados de una encuesta o etéreos rasgos de carácter; y no pueden ser interpretados o confundidos con creencias o supersticiones. Son disposiciones constitucionales en la mayoría de los casos, o de la legislación secundaria (por ejemplo, la Ley del Servicio Exterior) en otros. Se han mantenido intocables y válidos desde 1917, aunque no estaban incluidos en las dos anteriores, la de 1824 y 1857. La justificación dada en los debates

---

[*] La misma encuesta también mostró que 69% de todos los mexicanos pensaba que para ser 100% mexicano era necesario "haber nacido en México". Gabinete de Comunicación Estratégica (GCE), "Encuesta nacional. Segundo Semestre, 2009", México, 2009, p. 53.

del Congreso Constituyente ilustra claramente el estado de ánimo prevalente entonces y ahora. Por ejemplo, Francisco Múgica, un diputado del Congreso de 1917 y quien años después, en 1940, estuviera a un pelo de ser el sucesor de Lázaro Cárdenas como presidente, incluso fue más allá de lo que la ley establecía. Sugirió la "necesidad de diferenciar entre el universo de extranjeros; unos eran los 'perniciosos por excelencia, como los españoles y los estadounidenses', y otros, aquellos que pertenecían a la misma comunidad de lengua y de raza [nosotros], los 'indolatinos'".[22]

Desde el año 2001, cuando, como Secretario de Relaciones Exteriores, logré realizar una revisión a la Ley del Servicio Exterior, la única enmienda rechazada por el Congreso fue la que permitiría a los mexicanos naturalizados ser nombrados cónsules o embajadores. México estaba listo para la democracia, para tener una economía abierta, para respetar los derechos humanos, el aborto y el matrimonio entre personas del mismo sexo en la capital, pero no para otorgar derechos plenos a sus ciudadanos por elección. La misma opinión impera cuando se trata de posiciones menos distinguidas pero de más alto perfil. En una encuesta realizada en 2009 en la que se preguntaba si se debería permitir que jugaran mexicanos naturalizados en el equipo mexicano en el Mundial de Futbol de 2010, 61% dijo que no, porque, como creía 78%, éstos habían adquirido la nacionalidad mexicana sólo por conveniencia deportiva; 70% creía que ellos "no se sienten verdaderamente mexicanos".[23] Otra encuesta mostró que 81% pensaba que a los mexicanos naturalizados no se les debería permitir ser miembros del Congreso, y 73% creía que no deben ser rectores de universidades públicas. Pero el dato más ominoso es que entre 66 y 76% de los mexicanos se oponía a que extranjeros de cualquier nacionalidad vinieran al país a trabajar —una postura mucho más xenófoba que la que sostiene Estados Unidos.[24] Y sus razones eran peculiarmente mexicanas: por miedo, por debilidad, por una razón que ilustra bien una declaración de un diputado del Congreso Constituyente de 1917:

> … constituimos una agrupación débil (...) de ahí resulta que el extranjero sea siempre más fuerte en México que en cualquiera otra parte del mundo, y por este motivo (...) la naturalización de los extranjeros en México es un trámite legal, no un concepto real. No obedece a un hecho positivo; el extranjero viene a México y se naturaliza, no se asimila al pueblo mexicano. Basta hablar con cualquier extranjero, por más que tenga algunos años en México, hasta verle su aire, su manera, su aspecto, para ver que aquél no está confundido con la masa general de los mexicanos; el extranjero sigue siendo extranjero; su tipo biológico y sus cualidades naturales psicológicas están fijadas y están más cerca del tipo fuerte de su antigua patria y las cualidades del tipo étnico mexicano no están fijadas (...) por más que diga que quiere a México, no es cierto, señores, ellos quieren sus negocios, pero no quieren al país, cuando la revolución constitucionalista ha triunfado, los extranjeros han estado todos contra la revolución.[25]

Estas fueron palabras de Paulino Machorro Narváez. Pero mejor aún, como lo dijo Epigmenio Martínez: "La práctica nos ha enseñado que aquellos que tienen sangre extranjera, cuidan siempre su sangre y no cuidan la ajena."[26] No sorprende que las esporádicas iniciativas mexicanas para invitar a inmigrantes han sido notorias por su fracaso. Irónicamente, incluso la izquierda o las fracciones anarco revolucionarias en México, como los hermanos Flores Magón antes de la Revolución, incluían en su programa la prohibición de contratar a trabajadores chinos, que ya habían llegado a México para trabajar en las líneas ferroviarias.[27]

Exceptuando la restricción presidencial, estos principios son inconcebibles en países de inmigrantes como Estados Unidos,

Canadá o Argentina, Uruguay, Brasil y Chile. El problema es que México no es una nación de inmigrantes y nunca lo ha sido. Los refugiados que llegaron de España fueron apenas unos 25 mil; aquellos que huyeron de Pinochet en Chile después del golpe de 1973, no eran más de cinco mil; la población total de judíos en México, casi todos de segunda generación nacidos en México, apenas llegan a ser 50 mil. Si previsiones como estas existieran en Estados Unidos, por ejemplo, Henry Kissinger y Madeleine Albright no habrían sido secretarios de Estado, Arnold Schwarzenegger no habría sido gobernador de California, y ninguno de los cubanoamericanos que son miembros del congreso, alcaldes y embajadores habrían podido servir a su país de adopción (algunos lectores quizá piensen ¡qué bueno!). Algo más pertinente para los mexicanos, tal vez, sea el hecho de que millones de estadounidenses naturalizados de origen mexicano —incluidos aquellos a quienes la amnistía migratoria de 1986 habría vuelto elegibles para adquirir la ciudadanía estadounidense, así como aquellos que seguirían en la siguiente legalización— también les estarían vedados incontables puestos en el gobierno y la sociedad estadounidense. Afortunadamente no es así.

Los mencionados no son los únicos derechos reservados para los mexicanos por nacimiento. Por casi dos siglos, los extranjeros residentes o naturalizados en México han sido excluidos de varios puestos de trabajos y derechos cotidianos. Van desde formar parte de las fuerzas armadas, hasta ser dueños de propiedades y realizar inversiones en ciertas áreas de la economía. La restricción más peculiar —y fútil— es la que le prohíbe a los extranjeros poseer tierras en playas mexicanas. Desde la Constitución de 1917 en adelante, el artículo 27 estipula que los extranjeros no pueden ser dueños de propiedades a lo largo de las fronteras del país o en sus playas. El razonamiento detrás de esta prohibición tiene que ver con las interminables demandas o reclamaciones presentadas por ciudadanos estadounidenses, y secundadas por Washington, en contra del gobierno mexicano durante el siglo XIX y hasta la década de 1940, sobre propiedades en el interior del territorio o cerca de la mal definida frontera. Con el tiempo, este calvario provocó una reacción comprensible de México.

Para el interior del territorio se aprobó la llamada cláusula Calvo, del artículo 27 de la Constitución, según la cual un inversionista o propietario de tierra, simplemente por el hecho de ser propietario, renuncia *ipso facto* a su posible derecho de buscar la protección de un gobierno extranjero. Más tarde, la legislación secundaria para las playas y la frontera fue modificada primero en 1937 y luego al inicio de los años setenta, después de que se aprobara la ley que dio vida a la industria maquiladora en la frontera entre México y Estados Unidos. Por definición, estas fábricas se localizan lo más cerca posible de la frontera, para acelerar la llegada de insumos y el embarque de los productos terminados.

Las playas fueron consideradas como intocables por extensión de estos antecedentes. Al final de la Segunda Guerra Mundial, sin embargo, los estadounidenses quisieron adquirir propiedades en una de las zonas más bellas del mundo, donde se reúnen el desierto y la playa: la renombrada península de Baja California, llamada comúnmente "Baja" en Estados Unidos. Cruzando la frontera desde San Diego, a 150 kilómetros al sur de Los Ángeles, el territorio que encara al Pacífico a lo largo de la península de casi 2 mil kilómetros de largo, sedujo a los surfistas y jubilados; en esos años el Mar de Cortés fue bautizado como el "acuario del mundo" por Jacques Cousteau. Miles de estadounidenses y canadienses buscaron construir sus propias residencias de playa alrededor de La Paz y principalmente en San José del Cabo y Cabo San Lucas, en la punta de la península. El problema residía en el título de propiedad: la Constitución mexicana les impedía poseer tierras. Dicho esto, todos en México, desde las autoridades en la península, hasta el Secretario de Turismo (o su equivalente) en la Ciudad de México, pedían con vehemencia que hubiera inversión extranjera en la península. La solución fue maravillosamente mexicana: se establecieron los famosos fideicomisos en zonas prohibidas, individuales y renovables cada cincuenta años, para adquirir terrenos de playa, siendo los presuntos propietarios estadounidenses los accionistas mayoritarios de dichos fideicomisos. El sistema ha funcionado espléndidamente desde los años cuarenta, con sólo un pequeño detalle: los bancos estadounidenses han rechazado las solicitudes de hipotecas respaldadas por acciones del fideicomiso, así que el número de inversionistas se ha mantenido por debajo de su potencial. Pero México se ha negado a considerar siquiera una modificación al artículo 27, así que, por un lado, la restricción se mantiene; y por otro, al mismo tiempo, se le da la vuelta mediante un subterfugio legal. Y por un tercer lado, por así decirlo, esta herramienta ha limitado los beneficios sobre el empleo y el desarrollo nacional.

Se ha generado una situación análoga, quizá inevitable, con las restricciones que existen para que los mexicanos naturalizados ocupen puestos públicos importantes. Sin contar a los presidentes, el servidor público más importante e influyente de la historia reciente mexicana fue seguramente José Córdoba, el asesor y viejo amigo de Salinas de Gortari. Entre 1988 y 1994, Córdoba, para bien o para mal, ostentó un gran poder que utilizó con inteligencia y diligencia. No podía formar parte del gabinete por haber nacido en Francia y ser un mexicano naturalizado; así que Salinas simplemente lo nombró Primer Ministro *de facto* (su título formal fue Jefe de la Oficina de la Presidencia), un puesto que no está contemplado dentro de las restricciones para los no mexicanos, ya que no existe formalmente. De nuevo, se encontró un atajo para esquivar las prohibiciones absurdas, pero esto no llevó a que se eliminaran las prohibiciones, sólo a ser sistemáticamente transgredidas.

Existe otra disposición constitucional extraña, el artículo 33, que ha sido motivo de burlas y una fuente de temor para los

extranjeros desde su promulgación. Establece, en pocas palabras, que los extranjeros deben abstenerse de cualquier tipo de participación política en México, y que pueden ser deportados *ipso facto* al violar este estatuto sin que medie una audiencia o apelación. [*]
Aquellos que vienen de fuera, principalmente de América Latina, se refieren a él, socarronamente, como el artículo "*masiosare*". Se refieren con sarcasmo a los mexicanos en general, como también algunos mexicanos se dicen a sí mismos en el contexto de discusiones políticas, como *masiosares*: nacionalistas excéntricos y extremistas, pero también hipócritas que ondean banderas y denuncian extranjeros, pero emigran y van de compras a Estados Unidos a la primera oportunidad.

El código postal mexicano

Esto nos conduce a la pregunta central acerca de la relación de México con el "resto del mundo", lo cual casi siempre significa Estados Unidos (España sólo es objeto de desdén y resentimiento en ocasiones excepcionales). Es una relación ambivalente, confusa, de amor/odio, tan misteriosa e incomprensible para los mexicanos como para los observadores extranjeros. Puede ser ejemplificada con un par de historias de futbol que sugieren hasta dónde llegan los atavismos y las contradicciones mexicanas en relación con el "otro" real.

En febrero de 2004, México y Estados Unidos compitieron en las eliminatorias de futbol para las Olimpiadas de Atenas. Sin

---

[*] A pesar de que este artículo no es nuevo, sigue tocando algunas fibras en México. De acuerdo con una encuesta realizada en octubre de 2009 sobre la xenofobia en México, 66% de los mexicanos creía que los extranjeros que viven en México no tienen derecho a criticar la situación del país. Gabinete de Comunicación Estratégica (GCE), "Xenofobia en México", México, 9 de octubre, 2010, p. 8.

ser tan importante como el Mundial, esta competencia encierra su prestigio. El último juego se llevaría a cabo en Guadalajara. Algunos de los jugadores estadounidenses habían realizado declaraciones insolentes acerca de sus rivales, y otro supuestamente orinó en el campo antes de que arrancara el juego —el tipo de comportamiento que no necesariamente les granjearía el buen ánimo del público local. En cualquier caso, conforme avanzaba el partido, algunos aficionados comenzaron a lanzarle toda clase de objetos a los estadounidenses y una pequeña pero significativa fracción de los 50 mil aficionados en el Estadio Jalisco comenzaron a corear al final del partido, cuando era claro que Estados Unidos perdería: "Osama, Osama, Osama", en obvia referencia al 11 de septiembre.

Cinco años después ocurrieron episodios similares en la Ciudad de México, cuando los dos equipos se enfrentaron, esta vez disputando un lugar en el Mundial de 2010, y los 100 mil fanáticos en el Estadio Azteca abuchearon el himno de Estados Unidos y lanzaron basura y líquidos contra los jugadores estadounidenses. Esa tarde, como había sucedido unas semanas antes al término de otro partido, unos fanáticos que celebraban la victoria en el Ángel atacaron a algunos transeúntes con tipo de estadounidenses, que en realidad eran holandeses. Intentaron entrar por la fuerza al Hotel María Isabel, donde los extranjeros se habían guarecido. Manifestaciones parecidas de antiamericanismo, fervor y resentimiento habían aflorado también durante los partidos donde Estados Unidos dizque jugaba como equipo de casa, en Houston y en East Rutherford, Nueva Jersey. La inmensa mayoría de los espectadores eran mexicanos. Claro, es verdad que la violencia, la pasión y los exabruptos de nacionalismo y xenofobia manchan partidos de futbol en todo el mundo (algunos lectores recordarán el partido entre Francia y Argelia hace algunos años, cuando miles de aficionados argelinos abuchearon *La Marseillaise*). Y en ocasiones, esa pasión da un giro hacia lo político, con tonos racistas y fanáticos. Pero corear el nombre de Osama en un partido contra Estados Unidos, apenas tres años después del 11 de septiembre, era un poco distinto.

Lo que vuelve más reveladores y contradictorios los incidentes en Guadalajara que otros exabruptos igualmente condenables son las particularidades del estado de Jalisco y de su capital. Jalisco ha sido, desde finales del siglo XIX, uno de los cuatro estados que más migrantes envía a Estados Unidos. Con Michoacán, Zacatecas y Guanajuato, siguen siendo el origen del 70% de todos los migrantes a Estados Unidos, incluso hoy es el puntero en términos absolutos. No sólo cientos de miles de sus hijos e hijas viven y trabajan en Estados Unidos, sino que a través de sus remesas mantienen a otros cientos de miles que se quedan. Además, Jalisco, su capital Guadalajara, así como los pueblos alrededor del Lago de Chapala, como Ajijíc y Chulavista, incluyen algunas de las colonias de jubilados estadounidenses más antiguas en México (datan de los años cincuenta y sesenta). Todos conviven perfectamente y son casi inexistentes los enfrentamientos y las desavenencias.

Más importante aún, Puerto Vallarta, el puerto jalisciense que adquirió fama gracias a Elizabeth Taylor y Richard Burton en los años sesenta, cuando él filmó *La noche de la iguana* de John Huston, con Ava Gardner, es hoy el tercer destino turístico mexicano, después de Cancún y la Riviera Maya; 90% de los vacacionistas son estadounidenses —ya no las estrellas de Hollywood de antaño, sino gente común y corriente, que compra tiempos compartidos y va al supermercado, y quienes proveen miles de oportunidades de trabajo a los jaliscienses. Así que los aficionados en el estadio estaban poniendo en riesgo no una, sino tres gallinas de los huevos de oro: migrantes y remesas, residentes estadounidenses de tiempo completo y turistas. Lo peor de todo es que lo *sabían*. Hay pocos en el Estado que no tengan parientes del otro lado, o que no trabajen, de un modo u otro, en empleos relacionados con el negocio del turismo. ¿Para qué arriesgar estos beneficios, aunque fuera en un momento efímero de pasión deportiva? Quizá no sea del todo sorprendente dada la educación que recibieron los niños mexicanos acerca de las tretas y la maldad de los estadounidenses; con un empujón de origen priista a los prejuicios antiamericanos cuando se trata de buscar chivos expiatorios extranjeros para desviar la atención de nuestras propias fallas. Igual, exige una explicación.

Patos y ambivalencia

Dicha explicación puede arrancar con uno de los rasgos más distintivos del carácter mexicano: la admiración por los estadounidenses y al mismo tiempo el gozo que provoca insultar, engañar y abusar de ellos. El chiste que sigue es tan viejo como la historia común entre los dos países, pero aún así vale la pena repetirlo. Lo escuché por primera vez hace veinte años, contado por Guillermo Sheridan:

> Dos cazadores de patos, uno de cada lado del Río Bravo, miran de pronto a la misma presa y le disparan; el pato cae justo en medio del estrecho riachuelo. El estadounidense lo toma de la cola y el mexicano del cuello y comienzan a pelear para quedarse con él. El mexicano, mostrando gran madurez, sugiere que en lugar de pelear, arreglen este asunto de modo pacífico, a través de un concurso. Dejarán las armas a un lado y patearán al otro tan fuerte como puedan, donde más duele (y no es difícil adivinar dónde), y quien logre no gritar, se queda con el pato. El mexicano pide que, por ser históricamente el más flaco y el más débil vaya primero. El estadounidense accede, confiado que ganará gracias a su complexión inmensa, a los años de tomar leche y comer cereal. El mexicano toma vuelo y lo patea en la entrepierna; el estadounidense se dobla, cae al piso y casi se desmaya, pero no suelta ni un murmullo. Está a

punto de prepararse para ejercer su turno, cuando el mexicano
sonríe y le dice al estadounidense: "Quédate con tu pato, pinche gringo pendejo."

Encuestas, estimaciones, grupos de enfoque, estudios de caso, investigaciones locales y casi todo tipo de sondeos han sido inten-
tados en México para descifrar la naturaleza de nuestra actitud
respecto a Estados Unidos. Ninguno de los resultados de estos
experimentos pueden ser considerados como totalmente veraces
y definitivos; las respuestas no sólo varían en función de las preguntas, sino también dependiendo del momento en el que se interroga a los encuestados, la región en la que se levanta el estudio,
las edades involucradas o la secuencia de preguntas y premisas. No
buscamos resolver aquí esos enigmas, pero sí creemos que algunas de las encuestas —en particular aquellas que conforman series
históricas y muestran consistencia— y algunos estudios y datos,
muestran patrones de comportamiento y de creencias que pueden
ser relevantes e indicativos.

El primer punto irrefutable es que los mexicanos desconfían
de Estados Unidos. De acuerdo con una serie de encuestas realizadas por el CIDE entre 2004 y 2008, 43% de la población albergó
este sentimiento en el primer año; en 2006, la cifra se elevó a 53% y
para 2008 (antes de la elección del presidente Obama) había llegado
a 61%. Los mexicanos también mantienen una actitud de desprecio
ante los estadounidenses. En las encuestas mencionadas 32% de los
entrevistados expresaron desprecio; 34% admiración; y 38% resentimiento ante Estados Unidos. Estos números varían de acuerdo
con la región (el norte es en general más positivo, el sur menos), la
edad (entre más jóvenes más positivos; y entre más viejos menos),
y la filiación política (gente de centro izquierda, simpatizantes del
PRD, son más negativos; los simpatizantes del PRI o del PAN, más
positivos). Y quizá una de las conclusiones más reveladoras sea que

46% de todos los mexicanos consideran que la proximidad del país con Estados Unidos es más un problema que una ventaja, mientras que 45% creen lo contrario, aunque esta respuesta ha ido creciendo desde 2004.[28]

En cambio, y de igual trascendencia, los mexicanos sistemáticamente ubican a Estados Unidos entre los primeros tres o cuatro países sobre los cuales guardan una opinión favorable. Estados Unidos ocupó el número uno en 2004, el 2 en 2006 justo detrás de Canadá y el séptimo en 2008, antes de la elección de Obama. Después de que éste fuera electo, en 2009, entre los veinticuatro países encuestados, los mexicanos tenían la mejor opinión de Estados Unidos en el mundo, según un estudio del Pew Global Attitudes Project, con la excepción de otros seis países, y por márgenes muy pequeños: Kenya —por razones obvias— Nigeria, Corea del Norte, la India, Francia e Israel.* En este sentido, bajo el argumento de mejora en los niveles de vida, en 2008 45% estaría de acuerdo con la idea de que México y Estados Unidos formaran un solo país —menos que en 2004, cuando 54% tenían esta opinión. Sin embargo, sin argumentar la mejora en el nivel de vida, es decir, sólo preguntando por la integración en un solo país, 61% no está de acuerdo —en 2004 era 44%; esto era cierto incluso en el 2008, cuando el gobierno de Bush terminaba y el prestigio de Estados Unidos en el mundo se ubicaba en el punto más bajo de la historia reciente.[29] El realismo de la tesis subyacente es irrelevante; lo importante es qué tantos mexicanos creen en ella.

---

* En la encuesta de Pew de 2010, dado que la ley Arizona contra inmigrantes indocumentados fue aprobada en junio de ese mismo año, esta percepción cambió dramáticamente, pero sólo por un rato. La opinión favorable que tenían los mexicanos de los estadounidenses cayó de 69% en 2009, después de la elección de Obama, a 56%, después de Arizona. Pero justo antes de que se aprobara la SB1070, 62% de los mexicanos tenían una opinión favorable de Estados Unidos. Pew Research, "Obama More Popular Abroad that at Home, Global Image of U.S. Continues to Benefit", Pew Research, Washington, D.C., Estados Unidos, 2010, p. 16.

Esta inclinación mexicana se traslapa con la estadística que se cita una y otra vez en la prensa estadounidense y en el debate sobre inmigración: que entre una tercera y dos quintas partes de la población total de México emigraría a Estados Unidos si dispusiera de la oportunidad de hacerlo. Las variaciones en cuanto a la propensión a emigrar dependen en gran medida de la percepción mexicana del estado de la economía estadounidense, y de qué tan rápido creen los migrantes potenciales que pueden conseguir trabajo (basados en los reportes que reciben casi a diario de sus amigos y familiares viviendo del otro lado de la frontera). La cifra nunca ha rebasado 40%, y hasta ahora, por lo menos, no ha bajado de 30%. La legalidad de un procedimiento de este tipo le importa a menos de una tercera parte de aquellos que sí están deseosos de emigrar.

Éste quizá sea el meollo del asunto. Un número importante de mexicanos expresa su disposición a dejar su país. Esto no implica que lo harán o que quieran realmente hacerlo, sólo que están dispuestos. Sin embargo, sí ilustra el estado de ánimo y el pragmatismo de los mexicanos cuando se trata de Estados Unidos; así también, muestra el otro lado de los sentimientos negativos descritos. El detalle de las estadísticas es igualmente interesante, aunque también ambiguo en cuanto a las intenciones reales. El sur del país —mucho más pobre que el resto— es el menos dispuesto a irse; el centro —la región de donde tradicionalmente salen los migrantes— es el más dispuesto. Una cifra lógica, y trágica, deja ver que los jóvenes de entre 18 y 29 años de edad son los más inclinados a irse: 51% de éstos expresaron una marcada "intención" (dicha con todas las reservas mencionadas) de expatriarse, mientras que el promedio nacional se mantenía en 40%. Finalmente, y de modo contraintuitivo, los mexicanos con educación preparatoria o universitaria están más dispuestos a salir; aquellos que no han asistido a la escuela fueron los menos dispuestos a probar suerte en el norte (sólo 19%, casi la mitad del promedio nacional).[30]

Obviamente estos datos contrastan con la identidad que los mexicanos definen para sí mismos: más latinoamericanos que norteamericanos; y contrasta también con su *deseo* de ser más latinoamericanos que norteamericanos. En el fondo de este sentimiento se halla el hecho de que México pertenece, ahora más que nunca, a América del Norte. En 2008, más o menos el 11% de todos los mexicanos de nacimiento residían, con o sin papeles, en Estados Unidos: es la cifra más alta de la historia. Muchos de ellos poseen en este momento ambas nacionalidades (alrededor de tres millones).[31] Y muchos más lo harán con el paso del tiempo, sobre todo si los seis o siete millones de mexicanos indocumentados son legalizados en algún momento.

Esto confirma la ambivalencia de los mexicanos hacia sus vecinos del norte. Dicha ambivalencia evidenciada en las leyes, las costumbres y las cifras de las encuestas citadas, pueden ser ilustradas aún más. Por un lado, la mayoría de los mexicanos se pronuncia a favor de la inversión extranjera, a sabiendas de que significa en realidad más inversión estadounidense. Mientras que la mayoría de los habitantes sentía en 2004 que México obtenía algún beneficio de la inversión extranjera en general y mucho más en 2008; 70% respondió que la inversión extranjera debería seguir estando prohibida cuando se trate de exploración, producción y distribución (gasolineras, básicamente) de petróleo, y 60% creía lo mismo acerca de la generación de electricidad, las telecomunicaciones y los medios.[32] Tres cuartas partes de los habitantes del país pensaban en 2004 que la inversión extranjera le traía algunos o muchos beneficios al país; estas cifras han variado con los años, pero no de manera significativa. En otras palabras, los mexicanos sí aceptan la inversión extranjera, pero no donde la inversión extranjera quiere ir. Es una postura entendible, pero no demasiado realista y, evidentemente, evita asumir una posición binaria —sí o no— ante un asunto crítico para el país en los años por venir. Es un síntoma de lo que también figura detrás del problema con las playas —el rechazo al Principio del tercio excluido—, salvo que dadas las cantidades involucradas (perforar un pozo en aguas profundas del Golfo de México, exitoso o no, cuesta unos 200 millones de dólares), el equivalente petrolero de los subterfugios legales para adquirir propiedades frente al mar probablemente no convenza a los magnates de la industria petrolera. Ni siquiera a los proveedores de servicios como Halliburton o Schlumberger.

Una renuncia similar a elegir o ser elegido —en clara violación del mismo principio aristotélico— tiene lugar respecto a la localización geopolítica de México. A la pregunta "¿Debe México buscar una mayor integración económica con Latinoamérica, Norteamérica o ser un puente entre ambas?", 32% escoge la primera opción, 18% escoge la segunda, y 41% la tercera. Entre las élites y líderes, las cifras fueron 62% a favor de ser un puente, 24% por Norteamérica y 11% por Latinoamérica.[33] De nuevo, lo mejor de dos mundos —ser llamado el Puente de las Américas, como el que se extiende sobre el Canal de Panamá— es preferible a una definición clara. Y de nuevo, constituye un acto absolutamente iluso, ya que el resto de América Latina no concibe a México como un miembro pleno de la región por su integración económica previa al TLCAN, el TLCAN mismo, y la migración mexicana hacia Estados Unidos, entre otros factores. Asimismo, Estados Unidos le reclama a México su falta de solidaridad y apoyo en coyunturas difíciles, lo acusa de no comportarse como un aliado, un vecino y un socio, por lo menos de acuerdo con la definición estadounidense de estas nociones —que efectivamente tiende a equiparar a los aliados con los subordinados. Más aún, ninguna de las dos partes —Latinoamérica y Estados Unidos— ven a México como un puente entre ellos, porque ninguna de las dos necesita un puente; esto se parece a la ilusión análoga del Reino Unido, ocasional y fútil, de ser un puente entre Europa y Washington. En ambos casos, las partes cuentan con una comunicación suficiente, directa y con los víncu-los necesarios entre ellos para prescindir de la ayuda de terceros. En todo caso, la única manera para México de ser más útil para América Latina sería acercándose más a Estados Unidos, y siendo capaz de compartir con ellos su hipotética "relación especial" con Washington.

Así, los mexicanos prefieren evitar la confrontación y perse-guir puras cosas buenas simultáneamente: seguir siendo un país de tradiciones y valores familiares y acceder a la modernidad; pertene-cer a Latinoamérica y tener una relación mas cercana con Estados Unidos; disfrutar de los beneficios de una economía de mercado, *pero también* de los íconos políticos y culturales de la soberanía y el *dirigisme*; sostener elecciones con candidatos rivales y lograr que todos estén de acuerdo en todo; vivir bajo el imperio de la ley y asegurar la sobrevivencia de usos y costumbres, y de la justicia individual. A su manera contradictoria, los mexicanos desean par-ticipar de las delicias de ser parte del mundo y mantener al resto del mundo fuera de México; quieren conservar su individualismo, su desagrado ante los altercados, preservar los muros alrededor de sus jardines y sus casas, y convertirse en una sociedad de clase media, abierta, hospitalaria.

En una encuesta realizada por la empresa encuestadora mexi-cana GAUSSC, en 2009, que incluía un capítulo dedicado a las así llamadas idiosincrasias mexicanas, el encuestador le planteó seis preguntas polares, o binarias, a 2,500 mexicanos mayores de 18, y les ofreció la posibilidad de escoger una de las dos o abstenerse de elegir. Las disyuntivas eran: ¿Se le debe enseñar a los niños historia de México y la historia de sus héroes, o se les debe enseñar inglés y computación? (Ganó la segunda opción.) ¿Debe México parecerse más a Estados Unidos para crear más empleos, aunque esto signi-fique que pierda sus tradiciones, o debe conservar sus tradiciones aunque esto signifique crear menos empleos? (Las dos empataron.)

¿Es más importante que México preserve su soberanía, aunque no mejore el bienestar de la población, o debe buscar mejorar el bienestar de su población aunque eso haga que el país sea menos soberano? (Arrasó la segunda opción.) ¿Debe México mantener buenas relaciones con Cuba y Venezuela, aunque esto moleste a Estados Unidos, o debe mantener buenas relaciones con Estados Unidos, aunque esto moleste a Cuba y Venezuela? (La segunda opción ganó, dos y medio contra uno.) ¿La frontera norte debería estar abierta a los migrantes, el comercio y el turismo, o debe mantenerse cerrada para que las drogas, las armas y el dinero del narcotráfico no cruce? (Ganó la primera opción.) Y por último: ¿Las compañías extranjeras en México están comprometidas con el país porque crean empleos, o no están comprometidas porque no crean empleos? (La opción uno ganó.)[34] Los mexicanos respondieron a estas preguntas simplistas y dicotómicas, enunciadas de modo un tanto artificial pero deliberada y mutuamente excluyentes, con actitudes bastante modernas y de mente abierta.

Pero lo más interesante del resultado del estudio fue que, en promedio, una tercera parte del total declinó tomar partido y se consideró neutral. Puede argumentarse que esto es así porque no sabían qué responder, o porque consideraban que las preguntas eran maniqueas en exceso; pero también puede interpretarse como parte de esa gran renuencia a elegir, incluso cuando la elección es hipotética y casi impuesta. La mayoría de los entrevistados aspirarían a lograr ambas cosas, aun cuando supieran que es imposible.

Hay un pensamiento mágico, casi místico, en las ilusiones mexicanas.* Aparece entre los políticos más cínicos de la nación,

---

* De vuelta al futbol: en el Mundial de Sudáfrica de 2010, una encuesta telefónica (de clase media para arriba) mostró que 40% de los mexicanos pensaba que su equipo llegaría a los cuartos de final, lo cual no ha ocurrido desde 1986, cuando México fue anfitrión del Mundial y había sólo 24 equipos compitiendo (en 2010 hubo 32). 24% pensaba que a México le iría aún mejor que eso y alcanzaría

entre sus empresarios menos escrupulosos, entre sus escritores más sofisticados y cosmopolitas. Está presente siempre y es inconfesable; es ubicuo y recurrente, sin que se le reconozca conscientemente. Abriga un vínculo con raíces culturales: el tiempo lo cura todo, y como esto es así, el paso del tiempo hará que las cosas sucedan. El coro arquetípico de la canción: "Con el tiempo y un ganchito, ha de resecarse el mar..." lo resume bien. Estas metas o estos objetos del deseo, inalcanzables hoy, serán alcanzados mañana, incluso si no hay otro factor presente. ¿Por qué? Porque, de hecho, metas mutuamente excluyentes siempre están potencialmente a la mano, sólo se necesita que pase el tiempo para que se alcancen. Y ya que el tiempo es la mercancía más barata en el mercado, cualquier cosa puede lograrse con sólo esperar. De qué manera esto es compatible con una de las economías y sociedades más abiertas del mundo, es harina de otro costal, que ahora intentaremos abrir.

---

las semifinales o incluso la final; y 11% pensaba que México sería campeón del mundo. En otras palabras, 64% de todos los mexicanos con teléfono en sus casas pensaba, o al menos albergaba la esperanza —y ese es precisamente el punto— de que México tendría mejor suerte que nunca antes. No había una razón sólida para albergar esa esperanza, y obviamente ésta no se confirmó. México obtuvo los mismos resultados que ha obtenido desde 1930, ni mejores ni peores. Pero dos terceras partes de la clase media mexicana, por alguna razón misteriosa, pensó que competir del otro lado del mundo significaría una diferencia. No fue así. *Reforma*, "Confían en el Tri", México, 10 de junio, 2010.

NOTAS DEL CAPÍTULO 5

[1] Octavio Paz, "Mexico and the United States", *The New Yorker*, 17 de septiembre, 1979.

[2] Luis González de Alba, *Las mentiras de mis maestros*, Ciudad de México: Ediciones Cal y Arena, 2002, p.13.

[3] Santiago Ramírez, *El mexicano: psicología de sus motivaciones*, Ciudad de México: Grijalbo, 2006, p. 61-63.

[4] Chistian Duverger, *El primer mestizaje*, Ciudad de México: Taurus, 2007, pp. 641-47.

[5] Emilio Uranga, "Ontología del Mexicano", en Roger Bartra, *Anatomía del Mexicano*, Ciudad de México: Random House Mondadori, 2005, p.151.

[6] *Historia Quinto Grado*, Ciudad de México: Secretaría de Educación Pública, 2006, cuarta reimpresión, p. 155.

[7] Luis González de Alba, *Las mentiras de mis maestros*, p.18.

[8] Héctor Aguilar Camín, "Cuentos de la Revolución, 1", *Milenio*, Ciudad de México, 19 de noviembre, 2008.

[9] Octavio Paz, "Mexico and the United States", en *The Labyrinth of solitude*, Nueva York, Estados Unidos: Grove Press, 1994, pp. 262-63.

[10] Sonia del Valle, "Pone SEP en duda 600 mil exámenes", *Reforma*, Ciudad de México, septiembre 7, 2010.

[11] "Conocimientos históricos", Consulta Mitofsky, México, agosto 2007, pp. 2 y 4.

[12] Octavio Paz, "Voluntad de Forma", en *México, esplendores de treinta siglos*, Los Angeles: Amigos de las Artes de México, 1991, p. 4.

[13] Octavio Paz, "Máscaras Mexicanas", en *El laberinto de la soledad*, pp. 35 y 36.

[14] "Global Views 2004. Mexican Public Opinion and Foreign Policy", Centro de Investigación y Docencia Económicas (CIDE), México, 2004, p. 13; "México y el Mundo 2006. Opinión pública y política exterior en México", Centro de Investigación y Docencia Económicas (CIDE), México, 2006, p. 24; "México, las Américas y el Mundo. Política Exterior: Opinión Pública

y Líderes 2008" Centro de Investigación y Docencia Económicas (CIDE), México, 2008, p. 29.

[15] "Trouble by Crime, the Economy, Drugs and Corruption", *Pew Global Attitudes Project*, Pew Research Center, septiembre 2009, p. 27; "Global Views 2004. Mexican Public Opinion and Foreign Policy", CIDE, p. 26-27; "México y el Mundo 2006. Opinión pública y política exterior en México", CIDE, p. 49 y 54; "México, las Américas y el Mundo. Política Exterior: Opinión Pública y Líderes 2008", CIDE, p. 32.

[16] "Background Note: Mexico", Departamento de Estado de Estados Unidos, Buró para asuntos del hemisferio occidental, Estados Unidos, febrero, 2010, www.state.gov/r/pa/ei/bgn/35749.htm

[17] "Visitantes Internacionales, 2008", Secretaría de Turismo, México, 2009, de www.datatur.sectur.gob.mx

[18] José Antonio Crespo, citando a Benito Juárez en *Contra la historia oficial*, Ciudad de México: Debate, 2009, p. 275.

[19] José Antonio Crespo, citando a Matías Romero en *Contra la historia oficial*, p. 277.

[20] Francisco José Andrea Sánchez, *Constitución Política de los Estados Unidos Mexicanos Comentada*, Quinta Ed., Ciudad de México: UNAM, 1994, pp. 157-58, www.bibliojuridica.org/libros/4/1802/38.pdf

[21] Luis González de Alba, *Las mentiras de mis maestros*, pp. 53-54; Fernando Serrano Migallón, "Concepto de nacionalidad en las constituciones mexicanas. Apretura e introspección", en "Estudios Jurídicos en Homenaje a Marta Morineau, T. II: Sistemas Jurídicos Contemporáneos", Nuria González Martín, coord. Ciudad de México: Instituto de Investigaciones Jurídicas de la UNAM, 2006, p 569, de www.bibliojuridica.org/libros/4/1968/26.pdf

[22] Pablo Yankelevich, "Proteger al mexicano y construir al ciudadano. La extranjería en los debates del constituyente de 1917", *Signos Históricos*, julio-diciembre, no. 010, UAM Iztapalapa, p. 64.

[23] "61%: 'No es correcto que haya jugadores nacionalizados en la selección.'", Demotécnia, México, 24 de enero, pp. 2, 4-5, www.demotecnia.com/

[24] "México y el Mundo 2006. Opinión pública y política exterior en México", p. 25; "México, Las Américas y el Mundo. Política Exterior: Opinión Pública y Líderes, 2008", p. 26.

[25] Pablo Yankelevich, "Proteger al mexicano y construir al ciudadano...", p. 68.

[26] *Ibid*, p. 75.

[27] Enríque Flores Magón y Ricardo Flores Magón, "Programa del Partido Liberal Mexicano y Manifiesto a la Nación", St. Louis, Missouiri, julio, 1906.

[28] "Global Views 2004. Mexican Public Opinion and Foreign Policy, México", p. 33; "México y el Mundo 2006. Opinión pública y política exterior en México", pp. 66-67; "México, Las Américas y el Mundo. Política Exterior: Opinión Pública y Líderes, 2008", pp. 15 y 68-69.

[29] "Trouble by Crime, the Economy, Drugs and Corruption", *Pew Global Attitudes Project*, Pew Research Center, septiembre 2009, p. 21; " México, Las Américas y el Mundo. Política Exterior: Opinión Pública y Líderes, 2008", p. 69. En general, cuando cualquier encuesta incluye alguna referencia a trabajos, salarios, consumo de bienes y servicios, al indagar sobre la opinión mexicana de Estados Unidos, esa opinión muestra una mejora sustancial.

[30] "México, Las Américas y el Mundo. Política Exterior: Opinión Pública y Líderes, 2008", pp. 72-73.

[31] "2008 American Community Survey 1-year Estimates. Selected Population Profiles, by Country of Birth: Mexico", US Census Bureau, 2010, factfinder. census.gov/home/saff/main.html?_lang=en

[32] "México, Las Américas y el Mundo. Política Exterior: Opinión Pública y Líderes, 2008", p. 15.

[33] "México y el Mundo 2006. Opinión pública y política exterior en México", p. 58.

[34] "Encuesta Nacional", GAUSSC, México, julio 2009, p. 22.

CAPÍTULO 6

Por fin: ¿una sociedad abierta, una economía abierta, una mente abierta?

Quienes crecimos en el México de los años sesenta y pudimos viajar fuera del país —una pequeñísima minoría de la población—, recordaremos que uno de los viajes obligados del año era para pasar unos días en San Antonio, El Paso, Houston o San Diego. A Houston y San Antonio, y a veces a El Paso, el recorrido se hacía en auto; si no, en avión, aunque esto no era tan productivo. ¿Productivo? Sí, ya que una de las razones principales del periplo consistía en la compra de fayuca: artículos electrónicos de contrabando, comida, ropa, *gadgets* de todo tipo. Ninguno de estos artículos estaban disponibles en México, y en Estados Unidos no sólo eran fáciles de conseguir; también eran baratos. En lugar de las televisiones obsoletas armadas en el país, comprábamos Trinitrons de Sony; en lugar de la rancia crema de cacahuate, comprábamos *Skippy's*; en lugar de los inflamables rompevientos de Terlenka, adquiríamos chamarras *Members Only*.

El único problema era el modo de introducirlos a México sin pagar los impuestos (onerosos), o los sobornos excesivos (no había tanto problema con las mordidas moderadas). El auto o la camioneta iba hasta el tope, tal vez con una pequeña televisión coronando la pila, ostentosamente visible. Cuando nos deteníamos en la garita aduanal, a poco más de 30 kilómetros de la frontera, el vista de turno hacía como que buscaba drogas, armas, dinero o artículos valiosos de contrabando para de pronto descubrir la pequeña televisión. Con pena y compungimiento nos informaba que se veía obligado a confiscarla, así como a regañarnos por nuestra infracción al introducir artículos prohibidos al país, ya que eso le quitaba empleo a los mexicanos y además "Lo hecho en México, está bien hecho". Y nosotros continuaríamos con nuestro viaje, con la fayuca bien guardadita debajo de cobijas, niños, abrigos y maletas.

La dificultad para sellar la frontera con Estados Unidos no sólo se manifestaba en su expresión física. Del Aeropuerto de la Ciudad de México comenzaron a emerger historias, una más imaginativa que la otra. Recuerdo cuando se instalaron cámaras encima de los puntos de revisión aduanal; los vistas simplemente taparon las lentes con cartones. Cuando se inauguró el sistema de semáforo, los agentes aduanales manipularon la frecuencia del rojo para que apareciera más seguido; así resultaba más fácil y frecuente exigirle su mordida a los viajeros.

Dadas todas estas estratagemas y la corrupción infinita de las aduanas mexicanas, a mediados de los años setenta el presidente Luis Echeverría halló una fórmula ingeniosa —o por lo menos así le parecía— de matar dos pájaros de un sólo tiro. Por un lado debía darle trabajo a los refugiados chilenos a quienes México acogió después del golpe de Pinochet en 1973, y tenía que reclutar y nombrar agentes aduanales honestos para vigilar el aeropuerto de la Ciudad de México. De modo que nombró a los chilenos, que efectivamente *sí* eran honestos y eficientes. Sin embargo y por desgracia, también carecían por completo de cualquier contacto con los usos, las costumbres y las celebridades nacionales. Un buen día le revisaron las maletas o baúles Louis Vuitton a una orgullosa, pero ya medio aplaudida actriz mexicana, recién desembarcada de París; no sólo se negó a entregar el contrabando sino que armó tal escándalo nacionalista que al día siguiente Echeverría se vio obligado a despedir a los chilenos. Ahí acabó la idea genial de Echeverría.

Quince años después, en medio de una de nuestras desastrosas y más o menos recurrentes crisis económicas, que afectaba la balanza comercial, el tipo de cambio, las tasas de interés y disparaba los precios hasta el cielo, una nueva generación de funcionarios abandonó la lucha contra la fayuca. En 1987 decidieron cortar por lo sano y de un plumazo desaparecieron aranceles y restricciones cuantitativas para la mayoría de las importaciones. Para entonces, barrios completos de la Ciudad de México (Tepito principalmente, pero también los tianguis de Coapa, Peritianguis y otros) se habían transformado en inmensos *entrepôts* de contrabando extranjero, tanto que incluso ofrecían garantías para refrigeradores importados ilegalmente. Había probadores para los vestidos caros, garantías para los electrodomésticos y posibilidades de traer productos sobre pedido: idéntico al *Mall of America*. El contrabando no desapareció por completo, ya que el IVA en México era más alto que los impuestos estatales en Estados Unidos, pero el incentivo para traer productos de manera ilegal disminuyó de manera drástica. El viaje en auto a la frontera, a McAllen o Harlingen, ya no valía la pena.

Durmiendo con el enemigo

Ese fue el inicio de la liberalización comercial en México y llegó a su punto culminante con el TLCAN, suscrito en 1993 con Estados Unidos y Canadá. Para 2008, casi cualquier producto de nuestros dos socios de América del Norte podía ser introducido al país sin aranceles, incluidos autos usados, maíz, frijol, leche en polvo y alta fructosa —los últimos productos vedados desde 1994. México se había convertido en una de las economías más abiertas del mundo, donde la balanza comercial como porcentaje del PIB alcanzó 55%: el doble que en Estados Unidos, más que Japón, y un nivel semejante al de países como España, Gran Bretaña, Francia e Italia, aunque un poco menos que Alemania.[*][1] Esto significó una transformación mayúscula en México, cuya economía, como la mayoría de las latinoamericanas, tradicionalmente basaba su crecimiento en el mercado interno; el comercio exterior, incluso después de que el país se convirtiera en uno de los principales exportadores de petróleo en los años setenta, nunca sumó más del 20% del PIB.[2][**] Quizá todavía entonces los rasgos del carácter mexicano descritos en el capítulo anterior resultaban funcionales para la construcción de un país aún no consolidado, así como una economía industrial, un mercado nacional, una postura defensiva contra el mundo exterior hostil y distante. Pero hoy, ya no, a la luz de las cifras que siguen.

Ahora, aunque, el TLCAN ha sido mucho menos exitoso de lo que sus proponentes esperaban y prometían en 1993, una mayoría de mexicanos lo aprueban y no desean verlo revocado. Cuando en 1993 Salinas de Gortari le impuso el tratado a la sociedad mexicana y a un congreso de pacotilla, su colega, amigo y consejero, Felipe González, entonces Primer Ministro español, estaba convencido de que si la iniciativa se hubiese sometido a un debate democrático y a un referéndum, habría perdido. O por lo menos eso me dijo años después. Más importante todavía es el hecho de que Ulises Beltrán, el encuestador de Salinas en ese entonces y cuyo trabajo está disponible para investigación en el CIDE en la Ciudad de México, llegó a la misma conclusión; algo nada distinto de lo que ocurrió en varios países europeos en su trayecto hacia la Unión Europea.[3] Pero hoy nadie parece querer derogar el TLCAN; la prueba reside

---

[*] Las exportaciones de México en 2009 sumaron 28% del PIB, y las importaciones 29%. La balanza comercial como porcentaje del PIB alcanzó en 2009 el 57%.

[**] Las exportaciones de México en 1970 sumaron 8% del PIB, y las importaciones 10%. Por lo tanto, la balanza comercial como porcentaje del PIB alcanzó 18%.

en el comportamiento de la oposición perredista que a pesar de haber conquistado un espacio importante en el Congreso desde 1994, nunca ha propuesto una iniciativa de ley para abrogarlo, aun cuando el tratado claramente estipula que es posible hacerlo si se da aviso a las partes con seis meses de anticipación. La clase media mexicana no lo permitiría.

Como era de esperarse, la apertura comercial no significaba que se diera con el resto del mundo en su totalidad. Como siempre acontece para el México independiente, el "mundo" se reduce a Estados Unidos. Desde 1895 Estados Unidos ha sido el socio comercial más importante de México: concentró cerca de 70% de todas las importaciones y exportaciones en la última década del siglo XIX, 100% durante las dos Guerras Mundiales y entre 65 y 70% en los años setenta y ochenta. Hoy acapara 80.6% de las exportaciones. En tiempos recientes se ha producido un leve declive en las importaciones dado el breve pico de compras a China. El siguiente socio comercial más importante —justamente, China— representa un magro 7.5% de la balanza comercial mexicana. La Unión Europea completa se lleva 8%, y el socio latinoamericano más importante es Brasil, con 1.3%.[*4] Los totales absolutos para socios distintos a Estados Unidos no son despreciables: suman varios miles de millones de dólares en algunos casos, pero los agregados relativos son en general irrelevantes. Así que abrirse "al resto del mundo" resultó ser otro eufemismo mexicano; significaba abrirse al vecino del norte. Nadie lo pensó con detalle, pero la consecuencia fue que ahora los mexicanos desconfían de —y albergan sentimientos ambivalentes— hacia los habitantes de un país con quienes su —hoy abierta— economía realiza prácticamente la totalidad de

---

[*] Las transacciones internacionales de México con Brasil suman exactamente 1.28%. Subsecretaría de Comercio Exterior, "Exportaciones Totales de México" e "Importaciones Totales de México", Secretaría de Economía, México D.F., 2010.

sus negocios. Y el comercio exterior representa más de la mitad de *toda* la actividad económica del país. Algo tiene que ceder; si no la desconfianza y el comercio se neutralizarán mutuamente y terminarán por paralizar a México. En parte esto es lo que ha sucedido desde el año 2000, cuando el *élan* o impulso inicial del TLCAN empezó a languidecer.

Hay muchas razones para explicar por qué el TLCAN comenzó a trastabillar a tan poco tiempo de iniciar su vigencia, pero destacan algunas. Fueron principalmente las restricciones pre-existentes a la inversión en energía, turismo, vivienda para jubilados extranjeros, infraestructura e industrias culturales —las mismas restricciones que surgieron de las pasiones descritas anteriormente. Dicho esto, a pesar de décadas de esfuerzos —formalizados ahora en el Tratado de Libre Comercio con la Unión Europea y Japón, entre otros—, México se ha mostrado incapaz de diversificar su cartera de socios comerciales extranjeros. No hay ninguna razón para pensar que cualquier política comercial podrá derrotar a la geografía. Los empresarios mexicanos por no mencionar a los ejecutivos y estrategas de multinacionales establecidas en el país, están acostumbrados a exportar al vecino del norte y no tienen ni el más mínimo deseo de aventurarse más lejos, ya que pueden disfrutar del lujo de venderle al mercado más grande del mundo… cruzando la barda o el río.

El México "realmente existente", no el que tenemos en nuestra cabeza, siempre dispondrá de un sólo socio comercial de importancia y siempre tendrá que combatir —o que administrar— las tentaciones proteccionistas de ese socio. Yo creo que México debe extraer la conclusión lógica de estos hechos y despojarse de los atavismos, las restricciones, las leyes, regulaciones, prejuicios y agravios legítimos grabados con fuego en su psique. Pero es bastante entendible que otras voces sostengan una opinión contraria y que, gracias a la tecnología moderna, la globalización, las políticas pro-activas y a un esfuerzo nacional y consensuado, busquen diversificar a fondo los patrones de comercio del país, alineándolos con los rasgos sobresalientes del carácter nacional. En mi opinión este esfuerzo será inútil, y más aún, las nuevas clases medias mexicanas no estarán dispuestas a enfrentar las consecuencias que traería si funcionase: precios más altos y menos productos extranjeros. Pero lo que carece de sentido es la insistencia ociosa en conservar dos posturas diametralmente opuestas: por un lado, rechazar, despreciar o buscar "contener" a Estados Unidos, y por el otro, poseer una de las economías más abiertas del mundo y una de las más grandes concentraciones comerciales con un único socio en el mundo.

Esta actitud ambivalente parece especialmente incomprensible dado que sus resultados han sido bastante mediocres, aunque nos neguemos a admitirlo. Desde la apertura unilateral en 1987, o desde que el TLCAN se ratificó en 1994, el crecimiento económico del país ha promediado menos de 3%. Incluso si comenzamos a contar a partir de 1996, después de la debacle de 1995, el promedio se mantiene aproximadamente igual.[5] Evidentemente el curso actual no está funcionando. Esto es de particular relevancia si, como se espera, México continúa perdiendo terreno ante China en términos de sus exportaciones manufactureras y se ve obligado a subir en la cadena de valor agregado hacia los servicios o las ventas de alta tecnología en el extranjero. Este proceso comenzó en el año 2000 y con toda certeza concentrará aún más los negocios con el vecino del norte; las restricciones vigentes se tornarán cada vez más dañinas para el comercio y la inversión, aunque sin duda no para el orgullo nacional. Esto será particularmente pertinente para una de las áreas en las que México goza de una ventaja competitiva enorme sobre casi cualquier nación del mundo: el turismo, 80% del cual proviene de Estados Unidos.[6]

Spring breakers y *baby boomers* jubilados

Una vez más, los números no cuadran. Aunque México es un protagonista indiscutible en el turismo internacional —ocupa el décimo lugar en el mundo—, podría ser mucho más competitivo. Considerando incluso las pernoctas cercanas a la frontera (no los cruces de ida y vuelta durante el mismo día), sus 22 millones de turistas se quedan cortos frente a los de España (55 millones) o Italia (40 millones).*[7] En realidad, un número más lógico de visitantes debería sumar unos 13 millones, correspondiente a quienes permanecen durante por lo menos una noche en el interior del país, lejos de la frontera. Por desgracia, México no aprovecha las ventajas que le brindan sus atractivos específicos, sobre todo para visitantes norteamericanos, sean *spring breakers*, parejas en luna de miel o fanáticos de la ecología. Nada resulta más importante para el país y esto se reconoció desde la época de la Alianza para el Progreso. El turismo es su primera actividad económica en términos de empleos: 2.5 millones de empleos directos e indirectos, el tercer generador de divisas y la única actividad diseminada, por lo menos en parte, en varias regiones del país.[8]

México debería recibir muchos más turistas y en muchos más destinos, que podrían gastar mucho más dinero per cápita por día. Es preciso encaminar a los visitantes fuera de los destinos tradicionales de playa —Cancún, Riviera Maya, Puerto Vallarta, Los Cabos, Mazatlán—, a "nuevos" sitios —Puerto Peñasco, Careyes, Costa Maya, Huatulco— y a los antiguos —Acapulco, Ixtapa-Zihuatanejo—, y en general a otros destinos atractivos. Las ventajas turísticas son infinitas: ruinas arqueológicas, ciudades coloniales, centros urbanos, haciendas convertidas en hoteles de

---

* En 2009 México alcanzó 21.5 millones de llegadas de turistas internacionales, España 52.2 millones; Francia 74.2 millones; Italia 43.2 millones.

lujo, barrancas y selvas espectaculares. Pero todos estos sitios necesitan infraestructura —aeropuertos, hospitales, carreteras y más
que nunca, seguridad— para atraer inversiones en hoteles, restaurantes, restauraciones arqueológicas y publicidad. México se halla
todavía muy distante de la consolidación de su máximo potencial
como destino turístico de clase mundial. Podríamos recibir más
de 50 millones de visitantes cada año.

Esto en cuanto al turismo tradicional se refiere. En la práctica, por lo menos en el corto plazo, más bien vamos al revés. Las
visitas bajaron un 6% en 2009 en relación con las del año anterior.
Las razones no son un secreto (el virus AH1N1, la guerra contra el
narco y la inseguridad, la recesión mundial, etcétera), pero incluso
si no hubieran existido estos problemas, nuestra participación en
el mercado no está aumentando.[9] Cuando Cuba vuelva a ser un
destino importante para los estadounidenses, enfrentaremos una
competencia todavía más dura. Así que además de hacer las cosas
"sencillas" necesarias para seducir a los turistas por medio de las
estrategias tradicionales a destinos tradicionales, debemos avanzar
en dos direcciones que únicamente pueden perseguir los países del
Caribe —y sólo en parte. Pero éstos carecen de los niveles indispensables de educación, de infraestructura, de vida y de seguridad.
Las dos direcciones hacia donde hay que moverse son los jubilados
y los residentes de temporada: dos grupos que en ocasiones se tras-
lapan pero que pueden ser abordados como dos mercados distintos.

Por toda suerte de razones —horarios más flexibles, mayor
ingreso discrecional para ciertos grupos demográficos, trabajo en
casa por internet—, habrá estadounidenses de clase media alta que
podrán pasar más tiempo lejos de sus hogares, aunque no necesariamente de vacaciones. Buscarán la comodidad de la cercanía,
bajos costos y seguridad. Esto se traduce en transporte y comunicaciones adecuadas, entretenimiento y atracciones, servicios de
salud y hospitales. Los visitantes de largo plazo también esperarán

que sus dólares les rindan más que en su tierra, querrán mejorar su calidad de vida, escapar del frío o del calor excesivos, y pasar de tres a seis meses fuera de casa. Asimismo, exigirán que tanto sus propiedades como ellos mismos estén seguros.

México es el único país que satisface la primera condición —cercanía— y el único que puede satisfacer la mayoría de las demás. República Dominicana, Jamaica y Cuba, por mencionar sólo algunos, no cuentan con los medios turísticos o nacionales para proveer estos servicios y dichas garantías. Se encuentran cerca de ciertas zonas de Estados Unidos —Florida y la costa Este— pero muy lejos de otras —la costa Oeste, el Medio Oeste y Texas. A la inversa, algunas regiones de México están próximas a casi cualquier parte de Estados Unidos. El país podría convertirse en un santuario para profesionistas estadounidenses prósperos, aunque no necesariamente millonarios, con hijos en la universidad, o un poco más jóvenes y que desean pasar unos meses en el extranjero, disfrutando un ambiente en el que puedan trabajar, vivir de modo distinto y mejor, con todas las comodidades a las que están acostumbrados. Ningún otro país puede competir con México en este mercado.

México se halla también en la mejor posición para atraer a los *baby-boomers* jubilados, aunque aquí se trata de un territorio desconocido: en realidad ningún país compite aún con Florida y el suroeste de los Estados Unidos. Pero es probable que sólo México pueda. Muchos estadounidenses nacidos durante la burbuja demográfica de la postguerra (entre 1945 y 1950) se están retirando al cumplir 65 años: una nueva generación de ciudadanos de la tercera edad. No se parecen a sus padres; crecieron durante los años sesenta y están llegando a esta edad con mejor salud que las generaciones anteriores. Son mucho más cosmopolitas y de mente más abierta, disponen de mayores recursos para enfrentar la vejez y muchos han expresado su deseo de buscar alternativas a Florida,

Arizona o Nevada para pasar sus últimos años. No todos irán a México; pero a muchos se les puede convencer, si el precio es adecuado y las cosas funcionan.

Esto encierra varias implicaciones. Para empezar, entraña una modificación constitucional para que los extranjeros puedan de manera directa y transparente ser dueños de propiedades en la playa, tramitar hipotecas, titular las casas a nombre de sus hijos, asegurar que puedan heredarle sus propiedades a quienes decidan y no a quien lo determine algún burócrata. Ofrecer menos que esto no bastará para seducir a los *baby boomers*, a pesar de todos los atractivos mexicanos. En segundo lugar, implica servicios de salud de alta calidad y compatibles con sus seguros médicos norteamericanos, para que las enfermedades comunes —no necesariamente los padecimientos de vida o muerte— puedan ser tratados de manera rápida, fácil y eficaz; se trata de una generación preocupada por su salud. También se requieren aeropuertos internacionales a no más de una hora de distancia de los destinos turísticos, con múltiples vuelos a los principales centros neurálgicos en Estados Unidos, así como la supresión de dificultades que puedan entorpecer los traslados médicos. Actualmente hay vuelos hacia Estados Unidos desde 20 ciudades en México, pero estos corresponden principalmente a los patrones de migración y no a los flujos de turistas o jubilados. El número actual de vuelos no alcanza.

En tercer término, todo esto significa también ofrecer a los *baby boomers* las comodidades esperadas para su nivel de vida: golf, paz y tranquilidad, salas de cine y televisión por cable, conciertos y espectáculos, buenos restaurantes y hoteles agradables para sus amigos, además del tradicional servicio y la hospitalidad mexicana, semáforos para peatones en las esquinas, tiendas de productos locales para amenizar la vida, y productos estadounidenses para hacerlos sentir como en casa. Eliminar los precios exorbitantes y las estafas no es una meta realista, pero sin duda no es imposible

limitar estos abusos y desincentivar el pasatiempo nacional de tai-
mar a los gringos.

Por último —y quizá esto sea lo principal— es preciso generar
para estos residentes una situación legal y financiera segura, simple
y expedita: papeles que acrediten su residencia o estatus migratorio y la posibilidad de recibir y cambiar a pesos sus pensiones en
dólares sin gastar barbaridades en comisiones. Pero obliga también
a que sus seguros médicos cubran tratamientos en México —un
gran pero, y uno que ha estado en la mesa de negociaciones con las
principales empresas estadounidenses y Medicare sin que se haya
resuelto desde que yo era Secretario de Relaciones Exteriores en
2001. Se requiere además una política tributaria justa para este
mercado turístico inmenso e invaluable. Se puede lograr, pero sólo
en México, sólo con los estadounidenses (y en menor medida con
los canadienses), y sólo si México decide sublimar, o por lo menos
controlar, los antiguos demonios de su carácter.

Las paradojas del turismo quedaron perfectamente ilustradas
en el debate que tuvo lugar en torno al asunto de la "preautorización" o "pre-clearance" dentro de los círculos de gobierno de ambos países entre 2002 y 2005. El mecanismo implica que los agentes
de la oficina de Aduanas y Migración de Estados Unidos —hoy
llamada CBP (por sus siglas en inglés)— revisen a los pasajeros estadounidenses y no estadounidenses que viajan hacia ese país en el
punto de partida del vuelo. Ya se ha establecido este sistema en Canadá, Irlanda y las Bahamas. Al tomar un avión en Montreal o en
Dublín, por ejemplo, los visitantes con destino a Estados Unidos
pasan por aduanas y migración norteamericanas en el aeropuerto
local, y no vuelven a pasar en Nueva York o en Chicago; su llegada
es clasificada como un vuelo doméstico. La ventaja para el país de
origen es que puede recibir y despachar vuelos a Estados Unidos
desde y hacia aeropuertos no internacionales, al ya haberse cumplido con la revisión de aduanas y migración. Esto incrementa el

turismo, al permitir la salida de vuelos desde aeropuertos dentro de Estados Unidos que de otro modo tendrían que pedir los costosos permisos del gobierno federal para procesar pasajeros extranjeros.

El gobierno de Fox buscó negociar un acuerdo de preautorización con Estados Unidos en 2002, empezando con Cancún. Se pensó que esto motivaría a los viajeros que partían de ciudades con aeropuertos domésticos, como Memphis, Nashville, varios en Alabama, las Carolinas o quizá lugares como St. Louis, Kansas City, Oklahoma City y algunos lugares del norte de Texas. Además, se pensó que sería prudente, dado el inmenso pánico o la franca histeria por la seguridad que desató el 9/11; convenía colocar a México dentro del perímetro o la burbuja de seguridad de Estados Unidos antes de que Washington comenzara a imponer restricciones de viaje a otras naciones —como empezó a hacerlo años después— que inevitablemente perjudicarían a México, quizá más que a nadie. Restricciones que por cierto fueron impuestas de todos modos.

Desde el inicio las cosas no funcionaron. Que hubiera agentes estadounidenses de migración y aduanas revisando a pasajeros mexicanos (ya que no podrían sólo inspeccionar a estadounidenses) en territorio mexicano resultaba anatema para la Secretaría de Gobernación y para la Procuraduría, así como para varios intelectuales y políticos. Las explicaciones —por ejemplo, que en realidad no había diferencia sustantiva entre negarle a los mexicanos permiso de abordar un vuelo en Cancún u ordenarles regresarse a México al llegar a Miami— salieron sobrando. Ya había decenas de agentes de la DEA y el FBI en México; Canadá estaba perfectamente satisfecha con este procedimiento; protegería a México de una futura escalada de restricciones de parte de Estados Unidos y se atraería mayor turismo, se crearían empleos, y se mejoraría la calidad de vida. Pero el solo hecho de que agentes estadounidenses le negasen cualquier cosa a los mexicanos dentro de México era intolerable.

Años más tarde, la idea fue retomada por el nuevo Secretario
de Turismo, quien la enfrentó de manera más asidua que su an-
tecesora. Se avanzó, incluso en el delicado tema de si los agentes
estadounidenses podían portar armas en México, un asunto siempre motivo de arduas negociaciones con la DEA sobre todo. Pero
las pláticas se cayeron por dos razones: el costo de la preautorización, que para el 2005 el gobierno de Bush no estaba dispuesto
a asumir y el riesgo para los empleados de la CBP que tendrían
que residir en Cancún. Ya desde entonces se trataba de una ciudad
peligrosa, infestada de narcos y matones, aunque se pondría peor
después de 2007. El dueño del aeropuerto de Cancún, Fernando
Chico Pardo, financió varios viajes de funcionarios estadounidenses para que visitaran zonas residenciales y escuelas donde irían
a parar los agentes si fueran enviados a Cancún, pero resultó en
vano. Cuando fue posible el acuerdo, el nacionalismo mexicano lo
empantanó; cuando el nacionalismo menguó, Washington ya no
estaba interesado.

Migración e inversión

La migración constituye obviamente el tema predominante de la
relación de México con Estados Unidos. Ciertamente hace muchos años firmamos un acuerdo de trabajo temporal con Canadá
que todavía hoy otorga visas a poco más de 15 mil trabajadores
mexicanos cada año. En contraste, sin embargo, el número de
mexicanos que de manera legal o ilegal buscan trabajo en Estados Unidos cada año oscila entre 250 mil en los años lentos y 450
mil en los años pico. Para todo efecto práctico, entonces, México,
que es un país emisor significativo según los estándares mundiales, "envía" a todos sus emigrantes a Estados Unidos. Casi 100%
de los entre 20 y 25 mil millones de dólares en remesas recibidas

cada año provienen a su vez de Estados Unidos: 2% del PIB anual, tres veces lo que era en 1985,[10] el primer año en que el Banco de México intentó un cálculo preliminar, y sin duda parte del incremento se origina en un mejor monitoreo de los flujos de personas y pesos. Todo esto empezó, obviamente hace más de un siglo: no hay nada nuevo bajo el sol.

Los mexicanos siempre han guardado una *disposición* ambivalente ante la migración hacia el norte, pero su *realidad* carece de ambigüedades. Aproximadamente dos de cada cinco mexicanos tienen familia en Estados Unidos; entre 30 y 40% de todos los mexicanos dicen que se irían del país si pudieran y México ahora, en el nadir de su evolución migratoria hacia el exterior, arroja uno de los mayores porcentajes en el mundo de población nativa viviendo fuera del país.[11] El total ha alcanzado más o menos 11%, varias veces más de lo que fue en los años sesenta y setenta; menos que El Salvador (16.4%) o Ecuador (15%), pero más que Guatemala (9%), Argelia (2%), Turquía (6%), Marruecos (8.6%), o Egipto (3%).[12] La diferencia principal con estos países, sin embargo, radica en la concentración de residentes en el exterior: abundan los ecuatorianos en España y en algunos otros lugares de Europa, además de en Estados Unidos; Egipto tiene gente en el Golfo Pérsico, Filipinas en muchos países. México en cambio colocó todos sus huevos migratorios en una misma canasta.

Ya que no es realista pensar que los mexicanos migren hacia otros destinos o que dejen algún día de hacerlo a Estados Unidos, parece casi seguro que por lo menos durante unas cuantas décadas más una parte importante de la población del país residirá en Estados Unidos. Si se les legalizara, estos mexicanos irían y vendrían sin cesar, como lo hicieron sus compatriotas cuya situación legal se los permitió hasta la mitad de la década de los noventa, cuando se interrumpió la tradicional circularidad migratoria. Su impacto en la sociedad mexicana sería expansivo, traerían nuevas ideas, habilidades, hábitos y actitudes a los barrios pobres de las grandes ciudades y a los pueblos de los que partieron. La insularidad, el miedo a lo extranjero y la reverencia ante un pasado supuestamente común son incompatibles con la movilidad demográfica que entraña la circulación migratoria legal. Estas dos fuerzas se enfrentan constantemente y lo harán aún más en el futuro cercano: los mexicanos que viven, trabajan, se casan y envejecen en Estados Unidos no pueden, salvo en excepciones cada vez más raras, mantener la misma perspectiva acerca del país que tácitamente han adoptado, que la de sus compatriotas que permanecieron en México. Si Estados Unidos es la fuente de todos los males mexicanos, ¿por qué alguien querría irse a vivir allá? No sólo es la comprobación de la vieja máxima que reza: "si no puedes con ellos, úneteles". Millones de mexicanos se les han unido y de hecho decenas de millones están modificando sus actitudes ante Estados Unidos, aun cuando la perspectiva oficial, convencional, arquetípica, continúe vigente en el imaginario popular, tanto en casa como fuera de ella.

Más aún, si se lograra un acuerdo migratorio entre México y Washington, que incluya una amnistía y un programa de empleo para migrantes futuros, inevitablemente exigirá que México detenga la migración ilegal. Esto añadirá otro ingrediente de incompatibilidad con el espectro de peligros del pasado y la autoidentificación típicamente mexicana con el papel de la víctima. ¿Qué prefiere el país: la legalización de sus indocumentados expatriados y una avenida legal para flujos futuros, o mantener la ficción de que disuadir e impedir los intentos de migración ilegal no figura entre sus obligaciones (a pesar de la actual ley mexicana)?

Por su parte, la inversión extranjera, así como la residencia de extranjeros en el país también se mueve en dirección contraria a las actitudes, leyes e incentivos actuales y tradicionales de México. En los años setenta, cuando se debilitó el impulso al modelo económico de industrialización vía sustitución de importaciones, la inversión extranjera directa (IED) representaba 0.87% del PIB —una cifra mínima, menos de la mitad de Canadá, cuatro veces menos que la cifra correspondiente para Estados Unidos, y parecida a la de España al final de la era corporativista, proteccionista y estatista del gobierno de Franco.[13] Además, representaba menos de una vigésima parte del total de la inversión anual en México, nacional e internacional, pública y privada. En otras palabras, el país era claramente reacio, entonces como ahora, a abrirse a la inversión extranjera; lo prohibía en muchos sectores como el petrolero, la generación eléctrica, los medios de comunicación, la minería, etcétera. Pero al mismo tiempo, México parecía no necesitar recursos del exterior en tanto que ahorraba anualmente e invertía una cuantiosa parte de su PIB —más de 25%. El componente extranjero desempeñaba un papel muy menor.

A partir de mediados de los años setenta, al desplomarse la tasa de ahorro interno los recursos del exterior se volvieron indispensables; México necesitó hallar un modo de mantener el ritmo previo de crecimiento. Como casi todas las naciones del llamado Tercer Mundo, buscó crédito externo, que abundaba gracias a los miles de millones de petrodólares circulando en el planeta después de la cuatriplicación de los precios del petróleo en 1973. Fue sólo hasta la siguiente década que México, aplastado por la crisis de la deuda y reducido a un nulo crecimiento económico, se vio obligado a atraer inversión extranjera y a ajustar sus leyes para tal efecto, y a sumarse al Acuerdo General sobre Aranceles Aduaneros y Comercio (GATT, por sus siglas en inglés) en 1985. El TLCAN, aunque técnicamente era un tratado comercial, buscó en realidad garantizar la continuidad y la ortodoxia de la política macroeconómica a ojos de los inversionistas foráneos atraídos por el país, pero aún reticentes.

El gobierno de Salinas de Gortari eliminó varias de las restricciones impuestas a los flujos del exterior, como por ejemplo la regla de 51% de propiedad mexicana para muchas de las empresas con vínculos extranjeros. Permitió que empresas extranjeras se volvieran dueñas de minas y plantas petroquímicas secundarias e implementó cambios en la regulación de la propiedad intelectual. Una vez convertido en ley en 1994, el TLCAN *sí* elevó la inversión extranjera. Pasó de 12 mil millones de dólares anuales en promedio para los cinco años anteriores, a más de 15 mil millones en promedio para el periodo entre 1996 y el año 2000, alcanzando casi 3.5% del PIB anual.[14] Pero había algo de blandura en estos datos duros. Parte del incremento se debió a compras únicas y no recurrentes de empresas privadas o gubernamentales mexicanas (siderurgia, bancos, aseguradoras, telecomunicaciones, aerolíneas, etcétera); y gran parte de la inversión verdaderamente nueva seguía proviniendo de empresas de la *Fortune 500* con una muy antigua participación en el mercado mexicano. Las miles de pequeñas y medianas empresas de Estados Unidos, Europa y Japón que México esperaba y necesitaba recibir, permanecían escépticas ante los obstáculos legales y burocráticos que no se desvanecían.

Para 2005 el porcentaje del PIB correspondiente a la inversión extranjera había bajado a 2.5%, y en 2008, un año declaradamente malo, bajó aún más, a 1.8%.[15] Más preocupante todavía, por primera vez desde 1960, en el tercer cuatrimestre de 2009, la inversión extranjera directa cayó a números negativos: las empresas desinvertían más de lo que aportaban, por lo menos durante esos meses. Hoy México capta una porción cada vez menor del pastel mundial de inversiones, mientras que países como Brasil —cuya economía es aproximadamente 15% más grande que la mexicana (dependiendo del año, de las respectivas tasas de cambio y del precio de ciertos productos primarios)— recibe el doble de dólares, euros y yenes. México invierte una parte mayor de su PIB (20.4%) que Brasil (16.5%); pero la inversión extranjera en Brasil representa una porción mayor de la inversión total (19.6%), que en México

(8.7%), a pesar de que Brasil es un país tan nacionalista e introspectivo como México.[16]

El crecimiento, el gaullismo y los gringos

El verdadero reto para México es crecer. Para lograrlo necesita mucha más inversión doméstica y extranjera, pública y privada. El petróleo en las aguas profundas del Golfo de México, a más de dos mil metros bajo la superficie, sólo puede ser extraído mediante desembolsos millonarios de grandes empresas, ya sean gigantes petroleros o proveedores de servicios asociados con PEMEX. Sólo a través de miles de pequeñas y medianas empresas invirtiendo por primera vez en México, tanto para atender el mercado interno como para reexportar hacia Estados Unidos, se podrán crear millones de empleos nuevos. La infraestructura —puertos, aeropuertos, carreteras, electricidad, etcétera— y la educación en México sólo podrán ser elevadas a niveles mundiales mediante financiamiento, tanto público como privado, del exterior; es decir, en los hechos, financiamiento proveniente de Estados Unidos y de Canadá.

Nada de esto puede suceder hoy, dados los obstáculos procedentes de nuestras actitudes y nuestras leyes. Y son muchos los obstáculos: la ausencia de competencia, las prácticas monopólicas, la falta de "dientes" de las agencias regulatorias, la naturaleza "amiguista" del capitalismo mexicano y la protección de la que gozan, entre otros, los medios, el petróleo y la energía eléctrica. Todo esto asegura que sólo los valientes o los temerarios se lancen a invertir en México si no cuentan con las herramientas —tamaño, conexiones adecuadas y experiencia— para superar estos obstáculos. Nadie dice que los inconvenientes de la inversión extranjera sistemáticamente denunciados en México sean irreales o insignificantes. Esta inversión "extranjera" se suele financiar con recursos locales, y rara vez beneficia a la balanza de pagos; la tecnología que introduce al país tiende a ser tanto anticuada como cara. Asimismo, dicha inversión está más pendiente de las necesidades y la sensibilidad de la casa matriz que de la economía local, y no es siempre de largo plazo. Pero todas estas deficiencias no cambian el hecho de que a México le costará muchísimo trabajo crecer si no logra atraer dos o tres veces más inversión extranjera directa de la que recibe actualmente, en particular de empresas sin presencia previa en el país y en sectores con alto valor agregado. Si uno acepta como verdaderos los rasgos del carácter nacional descritos en el capítulo anterior, acepta también que impiden el cambio, aunque llegara un gobierno que osara transformar de cabo a rabo nuestras leyes y costumbres.

Aunque la analogía puede parecer extraña, lo que México necesita es un Charles de Gaulle: un líder capaz de adaptar la psicología del país a su realidad. La referencia a un paralelo extranjero es menos abrupta de lo que se antoja de entrada. Sólo una figura histórica trascendente como De Gaulle en Francia podría propiciar que todo esto sucediera en México, y no hay un líder de estatura equivalente en el horizonte. De Gaulle convenció a los franceses de enterrar sus antiguos resentimientos y agravios con Alemania precisamente por el papel que desempeñó en la resistencia a la ocupación Nazi durante la Segunda Guerra Mundial: se convirtió prácticamente en el fundador de la Francia moderna. Entre 1958, cuando el Tratado de Roma creó el Mercado Común y De Gaulle regresó al poder, y 1963, cuando él y el canciller alemán Konrad Adenauer firmaron el Tratado del Eliseo que puso en el corazón de la reconstrucción de Europa una nueva alianza francoalemana, De Gaulle transformó la disposición de los franceses ante sus anteriormente odiados y temidos vecinos. El general entendía, porque conocía a su gente como nadie, que una política proalemana era indispensable para Francia, pero sabía también que eso no pasaría si antes no se arraigaba esa política en las mentes y los corazones de los franceses. Así que incluyó intercambios escolares masivos en el Tratado del Eliseo, además de otras disposiciones similares y una admonición tácita pero enérgica para sus compatriotas: basta de llamarlos *sales boches* ("pinches" alemanes), incluso en su ausencia. Se dio cuenta de que era imposible dejar atrás tres guerras (1870, 1914-1918, 1939-1945) y millones de franceses muertos, si al mismo tiempo sus compatriotas no dejaban de lado sus sentimientos antialemanes en todos los aspectos de la vida cotidiana.

Hay pocas expresiones más comunes en la conversación diaria mexicana que "pinches gringos". Las raíces del sustantivo "gringo" son tan misteriosas como el tesoro de Moctezuma. La etimología de la palabra, usada también de modo genérico a lo largo de Latinoamérica, varía de país en país y la lista de sus raíces nunca es del todo exhaustiva. En Chile, donde se refiere prácticamente a cualquier extranjero, se dice que derivó del uso de una lengua incomprensible para los locales y a la cual se le decía que era "griego". De ahí rápidamente se llegó a "gringo". Otra anécdota refiere que los ingenieros británicos y estadounidenses que construyeron las vías férreas en Chile y establecieron el sistema tradicional de semáforo gritaban constantemente a los trabajadores chilenos "*red stop*", "*green go*"; de ahí el "gringo". En Uruguay el término se refiere a gente de origen inglés y algunos sospechan que provino de la expresión "*drink and go*", usada por los británicos en Montevideo, cuando querían un rápido trago de cerveza o ron. En Argentina, el término se refiere a los migrantes italianos; se le llamaba gringo a cualquiera que no conociera la lengua local.[17]

Finalmente, en México se ofrecen dos orígenes históricos, ninguno comprobado. El primero surge del uso de colores para diferenciar entre los distintos batallones estadounidenses que invadieron y capturaron la capital en 1847. Algunos eran verdes (su designación, no el color de sus uniformes), y se escuchaban las órdenes gritadas con firmeza: "Go, green go". Para esta primera no parece ser necesaria más exégesis. La otra raíz propuesta encuentra su origen en la canción "Verdes crecen las lilas" ("Green grow the lilacs"), una melodía irlandesa que era cantada por las tropas estadounidenses en México. El primer verso era "Verdes crecen los arbustos" ("Green grow the bushes"), lo que derivó rápidamente en "gringo" para los mexicanos que escuchaban a los invasores entonar esta canción durante las batallas o las marchas. Algunos expertos mexicanos insisten en que la etimología de la expresión no es de origen mexicano, y lo trazan a fuentes anteriores, como El Quijote; en el segundo capítulo, al referirse a un campesino enamorado, Cervantes dice que no podía entender una sola palabra porque todo lo escuchaba en "griego o gerigonça". De nuevo, griego o gerigonça bien pudo haber derivado en gringo, es decir alguien que no puede entender la lengua en la que se le habla.[18]

Hoy en día en México el término es evidentemente peyorativo aunque en algunas ocasiones puede ser admirativo, como cuando le sigue un signo de exclamación. Pero en general es algo que se dice a espaldas de los estadounidenses y que encapsula perfectamente todas las paradojas y las laberínticas percepciones que tienen los mexicanos de Estados Unidos y sus habitantes. México requiere a alguien como De Gaulle para convencerse a sí mismo de que no puede seguir utilizando estas palabras porque la única manera de dejar de pensar en ellas es dejar de pronunciarlas. Un antecedente interesante —y que sirve también como una respuesta apropiada a aquellos en México que objetan que los estadounidenses se refieran a los mexicanos como *spicks*, *greasers*, *wetbacks* o *beaners*— se halla en la predilección estadounidense por la llamada corrección política, y lo que ha significado para ese país, independientemente de las necedades y los excesivos pruritos que en ocasiones genera. Las expresiones derogatorias dirigidas a mexicanos, mexicoamericanos, latinos, etcétera, ya no son aceptables; están lentamente desapareciendo del discurso público y privado, menos rápido de lo que se querría pero sí de manera consistente. En México seguimos lejos. Al igual que estamos lejos de erradicar otras expresiones deleznables como "pinche indio". Los mexicanos de todo tipo de extracciones sociales, incluyendo a los miembros de las mismas comunidades indígenas, recurren constantemente ellos mismos a esta expresión peyorativa y la usan para designar y ofender a alguien que consideran inculto, mal vestido, carente de habilidades sociales y, en general, pobre.

Llegar a donde debemos llegar significa, entre otras cosas, realizar una extensa revisión de los libros de texto de historia, civismo y ciencias sociales, no sólo en lo que se refiere a las complicadas relaciones entre México y Estados Unidos durante los siglos XIX y XX, sino a la situación del mundo hoy. ¿A qué mundo pertenece México? ¿Cómo puede separar su visión del mundo de su obsesión con la historia? ¿Puede hallar y consolidar un lugar en el mundo compatible con sus necesidades y los deseos de sus ciudadanos? ¿Debería dejar de lado la historia para lograrlo? Si no se descubren respuestas claras a estas preguntas y si no se llevan a cabo los cambios que esas respuestas exigen, la mayoría de las ambiciosas y necesarias reformas que intelectuales, empresarios y unos cuantos políticos mexicanos han propuesto para encarar nuestra relación con Estados Unidos se quedarán en el limbo. Antes de describir algunas de esas reformas posibles y ofrecer algunas perspectivas acerca de lo que la sociedad mexicana espera, la historia del 11 de septiembre en México puede deslustrar con claroscuros los retos emocionales, intelectuales y políticos que enfrenta el país.

Los trágicos sucesos de Nueva York y Washington tuvieron lugar en un momento peculiar de la relación bilateral. El presidente Vicente Fox venía regresando de una muy exitosa visita a la capital norteamericana, donde había sido recibido por George W. Bush en la primera cena de estado de su mandato. Fue aplaudido en una sesión conjunta en el Congreso y en una segunda reunión con líderes del Congreso, y elogiado por la prensa en sus primeras planas. Tanto Bush como el Secretario de Estado, Colin Powell y la asesora de Seguridad Nacional, Condoleezza Rice le informaron a Fox que a pesar de las conocidas reticencias del Congreso, su gobierno intentaría cumplir con su promesa de consumar algún tipo de acuerdo migratorio para finales de 2001. No eran del todo claros los detalles, pero en conversaciones privadas entre altos funcionarios de ambos gobiernos se hablaba de un arreglo que comprendiera un proceso de legalización de mexicanos indocumentados en Estados Unidos, así como un programa de empleo temporal para nuevos migrantes que incluyera un flujo mayor al de inmigrantes legales de entonces, pero menor a la suma de ilegales cruzando la frontera. Bush había realizado su primer viaje fuera del país al rancho de Fox en Guanajuato, en febrero de ese mismo año. Y en general, a pesar de la intensa desaprobación que los expertos sentían por esos dos "vaqueros", la opinión pública y publicada coincidía en detectar una nueva era en las relaciones y un nuevo lugar de México bajo el sol estadounidense. Duró cinco días.

Cuando la noticia del desastre de las Torres Gemelas llegó a México, suscitó tres tipos de reacciones. La oficial: lógicamente encabezada por el presidente Fox, quien llamó a Bush ese mismo día para ofrecer sus condolencias y su apoyo. La segunda: manifestada por la sociedad mexicana en general, fue de una intensa solidaridad con Estados Unidos, así como la intuición de que Washington tomaría represalias contra alguien y esto no sería benéfico para México, y en realidad para nadie. La tercera, más complicada: silenciosa e indirecta, o hipócrita, dirían algunos, aunque manifestantes aislados la explicitaron en sus mantas y consignas. Brotaba de una mezcla de sentimientos que iban desde el regocijo a la condescendencia feliz. Estados Unidos recibía lo que se merecía; después de todo, ¿no habían bombardeado Hiroshima, Nagasaki, Vietnam, etcétera? Y se tradujo en una advertencia nada sutil aunque algo elíptica para el gobierno de Fox: ni pienses en secundar incondicionalmente las represalias que Bush ordene.

La ambivalencia impactó tanto la política "política" como la toma de decisiones de dos maneras. Primero, se abrió una división dentro del gabinete de Fox acerca de si debería viajar de inmediato a Washington y a Nueva York para ofrecer personalmente el pésame a Bush, al alcalde Giuliani y al pueblo de Estados Unidos, como lo hicieron Tony Blair, Jacques Chirac y muchos otros durante los primeros días posteriores a los ataques. Sin embargo, como Fox acababa de regresar de Washington, se pensó que quizá valdría la pena esperar unas semanas, hasta que el gobierno estadounidense estuviese menos presionado y tenso. El Secretario de Gobernación, el consejero más cercano a Fox y quien se pensaba sería su "heredero", así como su secretario particular, se oponían a dar muestras excesivas de empatía y apoyo. Pensaban que una postura sobria y digna era más apropiada, especialmente por estar en curso negociaciones importantes sobre temas internos con el PRD y el PRI. Además, ya que se les había sugerido que Bush probablemente invadiría Afganistán (lo hizo el 13 de octubre), consideraron que México debía sólo ofrecer un apoyo tibio. Por otro lado, algunos asesores presidenciales y yo, como Secretario de Relaciones Exteriores, creíamos que Fox debería viajar a Estados Unidos tan pronto como fuera posible. El 12 de septiembre declaré públicamente: "Este no es el momento para regatear el apoyo al pueblo estadounidense y a su gobierno."

La discusión se complicaba por una particularidad de la política mexicana en ese entonces. Hasta el 2008, el presidente necesitaba contar con la aprobación formal del Congreso para salir del país. Si el presidente Fox deseaba viajar inmediatamente a Washington, primero debía encontrar un espacio en la agenda de Bush, y luego resolver las divisiones de su círculo interno, todo ello enfrentando el riesgo de que el Congreso vetara su viaje. Fue hasta el 4 de octubre que pude trasladar a Fox a Washington y Nueva York; lo convencí de que por lo menos apareciera en el programa de televisión del periodista Larry King y declarara que México apoyaba a Estados Unidos completamente en este momento tan difícil.

La postura mexicana, sin embargo, siguió pareciendo insuficiente para la comentocracia de ambos lados de la frontera. Un segmento de la misma y de las élites políticas mexicanas decidió que el gobierno había sido demasiado complaciente y entusiasta con Bush, en particular porque sólo diez días después de la visita de Fox a Estados Unidos lanzó su invasión de Afganistán. Pero otro sector concluía que México había desertado a Estados Unidos, porque la tardanza de Fox en ir a Washington significaba una renuencia a mostrar nuestro apoyo público. Los supuestos expertos estadounidenses en temas mexicanos llegaron a la misma conclusión, obviamente sin ofrecer evidencia alguna de que los miembros del gobierno de Bush compartían ese punto de vista. Varios años después, le pregunté a Colin Powell si había razones para pensar que México había sido demasiado lento y tibio en su apoyo; me contestó: para nada. Al final, el gobierno mexicano, yo incluido, no le dio gusto a nadie: por un lado se le veía como demasiado cercano a Estados Unidos y, por el otro, no lo suficiente.

El verdadero problema fue detectado por Jeffrey Davidow, el entonces embajador de Estados Unidos en México, un burócrata de nivel medio del Departamento de Estado, imbuido de un gran resentimiento con la vida, pero también un agudo observador de las costumbres mexicanas, si no de la política local. Entendió que el problema no residía en la reacción del *gobierno* mexicano al 9/11. Yacía en la respuesta de la *sociedad* mexicana. Esta no reflejaba los lazos bilaterales cercanos que el TLCAN había generado, o el impacto de la visita de Fox a Washington, o el hecho de que decenas de mexicanos o quizá más —según un comentario que me hiciera el alcalde Giuliani el 4 de octubre cuando visitamos la Zona

Cero—, murieron en el desastre de las Torres Gemelas. Dicho en pocas palabras, no hubo gran muestra de simpatía, apoyo y solidaridad con el vecino, en uno de sus momentos más trágicos y adversos de la era moderna. La supuestamente lenta reacción de *Fox* podría ser olvidada; la frialdad de la *sociedad* mexicana, no.

Así, a falta de un cambio fundamental de actitud, como aquél llevado a cabo por De Gaulle en Francia, las transformaciones sociales y económicas requeridas por México sencillamente no serán posibles. Mientras los mexicanos continúen convencidos de que es mejor que su petróleo permanezca en el fondo del mar a ser explotado en asociación con empresas petroleras extranjeras —léase: estadounidenses—, las leyes no cambiarán. Y si lo hicieran, los recursos políticos, jurídicos e incluso violentos contra cualquier enmienda constitucional relevante sabotearían el intento. Mientras los mexicanos sigan considerando que sus playas son un enclave estratégico para el interés nacional y no pueden ser vendidas a los extranjeros (es decir, a estadounidenses), el país se perpetuará como un destino turístico con números de segunda y bellezas de primera, negándole a sus ciudadanos los millones de empleos adicionales que esta industria podría generar.

¿Y qué con Obama?

A México se le irá el tren, como ya le pasó antes, si no aquilata la extraordinaria oportunidad que representa el gobierno de Obama, liderada por un presidente que, quizá por primera vez en la historia reciente, es capaz de concebir e implementar una agenda visionaria (más que Bill Clinton) con su vecino. Sin duda es tiempo que ambos países comiencen a construir detalladamente —o por lo menos a imaginar— cómo quieren transformar su relación: una unión económica de América del Norte o un mercado común con plena

movilidad de capital, mano de obra, bienes y servicios; con infraestructura y fondos para la cohesión social similares a los de Europa, el Plan Marshall e Irak, y una perspectiva anti-monopólica
compartida; un compromiso de seguridad común, tanto contra el
crimen organizado como contra posibles amenazas terroristas; una
moneda única e instituciones supranacionales permanentes, dedicadas primero a asuntos comerciales, pero más tarde a cuestiones
económicas y sociales más amplias, incluyendo derechos laborales,
el medio ambiente y derechos humanos, para finalmente, en el
futuro lejano, extenderse a cuestiones políticas y al ámbito crucial de la ley. A primera vista puede parecer demasiado ambicioso
todo esto: requeriría décadas para ser puesto en práctica, aunque
sin duda está siendo contemplado con mayor intensidad.* También
puede dar la impresión de situarse fuera de tono con el actual estado de ánimo de la opinión pública en México y Estados Unidos.
Pero este es el único camino prometedor para ambos países.

La mayoría de los mexicanos sensatos están de acuerdo con
estas propuestas, pero creen, no sin justificación, que Estados Unidos y en particular el enclave conservador jamás lo estará. Eso
puede ser cierto hoy, pero la situación no es estática. Los estadounidenses son famosos por modificar sus posturas cuando se
les presentan argumentos convincentes, cuando se debate abiertamente y cuando se les da la opción de elegir. Decidieron apoyar
la creación de las Naciones Unidas (después de haber rechazado la
Liga de las Naciones un cuarto de siglo antes); aprobaron el Plan
Marshall de Truman, bajo circunstancias distintas, pero cuyo costo
en dólares actuales excede por mucho cualquier agenda ambiciosa

---

* Ver el Foro de América del Norte, dirigido por George Shultz, Pedro Aspe
y Peter Lougheed; o el estudio realizado por COMEXI y Pacific Council on International Policy, "Una Nueva Visión de la Frontera México-Estados Unidos.
Soluciones conjuntas a problemas comunes"; así como el nuevo libro de Robert
Pastor, *The North American Idea*, entre otros.

de desarrollo para México. Decidieron apoyar el TLCAN, en gran medida porque no les importaba demasiado. Paradójicamente, los estadounidenses han aceptado la idea, por razones y bajo estrategias diferentes con Bush y luego con Obama, de un proceso costoso y largo de "nation-building" tanto en Irak como en Afganistán, dos países donde sus intereses palidecen comparados con México.

Si México propusiera un enfoque de esta naturaleza durante la era Obama, al principio sería ridiculizado y mandado al diablo. Después de pensarlo más a fondo, empero, Obama y la gente sofisticada que trabaja con él reconocerían que nada se alinea más con los intereses estadounidenses que un México moderno, próspero, democrático y equitativo. De allí concluirían que respaldar esta agenda u otra semejante ofrece el mejor camino y el más rápido —quizá el único— para lograr este objetivo. Una ventaja adicional, aunque no revista la misma importancia, residiría en el papel de Washington en el nuevo orden mundial. Estados Unidos necesita ensanchar su lista de aliados, amigos y credenciales en la arena internacional post Guerra Fría; una relación sólida con un México más fuerte mejoraría la percepción de Estados Unidos en el mundo.

Washington requiere de alianzas constantes, duraderas y confiables con países de tamaño, desarrollo e influencia media —economías emergentes comparables en peso político específico a Canadá, Italia o Australia. México puede ser un aliado de este tipo, si es que su vecino aprovecha la oportunidad que el momento ofrece. Pocos países cumplen con las características indispensables. Estados Unidos se beneficiaría de una narrativa alentadora que podría transmitirle al mundo acerca de su contribución a un incremento sustentable y sustancial en los niveles de vida en las naciones en vías de desarrollo. México debería convertirse, para Washington, en una historia de éxito equivalente a lo que hicieron las naciones de Europa del norte con Irlanda,

España y Portugal en los años setenta, ochenta y noventa. Para que esto suceda, Estados Unidos debe cambiar, y México también. Para los mexicanos el obstáculo principal es su carácter nacional; quizá un cambio de actitud ante Estados Unidos no es algo imposible; parte del recorrido ya comenzó. Interesante: según una encuesta, hoy los mexicanos, a pesar de todas sus dudas, cuando se les ofrece la opción de una integración al estilo europeo con América del Norte o con Latinoamérica, eligen por una (pequeña) mayoría a la primera.[19]

Se suele contar cómo los socialistas españoles, al llegar al poder en 1982, apenas siete años después de la muerte de Franco, se preguntaron a sí mismos a qué país querían parecerse. La respuesta fue a Francia y Alemania. Para ellos, el *problema* de España era España: no querían que España siguiera siendo la España del pasado y para evitarlo descubrieron que la *solución* era Europa. Inspirada por este episodio, la revista *Nexos* preguntó a los mexicanos hacia finales del 2009, como parte de una incipiente conversación nacional sobre el futuro de México, a qué país deseaban que el suyo se pareciera. Los resultados fueron sorprendentes.

Cuando la pregunta se hizo sin ofrecer ejemplos entre los cuales escoger, las respuestas fueron: Estados Unidos 31%; China 6%; Canadá 5%; Brasil 5%; España 4%; y ninguna de las anteriores 34%. Aquellos que eligieron a Estados Unidos fueron más bien varones, de entre 30 y 49 años de edad, habitantes de zonas rurales y del norte del país y simpatizantes del PRI. Cuando se les ofrecieron cinco opciones específicas —Estados Unidos, China, Brasil, España y Cuba— los resultados fueron aún más reveladores: Estados Unidos 34%, China 9%, Brasil 7%, España 6% y Cuba 2%; ninguna de las anteriores, 29%. La descripción de quienes respondieron fue análoga a la pregunta abierta, pero con algunos detalles. Quienes prefirieron a Estados Unidos eran mexicanos de entre 30 y 49 años y gente con altos ingresos; en los estados centrales del país, quienes eligieron a Estados Unidos alcanzaron un asombroso 50%, probablemente porque esta región ha experimentado los niveles más altos de migración.[20]

La encuesta se siente un poco sesgada porque tuvo lugar durante el auge de la *Obamanía* en México y en el mundo y durante la severa crisis económica en México cuando la economía se contrajo (-6.5%), más que la de cualquier otro país importante del mundo. Las consideraciones económicas predominaban en la mentalidad de la gente; la razón principal por la que escogieron a Estados Unidos fue por su fortaleza económica. Otra encuesta, levantada al mismo tiempo y que preguntaba también por un país que pudiera fungir como modelo para México, produjo resultados casi idénticos: Estados Unidos, 37%; Canadá, 8%; Japón, Francia, Alemania y España, todos con 3%. Cuando la pregunta se planteó de manera indirecta, pero quizá más perspicaz —"Si tuviera que confiarle el futuro de sus hijos a alguien que vive en el extranjero, dónde le gustaría que esa persona viviera?"— las respuestas fueron Estados Unidos, 38%; Canadá, 14%; y después España, Alemania, Japón, Francia, todas entre 7 y 5%.[21]

¿Listos para el cambio?

Con todo y las distorsiones producto del momento en el que aparecieron estas encuestas, los expertos no esperaban los resultados, aunque mostraron lo que otras estadísticas ya sugerían. Las élites políticas, empresariales, intelectuales, incluso religiosas del país constituyen el último bastión, el único repositorio sobreviviente, de aquel rasgo del carácter nacional que describimos en el capítulo anterior: la obsesión con el pasado y el temor de lo ajeno. Los mexicanos de a pie, parece, empiezan finalmente a desechar ese lastre, aunque sus líderes no.

Mientras tanto, el impacto persistente de esos rasgos paraliza a México en un ámbito de acción política que encierra menos pertinencia que otras aquí discutidas pero que afecta de todos modos la vida cotidiana de sus ciudadanos. La política exterior y el papel de México en la arena internacional se ha visto dramáticamente restringido por la camisa de fuerza en la que se ha convertido el pasado y lo ajeno. Esto ha conducido a un país con más de 110 millones de habitantes, con la decimosegunda economía más grande del mundo y con una ubicación geográfica única a desaparecer del escenario mundial o, cuando busca ejercer un papel más activo, a toparse con una oposición o abierto rechazo desde dentro de sus fronteras.

Ya sea en las Naciones Unidas, en Centroamérica, ante el cambio climático o frente a la defensa y la promoción de los derechos humanos y de la democracia, ya no digamos en el trato con Estados Unidos, México se ve obligado a oscilar entre el apego retórico a principios abstractos —no intervención, autodeterminación, igualdad jurídica de los estados, solución pacífica de las controversias, etcétera— consagrados en la Constitución y una *realpolitik* diplomática que confunde o irrita a buena parte de sus élites. Dichos principios abstractos, que México (como la mayoría de los demás países de América Latina, África y Asia) aplica sólo de manera esporádica y cuando no están en juego sus intereses nacionales, son cada vez menos relevantes para una sociedad moderna, democrática, de clase media y basada en una economía de mercado. Por otro lado, a la sociedad mexicana, o por lo menos a sus líderes, les desconcierta y les molesta una política exterior que separa a México del resto de Latinoamérica —donde reside su corazón pero no sus intereses—, y de lo que se conocía como el Tercer Mundo. Esa política exterior se vuelve inoperante.

Cuando en las Naciones Unidas o en la OEA México adopta posturas que se corresponden tanto con su importancia objetiva como con sus lazos cada vez más estrechos con Estados Unidos, la izquierda, los intelectuales, parte del PRI, incluso la Iglesia y la comunidad empresarial comienzan a gruñir y a quejarse. La postura de la Iglesia y la comunidad empresarial es quizá la más extraña: no lamentan la convergencia con Washington o el que México defienda los derechos humanos en Cuba o Venezuela, o su alineamiento con el G8 en cuanto al cambio climático porque rechacen estas posiciones *per se*. Más bien sienten que no ameritan una pelea con la izquierda, con sus periódicos y sus comentaristas, con sus aliados extranjeros y sus simpatizantes locales. Los consideran asuntos menores. Al contrario, cuando México se alinea con Hugo Chávez, con los hermanos Castro, con Irán o Nicaragua, estiman que los costos de hacerlo son muy bajos y los beneficios considerables. Ya que con frecuencia —aunque no siempre— Washington tolera estas posturas mexicanas, la conclusión se vuelve evidente: a México le conviene seguir un camino tradicional, "no alineado", moderadamente antiestadounidense, sin golpear explícitamente a Estados Unidos, pero aliándose con países que sí lo hacen. Esta táctica se vuelve la opción por default. Es la que suelen preferir los presidentes y los secretarios de Relaciones Exteriores de México, a menos de que por razones de convicción, visión o contrariedad decidan otra cosa. Es lo que se conoce como el chip priista presente en la mente de todo funcionario mexicano[*]. El problema, claro está, es que la mayoría de la sociedad mexicana se confunda con este enfoque. En lugar de reconocer que se trata de una segunda o tercera opción, los mexicanos creen que corresponde de la mejor manera a los intereses internacionales del país, a su historia y su tradición, y a su mismísima alma.

---

[*] Los funcionarios mexicanos, independientemente de a qué partido pertenezcan, poseen lo que muchos han llamado el "chip priista". Reaccionan y responden a toda índole de estímulos de la misma forma, que es la manera en que el PRI operó el país durante 80 años. La razón es sencilla: el PRI simplemente reflejaba los rasgos de la psique mexicana, y no al revés.

Pero además, y con frecuencia, las tesis del gobierno también confunden a los socios extranjeros de México, y a Washington en particular. Todos reaccionan con incredulidad, desconcierto o cínica resignación ante lo que perciben como la persistente hipocresía mexicana. Para ellos, México continua respaldando causas, aliados y principios que sabe que ya le quedan chicos, y que sin embargo no puede abandonar por consideraciones internas menores. La posición internacional mexicana tiende entonces a ser desestimada por poco confiable, inconsistente y contradictoria —o simplemente introvertida e irrelevante—, especialmente en temas que no revisten gran importancia para México, aunque sí para otros.

En el capítulo siguiente de esta telenovela, México descubre de repente que sí posee una agenda con Estados Unidos o Canadá, o con la Unión Europea, y busca la comprensión y la simpatía de los respectivos gobiernos para hacerla avanzar: migración, drogas, pandemias, turismo, etcétera. Algunas veces sus solicitudes son bien recibidas, a pesar de su comportamiento ambiguo en otros ámbitos. Pero en otras ocasiones, Washington, Londres o Tokio responden con una mueca irónica que quiere decir "¿dónde estabas cuando te necesité yo?" o con mayor razón, con un "por cierto, nosotros también sufrimos presiones de política interna". Del mismo modo, si por algún motivo México se ve obligado a alinearse con Washington u otros países ricos en asuntos bilaterales o multilaterales de importancia para ellos aunque no para México, la sociedad termina más confundida que nunca. Siente que la soberanía nacional ha sido vendida sin motivo alguno.

El margen de maniobra de cualquier gobierno mexicano se ve constreñido por los rasgos de carácter que hemos descrito, ya sea por cómo se viven éstos en la sociedad en general, o por cómo son expresados por las vociferantes y poderosas élites de México. El país puede difícilmente adquirir compromisos internacionales o empeñar su palabra, porque, como dice la canción de Leonard

Cohen, "everybody knows" que será abandonado por su gente o por su vecino. Al mismo tiempo, México no puede utilizar su carta más poderosa (i.e. su "relación especial" con el norte) al lidiar con Latinoamérica u otras regiones, porque la sociedad no se lo permite. El resultado final es una obstinada tendencia a menospreciarse en la arena internacional, a reducir su política exterior al mínimo indispensable en sus lazos con Washington, y a descubrir constantemente que incluso esta relación se encuentra envenenada por la desconfianza o el abandono estadounidense, generalmente provocado por la hipocresía mexicana. Es un círculo vicioso.

La única solución consistiría en la disposición de un gobierno por desafiar los demonios del carácter nacional, no sólo durante dos o tres años, como fue el caso con Fox entre el 2000 y el 2003, sino de modo duradero, hasta que este enfoque quede blindado por tratados internacionales y otros instrumentos. Al final la reacción será mucho menos estridente que lo que se anticipa y, al hacerlo, México estará forjándose un lugar en el mundo mucho más acorde con su realidad política, económica y social, que el que se ha impuesto merced a su historia y sus fantasmas. Pero se requeriría de un jefe de estado valiente para perseguir este camino, plagado de trucos, trampas, traiciones y tradiciones. Visto que la línea entre el valor y la imprudencia es delgada, hay poca esperanza de que este rasgo de la actitud nacional sea abandonado pronto. Pero será difícil para México, si no es que imposible, prosperar si no logra encontrar una manera de romper este *impasse*.

NOTAS DEL CAPÍTULO 6

[1] "Exportaciones de bienes y servicios. Importaciones de bienes y servicios. Miembros de la OCDE.", Organización para la Cooperación y el Desarrollo Económico (OCDE), París, Francia, 2008; Consulta de Resultados, Numeralia, INEGI, México, 2009.

[2] "GDP (current US$)", Banco Mundial, Washington, D.C., Estados Unidos, 2010, data.worldbank.org/indicator/ny.gdp.mktp.cd; "Balanza de Pagos, Exportaciones totales", Banco de México, México, 2009; "Balanza de Pagos, Importaciones totales", Banco de México, México, 2009.

[3] Ulises Beltrán, Oficina de la Presidencia de la República Mexicana. Banco de Información para la Investigación Aplicada en Ciencias Sociales (BIIACS), Centro de Investigación y Docencia Económicas (CIDE), México, 2010.

[4] "Exportaciones mexicanas por principales países socios, 1993 a 2008" e "Importaciones mexicanas por principales países socios, 1993 a 2008". Secretaría de Economía, Mexico, febrero 2010, www.economia-snci.gob.mx/

[5] "GDP Growth (annual %)", Banco Mundial, Washington, D.C., Estados Unidos, 2010, data.worldbank.org/indicator/ny.gdp.mktp.kd.zg.

[6] *Perfil y grado de satisfacción de los turistas 2008*, Secretaría de Turismo, México, 2010, www.sectur.gob.mx/work/models/sectur/Resource/42/1/images/GLO-BAL%20ANUAL%202008.pdf

[7] *Tourism Highlights 2010 Edition*, Organización Mundial del Turismo de las Naciones Unidas, España, 2010, www.unwto.org/

[8] "El Sector Turístico en 2007 generó 2.5 millones de empleos", INEGI, México, diciembre 2009, www.inegi.org.mx/inegi/contenidos/espanol/prensa/comunicados/scnm-turismo.asp; Bernardo Méndoza y Edgar Sigler. "Industria sin chimeneas sobrevive al desdén oficial", *El Universal*, Ciudad de México, diciembre 2009.

[9] "Balanza de Pagos. Balanza Comercial. Viajeros Internacionales (saldo e ingresos)", Banco de México, México, 2009, de http://www.banxico.org.mx/

[10] "Balanza de Pagos. Balanza Comercial. Remesas Familiares", Banco de México, México, 2000, www.banxico.org.mx/

[11] "Migración Nacional". Centro de Estudios Sociales (CESOP) y de Opinión Pública y Parametría, México, octubre 2008, p.39; "EUA: 4 de cada 10 mexicanos tenemos un pariente en ese país", Consulta Mitofsky, México, abril 2008, p. 3.

[12] "Net Migration", Banco Mundial, 2010, data.world.bank.org/indicator/ sm.pop.netm,; "Exigen salvadoreños en el exterior derecho al voto", Notimex, México, Noviembre 26, 2008; "Dos Millones de ecuatorianos viven fuera del país.", United Nation Radio, Junio, 2009; "La Migración en Guatemala", Agencia Informativa Púlsar, Buenos Aires, Argentina, Marzo 2008, www.agenciapulsar.org; "Migrations in the Mediterranean", *Med.2009, Anuario del Mediterráneo*, Instituto Europeo del Mediteráneo, España, 2009, www.iemed.org; *Migration and Remittances Factbook 2008*. Banco Mundial, Washington, D.C.: Banco Mundial, Marzo 2008, siteresources.worldbank.org;

[13] "Foreign direct investment net inflows (BoP, current US$)", Banco Mundial, Washington, D.C., Estados Unidos, 2010, data.worldbank.org/indicator/ bx.klt.dinv.cd.wd; Oscar Bajo-Rubio y Simón Sosvilla-Rivero,"An Econometric Analysis of Foreign Direct Investment in Spain, 1964-89", *Southern Economic Journal*, Vol. 61, 1994.

[14] "Balanza de pagos. Balanza comercial. Inversión Extranjera." Banco de México, México, 2010, www.banxico.org.mx/; "Foreign Direct Investment, Net Inflows (BoP, current US$)", Banco Mundial, Washington, D.C., Estados Unidos, 2010, data.worldbank.org/indicator/bx.klt.dinv.cd.wd.

[15] "Balanza de pagos. Balanza comercial. Inversión Extranjera.", Banco de México, México, 2010, de http://www.banxico.org.mx/; "Foreign direct investment, net inflows", Banco Mundial, Washington, D.C., Estados Unidos 2009.

[16] *Pocket World in Figures. 2009 Edition*, Londres: *The Economist*, 2009, pp. 122 y 180; "GDP (current US$)", Banco Mundial, Washington, D.C., Estados Unidos, 2009.

[17] *Diccionario de la Lengua Española*, Real Academia Española de la Lengua, 22a Edición, 2001; Origen de las Palabras. Chile, 2010, www.etimologias.dechile. net/?gringo

[18] Artemio de Valle-Arizpe, *Historia Tradiciones y Leyendas de Calles de México II*. Ciudad de México: Lectorum, 2009; Origen de las Palabras. Chile, 2010, etimologias.dechile.net/?gringo; Rodrigo Martínez Baracs, "Acerca del origen de la palabra *gringo*", publicado en *Biblioteca de México*, 62-63, marzo-junio 2001, p. 7, www.somehil.com

[19] Conversación con Ulises Beltrán.

[20] "¿Qué país queremos ser?", Consulta Mitofsky para revista *Nexos*, Núm. 385, enero 2010, p. 13, 15, 17.

[21] "Encuesta Nacional"., GAUSSC, México, febrero 2010.

CAPÍTULO 7

LEYES ILUSORIAS Y CINISMO SIN LEY

Quizá los atributos más frecuentemente asociados con la vida y la sociedad mexicana sean la corrupción y la ilegalidad. Como dice Jorge Portilla: "En primer lugar estaría la mordida, ese fantasma que carga todas las culpas de los infortunios nacionales."[1] En este capítulo discutiremos lo relevantes y disfuncionales que resultan estas percepciones y particularidades para la vida cotidiana de los mexicanos, pero nuestro propósito aquí consiste en describir y explicar las *actitudes* de los mexicanos ante la corrupción y la ley. Quizá esta sea una tarea más delicada ya que los estereotipos en esta materia sientan raíces más profundas que en ninguna otra y tienden a extrapolarse mayormente. Hemos disociado la violencia, el crimen y la delincuencia de la corrupción y la debilidad jurídica que potencia la impunidad ante todo porque, como hemos dicho, México no es hoy un país particularmente violento, ni lo fue en el pasado. El problema actual del crimen no es más serio ni se había generalizado más que en muchas sociedades latinoamericanas, hasta el 2008; ni era peor hasta esa fecha de lo que era antes.[*]

A la inversa, la corrupción, la impunidad y la vigencia esporádica y aislada del estado de derecho, como todo lo malo, van de

---

[*] Ver el artículo de Fernando Escalante Gonzalbo titulado "Homicidios 2008-2009. La muerte tiene permiso", publicado en la edición de enero 2011, de la revista *Nexos*.

la mano. La inexistencia del Estado de derecho, descrito en *Los caminos sin ley* de Graham Greene, genera corrupción, la corrupción pervierte el sistema legal y de justicia, lo cual destruye cualquier confianza de la gente. En consecuencia, los miembros de la sociedad se sienten inclinados a ignorar la ley, o en cualquier caso, a tenerle poco respeto, ya que pueden conseguir lo que quieran sin ella. El tema no es tanto si México es corrupto o no —no hay demasiadas dudas acerca de eso—; tampoco si es más corrupto que los demás países de Latinoamérica —lo es un poco menos, de acuerdo con encuestas—; o si impera poco respeto por la ley —algo fuera de discusión—; o si el desdén por la ley es mayor aquí que en toda la región —México se ubica a la mitad del ranking. La pregunta fundamental es si los orígenes de este desprecio por la ley y la concomitante proliferación de corruptelas provienen de los rasgos del carácter nacional que los permite y promueve, o si están más bien vinculados al viejo sistema político que, por fortuna, empieza a desaparecer.

Una primera impresión sugiere que quizá el sistema político no tenga la culpa, a pesar de lo que muchos expertos, analistas, intelectuales y activistas, incluido el que escribe, habíamos creído. Parece ahora que el sistema político corrupto y sin ley de los setenta años del *ancien régime* del PRI fue más una consecuencia que una causa; más el efecto que un motor. El PRI fue un espejo de la sociedad mexicana y sus miembros, no un creador o factotum. México comenzó a ser menos corrupto y algo más respetuoso del Estado de derecho antes de la desaparición del sistema, y ha padecido niveles intolerables de corrupción y de impunidad más de una década después de la extinción formal de dicho sistema gracias a la alternancia. Al mismo tiempo, sin embargo, la antigua tesis según la cual todos los mexicanos somos irremediable y congénitamente corruptos debido a la herencia española, católica, mestiza y patrimonialista, es falsa e inaceptable. Estos males son seculares y culturales, pero no ontológicos ni resistentes al cambio. Por lo tanto, es en la historia, en las actitudes y las estructuras, que habremos de tener más suerte en descubrir algunas explicaciones, pero no la respuesta definitiva ni el remedio.

La herencia colonial y del siglo XIX

El pecado original y la semilla primera de la corrupción mexicana surgió sin duda con los conquistadores, virreyes y encomenderos españoles, quienes trajeron consigo la clásica expresión peninsular: "Se obedece pero no se cumple", u "Obedézcase pero no se cumpla". En el sentido más estricto, la expresión nació en Castilla (aunque algunos expertos la extienden al reino de Navarra), donde la ley era obedecida pero su aplicación se suspendía hasta que su ejecución final fuera sometida a una última consideración del Rey, a quien se le rogaba humildemente que enmendara la ley y tomara en cuenta los intereses de la parte ofendida.[2] Algunos estudiosos de la ley han argumentado que esta costumbre medieval representa una versión temprana de la figura del amparo. Sostienen que nunca se buscó que fuese un instrumento para subvertir la ley, sino simplemente un mecanismo que permitiera que la distancia y el tiempo se tomasen en cuenta. ¿Cómo podría determinar el rey si una sentencia en la Ciudad de México era justa o no, cuando el recorrido de ida y vuelta al Nuevo Mundo tomaba meses? En cualquier caso, el recurso original contra la sentencia disponía de un plazo definido: si el rey decidía que la ley era justa, tenía que ser aplicada; en sentido estricto, este instrumento equivalía a una suspensión provisional, no a una cancelación definitiva.

Por la razón que haya sido, la tradición rápidamente se transformó en un mecanismo protector de las colonias contra la ignorancia y la desinformación de España. Se convirtió en una

manifestación particular de la autonomía local, donde todos ha-
cían de la necesidad, virtud. La Corona no podía más que atender
las necesidades locales, y los administradores coloniales no podían
violar el principio formal de la autoridad monárquica. Las raíces de
esta artimaña pueden hallarse entonces en la complicada estructura legal de la Nueva España. La Corona era dueña de todo y sólo
"encomendaba" a los pueblos indígenas, i.e., su evangelización, su
bienestar, sus almas, su tierra y su poder a un conquistador quien
a cambio recibía el tributo pagado por los indígenas a la Corona
en el Nuevo Mundo. La Corona disfrutaba de un exiguo control
sobre los conquistadores.

Se necesitaba la venia del rey de España, y tiempo después
del emperador Carlos V, para establecer su dominio y legitimarse
ante los otros poderes locales, nativos y extranjeros —ante los
conquistados y la Iglesia—, pero, en la práctica se sentían faculta-
dos para actuar *in situ* como les viniera en gana. Había que pagar
un impuesto, había restricciones monopólicas para el comercio, y
leyes para la protección de la población indígena, pero la Corona
no tenía cómo asegurar su cumplimiento, salvo a través de los
mismos conquistadores o sus descendientes. Se llegó, entonces,
a una transacción conveniente: los súbditos en el Nuevo Mundo
aceptaban nominalmente la autoridad de la Corona en Madrid y
de su representante, el Virrey; pagaban la mayor parte de sus impuestos, respetaban las restricciones comerciales y, hasta cierto
punto, defendían sus propios intereses al no eliminar a la totalidad de la población indígena. Pero localmente manejaban las
cosas a su antojo, cumpliendo sólo de labios para fuera con los
edictos y regulaciones monárquicas. He aquí el inicio de la separación entre la ley y el hecho, entre un mundo *de jure* y uno *de
facto*, entre el respeto retórico, externo, casi reverencial por la ley
en abstracto y el surgimiento de un camino totalmente desvincu-
lado de ella.

Esta adscripción simulada al Estado de derecho sembró también la semilla de lo que después Paz y otros llamarían la naturaleza "patrimonialista" del gobierno colonial que persiste aún. El poeta recurre a un maravilloso ejemplo del reinado de Mariana de Austria en el siglo XVII para ilustrar este punto. Su primer ministro, Fernando Valenzuela, enfrentaba una difícil situación financiera para la monarquía y decidió consultar con los teólogos de la Corte si era lícito subastar las altas oficialías, en particular el Virreinato de Aragón, Nueva España, Nueva Granada o Alto Perú y Nápoles. Los susodichos no hallaron en las leyes de Dios o de los hombres algo que lo prohibiera. Como dice Paz: "La corrupción de la administración pública mexicana, escándalo de propios y extraños, no es en el fondo sino otra manifestación de la persistencia de esas maneras de pensar y de sentir que ejemplifica el dictamen de los teólogos españoles."[3] Para Paz, el patrimonialismo representa la intrusión de la vida privada en la esfera pública. Bajo un régimen patrimonialista, las fronteras entre las esferas pública y privada, entre familia y Estado, son vagas y fluctuantes; más específicamente: "Si cada uno es el rey de su casa, el reino es como una casa y la nación como una familia. Si el Estado es el patrimonio del Rey, ¿cómo no va a serlo también de sus parientes, sus amigos, sus servidores y sus favoritos?"[4] Siglos después, esto se tradujo en lo que Claudio Lomnitz llamó una ideología nacional:

> La adopción formal de una ideología del estado [...] tiene su recompensa que consiste en los beneficios personales que las instituciones estatales dejan a sus integrantes. El beneficio personal se conjuga con el interés nacional dentro de la cultura del estado, de la misma manera en que la ideología del estado se relaciona con la práctica institucional estatal.[5]

El Virrey de la Nueva España sabía que gozaba de bastante holgura para lidiar con sus súbditos, tanto para maltratarlos mucho más de lo que la Corona lo hubiera permitido, como para conceder favores, beneficios, riquezas y privilegios de acuerdo con sus propios intereses y preferencias. Él era el "dueño" del estado colonial, en la medida en que existía ese Estado —y para finales del siglo XVI ya estaban puestos, por lo menos, sus andamios. Y de acuerdo con su generosidad, él podía entregar partes de su "propiedad": gajos del Estado mismo. Para ilustrar brevemente cómo ha persistido esta peculiaridad del gobierno colonial basta ver una encuesta levantada en México en 2003. Preguntaba a los encuestados si están de acuerdo o no, en que "un funcionario público puede aprovecharse de su puesto siempre y cuando haga cosas buenas" o, como se dice coloquialmente si "salpicara": el 48% dijo que sí.[6] La función pública se convirtió en el instrumento preferido de la Colonia para la movilidad social, ya que la tierra, el comercio y la fuerza de trabajo pertenecían a la Iglesia o a la Corona, o a una pequeña élite privilegiada. Los jóvenes españoles y criollos emprendedores se convirtieron en burócratas corruptos por las mismas razones que llevaron a los judíos en la Europa medieval a convertirse en prestamistas y luego banqueros. Era la única actividad lucrativa abierta para ellos.

El segundo gran eslabón en la cadena de corrupción y desprecio por el estado de derecho se forjó durante la Independencia. Casi todas las repúblicas en la América Latina y el Caribe nacieron entre 1808 (Haití) y 1825 (Colombia). Se adoptaron constituciones liberales moldeadas a partir de una combinación del documento fundacional de Estados Unidos, la Declaración de los Derechos Humanos francesa, y la filosofía de la Ilustración del siglo XVIII. Estas constituciones entronizaron la separación de poderes, el federalismo, el respeto a los derechos humanos, elecciones aunque con sufragio restringido, y la voluntad popular como fundamento de la soberanía: no faltaba nada. El problema estribaba en la naturaleza artificial, ficticia y casi caricaturesca de la aplicación de estos documentos al contexto social, político y económico al que estaba destinado. Como lo dijo Samuel Ramos, citando a un colega y resaltando lo absurdo de todo esto: "El primer texto de la Constitución americana que se conoció en México, al decir de Carlos Pereyra, fue una mala traducción traída por un dentista."[7] O, como apuntó Fray Servando Teresa de Mier, acerca del vigoroso e irreal debate entre federalistas y centralistas en el México de 1830: "Me corto el pescuezo si alguno de los oyentes sabe qué casta de animal era una república federada."[8] Mientras que la desconexión entre el texto escrito de la ley y la realidad histórica a la que se refería era típica de todo Latinoamérica —con la posible excepción de Brasil, que conservó su imperio hasta el fin de siglo—, fue más marcada en México (y quizá en Perú) que en cualquier otro lugar. El país, como ya se dijo, se había dotado de una democracia constitucional representativa en el papel, pero con cincuenta gobiernos durante el primer cuarto de siglo de vida independiente. El papel es lo de menos.

Desde el principio, la sociedad mexicana asumió la noción —bastante lógica— de que la ley era intrascendente y que su violación constituía un pecado perdonable. Todos los que importaban sabían que no había elecciones, ni separación de poderes, ni república federal, ni libertades económicas, o civiles; y todos aceptaban también que no era para tanto. El problema: casi nadie reconocía que al mantener viva la tradición colonial de ignorar la ley, México perpetuaba un defecto congénito que lo atormentaría por más de dos siglos. Lo grave reposaba en lo flagrante y estridente de la brecha entre las múltiples constituciones (dos en el siglo XIX, otra en el XX con 476 modificaciones en menos de cien años), y los quehaceres cotidianos. Bajo estas circunstancias, fue casi imposible inculcar en la población cualquier adhesión a la ley, al incipiente y prácticamente inútil sistema de justicia, a los contratos, a la honestidad y a la transparencia en el gobierno y la sociedad. Los documentos, las leyes y las palabras mismas adquirieron una naturaleza sorprendentemente contradictoria. Por un lado, la sociedad les atribuía una virtud reverencial, casi mágica: la firma en un documento (como en la expresión "papelito habla"), o el compromiso público en un discurso equivalían a la realidad. Aunque por otro lado, todo el mundo sabía que la jerga política y la jurídica no significaban nada.

El corolario, como durante la Colonia, fue la corrupción. Ya que nada se lograba a través de la ley, todo tenía que alcanzarse vía la compra de privilegios y la venta de espacios de poder. Distintas facciones disputando el poder colocaban trozos de soberanía sobre la mesa y los subastaban a cambio de reconocimiento diplomático, crédito y armas del exterior. La Iglesia se defendió de las reformas que amenazaban su riqueza y autoridad contratando aliados conservadores que convencieron a príncipes extranjeros de venir a gobernar México. Los liberales buscaron el apoyo de Estados Unidos, una y otra vez, a cambio de un beneficio u otro. Y, entre personas físicas, los pleitos sobre negocios, trabajo, mercados y la justicia se resolvían mediante sobornos, cohecho, comisiones, estafas y acuerdos.

Tuvo que pasar más de medio siglo para que se estableciera un simulacro de orden. Sólo después de que Juárez derrotara a los franceses, a Maximiliano y a los conservadores, después de que "restaurara la república" y muriera en su cama cinco años después, fue posible iniciar, en 1876, la era porfiriana de orden y estabilidad. Duró más de treinta años, y trajo consigo progreso económico y cambios sociales al país, pero no un renovado respeto por la ley ni limitaciones a las corruptelas de la vida pública. Díaz y sus colaboradores cercanos —Justo Sierra, José Yves Limantour y Matías Romero— eran conocidos por su honestidad personal, como también lo fue Juárez, pero el resto sucumbió a lo expresado por los aforismos multicitados tanto de Juárez como de Díaz. Juárez: "Para los amigos, justicia y gracia; para los enemigos, la ley"; Díaz, refiriéndose a los periodistas y críticos: "Ese gallo quiere su *máiz*."

La Revolución y la ley

Como clara muestra de la aceptación mexicana de la corrupción, fueron apareciendo a lo largo de los años una mezcla de *boutades* más o menos parecidas. Estas expresiones folclóricas vieron la luz durante la Revolución y en los años posteriores. Fue Álvaro Obregón, presidente en 1920, reelegido en 1928 y asesinado antes de tomar posesión, quien acuñó la frase clásica: "No he conocido a un general que resista un cañonazo de cincuenta mil pesos." Y de hecho, durante los años treinta y hasta 2003, por lo menos, los agregados militares mexicanos apostados en dos docenas de embajadas alrededor del mundo recibían sus salarios de pesos en dólares; su sueldo mensual neto sumaba 22 mil dólares, más lo que pudieran juntar usando la valija diplomática para todo tipo de envíos.

La corrupción floreció, sobre todo, durante la consolidación del régimen priista, después de 1940, una vez que fue montado todo el andamiaje del sistema político creado por Plutarco Elías Calles (1924-1928 y de facto de 1928-1934) y Lázaro Cárdenas (1934-1940), y en especial después de la Segunda Guerra Mundial. Los mexicanos inventaron dichos realmente imaginativos para caracterizarla, empezando con: "El que no transa no avanza." Un par tenía que ver con la posible honestidad de algunos funcionarios públicos: "No roba, pero se le pega el dinero"; "Fulano de tal es honesto, pero honesto, honesto, honesto, ¿quién sabe?" Otro clásico, que generalmente se atribuye a uno de los políticos y empresarios más ricos y poderosos de la historia moderna de México,

Carlos Hank González: "Político pobre, pobre político." Y acerca de cómo funcionaba el sistema de recompensas del sistema político recién establecido están: "No les pido que me den, sólo que me pongan donde hay." "Vivir fuera del presupuesto es vivir en el error", y "Amistad que no se refleja en la nómina, no es amistad." Finalmente, sobre cómo corromper a los demás: "Con dinero baila el perro, si está amaestrado." Y más triunfante: "¡La Revolución me hizo justicia!"

Los críticos y la oposición no estaban exentos: "No les cambies las ideas, cámbiales los ingresos." Incluso la prensa, infinitamente corrupta hasta el final de la década de los años setenta (y todavía, en muchos casos), creó su propia frase llena de autoescarnio y sarcasmo; exaltaba los sobornos que recibía sistemáticamente para hablar bien del gobierno, los sindicatos, las empresas y las celebridades: "Sin chayo, no me hayo." Fue Cantinflas quien, una vez más mostró mejor el persistente cinismo mexicano cuando de corrupción e ilegalidad se trataba. Pero muchos otros cómicos mexicanos, en las carpas, también se burlaban de las inmensas fortunas acumuladas por los funcionarios del momento, en particular durante la administración de Miguel Alemán (1946-1952), incluido, según casi todos, el presidente mismo. Roger Bartra ubica al comediante mexicano en el centro de la discusión:

> El mensaje de Cantinflas es transparente: la miseria es un estado permanente de primitivismo estúpido que es necesario reivindicar en forma hilarante [...] Se comprende que entre la corrupción del pueblo y la corrupción del gobierno hay una correspondencia: este pueblo tiene el gobierno que merece. O al revés: el gobierno autoritario y corrupto tiene el pueblo que le acomoda, el que el nacionalismo cantinflesco le ofrece como sujeto de la dominación.[9]

Los chistes y el cinismo transmiten todos el mismo mensaje. Los mexicanos aceptaban la corrupción como un estilo de vida —era vista como "el aceite que hace que las cosas funcionen y el pegamento que las mantiene unidas" (como citó Riding a una fuente anónima en 1985). Se resignaron a la ausencia de la ley, ante todo cuando se volvía explícitamente política, a través de la represión de los opositores al gobierno que comenzó de manera sistemática a finales de los años cuarenta. Fue en esos años, al comenzar la Guerra Fría, cuando fue prohibido el Partido Comunista y las principales agrupaciones independientes de trabajadores fueron aplastadas y transformadas en sindicatos "charros". Nadie respetaba la ley y nadie podía prescindir de la corrupción; pero como había que justificar este estado de cosas de alguna manera, comenzaron a circular dos explicaciones. Primera: las leyes vistas como injustas podían no ser obedecidas; segunda: la única manera de esquivar un sistema de justicia torcido era a través de la corrupción, ya sea como víctima o como perpetrador.

Un tipo especial de leyes

El vínculo entre la corrupción, la debilidad o inexistencia del estado de derecho, y las actitudes de los mexicanos hacia ambas cosas, se estrechó con el tiempo. Ya que muchas leyes eran simplemente inaplicables, el país se puso a aprobar ley tras ley que jamás se cumplían, siguiendo el sempiterno rito de la simulación. Esto era tanto más flagrante en cuanto a los tratados y convenciones internacionales, para los cuales nunca se aprobó la legislación secundaria correspondiente. Sucedía lo mismo para ciertas disposiciones electorales y constitucionales. Sólo que todo esto generaba nuevos incentivos para no cumplir la ley. Algunas veces, literalmente, no había de otra, ya que era casi imposible respetarla. Esto llevó a lo que el ensayista mexicano Jaime Sánchez Susarrey etiquetó, en una magnífica analogía con la literatura latinoamericana, como el "legalismo mágico" mexicano.[10]

En el frente extranjero, las convenciones sobre derechos humanos, y las cláusulas sobre derechos laborales y las regulaciones ambientales en diversos tratados, siempre se firmaron y se ratificaron (aunque la ratificación con frecuencia se dilataba), pero rara vez se traducían en una legislación secundaria e interna que los volviera vinculantes y relevantes. Por ejemplo, a fines de los años noventa México aceptó la naturaleza vinculante de la Corte Interamericana de Derechos Humanos. Pero aún en 2010 se negó a modificar sus leyes cuando la Corte declaró que éstas violaban las normas internacionales de derechos humanos. Muy pocos mexicanos de a pie seguían de cerca estos intrincados procesos, (como se esperaría que se hiciera en todas partes), pero la brecha entre los compromisos internacionales y la aplicación interna ensombreció la imagen internacional del país. También dio lugar a acusaciones de hipocresía y mala fe, y sugería que la palabra de un funcionario mexicano no significaba nada porque nunca actuaba en consecuencia. "Contaminó" a un amplio segmento de las élites políticas e intelectuales mexicanas con la misma enfermedad: se pueden suscribir todos los acuerdos internacionales que se quiera y aprobar todas las legislaciones domésticas que se desee, pero nada de eso importa. La prueba es que ni las obligaciones internacionales tienen peso.

La Constitución no sólo fue modificada en innumerables ocasiones; su naturaleza original, programática y aspiracional fue actualizada y reforzada con el paso del tiempo. Cuando observadores extranjeros se preguntaban por qué el documento fundacional de 1917 era tan farragoso y multifacético, los juristas mexicanos y los expertos constitucionales sinceros, así como los apologistas del régimen priista que emanó del texto doce años después de haber sido promulgado, ofrecían siempre la misma respuesta. Para ellos, la Constitución era mucho más una lista de deseos, objetivos y aspiraciones, que un documento normativo. Quizá no podría haber sido de otra manera, pues surgió de siete años de lucha revolucionaria y dos años de debates interminables.

Sí incluía artículos normativos, como el 27, que establece la soberanía nacional sobre los recursos naturales y regulaba la tenencia comunitaria de la tierra; o programáticos, como el artículo 3, que detalla todo un programa educativo; o una combinación de ambos, como el 123, que intenta ubicar las relaciones laborales dentro de un contexto socialmente responsable. Pero mientras que el espíritu y la letra del texto se alejaban cada vez más de la vida cotidiana de los mexicanos, esa noble virtud aspiracional se distorsionó y se transformó en un vicio debilitante. Cada vez que surgía un agravio social que no podía ser encarado (o sea, casi siempre), se redactaba una modificación constitucional que disponía el derecho a recibir reparaciones. Paracaidistas sin casa protestaban y recibían... una enmienda constitucional que les garantizaba el derecho a la vivienda, pero no recibían una casa. Los desempleados protestaban por no tener trabajo y recibían... una enmienda constitucional que les garantizaba el derecho al trabajo digno, pero no recibían empleos. Los enfermos y las personas mal atendidas en las instituciones nacionales de salud protestaban por el estado de la seguridad social y demandaban un mejor y más expedito trato y recibían... una enmienda constitucional que les garantizaba el derecho a la salud, pero no recibían ni doctores, ni clínicas, ni medicinas. Los padres de los niños con bajos niveles educativos protestaban y pedían mejor educación preescolar y recibían... una enmienda constitucional que garantizaba dos años de educación preescolar para cada infante, pero sin los recursos correspondientes. Y así sucesivamente.

Por definición ninguno de esos derechos era exigible y la legislación secundaria necesaria nunca fue aprobada. Pero los críticos y los contrariados, esos auténticos creyentes mexicanos en el poder mágico de la palabra escrita, sintieron que sus preocupaciones habían sido atendidas, por lo menos en parte. Aligeraron sus críticas, mitad satisfechos por haber recibido la mitad de lo buscado, y dejaron la lucha para otro día. La Constitución se convirtió en una lista de Santa Claus, iluminada por metas inalcanzables, derechos imposibles de ejercer y derechos no reclamables. Se convirtió en un factor adicional para perpetuar la antigua desobediencia a la ley. La ley era un deseo o un objetivo, no una norma que todos están obligados a cumplir, en claro contraste con la tradición legal y constitucional del vecino del norte, donde las leyes aspiracionales son una especie de oxímoron, y las normas son respetadas porque existen, no porque sean justas.

Además de los tratados y de la Constitución como ejemplos de la ilusoria legalidad del país en múltiples ámbitos políticos, económicos y sociales, México puso en marcha leyes comunes y corrientes que simplemente no podían ser cumplidas. El ejemplo más tonto y aberrante fue el establecimiento de una cuota de género para las elecciones de legisladores en 2003. Ese año, como resultado de la larga lucha de las mujeres en México para conquistar la igualdad en el país que hizo famoso al machismo, se introdujo una cláusula de paridad de género en el Código Electoral Federal (COFIPE). Se concluyó que las cuotas o la acción afirmativa eran las únicas palancas eficaces para inyectarle un poco de igualdad allí donde prevalecía una desigualdad abismal. Dado que el número de mujeres elegidas para el Congreso se había estancado en niveles risibles, los legisladores salientes decidieron que el peculiar sistema electoral mexicano necesitaba una sana dosis de paridad de género. Para cada partido, de los primeros cinco lugares en sus listas de candidatos para las cinco circunscripciones electorales federales, dos se debían destinar a mujeres: ya fuera el primero y el tercero, o el segundo y el cuarto.[11] La lógica era que como sólo los primeros cinco candidatos en cada lista tenían garantizada la victoria, la paridad debía fijarse en ese pequeño y privilegiado universo. Antes, aunque 30 % del total de los lugares de cada distrito regional estaba reservado para mujeres, los partidos políticos generalmente les asignaban lugares mucho más abajo en la lista, a sabiendas de que no serían elegidas. Ahora, las mujeres llegarían a las bancadas legislativas de los partidos, lo quisieran sus dirigentes o no.

Esto tenía sentido, salvo que el esquema no tomaba en cuenta las innumerables artimañas de los mexicanos para burlar reglas y normas desagradables, o que consideran excesivas o imposibles de cumplir. Las mujeres fueron debidamente inscritas en las listas, como lo exige la ley; la paridad de género fue respetada y ellas fueron elegidas, con sus suplentes para casos de muerte, enfermedad o renuncia. En cuanto tomaron protesta, después de las elecciones de 2006 y sobre todo después de los comicios intermedios de 2009, nueve legisladoras elegidas de este modo renunciaron de inmediato y su lugar fue debidamente ocupado por los suplentes, quienes no sólo resultaron ser varones sino, en muchos casos, sus esposos, novios, padres o hermanos. El escándalo subsiguiente obligó a los beneficiarios temporales de la igualdad de género a posponer sus renuncias durante unos meses, pero sólo hasta antes de Navidad de 2009, cuando aprovecharon las fiestas para entregar sus escaños a sus camaradas masculinos sin que nadie se diera cuenta. Ahí está, la acción afirmativa al estilo mexicano.

¿Leyes justas o leyes y punto?

Es entendible que este amasijo de aberraciones históricas, constitucionales, internacionales, electorales —algunas subconscientes, algunas deliberadas—, hayan dejado a los mexicanos con una perspectiva desencantada de la ley y su trascendencia. Esto por sí sólo serviría para explicar, incluso para justificar, las opiniones de la mayoría de los mexicanos sobre si las leyes deben ser cumplidas o no, y bajo qué condiciones. Pero hay un ingrediente extra en esta mezcla explosiva que es necesario considerar antes de revisar las encuestas, las leyes y la opinión que los mexicanos guardan al respecto. Abarca la confusión que comparten muchos mexicanos acerca de la diferencia entre la ley y la justicia, en particular porque la "justicia" casi siempre viene acompañada de un calificativo silencioso —o estridente—: justicia *social*. Las leyes son percibidas como distantes, injustas o benéficas sólo para los ricos y los poderosos, o como instrumentos de políticas sociales: reforma agraria, derechos laborales, soberanía sobre recursos naturales, combate a la pobreza, acceso a la salud y la educación, etcétera. En una encuesta realizada en 2005, tres cuartas partes de los mexicanos declaraba que "en términos generales, las leyes en México no son *justas*"; 75% creía que la ley en México no se aplica igualmente para todos.[12] No se concibe a las leyes como diseñadas para permitir que la economía funcione, para que todos sean tratados de la misma manera y se les garantice el debido proceso, para asegurar que las instituciones —desde los mercados hasta las elecciones, pasando por contratos, derecho de propiedad y la protección ante autoridades arbitrarias— operen adecuadamente. Más bien, la ley es vista por muchos mexicanos como una herramienta que debe garantizar ciertos resultados, y no como un fin en sí mismo.

Entonces, el fundamento de la ley no consiste en su cumplimiento, independientemente de su *justicia*; al contrario, la *justicia* de la ley determina su *conformidad* contingente. Las leyes injustas no se deben respetar y, hasta que se cambien, no existe una obligación cívica para cumplirlas. Hay que sumar a esto la tradición legal mexicana —por vía española— que dio lugar al término "leguleyo": una persona obsesionada con legalismos sin substancia o contexto, y que induce a cualquier mexicano que se respeta a poseer opiniones sólidas sobre tal o cual ley, sobre tal o cual veredicto, sentencia o fallo, de cualquier tribunal emitidas cualquier día. El resultado es predecible: no acataré esta ley, porque considero que es injusta; no aceptaré este fallo, porque considero que es incorrecto; no cumpliré con esta sentencia, porque la considero ilegal: el caos. Quizá el mejor ejemplo reciente de cómo todos sienten que tienen derecho a su propia opinión sobre la ley, incluidos los jueces cuyas sentencias se estiman como apenas algo más que una opinión, reside en la extraña sentencia dictada por miembros del Tribunal Electoral acerca de las elecciones presidenciales de 2006.

El resultado de las elecciones fue cerrado (menos de medio punto porcentual) y la campaña, así como la jornada electoral y el escrutinio fueron considerados fraudulentos por los derrotados (35% de los votantes) y al principio incluso por algunos mexicanos más.[13] Además de las denuncias específicas de manipulación en las urnas, la oposición adujo que Fox y la comunidad empresarial habían violado la legislación electoral. Se les acusaba de haber tomado partido y, especialmente en el caso de Fox, de haber conducido una campaña a favor de Calderón. La comunidad empresarial patrocinó spots negativos de radio y de televisión en contra de López Obrador: "Un peligro para México." Todo esto supuestamente violaba la ley, según la izquierda.

Como todos sabemos, en el abigarrado sistema electoral mexicano, las cuentas y los resultados son anunciados por el Instituto Federal Electoral (IFE), que también organiza y supervisa comicios. Sin embargo, los conflictos y las controversias son resueltas por el Tribunal Federal Electoral, independiente tanto del IFE como de la Suprema Corte de Justicia, cuyos fallos son inapelables y cuyos magistrados son electos por una mayoría de dos tercios en el Congreso. La legislación y cambios constitucionales que dieron lugar a este extraño acomodo se remontan a 1996 y fueron aprobadas por unanimidad, incluyendo al PRD. Los magistrados también fueron ratificados unánimemente, casi todos en 1996, y más tarde, a medida que se retiraban o, en un caso, cuando fallecían. En otras palabras, la estructura legal y los actores mismos fueron aprobados por las "víctimas" del supuesto fraude electoral de 2006. Y mientras que esto descartaba la posibilidad del fraude, sus supuestas "víctimas" se presentaron ante el Tribunal, recibieron el debido proceso frente a magistrados que ellos mismos habían electo y bajo una ley que ellos mismos habían diseñado.

El Tribunal rechazó las denuncias del PRD y de López Obrador, rechazó su exigencia de un recuento (algo que Calderón también rechazó, a la distancia, quizá equivocadamente) y determinó que la ingerencia de Fox y de la comunidad empresarial no fue definitiva ni "determinante". En suma, el tribunal resolvió que Calderón había ganado la elección con todas las de la ley, que Fox sí había intervenido, pero no quebrantó la ley y que las acusaciones de la izquierda carecían de fundamento.* Lo más condenable, y al mismo tiempo contradictorio, casi absurdo de la ecuación, sin embargo, apareció en la opinión del Tribunal —un claro ejemplo y un maravilloso espécimen del doble lenguaje jurídico mexicano:

> las declaraciones analizadas del Presidente de la República Vicente Fox Quesada, se constituyeron en un riesgo para la validez de los comicios que se califican en esta determinación que, de no haberse debilitado su posible influencia con los diversos actos y circunstancias concurrentes examinados detenidamente, podrían haber representado un elemento mayor para considerarlas determinantes para el resultado final, de haber

---

* Aunque es verdad que la negativa de Calderón al recuento echó un velo sobre los resultados y que Fox fue todo menos diplomático acerca de la legalidad de sus actos.

concurrido otras irregularidades de importancia que quedaran acreditadas.[14]

Lo que el Tribunal intentó transmitir con este lenguaje increíblemente bizantino fue que los actos de Fox pudieron haber puesto en riesgo la imparcialidad de la elección, si hubieran generado alguna diferencia, pero como no existieron pruebas de que lo hicieron, y como no hubo otros vicios detectables en el proceso, resultaron insuficientes para anular la elección. Con un grado alarmante de cobardía y complacencia —o ambas—, los magistrados dictaminaron que la elección fue legal y que aunque Fox no se portó del todo bien, tampoco violó la ley. Hasta para México el fallo no fue un modelo de claridad, de valentía ni de convicciones. Pero la ley es la ley, y sólo los jueces "se pronuncian" sobre ella.

El PRD impugnó la decisión en las calles y perdió. No pudo apelar políticamente el veredicto, ya que había ratificado la legislación que negaba el derecho de apelación; ni siquiera intentó llevar su caso a la Comisión Interamericana de Derechos Humanos, o a la Corte Interamericana de Derechos Humanos: no le hubieran dado entrada en ambas, dado que regía una legislación local aprobada previamente por el PRD. Pero sí cuestionó el fallo en el tribunal de la opinión pública, donde un número sorprendente de comentaristas, incluyendo algunos juristas, sugirieron que la sentencia del Tribunal era ilegal, o injusta, o desconocía la ley. López Obrador mismo mandó "al diablo a las instituciones" y comenzó su campaña para las elecciones presidenciales de 2012 en el 2006. Se negó a reconocer a Calderón como presidente electo y repitió incesantemente que el fallo violaba la ley. El hecho de que alguien, opinólogo, constitucionalista o aspirante a presidente pueda declarar que es ilegal el fallo inapelable de una Corte, cuando esa misma persona, o su partido, o sus aliados, votaron a favor de la legislación y de los jueces en cuestión, es un síntoma de la relación de México con la ley. La ley se convierte en un asunto de opinión; una opinión es tan legítima y dispone de la misma autoridad que otra; si la ley no me favorece, entonces es una mala ley, y no la acepto.

Eduque a sus hijos

Antes de examinar lo que las personas de a pie en México piensan de la ley, vale la pena detenernos en lo que me parece cree un sector crucial con una influencia inmensa en la sociedad: los maestros de primaria y secundaria. La fundación y revista *Este País* realizaron una encuesta en 2002; recabaron gran cantidad de datos acerca de lo que la gente que educa a nuestros hijos piensa de la vida en general y de la ley en particular. El primer resultado escalofriante involucra los valores y su jerarquía respectiva. Ante la posibilidad de elegir entre seis opciones —honestidad, respeto a los demás, respeto a la verdad, tolerancia con las ideas de los demás, solidaridad y respeto a la ley— el respeto a la ley terminó en último lugar; ante la pregunta abierta, ni siquiera figuró. Cuando se les preguntó cuáles podían ser las consecuencias de esta actitud, más de una tercera parte respondió que los egresados de secundaria probablemente violarían las normas, las reglas o la ley. Aún hay más.

Sólo 41% de los más de 1.2 millones de maestros sindicalizados consideró que la población debe cumplir la ley siempre. Ocho de cada diez estaban convencidos, quizá justificadamente, de que no serían tratados de manera justa por el sistema judicial si fuesen acusados por algún delito que no cometieron, dada la corrupción del sistema. Y casi la mitad de los maestros del país, si fuesen detenidos *justificadamente* por un policía de tránsito intentarían "disuadirlo" de que les levantara una infracción. El corolario político de estas convicciones, que ya hemos discutido, es que entre los maestros, más que entre los mexicanos en general, la mitad desaprueba el uso de la fuerza pública para preservar la ley y el orden, incluso cuando se cometen delitos como la ocupación forzada de un edificio público, la toma de burócratas del Estado como rehenes o el bloqueo de carreteras; pues a través de estos actos dicen, se lucha por la satisfacción de demandas sociales o económicas.[15] El Sindicato de maestros no es un modelo de competencia ni de honestidad, pero tampoco es un foco de radicalismo. De hecho, el sindicato más grande de Latinoamérica, representó un pilar del sistema corporativista del PRI y luego un bastión de apoyo al nuevo régimen democrático panista electo en el año 2000. Lo dirige, como todo México sabe, una de las mujeres más sorprendentes, controvertidas y temidas en México, Elba Esther Gordillo, *La maestra*.

Elba Esther escaló los peldaños del sindicato de maestros en los años setenta y ochenta, y se convirtió en la colaboradora más cercana y compañera del líder casi vitalicio, Carlos Jonguitud Barros, a quien luego contribuyó a defenestrar en 1989. El entonces presidente Salinas de Gortari, al proponerse una limpieza cosmética de algunos de los sindicatos del sector público, la apoyó en ese esfuerzo. Ha dirigido el sindicato con mano de hierro y terciopelo desde entonces, en la gran tradición de otros líderes mexicanos (y estadounidenses y franceses e italianos y españoles). Gordillo fue una priista convencida y aguerrida; fue electa secretaria general en 2002 y diputada y senadora en varias ocasiones. Pero en 2003, cuando dirigía la bancada priista en la Cámara de diputados y se alió con Fox para apoyar una reforma fiscal, fue expulsada del grupo parlamentario y del partido entero por el equivalente de alta traición.

Elba, como le dicen sus amigos, formó su propio partido compuesto sobre todo por maestros. Obtuvo casi el 4% de los votos en 2006 y su respaldo a Felipe Calderón resultó decisivo. Fue recompensada con el nombramiento de su yerno como Subsecretario de

Educación Básica y de otros colaboradores cercanos en el ISSSTE, la Lotería Nacional y en algunos puestos menores. Después de la de Cuauhtémoc Cárdenas en 1987, ella ha orquestado la única escisión significativa del PRI, con ideas modernizadoras y orientadas hacia la democracia en el frente político, pero con una agenda educativa estrecha y en ocasiones contraproducente, y con una reputación de corrupción y excesos que la persigue. En la mayoría de las encuestas aparece como una de las figuras más impopulares del país.

Elba Esther Gordillo es excepcionalmente seductora como política y excepcionalmente leal como amiga. Representa el epítome tanto de la debilidad como de la vigencia de la creatividad política mexicana, gracias a la vez a su terrible reputación y a sus ideas sorprendentemente modernizadoras y democráticas. Concentra todos los rasgos del carácter mexicano que hemos discutido y todas las realidades sociales que se han descrito. Cada mes, la Secretaría de Hacienda retiene las cuotas sindicales de 1.2 millones de maestros antes de transferir sus sueldos a los gobiernos estatales, quienes se encargan de pagarles. Ese dinero es depositado directamente en la cuenta de la dirección del sindicato, que responde ante el Comité Ejecutivo Nacional, que a su vez responde solamente ante... Gordillo. Según algunos cálculos —el gobierno se rehúsa a publicar cifras exactas— esto representa aproximadamente 10 millones de dólares al mes, o un poco más de 100 millones de dólares al año: su caja chica. La administra con magnanimidad exquisita y cabeza fría. Y echa mano de ella en ocasiones para sus propios gastos, que no son pocos: varias casas y penthouses en la ciudad de México y sus alrededores, una supuesta casa de lujo en San Diego, bolsas de mano que las mujeres de Park Avenue matarían por tener, y uno, dos o tres jets privados (comprados o rentados por el sindicato) dependiendo de sus necesidades en ese momento.

La mayoría de los mexicanos la responsabiliza injustamente por el patético estado de la educación en México. Así estaban las cosas antes de que ella llegara, y ningún secretario de educación ha tratado seriamente de derrocarla. Al mismo tiempo, ella es el único punto de apoyo de la palanca en el que un Arquímedes educativo podría apoyarse para transformar la espantosa mediocridad de la educación en México. Ella puede embrujar a cualquier interlocutor y exasperar a sus amigos más cercanos con su informalidad, su estilo caótico de trabajo y su increíble impuntualidad. Al término de la jornada, si se juntan sus impuntualidades sumarían varias horas, mucho más allá de los extremos mexicanos. Puede ser cariñosa y dulce con sus nietos y con "sus maestros", pero de una arrogancia feroz con sus subordinados e inmisericorde con sus adversarios.

Gordillo se halla en el atardecer de su pertinencia y poder, y probablemente será recordada más por sus vicios y por el daño que hizo que por el pluralismo y la modernidad que trajo al sindicato, o por sus esporádicos pero innegables esfuerzos por lograr reformas económicas y políticas indispensables para el país. Si la sumisión ante los monopolios debe ser desterrada para que el país progrese, quizás el sindicato de maestros y Elba Esther Gordillo tendrían que figurar entre los primeros de la lista, seguidos por muchos otros, entre líderes sindicales, magnates y burócratas partidistas. Nadie puede aquilatar la increíble falta de respeto por la ley que profesan los maestros del país sin concluir que si la sociedad en su conjunto hace lo mismo es en parte responsabilidad de aquellos y por tanto en parte de *ella*. Ha dirigido al sindicato durante dos décadas: las fallas y culpas de éste, con sus aciertos, le corresponden.

¿Yo por qué debo respetar la ley?

Si esta actitud resulta inconfundible entre los maestros, aflora más entre los mexicanos en general, aunque en ocasiones de modo contradictorio. Los mexicanos suelen creer (cinco en una escala de uno a diez) que el gobierno no respeta la ley, que la "gente" no respeta la ley (5.6 en la misma escala), pero que ellos, los encuestados, sí (7.2 en la escala). Entonces, ¿quiénes son los mexicanos que no respetan la ley? Los otros, obviamente: yo no. Pero en la pregunta sobre el respeto a la ley, las cifras más impresentables y reveladoras surgen de una serie de encuestas levantadas por la Secretaría de Gobernación entre 2001 y 2008. En el primer año, ante la pregunta "¿Cree que el pueblo debe obedecer las leyes incluso cuando sean injustas?", 71% dijo que no; y a la pregunta "¿Puede el pueblo desobedecer una ley si es injusta?", un sorprendente 58% dijo que sí. En encuestas subsecuentes (2003, 2005 y 2008) las respuestas a estas preguntas fueron parecidas. Hacia finales del 2009, a la pregunta "si una ley te afecta o te parece injusta, ¿qué haces?", 77% respondió que "la obedecería aún si no me gusta", pero 18% dijo que "no la obedecería". He aquí un reflejo directo del rasgo ya detectado en el seno del magisterio, y que ha sido cuantificado desde 1993 entre mexicanos en su conjunto, al preguntarles acerca de la prioridad que le asignan al estado de derecho: "Al mexicano le gustaría vivir con un mínimo de leyes ya que son un mal necesario."[16]

Esta visión del mundo de la ley y la justicia es indisociable de la corrupción. Los mexicanos no son congénitamente corruptos, obviamente, ni "culturalmente" corruptos, ni víctimas de un carácter nacional que los acompañará hasta la muerte como individuos y como sociedad. Más bien, si la ley no funciona y está destinada a ser evadida, la única solución para los infinitos desafíos cotidianos en el trabajo, los negocios, la educación y la academia, las estructuras familiares y el gobierno es... la corrupción. La corrupción no engendra una falta de respeto a la ley. Son la baja jerarquía de la ley, la naturaleza disfuncional del sistema y el énfasis en que las leyes sean "justas" para que sean respetadas lo que origina la corrupción. No obstante, los dos aspectos se refuerzan mutuamente: la corrupción mina el de por sí defectuoso sistema de justicia, genera un mayor escepticismo ante la ley, lo que a su vez la vuelve más odiosa en tanto se percibe como crecientemente corrupta.

Gracias a todo esto, México suele ser visto hoy como el máximo ejemplo de la corrupción latinoamericana —que ya es decir bastante—, no sólo por otros, sino por los mismos mexicanos. En una serie de encuestas llevadas a cabo entre 2006 y 2008 a lo largo del hemisferio, México aparece como el segundo país más corrupto de las Américas, después de Haití y apenas adelante de Bolivia, en la llamada victimización: gente que ha ofrecido un soborno o que ha sido obligada a darlo por lo menos una vez durante el último año (el porcentaje fue de 37%; el país menos corrupto fue Chile con 9%). La clasificación de México mejoró un poco en 2008: se convirtió "solamente" en la tercera sociedad más corrupta en términos de victimización, con 30%, comparada con Uruguay, la menos corrupta, con 9%. Incluso Brasil figuró en un mejor lugar con sólo 11.5%. Una encuesta realizada en México por Pew Global Attitudes Project en 2009, arrojó un resultado análogo. A la pregunta "¿Qué tan seguido ha tenido que hacer un favor, dar un regalo u ofrecer un soborno a un funcionario de gobierno para obtener un servicio o un documento que el gobierno supuestamente debe proveerle?", la respuesta osciló de 38% en 2002, a 31% a principios de 2007 y 34% en la primavera del 2009.[17]

En cuanto a la percepción de corruptelas entre los funcionarios públicos (una noción mucho más subjetiva) nos va un poco mejor y México se ubica a la mitad de camino entre los "peores" (Jamaica, Argentina, Guatemala), y los "mejores" (Canadá, Estados Unidos, Uruguay y Chile). De acuerdo con los expertos responsables de las encuestas, la inconsistencia entre los porcentajes de victimización y la percepción de corrupción en el caso de México se pueden deber al hecho de que "la corrupción diaria y nimia, es mayor que la corrupción sistémica", aunque los escándalos (comúnmente falsos pero siempre estridentes) en los medios debilitan la explicación. Otra posibilidad consiste en las diferentes cantidades de dinero en juego. Pero ni la victimización ni la percepción de corrupción han disminuido desde el advenimiento de la democracia representativa en México, como muchos lo esperábamos. La corrupción era parte integral del viejo sistema priista, pero era mexicana antes de ser priista, y sus orígenes yacen en nuestro ancestral desacato de la ley.

Esta conclusión se robustece si desmenuzamos las cifras por grupos de población. De acuerdo con los ejercicios de regresión múltiple realizados por los encuestadores y los especialistas en estadística, las mujeres muestran una menor propensión a involucrarse en sobornos; la gente joven es más susceptible de ser víctima de la corrupción (a ser "extorsionado" si se prefiere) y, sorprendentemente, entre más alto el nivel educativo del encuestado, mayor la probabilidad de que sea presa de, o participe en, actos de corrupción. De cada diez mexicanos que confiesan haber sido víctimas de la corrupción, cuatro habían completado algún grado de educación superior y tres habían terminado la secundaria.[18] La razón obvia pero contraintuitiva puede ser: entre más educación, más solvencia económica y más dinero disponible para sobornos, pagos, etcétera. Asimismo, es más probable que los grupos con educación superior sean señalados como blancos de la corrupción por las autoridades; como ya vimos que no hay nada en la educación mexicana que disuada a la gente de involucrarse con estas prácticas, entonces lo hacen.

¿Corrupción para siempre?

La mayoría de los mexicanos parecen persuadidos de que la añeja corrupción que los rodea nunca acabará, aunque al mismo tiempo creen que otros países, al final del día, son igualmente corruptos.

Impera una gran ambivalencia en nuestra actitud hacia la corrupción ya que todos participamos de ella de un modo o de otro: todos sabemos que dado el desprecio por la ley, no existe otra opción que participar de ella; todos sabemos que es un impuesto regresivo, ya que sólo los que tienen dinero pueden *billetear* a otros, mientras que sin dinero, por definición, no se puede recurrir a esos subterfugios para conseguir determinados objetivos y entonces es menos probable que los logren. Casi todos sabemos también que lo que los especialistas llaman "corrupción sistémica" ha disminuido en México desde mediados de los años noventa, no sólo gracias a una serie de restricciones legales y administrativas, sino también debido a la llegada de la democracia. Es mucho más difícil timar al Estado con un Congreso poderoso y dirigido por la oposición, una prensa libre y tratados y contratos internacionales que limitan las holguras internas, aun si los funcionarios de alto nivel reflejan la inclinación de siempre por las actividades ilícitas. Si además, por razones generacionales, sociales y económicas, las grandes corruptelas inevitablemente deberían disminuir. Así ha sido. Las fortunas acumuladas en los años cuarenta, cincuenta, sesenta, incluso en los setenta por miembros del gabinete, los funcionarios de Los Pinos, los gobernadores y directores de paraestatales son casi imposibles de amasar a esa escala hoy, aunque cada tanto ocurren. Existe un vínculo entre un sistema político más democrático y una corrupción menor, aunque ese vínculo no es automático, ni inmediato, ni suficiente. Pero en democracia, es mucho más complicado robar, y es mucho más complicado evitar ser descubierto.

El inconveniente yace en las persistentes y boyantes variedades de corrupción, hoy mucho más visibles y ofensivas que antes. Más visibles, porque tienen a los reflectores encima: el Congreso, la prensa, la oposición y los observadores internacionales ven lo que hasta ahora era invisible; son más ofensivas porque una sociedad abierta, democrática y de clase media se escandaliza con mayor facilidad que una sociedad cerrada y tradicional que suele aceptar su destino con resignación. La corrupción cotidiana o de ventanilla no es distinta de la que dominaba a la vida nacional en los años sesenta: el policía de tránsito en la esquina, el burócrata de la oficina de licencias o de registro de automóviles, el inspector sanitario en el restaurante, el comisario ejidal en el pueblo, la oficina de permisos de construcción en el ayuntamiento, el burócrata del Sindicato de maestros, el policía municipal que vigila la venta en las calles. Sí, la gente joven se preocupa de ser sorprendida manejando borracha de noche en la Ciudad de México porque hay reglas más estrictas y alcoholímetros cada fin de semana; pero cuando yo era joven también nos atemorizaba ser descubiertos manejando una moto, y después un auto, sin licencia.

Asimismo, uno no necesariamente se topa con más gente que se niegue a "arreglarse", de la que pululaba hace medio siglo. Existían entonces, y existen ahora, son héroes o fanáticos, excepciones a la regla no sólo porque todos los demás están involucrados con esta nimia y diaria corrupción, sino porque el sistema mismo descansa en ella. Ser honesto a nivel de calle, en la vida cotidiana en México entraña un costo elevado. La actitud de la mayoría de los mexicanos se centra en dejarse llevar por la corriente: para el opulento remodelar su casa sin un permiso, comprar películas pirata en el mercado de la esquina, hacer que los guardaespaldas pasen maletas en el aeropuerto como suyas u obtener préstamos del banco que les pertenece (véase el FOBAPROA). Para el pobre, se trata de pagarle a un funcionario escolar para que se asegure que su hijo o hija pase el examen, o a un dirigente sindical para asegurar una plaza, o a las autoridades municipales para vender productos en la calle. Todos preferirían que fuera de otra manera pues los costos de esta corrupción para el país son obvios e inmensos, pero nadie puede ser el primero en romper con este patrón. De ahí el que estos mecanismos se perpetúen desde tiempos inmemoriales.

A todo esto debemos agregar un factor adicional, que no es nuevo pero sí mucho más visible que antes: la corrupción producto del crimen organizado y la reacción mexicana ante esta perversión de la democracia. Los cárteles de la droga, las bandas de secuestradores, los ladrones organizados y los roba coches han pertenecido al paisaje mexicano desde hace décadas, y es posible que sean más poderosos, despiadados y violentos que antes. Por sus propias razones políticas, el gobierno de Calderón los ha relacionado como parte de un resquebrajamiento generalizado del Estado de derecho, pero ni los ciudadanos del país ni la historia corroboran esta perspectiva.

Durante la campaña presidencial de 2006, ninguno de los candidatos hizo del combate al crimen organizado un punto principal, ni siquiera secundario, de su programa; el público y los medios también hicieron caso omiso del tema. Había una percepción de creciente inseguridad en México durante la segunda mitad de 2006, al aflojar el control del país el gobierno saliente, pero los datos de esos años —de la mitad de los años noventa al 2006— sugieren que los homicidios, los secuestros, los asaltos y los crímenes del fuero común iban a la baja. La crueldad de algunos de los asesinatos entre bandas era sobrecogedora y escandalosa —decapitaciones, torturas—, pero los aspectos más espectaculares de esta violencia distorsionaban la realidad de las cifras. Lo nuevo era que, desde los últimos años de la década anterior, los mexicanos comenzaban a *darse cuenta* de la fuerza y el alcance de los grandes cárteles de la droga gracias al nuevo sistema político y a los medios de comunicación, por fin libres. Su reacción ante estos fenómenos también se torna más estridente, aunque no fuera distinta. El enfoque tradicional de mirar hacia otro lado, sin embargo, había dejado de ser tan fácil o siquiera posible: la sociedad mexicana se hallaba en un verdadero aprieto.

Según la mayoría de las encuestas, los mexicanos apoyan la guerra del gobierno contra el narco, pero dudan que pueda ser ganada. Prefieren combatir a los cárteles, pero no quieren pagar un precio demasiado alto por hacerlo. Una mayoría de los habitantes del país aprueba la participación del ejército, pero no en su propia ciudad o comunidad; y sus preocupaciones acerca de las violaciones a los derechos humanos han crecido. La sociedad deplora la inseguridad y los delitos menores, pero no necesariamente culpa al crimen organizado de estos males. Y muchos mexicanos entienden la apremiante situación de sus compatriotas en la policía, el ejército y las oficinas de gobierno de bajo nivel cuando se les ofrece la opción de "plata o plomo".

Si todo esto suena contradictorio, lo es. A final de cuentas, los mexicanos siguen creyendo, con algo de razón, que su país y su gobierno le están haciendo el trabajo sucio a Estados Unidos. Los mexicanos no ven por qué no permitir que las drogas fluyan hacia el norte, y se evade así el precio de una guerra que los estadounidenses no quieren librar en su propio territorio, sobre todo en el caso de la cocaína, que México no produce.

Al mismo tiempo, prevalece un sentimiento generalizado en México de que el negocio de la droga ha infiltrado todos los niveles de la administración pública, así como la arena política, y más recientemente, la electoral. Los ciudadanos temen y repudian esta situación, pero al final se resignan ya que "todos los políticos siempre son corruptos" y las drogas son sólo una manifestación más de este antiguo drama. Sospechan que los verdaderos jefes del narco permanecen libres y protegidos, y que seguirán así: la impunidad del sistema judicial también se aplica a aquellos. La corrupción, la ausencia del estado de derecho y la impunidad que surge del tráfico de drogas no parecen ser distintas de los mismos vicios en otros ámbitos. Los mexicanos suponen que los males abstractos llegaron primero y sus expresiones específicas —drogas, crimen, la corrupción priista o la incompetencia panista— sobrevinieron después. Pueden arrepentirse nostálgica y erróneamente de la partida del

PRI, pensando que en el viejo régimen estos males se hallaban bajo control y que, a cambio de la corrupción, recibían cuantiosos beneficios: subsidios, obra pública, trabajos y una sensación de seguridad. Ansían esa época, a pesar de haber luchado porque llegara a su fin y de haber abrazado las delicias del desorden democrático. Con las drogas, como con tantos otros temas, los mexicanos quieren chiflar y comer pinole.

La droga afecta a México de muchas maneras, pero quizá una sea más perniciosa y preocupante. Ha ensanchado el abismo tradicional entre la ley y la realidad. La simulación ha sido el fundamento de la vida diaria mexicana desde hace siglos, y la situación del crimen organizado hoy no es más que la expresión más reciente de este pecado ancestral: simulando que el consumo de droga en Estados Unidos es ilegal (cuando de hecho cada vez es más tolerado), que el tráfico en México es ilegal (cuando ha ocurrido durante décadas), que el contrabando de armas desde Estados Unidos es algo nuevo (cuando data de la mitad del siglo XIX), y que no le conviene a México recibir casi de 38 a 39 mil millones de dólares por sus exportaciones de droga cada año según a quien le crea uno (nuestra principal fuente de divisas, por encima del petróleo, el turismo o las remesas).* Estos son ejemplos de una profunda hipocresía que abre aún más la brecha entre la ley y la realidad. Estados Unidos prohíbe en teoría la inmigración ilegal, la prostitución, el consumo de droga y el tráfico de armas y aún así padece estos males. Sólo que los norteamericanos no se ven obligados a construir hoy un sistema jurídico funcional. Ya lo tienen. Nosotros no y lo necesitamos, pero el exceso de simulación vuelve a esta tarea más laboriosa, francamente imposible.

---

* Según diversas versiones del gobierno de los Estados Unidos los ingresos mexicanos irían de 19 a 39 mil millones de dólares; según fuentes oficiosas del gobierno de México el total no supera lo 9 mil millones de dólares.

Llegamos así a nuestro siguiente punto: las perspectivas mexicanas tradicionales sobre la ley y la corrupción ya no sirven, y de
hecho constituyen un obstáculo insalvable para el progreso del
país. Trataremos ahora de demostrar cómo el aceptar la corrupción, la impunidad y el desprecio por la ley, la simulación y la
promulgación de leyes que no se cumplan, equivalen a perpetuar
la ausencia de un estado de derecho. México no tiene salida de
sus guerras contra el narco, de sus problemas de recaudación de
impuestos, de sus bajos niveles de inversión y ni de su economía
informal, sin un cambio de fondo en su actitud hacia la ley. Cosa
que no está sucediendo.

NOTAS DEL CAPÍTULO 7

[1] Jorge Portilla, *La fenomenología del relajo*, Ciudad de México: Fondo de Cultura Económica, 1986, p. 127.

[2] Fernando Mayorga García, "Derecho Indiano y Derechos Humanos", *Memoria del X Congreso del Instituto Internacional de Historia del Derecho Indiano*, tomo II, Instituto de Investigaciones Jurídicas, Serie: Estudios Históricos, Núm. 50, México, 1995, p. 1039, www.bibliojuridica.org/libros/2/819/5.pdf

[3] Octavio Paz, *El ogro filantrópico*, Ciudad de México: Editorial Joaquín Mortiz, 1979, p. 99.

[4] *Idem.*

[5] Claudio Lomnitz-Adler, *Las salidas del laberinto*, Ciudad de México: Joaquín Mortiz, 1995, p. 145.

[6] *Encuesta Nacional sobre Cultura Política y Prácticas Ciudadanas de la SEGOB* (ENCUP), Secretaría de Gobernación, México, 2003, p. 16.

[7] Samuel Ramos, citando a Carlos Pereyra en *El perfil del hombre y la cultura en México*, Madrid, España: Colección Austral, Espasa Calpe, 2008, p. 23.

[8] Samuel Ramos, *El perfil del hombre*, p. 23.

[9] Roger Bartra, *La jaula de la melancolía*, Ciudad de México: Grijalbo, 1986, p. 170.

[10] Jaime Sánchez Susarrey, "ABC", *Reforma*, Ciudad de México, junio 12, 2010.

[11] *Código Federal de Instituciones y Procedimientos Electorales* (COFIPE), Instituto Federal Electoral, México, Art. 220.

[12] "Cultura de la Legalidad", IPSOS-Bimsa, México, mayo 2005, p. 6.

[13] "Atlas de Resultados Electorales Federales 1991-2009", Instituto Federal Electoral, México, 2010, www.ife.org.mx/documentos/RESELEC/SICEEF/principal.htm

[14] *Dictamen Relativo al Cómputo Final de la Elección de Presidente de los Estados Unidos Mexicanos, Declaración de Validez de la Elección y de Presidente Electo*, Tribunal

Electoral de la Federación, México, septiembre 2006, p. 202-03, de htpp://www.lupaciudadana.com.mx/

[15] "Encuesta Nacional sobre Creencias, Actitudes y Valores de maestros y padres de familia de la Educación Básica en México (ENCRAVE)", *Este País*, Núm. 169, abril 2005, México, pp. 10, 12-13.

[16] "El irrespeto a la ley en México", Parametría, México, marzo de 2006, p. 2; *Encuesta Nacional sobre Cultura Política y Prácticas Ciudadanas de la SEGOB* (EN-CUP), Secretaría de Gobernación, México, 2001, p. 11; "Encuesta Nacional", GAUSSC, México, diciembre 2009; Enrique Alduncin Abitia, *Los Valores de los Mexicanos. En busca de una esencia*, Vol.III. p. 71.

[17] "Cultura política de la democracia en México: 2006", *Latin American Public Opinion Project (LAPOP)* Nashville, Tennessee, Estados Unidos: Universidad de Vanderbilt, 2006, p. 507; "Cultura política de la democracia en México, 2008: El impacto de la gobernabilidad", Universidad de Vanderbilt. p. 34; "Trouble by Crime, the Economy, Drugs and Corruption", Pew Research Center, p. 38.

[18] "Cultura política de la democracia en México, 2008: el impacto de la gobernabilidad", Universidad de Vanderbilt, pp. 39-40.

CAPÍTULO 8

¿EL IMPERIO DE LA LEY, O LA LEY DEL REY?

La corrupción, la ilegalidad y la impunidad en México no son producto de la generación espontánea. Tampoco fueron siempre disfuncionales para el modo de vida y el desarrollo del país. Se conoce el origen de estas heridas y sus oscuras consecuencias se trataron en el capítulo anterior. Ahora abordaremos el contexto actual de esas consecuencias y cómo debe cambiar la actitud responsable de dicha corrupción, ilegalidad e impunidad. De lo contrario, todas las reformas jurídicas, gubernamentales y económicas imaginables seguirán fracasando y a México no le quedará de otra que "más de lo mismo" —lo que ha hecho desde 1982 y en lo que nos hemos vuelto expertos.

Los efectos de la venalidad y la falta de respeto por la ley y la impunidad han dejado una huella profunda y devastadora en la sociedad mexicana. Los rasgos del carácter nacional que subyacen a estas tendencias negativas representan un obstáculo directo para la superación de los *cuatro* retos del país que discutiremos a continuación.

El primero se relaciona con algo que a lo largo de los últimos años se ha convertido desafortunadamente en una especie de marca de México, estigmatizándolo en el extranjero y atribulándolo internamente. Se trata, por supuesto, del crimen organizado, el tráfico de drogas y la guerra fallida contra el narcotráfico desencadenada en 2006. Antes de ese año, México no era un país particularmente violento. El índice de homicidios, secuestros, asaltos y crímenes menores había disminuido a lo largo de los quince años anteriores; permaneció por debajo de la mayoría de los países latinoamericanos (con las obvias excepciones de Chile y Uruguay) en 2008-2009, y hasta el 2010, aunque más alto que en el resto de Norteamérica y Europa. Pero la ecuación general ha cambiado y por una razón u otra la ausencia de un estado de derecho en esta materia se ha convertido en un problema crucial para la nación.

El segundo reto reside en la economía informal mexicana —una verdadera plaga. De acuerdo con algunas estimaciones, más de la mitad de la actividad económica del país sucede de manera ilegal, a veces próspera, pero siempre extraoficial y caótica. Sus ramificaciones van desde el clásico vendedor ambulante hasta las mínimas recaudaciones del impuesto predial. Cualquier otro aspecto de la ilegalidad en el país empalidece frente a la magnitud de la economía informal que menoscaba la credibilidad de todo combate en cualquier otro frente.

El tercer reto, vinculado con el desprecio por la ley y la tolerancia por la corrupción, yace en el círculo vicioso que nos devuelve a las primeras páginas de este libro. La sociedad mexicana es altamente individualista, dado que la sociedad civil organizada es muy débil. La sociedad civil, a su vez, se encuentra tan desorganizada y es a tal grado impotente porque los ciudadanos mexicanos nunca han creído que la acción colectiva pueda surtir efecto alguno en cualquier ámbito: ni a gran escala, ni en sus colonias, o en las escuelas de sus hijos, ni en sus centros de salud locales. En otras palabras, los mexicanos son ciudadanos sólo nominalmente. Y esta renuencia a asumir responsabilidades políticas o sociales brota, por fin, de la corrupción, la ausencia de un estado de derecho y la impunidad, cerrando el círculo y generando el clásico cinismo de los mexicanos. La sociedad civil mexicana jamás se organizará mientras no cambie la actitud del país entero hacia la ley.

Finalmente, y desde otra perspectiva, modificar la actitud de la nación frente a la ley, y crear un real y duradero respeto hacia ella, podría volverse un factor de unificación en el horizonte futuro de México. Hoy en día, México es un espacio de reencontrada y magnífica diversidad. Lo era ya, tradicionalmente, incluso antes de la Conquista; luego asumió una especie de velo de uniformidad durante casi todo el siglo XX; y ahora resurge como un vasto mosaico en donde cada una de las piezas enriquece al todo. Pero el factor más importante de la unidad desde mediados del siglo pasado —una historia común y compartida—, se está desvaneciendo o se ha vuelto contraproducente. ¿Qué puede reemplazar a este factor de unidad y ser menos artificial y más constructivo? Quizá: el estado de derecho.

Las guerras del narco

La mejor manera de entrar en materia es a través de una rápida descripción del mayor flagelo autoinfligido de México de los últimos años: su sangrienta, estruendosa e imposible guerra optativa contra el narco. Algunos datos: México es productor de mariguana, metanfetaminas y amapola (y, por ende, de heroína); la cocaína viene de fuera, ya que por motivos climáticos y topográficos la hoja de coca no se da (por ahora) en el territorio mexicano. Desde mediados de los años ochenta, México ha sido un conducto para el tráfico de cocaína entre Colombia, Perú y Bolivia —países de donde proviene la totalidad mundial— hacia Estados Unidos. Comparado con países más desarrollados, incluso con el resto de América Latina, México sigue siendo uno de los países de menor consumo de drogas. Se discute si el consumo ha aumentado o permanecido estable a lo largo de los últimos quince años, pero nadie pone en entredicho sus magras dimensiones absolutas. La Encuesta Nacional de Adicciones, realizada de modo regular desde 1992, muestra que entre 2002 y 2008 el número de drogadictos, por ejemplo, subió de 307 mil a 465 mil —un aumento de 50% en seis años, pero apenas el equivalente promedio de 25 mil nuevos adictos por año, en una nación de 110 millones de habitantes. El porcentaje de la población considerada adicta es 0.4%; en Estados Unidos la cifra es mayor a 3%.[1] Existen muchas más cifras al respecto, que hemos citado en otras publicaciones; una fuente más confiable podría ser la anterior Comisionada mexicana ante la Oficina de las Naciones Unidas contra la Droga y el Delito (UNODC, por sus siglas en inglés) en Viena, que también resultaba ser nada menos que la hermana del Procurador General de la República:

> México se ha incorporado al mercado de consumo (...) de forma más tardía (...) y por tanto la incidencia acumulada de casos que han usado drogas es menor. En esta incorporación tardía sobresale el abuso de cocaína auque sigue siendo considerablemente menor al que se reporta en Estados Unidos. (...) El consumo de drogas muestra una tendencia hacia el crecimiento. El consumo de cualquier droga incrementó de 4.1 en 2002 a 5.2% en 2008 (...) La droga que mostró mayor crecimiento fue la cocaína que aumentó de 1.2 a 2.4% en este periodo. No se encontraron incrementos en el consumo de alucinógenos o de inhalables, pero las metanfetaminas, si bien con índices aún bajos de consumo, muestran un crecimiento significativo (0.1 en 2002 a 0.5% en 2008). Por cada usuario de drogas que había en 1988 (...) había dos en 2008, si bien la mariguana sigue siendo la droga más consumida, con 1.6 usuarios en 2008 por cada uno que había en 1988.[2]

En otras palabras, para la droga de mayor consumo en México hubo un índice de crecimiento anual menor a 2% entre 1988 y

2008. Considerando que el crecimiento anual de población para ese periodo fue de alrededor de 1.5%, la expansión es prácticamente nula. Lo mismo aplica para la incidencia del consumo de drogas (al menos una vez en la vida) y la prevalencia del uso (al menos una vez durante el último año). Las cifras en México son mucho menores que en Estados Unidos y que en países latinoamericanos como El Salvador, Argentina y Chile. A medida que se expande la clase media mexicana estos porcentajes aumentarán, aunque no tanto como para justificar una gran campaña contra el abuso de drogas. La idea de que una vez que los cárteles colombianos empezaron a operar a través de México y comenzaron a pagarles a sus colegas locales en especie, creando un boom de consumidores nacionales, simplemente no se sostiene frente a los números del propio gobierno o a las estadísticas de Naciones Unidas, o al mercado mismo. La diferencia de precio entre descargar un kilo de cocaína en México y hacerlo en las calles de Nueva York sigue siendo abrumadora. La proporción es superior de ocho a uno.

Todas las drogas producidas en —o traficadas a través de— México llegan a Estados Unidos: esta afirmación sólo permite matices menores. Ése es el mercado; no la "juventud dorada" mexicana, no los niños de la calle, ni siquiera los soldados y policías —que han fumado mariguana desde la Revolución: "La cucaracha, la cucaracha, ya no puede caminar, porque no tiene, porque le falta, mariguana qué fumar"; la cucaracha, como lo saben todos los niños mexicanos, era Victoriano Huerta.

Desde Huerta hasta los adolescentes contemporáneos, todos los sectores citados de la sociedad mexicana, como en el resto del planeta, abusan de sustancias ilícitas. Pero el mercado que conforman resulta nimio comparado con los 100 millones de estadounidenses que confiesan haber probado mariguana al menos una vez en sus vidas, o a los 30 millones que dicen haberla consumido en el último mes, o a los 10 millones de adictos a las drogas duras.

La violencia y la corrupción suelen asociarse —con razón— al tráfico de drogas. Sin embargo, existen países de enorme violencia donde el tráfico sigue siendo menor (principalmente en África, Centroamérica, partes de Brasil, y Paraguay, en América Latina por ejemplo). También abundan las naciones donde el narcotráfico no implica, en sí mismo, violencia: la amapola y heroína en Afganistán, la hoja de coca en Bolivia, el hashish en Marruecos, o la mariguana en el Condado de Mendocino, en California, donde se cultiva alrededor de la mitad de la yerba consumida hoy en Estados Unidos.

La demanda estadounidense de drogas y el papel de Estados Unidos como proveedor de armas y precursores químicos constituyen factores importantes en las tribulaciones de México, pero ni son novedad ni van a cambiar. Estados Unidos, al contrario de lo que el gobierno de Calderón —y hasta cierto punto, la propia Hillary Clinton— ha declarado, admitió desde hace muchos años que su demanda de drogas es al menos parcialmente responsable de la oferta que se origina en América Latina. Para convencerse, basta leer una serie de declaraciones de presidentes estadounidenses hechas a lo largo de los últimos cuarenta años. En 1971, dijo Richard Nixon: "Ahora debemos reconocer, cándidamente, que los procedimientos en el actual esfuerzo por combatir el abuso de drogas no han bastado..." Gerald Ford, en 1976: "El abuso de drogas es uno de los problemas más serios y más trágicos del país (...) El costo del abuso de drogas para este país es abrumador." Jimmy Carter, en 1978: "Este gobierno reconoce que los problemas en torno a las drogas no pueden resolverse unilateralmente sino que requieren de la acción concentrada del resto del mundo. El abuso de drogas está cobrando un saldo cada vez mayor en los países desarrollados y en desarrollo." Ronald Reagan en 1983: "El abuso de drogas en Estados Unidos sigue siendo una amenaza mayor para el futuro de nuestra nación." Y en respuesta a una pregunta en 1988:

Entrevistador: El presidente de México, Miguel de la Madrid
dice que el gran problema en el asunto de las drogas es la demanda.
Reagan: Siempre ha sido así.

Y quizá con más elocuencia y también en 1988, dijo:

> El consumidor americano casual no puede eludir la respon-
> sabilidad moral del tráfico de drogas. Lo que estoy diciendo
> es que aun si eres un consumidor ocasional, eres cómplice de
> crímenes y asesinatos (…) Gracias a los esfuerzos de la campaña
> "Just Say No", de Nancy Reagan, los americanos están empe-
> zando a entender que la manera de solucionar el problema de
> las drogas de forma permanente es negándole al traficante su
> mercado —parar la demanda.

El sucesor de Reagan, George H. W. Bush, dijo en 1989:

> Los americanos no pueden culpar a las naciones andinas de
> nuestro voraz apetito por las drogas. Finalmente, la solución al
> problema que tiene Estados Unidos con las drogas se encuentra
> adentro de nuestras fronteras (…). [Necesitamos aplicar] penas
> más duras, pero también educación y tratamientos. Pero ustedes
> y yo estamos de acuerdo con el valiente Virgilio Barco [el enton-
> ces Presidente de Colombia], que dice que si los americanos usan
> cocaína, entonces los americanos están financiando asesinatos
> (…) Mientras haya americanos dispuestos a comprar drogas, ha-
> brá gente que venda drogas, y gente dispuesta a matar, si ese es el
> costo de su negocio. Hay una conexión directa entre los provee-
> dores y los consumidores ocasionales que no se puede soslayar.

Por último, su hijo, el presidente George W. Bush, en Mérida, a
principios de 2007: "Le dejé muy claro al presidente Calderón que

yo reconozco que Estados Unidos comparte responsabilidades en la lucha contra las drogas. Y una de las responsabilidades que tenemos es incitar a la gente a utilizar menos drogas." Así que Hillary Clinton no dijo nada nuevo cuando calificó la demanda de drogas en Estados Unidos como "insaciable", o cuando en Guatemala declaró: "Estados Unidos, bajo el gobierno del presidente Obama, reconoce y acepta su parte de responsabilidad en los problemas que supone el tráfico de drogas en esta región (...) La demanda en el amplio mercado de Estados Unidos es el motor del tráfico de drogas. Sabemos que somos parte del problema."[3]

No obstante altibajos menores, los índices de consumo en Estados Unidos han permanecido constantes a lo largo de los últimos cuarenta años, cambiando sólo el peso de cada droga dentro de la mezcla total. Todo sigue igual a pesar del intento de Carter por liberalizar los criterios de encarcelamiento; de la iniciativa de Obama de "no aplicación" de las leyes federales antimariguana en estados donde su consumo médico es legal, de la campaña de Nancy Reagan y del moralismo de George W. Bush. El tipo de droga varía —mariguana en los años sesenta, setenta y los primeros años de este siglo; el crack y la cocaína en los años ochenta y noventa; el cristal meth y las drogas de diseño a partir del año 2000— pero la demanda general permanece invariable. La sociedad estadounidense, bajo presidentes republicanos conservadores o bajo demócratas liberales o moderados simplemente no cree que sea necesario o deseable un esfuerzo mayor en esta materia. La cruzada no es atractiva ni desde un punto de vista presupuestario ni desde la perspectiva de las libertades. Si acaso, a partir del año 2000, la tendencia pareciera ser la opuesta. Mientras los pros y los contras de la reducción de la demanda y del daño, de la penalización extrema y la descriminalización absoluta, se empezaron a sopesar en México y en Estados Unidos hace algunos años, sigue pendiente la campaña para reducir el consumo de drogas en

Estados Unidos. Y seguirá pendiente. El reclamo de México de que todo es culpa de los estadounidenses es parcialmente cierto pero inútil.

Acontece lo mismo con el tráfico de armas. Incluso si Estados Unidos revocara la Segunda enmienda constitucional (el derecho a portar armas) y/o restituyera la prohibición de armas (Assault Weapons Ban) que prescribió en 2004, no es evidente que así se erradicaría la oferta de armas para el crimen organizado en México. Podría encarecer y dificultar la obtención de armas, pero es difícil creer que los innumerables fabricantes de armas en el mundo no ocuparían el nicho. Ahora bien, como no se espera de parte de Estados Unidos ninguna iniciativa legislativa al respecto, la discusión resulta ociosa.

Como no va a cambiar, la única solución radica en transformaciones internas. Pero hasta ahora la actitud mexicana hacia la impunidad y la ausencia de un estado de derecho se erige como un obstáculo casi infranqueable para las reformas necesarias en esta materia. ¿Cuáles son estas reformas? La primera tiene que ver con el grado de control del Estado sobre el país. Tradicionalmente, el Estado mexicano ha cedido pequeñas o grandes parcelas de su territorio a caciques locales, grupos estudiantiles, paracaidistas y guerrilleros autodesignados. Con tiempo, paciencia, y ráfagas esporádicas de represión, el Estado recuperaba los territorios perdidos, aunque pronto cedería otros. El ejemplo más reciente y pertinente fue el levantamiento zapatista en Chiapas de 1994-1995. Los gobiernos de Salinas y Zedillo, a través de negociaciones y la presencia masiva del ejército, obligaron a los zapatistas a retirarse a sus bastiones en la selva, pero después los dejaron en paz. Los subordinados del Subcomandante Marcos cobraban cuotas y peajes para entrar a sus zonas "liberadas", cateando a todos los visitantes, admitiendo a unos y discriminando a otros, y controlaban la zona. El ejército mexicano pudo haber recuperado este territorio sin mayores dificultades, pero Salinas y Zedillo —y después, Fox, y hasta Calderón— decidieron no meterse. Prefirieron "tolerar" indefinidamente la existencia del supuesto ejército zapatista, y así lo han hecho desde 1994.

Lo mismo ha ocurrido en otras ciudades, pueblos y regiones en el resto del país. Pero a diferencia de Chiapas, los "ocupantes" siempre han sido o caciques políticos locales, al servicio de autoridades estatales o federales, o más recientemente, simples narcos, no guerrilleros rockstar. Así ha sucedido durante años en Guerrero, Sinaloa, Durango y Chihuahua. Pululaban inmensas propiedades o comunidades donde la policía local y federal no osaba entrar, y donde el ejército sólo penetraba en el contexto de alguna operación mayor y ampliamente publicitada. Estos arreglos tácitos funcionaron durante muchos años, pero se volvieron insostenibles en democracia; condujeron a Felipe Calderón a desatar una larga guerra contra el narcotráfico destinada al fracaso, a través de la cual pretendía restaurar el Estado de derecho y recuperar los gajos perdidos del territorio mexicano a favor de los cárteles.

En cierto sentido Calderón intentó —tal vez de buena fe— lograr lo que los partidos políticos se propusieron con la igualdad de género: imponer por la fuerza la aplicación de leyes que no podían ser cumplidas, insinuando sin embargo que se podía lograr un acuerdo entre el gobierno y los cárteles, una vez que la correlación de fuerzas entre unos y otros arribara a un nuevo equilibrio. En vez de cambiar las leyes y adaptarlas a la realidad, el Presidente mexicano, como todos sus predecesores, quiso alterar la realidad y adaptarla a la ley, sabiendo desde el principio que eso era imposible y contraproducente. Su guerra simplemente añadiría un delgado estrato más a la capa de simulaciones y de falta de respeto por la ley. Por lo menos hasta 2010, se detectaban más áreas del país ajenas al control central del Estado que cuando empezó la guerra a finales del 2006; más ciudades donde los jefes narcotraficantes actuaban a su antojo a plena luz del día; más carreteras y barrios donde la policía se negaba a entrar, y donde el ejército podía realizar, a lo sumo, fugaces y superficiales operativos. México resultó ser incapaz de recuperar el control de las zonas perdidas, a pesar de las 34 mil muertes entre los años 2007 y 2010; de una imagen internacional terriblemente estigmatizada, y un número creciente de violaciones a los derechos humanos por parte de la policía y el ejército —todo lo cual agravó el cinismo de la sociedad civil. La única solución imaginable a largo plazo, con todas sus complicaciones y relatividades, implicaba un cambio radical en la relación de México con la ley.[*]

La violencia, Mérida el paraíso y una policía nacional

Otro reto es la propia violencia. México sí padece, y así ha sido durante décadas, de la ausencia de un Estado de derecho, de la venalidad extrema de la policía y las autoridades locales, y de una violencia indiscriminada originada en el negocio del narco. Esto siempre ha sido cierto en estados fronterizos como Tamaulipas,

---

[*] Existe una alternativa, al menos teóricamente: un equivalente mexicano al Plan Colombia, esto es, una inyección masiva de dinero, consejeros, instructores, hardware y software estadounidenses, a lo largo de un periodo de tiempo prolongado. Al menos hasta 2010, esto parecía inconcebible para ambos lados de la frontera, pero la actitud mexicana parecía estar cambiando. En una encuesta realizada por GAUSSC hacia finales de 2009, a la alternativa entre "para combatir mejor a los narcotraficantes el ejército *sí* necesita la ayuda del ejército de Estados Unidos" (A) y "para combatir mejor a los narcotraficantes el ejército *no* necesita la ayuda del ejército de Estados Unidos" (B), 47% eligió A y 36% B. En otra encuesta levantada en marzo de 2009, a la pregunta "¿Estarían de acuerdo que Estados Unidos mandara tropas para combatir a los narcotraficantes?", un asombroso 40% contestó que sí; en 2007, 22% había contestado que sí a la misma pregunta, realizada por la misma firma encuestadora. "Encuesta Nacional," GAUSSC, México, D.F., diciembre 2009; "50% 'Mi opinión sobre la Sra. Clinton mejoró con su visita a México.' 57% 'Sobre el narcotráfico dijo lo mismo que dijeron otros gobiernos,'" Demotecnia, México, D.F., marzo 2009.

Chihuahua y Baja California, y también para entidades no fronterizas pero productoras de drogas, como Sinaloa, Durango, Michoacán y Guerrero. Las mismas calamidades afectan a las zonas que se han convertido en rutas o plazas, aunque no compartan frontera con Estados Unidos ni sean productores significativos. En todos proliferan estadísticas de muertes violentas, homicidios y secuestros, comparables a países como Colombia, El Salvador, Brasil, Venezuela y Guatemala —las sociedades más violentas de América Latina. Pero estas realidades deben ponerse en contexto, para entender el verdadero reto que enfrenta en su guerra contra el narcotráfico.

En 2007, el porcentaje *nacional* de crimen y violencia fue más *bajo* que nunca, con 8 de homicidios dolosos por cada 100 mil habitantes. En 2009 subió a 18, como resultado de la guerra de Calderón. Esta cifra sigue siendo inferior a la de los países mencionados (El Salvador 49, Venezuela 48, Guatemala 43, Brasil 26 y Colombia 34), aunque por supuesto, como ya se ha dicho, es mayor que en Estados Unidos y Europa.[4] El porcentaje escamotea, sin embargo, enormes brechas entre regiones y estados. Sinaloa y Chihuahua sufren los índices más altos, con 43 y 42 homicidios por cada 100 mil habitantes; Guerrero, Durango y Baja California le siguen: entre 27 y 30.[5] Estas cifras, con los encabezados de periódicos y los noticieros de la televisión, hacen que el Chicago de la Prohibición se parezca a un barrio próspero de Zurich o Ginebra. Pero se conocen grandes porciones del país donde la inseguridad y la violencia resultan prácticamente desconocidas. Mérida es una de estas ciudades, con menos de 2 homicidios dolosos por cada 100 mil habitantes cada año, esto es, ni siquiera un sexto del promedio nacional y veinte veces menos que Sinaloa.

La capital de Yucatán es una ciudad elegante, de unos 830,732 habitantes (aunque el área metropolitana alcanza casi el millón). Es la doceava ciudad más grande del país.[6] Las ruinas vecinas de

Chichén Itzá y Uxmal son testigo de la sofisticación y riqueza de la civilización maya de la cual descienden sus habitantes. Mérida se fundó en 1542, apenas veinte años después de la caída de Tenochtitlán; después llegó a ser conocida como "La Ciudad Blanca", por las mansiones blancas *fin de siècle* francesas del Paseo de Montejo —que lleva el nombre del primer mandatario español, Francisco de Montejo y León. Pero también llevaba ese nombre porque era, y en parte sigue siendo, una comunidad un tanto racista, en un país un tanto racista.

Durante los prósperos años del henequén a principios del siglo XX los terratenientes y aristócratas que construyeron esas mansiones, importando vitrales y escaleras de madera de París, trataban a los trabajadores mayas como esclavos: igual que en Cuba, Brasil y Estados Unidos.[*] Los mayas se rebelaron varias veces, empezando por la famosa Guerra de Castas (1847-1853), y otra vez a finales de aquel siglo, bajo la bandera de los derechos indígenas y la "Cruz Parlante". En las revueltas siempre reclamaban la conservación de su religión sincrética, su dignidad, orgullo, su lengua y sus costumbres. A cada insurrección se respondió brutalmente desde la capital, en donde no existía ningún interés por construir un vínculo entre la península de Yucatán y el resto del país. Hasta 1898 para visitar la capital, era preciso viajar por ferry desde Progreso hasta Nuevo Orleans o La Habana, para luego volver a Veracruz y tomar el tren a la Ciudad de México. Las conexiones ferroviarias a Campeche de finales del siglo XIX permanecieron separadas de Coatzacoalcos y del resto del país hasta los años cincuenta.[7]

---

[*] Basta con leer los comentarios del cónsul estadounidense G. B. McGoogan en Progreso, el 19 de marzo de 1911: "Los peones en las grandes haciendas son objetos de los dueños. Muchos peones nacen, viven y mueren en el mismo lugar... les pagan muy poco, y algunos son maltratados, golpeados y castigados de diversas maneras. Se convierten en bestias furibundas subyugadas por sus dueños..." SD 812.00/1084, Departamento de Estado de Estados Unidos, Washington, D.C.

Mérida es, hasta cierto grado, Yucatán. Cincuenta por ciento de los habitantes del estado vive en la conurbación, que hoy incluye una ciudad vital, dedicada al turismo, a las maquiladoras, a la burocracia estatal y a las universidades, así como al comercio con Estados Unidos desde Progreso.[8] Pero es una ciudad en donde, además de la belleza de su arquitectura, diseño urbano y vegetación, uno puede de hecho disfrutar de estas cosas; caminar por las calles tan tarde como le plazca, sin el menor temor a ser asaltado o molestado, ya ni se diga que lo maten, violen o decapiten, como ocurre con demasiada frecuencia en tantas otras ciudades de México. Y Mérida presume además, con Puebla y Oaxaca, la mejor gastronomía del país.

Un día Mérida se convertirá en el destino obligado de los *baby boomers* norteamericanos jubilados, si hemos de creerle a Roberto Hernández (uno de los empresarios más prósperos de México que en 2001 vendió Banamex a Citigroup), quien se ha convertido en un gran benefactor y promotor de la región. Pero esto sucederá sólo si Mérida sigue siendo una ciudad segura y amigable y si permanece ajena a las guerras del narco del resto del país. Por ahora es el caso. Dos de los últimos tres presidentes de Estados Unidos han visitado Mérida (y Barack Obama lo hará también algún día), precisamente porque las medidas de seguridad son más fáciles de aplicar.

La excepcionalidad de Mérida no radica sin embargo en una policía municipal o estatal honesta, bien entrenada y equipada. El estado entero emplea sólo a 4,626 policías estatales (hombres y mujeres). La ciudad de Mérida cuenta apenas con 380 policías urbanos, dado que nada salvo el centro de la ciudad se halla bajo la jurisdicción de la policía municipal. Se consideró que la policía de la ciudad era tan corrupta que hasta el año 2003 el orden público se ubicó en manos del Estado.[9] Estas fuerzas estatales, por su parte, son tan corruptas, ineficientes e inútiles como las del resto del país;

la comunidad es próspera pero no rica; los indicadores sociales y económicos no son, en definitiva, los más altos de México. Los mayas tienen fama de ser gente suave, dulce, discreta y cortés, sin ningún impulso por la violencia; pero han tenido, a lo largo de su historia, brotes de violencia, revueltas y duras represiones. Además, la ubicación geográfica de la ciudad es atractiva para los cárteles que envían cargamentos desde Colombia: a kilómetros del Golfo de México, de Cancún y la Riviera Maya, y de las fronteras de Belice y Guatemala. Pero por varias razones misteriosas, Mérida es distinta, aunque probablemente no pueda ser un modelo para el resto del país.

Desde hace unos años, ha votado por presidentes municipales del PAN, pero sólo ha habido un gobernador panista del estado. Los mismos votantes parecen preferir gobernadores del PRI por seis años, y presidentes municipales del PAN por sólo tres años. Dichos gobernadores han sido casi siempre caciques conservadores, con profundas raíces en el campo yucateco, corruptos y desconfiados del centro del país, que han administrado el estado con mano dura. Los yucatecos y los habitantes de la capital del estado siempre se han sentido apartados del resto del país, y no lo lamentan. Hoy, podrían en teoría seguir floreciendo en su aislamiento de las tribulaciones del otro México, exaltando o exacerbando su regionalismo.

El problema es que esta ciudad pacífica coexiste con vastas zonas de violencia, corrupción, impunidad y ausencia de control estatal. Todo esto ha dejado en claro que los esfuerzos de México por aplicar la ley y luchar contra el narcotráfico y el crimen sólo pueden resultar exitosos si el país sustituye a las actuales corporaciones policíacas —corruptas e incompetentes—, tanto locales como estatales, con una policía nacional como la de Chile, Canadá o Colombia, que le permita retirar de las calles a las fuerzas armadas y devolverlas a sus cuarteles. Pero a estados como Yucatán, con ciudades como Mérida, no les encanta la idea. Ni tampoco a los mexicanos en general: sería una herejía para su actitud tradicional hacia la ley el centralizar la policía y establecer un código penal único, a nivel nacional, en donde cada delito es federal. Esto dejaría en manos del Estado central la capacidad y la posibilidad de enviar tropas militares a zonas de conflicto, durante breves lapsos, declarando lo equivalente a un estado de sitio, mientras la Policía Nacional se cerciorara de mantener la seguridad del resto del país. Pero, ¿cómo podría una sociedad que no *cree* en la ley admitir un cambio radical además de medidas extremas para *aplicar* la ley, especialmente si la "justicia" de la ley no resulta evidente para todos?

Todos los presidentes mexicanos han enfrentado el mismo dilema: verse obligados a escoger entre el ejército y la policía al momento de tomar posesión. A su llegada, cada presidente concluye precipitadamente que su predecesor le dejó un caos, sobre todo en lo que se refiere al narcotráfico, y que por ende es preciso retirar al ejército de la labor que debiera efectuar la policía (y donde su antecesor tan irresponsablemente los colocó). Pero pronto, cada presidente también se da cuenta de que en México, es el ejército o nada. No hay fuerza policíaca que sirva. Subsecuentemente, el presidente en turno decide dejar al ejército al mando del combate contra las drogas, subiendo o bajando el nivel de intensidad de su involucramiento, mientras vuelve a lanzar un plan para crear una policía nacional. Dado que los presidentes mexicanos, como en cualquier otra parte del mundo, no se pueden concentrar en dos prioridades a la vez, el combate contra las drogas termina por eclipsar la construcción de las fuerzas policíacas y, cuando termina el sexenio, el ejecutivo le entrega a su sucesor el mismo dilema diabólico que heredó unos años atrás.

Fui testigo de este síndrome en el año 2000 cuando, después de la elección presidencial, acompañé a Vicente Fox a su primera visita a Washington como presidente electo. El embajador mexicano de entonces organizó una cena espléndida, entre cuyos invitados figuraba el "Zar antidrogas", el General Barry McCaffrey. El Embajador me transmitió su petición de tener una conversación privada conmigo después del café, durante la cual él creyó todo el tiempo, equivocadamente, que yo disponía de la escucha del Presidente en todos los ámbitos. McCaffrey me pidió convencer a Fox de no cumplir su promesa de campaña de retirar a las fuerzas armadas del combate a las drogas. El razonamiento de McCaffrey fue franco y certero, pero parcial. Retirar al ejército, según él, crearía un vacío que ninguna fuerza policíaca podría llenar, ni siquiera en varios años, y entretanto, los cárteles de drogas prosperarían. Accedí a pasar el mensaje apoyándolo, aunque pensaba entonces que el consejo —o mejor, la vehemente exhortación— de McCaffrey era contradictoria. Nunca tendríamos una fuerza policíaca decente si no retirábamos al ejército, salvo como apoyo de retaguardia en operaciones esporádicas y precisas. Seguimos en lo mismo.

Los retos que enfrenta México en materia de seguridad y cumplimiento de la ley no pueden ser superados con el actual andamiaje de la policía federal, estatal y municipal, copiada de Estados Unidos. Las fuerzas estatales y municipales, con alrededor de 400 mil integrantes, pero divididos en 2,500 ciudades y pueblos a lo largo de los 32 estados, se hallan profunda y permanentemente compenetradas por el narco e involucradas en el tráfico de drogas, secuestradores, y el crimen organizado en general, así como en pequeñas corruptelas y líos callejeros. Mauricio Fernández, el presidente municipal de San Pedro Garza González, reveló durante su campaña en 2009 que incluso las regiones más prósperas del norte del país ya no podían contar con sus policías. De acuerdo con Fernández, tanto su predecesor como él llegaron a acuerdos con los narcotraficantes que viven en algunas de las mansiones en las montañas que rodean Monterrey. Por eso no había secuestros ni matanzas en San Pedro.

Fernández y la gente de San Pedro, como la de Mérida, no aceptarían que su ciudad cayera de pronto bajo la jurisdicción de una fuerza policíaca nacional que gradualmente reemplazara a las policías locales y estatales. No se someterían fácilmente a un código penal único que convirtiera a casi todos los delitos serios en crímenes federales y eliminara los códigos penales estatales, salvo para delitos muy menores. Por el momento, 93% de todos los crímenes son no federales; i.e., caen bajo la jurisdicción de las leyes de los 32 estados; y 87% de *todos* los delitos simplemente no se denuncian.[10] Obviamente, existe una relación entre ambos hechos. Los habitantes de San Pedro o de Mérida probablemente rechazarían una fuerza policíaca militarizada, más parecida a los Carabineros en Chile (creada en 1921) que a la Real Policía Montada de Canadá. Ellos, y otros habitantes de ciudades con bajos índices de criminalidad argumentarían que la violencia y el crimen son problema de los demás: que cada quien se rasque con sus propias uñas. Algunos gobernadores aprobarían la idea a largo plazo; ése es el tipo de medida drástica que nunca complace a todos. Sólo se puede lograr si surge una mayoría legislativa (dos terceras partes del Congreso federal y de las legislaturas estatales), o mediante un referéndum donde, inevitablemente, cuando mucho un poco más de la mitad de la población apoya y un poco menos de la mitad se opone.

La única manera de combatir con éxito el crimen, la violencia y el narco en México consiste en unificar los esfuerzos a lo largo del país entero; y eso, desafortunadamente, requiere que el centro imponga su voluntad sobre la provincia. E implica también aceptar que si la ley es justa o no, si a uno le gusta o no, es la ley: *dura lex, sed lex*. Pero también implica aprobar leyes aplicables y que la gente pueda cumplir. Canalizar todo a una guerra contra el narcotráfico cuando el "vecino distante" es cada vez más tolerante hacia las drogas, incluso legaliza algunas de ellas, socava la credibilidad de las leyes —en un país, además, donde la norma es el escepticismo y el cinismo respecto a éstas. Las dos cosas van de la mano. México desconfía de la ley y adora las leyes incumplibles o eludibles: de ahí el clásico dicho, "hecha la ley, hecha la trampa". O cambiamos de actitud o las consecuencias perdurarán y empeorarán.

La economía informal

También persistirán las consecuencias de las más flagrantes violaciones al Estado de derecho en México, en aquel vasto territorio que el Estado mexicano no controla, y que involucra a muchos millones de mexicanos más que los dominios de los narcotraficantes: la inmensa extensión de la economía informal. No es nuestro propósito aquí indagar sus orígenes —regulación excesiva, crecimiento insuficiente, incentivos malogrados, corrupción—, sino simplemente hablar de su existencia y demostrar sus vínculos con la cultura de la falta de respeto por la ley.

Según cálculos del gobierno —más limitativos que otros— en 2009 el 13% del PIB del país fue generado por la economía informal, y 12 millones de mexicanos, o 28% de la población económicamente activa (PEA), se ganaba la vida en este sector —con mayores porcentajes en ciertos sectores (como el comercio, restaurantes y hoteles) que en otros (como la industria manufacturera). Es una cifra mayor a la de la ocupación en el turismo (la fuente más grande de empleo en el país), la emigración, la agricultura, la industria automotriz, o cualquier otra actividad. Se trata de niveles comparables con aquellos de Colombia y Chile, pero menores que los de Brasil y Venezuela. Según otras estimaciones, sin embargo, realizadas por expertos en la materia como Santiago Levy, que creó el programa Progresa/Oportunidades durante los años noventa, en 2006, 25.7 millones de los aproximadamente 42 millones de mexicanos que conformaban la PEA, pertenecían al sector informal —el 58%. Él estima que ese porcentaje ha crecido desde 2008. [11] Otros cálculos sostienen que entre un cuarto y la mitad de la población trabajadora del país se encuentra en la economía informal, lo cual da cuenta de entre 12 y 20% del PIB.

Las variaciones provienen de las definiciones. Existe una tendencia entre los no especialistas a identificar informalidad e ilegalidad; en efecto, los dos sectores se entrecruzan, pero no son idénticos. Hay muchos trabajadores informales que no son ilegales, y existen ciertas facetas ilegales de los trabajos formales (por ejemplo, médicos que no declaran todos sus ingresos). Nuestro enfoque se ubica en la *intersección* de lo ilegal y lo informal. Los trabajadores en el sector laboral formal pueden definirse como aquellos que "laboran en empresas autorizadas por el gobierno y que cumplen con las leyes tributarias y laborales, incluyendo las regulaciones de salario mínimo, prestaciones de pensiones y seguro de salud para los empleados, normas de seguridad en el trabajo, etcétera". Los trabajadores informales, por otro lado, son "aquellos *dueños* de empresas en gran medida desvinculadas de instituciones y obligaciones gubernamentales y sus empleados, quienes no están cubiertos por protecciones laborales formales". Pero la ilegalidad no se limita a la "infracción de las leyes sobre seguridad social, despido y liquidación e impuestos al trabajo… [incluye la violación de] las leyes sobre el pago de impuesto sobre la renta, el registro ante autoridades municipales y otras dimensiones de comportamiento ilegal [por ejemplo, no cumplir con las regulaciones sanitarias] asociadas con la informalidad".[12]

Cuando la comunidad empresarial o los ciudadanos y los medios, justificadamente enfurecidos, exigen que el Presidente ponga un alto a las manifestaciones estudiantiles, a los bloqueos campesinos de carreteras, a los obreros que toman las fábricas, o a los criminales que incumplen la ley, éste casi siempre responde igual:

"Puedo aplicar la ley tan severamente como ustedes me lo piden, pero si la aplico parejo, tendría que empezar por la economía informal, donde laboran millones de mexicanos. ¿Están seguros que eso quieren?" La respuesta de sus interlocutores es también casi siempre la misma: "Entonces mejor otro día; por ahora, sólo sáquenos a los manifestantes, a los paracaidistas, y a los narcos." Aunque los presidentes municipales de ciertas ciudades han avanzado en la reubicación a los vendedores ambulantes y disminuyendo la increíble variedad de "franeleros" y "vieneviene" en las esquinas de México, la economía informal mexicana se ha disparado en los últimos quince años.

El sector laboral formal creció aproximadamente 30% entre mediados de los años noventa y 2010; los salarios subieron poco o se han estancado.[*] Pero como la población del país pasó de 83 millones en 1990 a 112 millones en 2010, la emigración subió exponencialmente pero también lo hicieron las filas de la economía informal, expandiéndose en casi 50%. Aquí yace una explicación importante de los males más graves que afligen al país: la porción del PIB correspondiente a salarios descendió de 39% a 30% entre 1980 y 2010.[13] La productividad laboral total ha permanecido inmóvil en estos últimos años. De acuerdo con la OCDE, "el crecimiento de la productividad del trabajo en México fue ligeramente negativo entre 1987 y 2007…". Entre 2002 y 2007 creció 1.1%, pero el crecimiento global "en México ha dependido más de la acumulación de factores de producción que de una productividad mayor". Dado que más mexicanos han entrado al sector informal que al formal, que la productividad del primero es mucho menor a la del segundo, y que al final del día la evolución de los salarios depende de la productividad, la proporción del ingreso nacional

---

[*] Según la OCDE, la compensación por hora en el total de la economía aumentó de 3.9 dólares PPP en 1996 a 5.7 dólares en 2006 —un aumento de aprox. 2% al año.

correspondiente a los salarios cayó.[14] ¿Por qué es menor la productividad en el sector informal? La razón es sencilla: los niveles de educación, los salarios, y la inversión son más bajos en sectores intensivos en fuerza de trabajo y privados de capital.

Además, desde los años noventa, cuando el sistema político mexicano empezó a transitar hacia la democracia y una mayor rendición de cuentas, los gobiernos sucesivos han incrementado los niveles de protección social a las grandes masas pertenecientes a la economía informal: seguro médico, pensiones, apoyos en el campo, etcétera, a través de un sistema hechizo y desordenado. Hasta cierto punto, uno podía obtener casi los mismos beneficios en el sector informal que en el formal, pero sin pagar impuestos o cotizar en el seguro social. Pudiendo escoger entre pagar o no pagar, los mexicanos optaron lógicamente por los beneficios gratuitos, aunque fueran de menor calidad.

Pero la persistencia de una gran parte de la actividad económica del país fuera del imperio de la ley no sólo afecta los salarios, la productividad y el empleo. Es peor. México tiene la recaudación fiscal más baja de la OCDE, y notablemente menor a la de muchos países en América Latina, como Brasil, Chile o Argentina. Esto es en buena medida producto de una baja recaudación de impuestos *sobre la renta* (en impuestos indirectos o de valor agregado, México no está muy atrás de los otros países), pero también por uno de los aspectos fiscales mexicanos más peculiares. La recaudación por concepto del impuesto predial es prácticamente nula. El país recauda por debajo del 0.2% del PIB en impuestos municipales —menos de la mitad que en Chile, cinco a seis veces menos que en Colombia, Argentina, Brasil; y una miseria comparada con el Reino Unido (4.2%), Francia (3.2%) o España (3%).[15] Cuando se recuerda que en 2010 el uno por ciento de PIB en México equivale aproximadamente a mil millones de dólares (el PIB es alrededor de un billón de dólares, dependiendo del año y la manera en que se contabiliza), la diferencia en términos absolutos entre lo que el país obtiene del predial y lo que debería recibir, dado su nivel de desarrollo, es mayor a 2 mil millones de dólares anuales. Ésta es sólo una consecuencia de la informalidad en México. Las causas de esta mediocre recaudación ayudan a entender otros efectos perniciosos de la informalidad.

Ningún gobierno puede gravar lo que la gente no gana, no gasta y no posee. A la larga, enfrentará serios obstáculos a la hora de cobrar impuestos incluso por transacciones, ingresos y propiedades plenamente legales. Pero si además las propiedades no están tituladas, no sólo no se les puede cobrar impuestos, sino que no pueden usarse para nada más —para obtener una hipoteca y poner un negocio, heredarla, comprarla o venderla, rentarla para vivir en una mejor zona, etcétera. De acuerdo con Hernando de Soto, del Instituto Libertad y Democracia en Perú, que ha levantado encuestas similares en diversas partes del mundo, desde su Lima natal hasta el Cairo, 53% de todos los predios en las áreas urbanas de México son extralegales.[16]

En otras palabras, la mitad de las casas y predios ocupados en las ciudades mexicanas emergieron ajenas a regulaciones de uso de suelo y no están legalmente inscritas en registro alguno. La base gravable del impuesto predial —o catastro— es tan estrecha que resulta imposible para el gobierno recaudar impuestos de gente que, al menos formal y legalmente, no son propietarios de sus casas o su predio urbano. Peor aún, estos "propietarios" no pueden utilizar esa "propiedad" como garantía de un préstamo ni de otra forma, ya que carecen de un título que acredite su bien. Se puede argumentar —e incontables académicos así lo han hecho— que el punto de vista de De Soto sobre el sector informal es un tanto iluso. Muchos de quienes reciben una escritura proceden inmediatamente a hipotecar la propiedad, y terminan perdiéndola porque despilfarran o desaprovechan el dinero o lo invierten en negocios destinados al fracaso. No obstante, la ausencia de derechos de propiedad en las grandes zonas urbanas de lo que solía llamarse el Tercer Mundo es una calamidad innegable.

Sumando a esto las profundas brechas de recaudación de impuestos prediales entre ciudades y estados *dentro* de México —donde la capital recauda 28 veces más per cápita que los estados más pobres (Chiapas y Oaxaca)—, surge una idea de las enormes dificultades que genera la estructura de propiedad informal para la precaria estructura fiscal del país. Al final de cuentas, esto implica que las ciudades y los estados más pobres permanecen pobres, y los más ricos prosperan.

Es cierto que esta irregularidad en materia de derechos de propiedad prevalece a lo largo de toda América Latina, donde De Soto ha detectado índices similares o mayores de ilegalidad que en México. Con la excepción de Perú, muchos de los países más chicos (Panamá, República Dominicana, El Salvador, Guatemala, Haití), incluso algunos de los más grandes (Colombia y Brasil) padecen índices de informalidad más elevados que México, aunque también se puede conjeturar que la maquinaria censal y estadística mexicana es más eficaz y la titulación debiera ser más amplia. Pero la debilidad de la ley en México explica las grandes diferencias en términos de recaudación, a pesar de la extensión de la informalidad en toda la región.

¿Qué se puede hacer? En el caso de las importaciones ilegales de automóviles de Estados Unidos, por ejemplo, el dilema también parecía ser incorregible, y el impacto era igualmente grave. La solución del gobierno consistió en legalizar todas las importaciones informales previas, de una vez por todas y, de manera más o menos indiscriminada, dejar que se importaran automóviles usados de modelos cada vez más recientes. De modo similar, es posible que la única salida al desastre que implica la economía informal esté en formalizar a los mexicanos informales: ya sea en sus lugares de trabajo, sus viviendas, sus automóviles, seguros médicos o cualquier otro aspecto de su vida cotidiana. Se ha avanzado mucho a lo largo de la última década, a través de la construcción, venta y posesión de nueva vivienda, como se vio en el segundo capítulo acerca de la clase media; la magnitud del universo de viviendas sin títulos sigue siendo abrumadora. Igualmente, la creación de un sistema de salud pública nacional unificado, de pagador único, financiado desde el centro, acabaría con muchos de los incentivos para permanecer en el sector informal, ya que le brindaría beneficios a todos los mexicanos, independientemente de su estatus laboral. Si uno puede obtener beneficios similares pagando o no impuestos, no se requiere de un Nobel en economía para entender por qué la mayoría de los mexicanos opta por la segunda opción. Un nuevo sistema de protección social universal también reduciría el costo de cada empleo —hoy el equivalente a 30% de cargas sociales—, e incentivaría la creación de trabajos formales. Y si se pudieran crear más empleos al abrir oportunidades de inversión en toda la economía, entonces en principio México podría, en algún momento de la segunda década del siglo, dejar atrás la cultura de la informalidad que durante tanto tiempo ha abrazado y fomentado. Pero detrás de esta cultura se asoma la citada actitud hacia la ley. Sin un cambio radical en este rasgo devastador del carácter mexicano, será imposible alcanzar cambios tangibles en las políticas nacionales.

Una anécdota final, donde se combinan la informalidad, la impunidad y la vida cotidiana, brota de un estudio poco científico pero muy revelador que realizó el periódico *Reforma* sobre las infames peseras de la ciudad de México en 2010. Como bien se sabe, las peseras no son ni taxis piratas ni autobuses metropolitanos oficiales, sino ambos y ninguno. Transportan entre 20 y 40 personas y son propiedad privada —muchas veces de dueños individuales. Como al chofer se le paga por pasaje vendido, en su vehículo mete a la mayor cantidad de gente posible, va lo más rápido que pueda, y realiza cuantas paradas sean necesarias —aunque esto implique violar todas las leyes de tránsito. Así, con la posible excepción de los policías, estos conductores son —justificadamente— los seres más detestados e insultados entre la fauna que transita por las avenidas de la ciudad. De 417 peseras encuestadas por el *Reforma*, 79% circulaba con las puertas abiertas; 38% subía y bajaba a pasajeros en zonas prohibidas; 30% tenía una apariencia "sucia" o "informal"; 21% llevaba ilegalmente a un cobrador o ayudante; 5% hacía "carreritas" con otras peseras, hablaban por teléfono mientras conducían y llevaban pasajeros en el estribo.[17]

No es el fin del mundo. Otras ciudades del tamaño de la Ciudad de México poseen transportes públicos igualmente desastrosos, kamikazes y potencialmente asesinos. Y en el mundo entero se les detesta y tolera. Los taxis piratas salpican el paisaje nocturno de Nueva York y el transporte público es igual de caótico en todo el Tercer Mundo. Pero la Ciudad de México presume un sistema de transporte subterráneo de clase mundial (aunque con algunos de los defectos que ya se señalaron); la capital recibe a millones de turistas anualmente y se encuentra a menos de mil kilómetros de la frontera con Estados Unidos; aspira a ser una ciudad internacional, un verdadero centro cultural —todo mientras coexisten estas formas extremas de ilegalidad, de informalidad y de impunidad. Estas posturas son incompatibles a mediano plazo.

Otra vez, la sociedad civil

Asimismo, las actitudes mexicanas ante el imperio de la ley resultan incompatibles con cualquier tipo de organización de la sociedad civil, o con la construcción de una ciudadanía (y no un mero país de individuos aislados). Hemos intentado demostrar que hoy en día los mexicanos esgrimen un apego a la democracia considerable, comparado con su propio pasado, con otras naciones de América Latina, incluso con algunos países más desarrollados. Pero este afecto se dirige a una democracia entendida en un sentido estrecho: las urnas, elecciones, partidos políticos y libertades básicas. Cuando uno se mueve hacia una definición más amplia y más compleja, que incluye nociones como la "legitimidad" o los valores que reúnen a los ciudadanos en torno a la vida pública, o el así llamado "capital social", las cosas cambian. La supuesta devoción mexicana por la democracia choca con el individualismo de los mexicanos, y con su rechazo categórico a cualquier red horizontal de solidaridad, asociación, trabajo voluntario o forma simple de organización. El país presenta altos grados de desconfianza hacia sus instituciones; carece de un sentido de la representación política y muestra un sentimiento profundo de ineficiencia e intolerancia política, además de un desapego generalizado respecto a la ley y una concomitante propensión a la corrupción.[18]

Si se explora todo esto un poco más a fondo, resulta claro que, como en los demás países latinoamericanos, la gente confía más en instituciones como la iglesia que en los medios, las fuerzas armadas y los partidos políticos. En una encuesta cualitativa acerca de la "satisfacción de la gente con el funcionamiento de su democracia", México quedó en penúltimo lugar de la región, con un magro 28% de sus habitantes que se describieron a sí mismos como "muy" o "algo" satisfechos. Sólo Perú tuvo peores resultados, con un 22%. El promedio regional fue de 44%. A la pregunta: "¿Está tu país gobernado por un pequeño grupo de poder que gobierna por su propio beneficio o por el tuyo?" (una pregunta tendenciosa, por supuesto, pero igualmente distorsionada para todos los países), México quedó a cuatro lugares del último, con 21% mientras el promedio regional fue 33%. Sin una perspectiva comparativa, sólo 23% de los mexicanos entrevistados dijeron que confiaban en los partidos políticos, y apenas un cuarto declararon que confiaban en el Congreso. Dos tercios creían que "gente como yo no tiene influencia alguna en lo que hace el gobierno"; más de tres cuartas partes estaban convencidas de que "a los políticos no les importa lo que gente como yo piensa"; sólo la mitad pensaba que las personas eran iguales ante la ley; y 65% estaba de acuerdo con la idea de que "la política es tan complicada que la gente como yo no entiende lo que sucede."[19]

Vale la pena recordar que hasta principios de los años noventa, los mexicanos carecíamos de cualquier experiencia democrática, política o institucional. No habíamos gozado del dudoso lujo de las democracias de élite decimonónicas de Brasil, Colombia o Argentina, por no hablar de la estirpe democrática más incluyente de Chile, Uruguay o Costa Rica. El poder nunca se peleaba en las urnas; la ciudadanía, en el sentido amplio, nunca se le otorgó a la población; jamás se rindieron cuentas; y por lo menos en lo tocante a los individuos, el estado de derecho brillaba por su ausencia. Así que, de hecho, los mexicanos probablemente tienen razón en desconfiar de la autoridad y convencerse a sí mismos de que cualquier tipo de acción colectiva o esfuerzo conjunto va a resultar, en el mejor de los casos, fútil, y en el peor, contraproducente. Sin embargo, esta actitud desencadena un círculo vicioso perpetuo. La única forma de cobrar confianza en el poder de la sociedad civil y los méritos del esfuerzo colectivo consiste en organizarse y trabajar colectivamente; desistir de hacerlo —por la razón que sea— fortalece el de por sí arraigado escepticismo de la sociedad mexicana, lo cual hace que resulte arduo, si no infructífero, cualquier intento de organización, cerrando el círculo. La ley es la única garantía de que las cosas funcionen de cierta manera; pero si la actitud hacia la ley permanece como ahora, todo lo demás seguirá igual. La clave para circunscribir el individualismo mexicano y alentar la organización de la sociedad civil, consiste en suscribir el poder y la relevancia de la ley; de otro modo, parece imposible que algo cambie.

Un nuevo modelo para la diversidad

En realidad el país podría descubrir, dentro del estado de derecho, el antídoto a otro de sus anacronismos: la antigua y persistente sublimación de su diversidad cultural, étnica, política, religiosa y geográfica, así como la necesidad de lograr una mezcla innovadora y múltiple para una nueva era. México ha sido, incluso desde antes de la llegada de los españoles, un lugar increíblemente diverso. Cuando arribaron los colonizadores españoles, florecían en el territorio más de doscientas lenguas —aunque por supuesto no doscientas culturas. De acuerdo con el antropólogo francés Christian Duverger, la región conocida como Mesoamérica siempre combinó la diversidad y la unidad, lo cual condujo naturalmente al primer mestizaje, con sus múltiples rasgos unificadores de las civilizaciones precolombinas y la heterogeneidad lingüística, artística y cultural de las etapas sucesivas.[20]

La región se extendía, desde entonces, del paralelo 21 en el norte de México, hasta Costa Rica y parte del Caribe. No sólo era un "mosaico cultural", como fue llegada a ser conocida superficialmente; constituía más precisamente un sitio de "ocupación pluriétnica", de acuerdo con Duverger, desde mucho antes de la Conquista. Su fusión tuvo origen en el consumo del maíz, frijoles y cacao, el uso del algodón y de fibra de agave para fabricar vestimenta, la ausencia de la rueda, la adoración a múltiples dioses, y la prevalencia de las sociedades jerárquicas, estratificadas; pero, sobre todo, como explica Duverger, en una manera común de "pensar el mundo". Fue la civilización nahua, que sirvió de nexo para estos mundos distintos a lo largo de cientos de años, la que

eventualmente forjó el "crisol cultural" en que se convirtió Mesoamérica.[21]

A la región la dividía su topografía y clima, las distintas formas de exposición (o de ausencia de la misma) al resto del mundo.
Se conformaba por varias escisiones sobrepuestas. Primero, a medio camino entre las zonas tropicales a lo largo de los litorales fi-
guraban los altiplanos, que siempre fueron los sistemas geográficos
dominantes, así como las montañas y los desiertos al norte. Con el
tiempo, tras la Conquista, salieron a la superficie las subdivisiones
étnicas: los más blancos en las regiones más desérticas y deshabi-
tadas del norte; los mestizos en los altiplanos; los indígenas al sur
y en las zonas mayas; los negros africanos en las regiones costeñas.
Después, llegaron los nexos con el resto del mundo. Cada región
construyó el suyo: las islas del Caribe con los mercados azucare-
ros, los puertos con el comercio internacional marítimo, las minas
ligadas a España y al resto de Europa a través del oro y la plata.

El *locus* mexicano en Mesoamérica empezó a desarrollar los
primeros engarces de unidad política a través de las reformas
borbónicas hacia finales del siglo XVIII, y el surgimiento de un
Estado semifuncional hacia mediados del siglo XIX. El lento y
doloroso camino de México hacia su metamorfosis en nación comenzó con el Porfiriato, con el surgimiento de una misma moneda, un mercado, un solo ejército y una autoridad central. En
vísperas de la Revolución, de los quince millones de mexicanos,
trece millones hablaban español *además* de su lengua indígena
natal; y los siguientes diez años de guerra desataron a las viejas
fuerzas centrífugas parcialmente aplacadas durante el Porfiriato.
Tuvieron que transcurrir otro par de décadas —los años veinte,
con Obregón y Calles, y los treinta, con Calles y Cárdenas— para
que se pudiera reconstruir y apuntalar una autoridad central, y
armar las instituciones que finalmente convirtieron a México en
una nación unificada. Y se necesitó una versión cósmica única y

simple de la historia para crear los lazos entre individuos que los reunieran en torno a una idea de nación. No había mucho más que los aglutinara.

Sin todo esto, el país no sería lo que es: una sociedad de clase media, con una incipiente pero vibrante democracia, una economía abierta, y una de las culturas más multifacéticas y vitales del mundo. Pero una consecuencia —involuntaria y perversa— de haber seguido este camino para construir la nación residió en suprimir gran parte de esa diversidad. A pesar de sus pretensiones federalistas, el México de los años treinta y en adelante, un poco como era antes de la Revolución, se homogeneizó. Lo hizo en un sentido étnico, a través del culto al mestizo; lingüísticamente, en la medida en que fracasaron los simbólicos esfuerzos por preservar las lenguas indígenas; religiosamente, con el enorme poder recuperado por la iglesia católica, a pesar de su inexistencia legal hasta 1992; políticamente, gracias al partido único, por heterogéneo que haya sido ese partido; ideológicamente, en tanto el nacionalismo, la Revolución, la reforma agraria y el anticlericalismo nominal convergieron en un "pensamiento único" que excluyó cualquier otro punto de vista y produjo una dirección intelectual, socializada y poderosa; y finalmente, en términos económicos, con la toma de decisiones por un gobierno central que dejaba poco espacio al mercado y a la diversidad regional. El impulso *homogeneizante* emanaba parcialmente del miedo a que las tendencias centrífugas de México fueran aprovechadas por Estados Unidos en las zonas norteñas del país, como había ocurrido antes.

Pero todo esto sólo escondía la realidad. La diversidad mexicana nunca se desvaneció, a pesar de los esfuerzos monumentales por lograr la citada uniformidad. Sus retos no distaban de aquellos que enfrentan otros países con nuevas formas adquiridas de diversidad, mientras renuevan su *modus vivendi* con la mezcolanza de regiones, esferas económicas y culturas tan evidentes hoy en día.

En particular, México debe lidiar con el reto simultáneo de ser tan diverso como nunca internamente, y de poseer una inmensa e influyente diáspora que genera innumerables presiones contradictorias, así como oportunidades, tanto para México, sin hablar de Estados Unidos. Debe superar este desafío sin haber sido jamás una nación de inmigrantes (cuando mucho, acosa y hostiga a los inmigrantes centroamericanos de paso hacia el norte), y sin haber conocido la experiencia de otras sociedades de inmigrantes. Ningún país hoy en día ha cuadrado este círculo: conciliar su rica diversidad con una diáspora tan significativa y ostentar una identidad nacional tan vigorosa, sobre todo cuando los acomodos previos dejaron de ser pertinentes y situaciones sin precedentes aún aguardan ser resueltas.

Las sociedades europeas tradicionales hoy luchan por adaptarse a sus nuevas identidades, en ocasiones incomprensibles para sus ciudadanos nativos. Entre esas sociedades figuran algunas conformadas ni por inmigrantes ni por emigrantes, y que combinan identidades y caracteres nacionales en una extraña caldera de centralismos y resentimientos locales, historia nacional y costumbres regionales. Para quienes los ven de fuera, los españoles son españoles: una historia común, un solo idioma, una religión, una cocina, y una pasión por el futbol y los toros, por el vino, y no tanto por la hospitalidad. Pelearon contra los moros y los expulsaron en 1492, cuando también expulsaron a los judíos y a los pocos protestantes que osaron cruzar sus fronteras. Hoy, a pesar de su desesperada necesidad por recibir inmigrantes para contrarrestar su bajo índice de natalidad —el más bajo de Europa, si no del mundo entero— recurren al *refoulement* en altamar o le pagan a los extranjeros para que regresen a sus países natales si han perdido su trabajo (cosa nada rara, dada la crisis económica), y experimentan algunos de los incidentes racistas más odiosos de Europa contra los inmigrantes árabes, africanos y ecuatorianos. Pero visto desde dentro, el panorama se antoja dramáticamente distinto. Dígasele a un catalán, un vasco o un gallego que es español, y la conversación se acaba pronto. Pocas naciones "viejas", aparentemente homogéneas, sufren los efectos de fuerzas centrífugas como aquellos que actualmente calan la "madre patria".

Los franceses, alemanes e ingleses creen que saben quiénes son hoy en día, salvo por las comunidades árabes, turcas, paquistaníes e indias (incluso en la *jus sanguini* alemana[*]) que difícilmente se identifican con "*nos ancetres les Gaulois*", Sigfrido o la Batalla de Hastings. Estas sociedades supusieron que habían resuelto tales asuntos hace mucho tiempo; y hasta cierto punto no carecían de razón. Pero la mezcla de la construcción europea, de la globalización y del flujo masivo de inmigrantes de orígenes radicalmente distintos —religiosa, lingüística, étnica y políticamente— ha inyectado una fuerte dosis de desorden en sus vidas. La tercera generación de jóvenes franceses de origen árabe que queman coches en los *banlieux* de París y Lyon se enfurecen porque no se sienten franceses ni son tratados como tales, pero lo son, en cualquier sentido jurídico de la palabra. Los franceses "*de souche*" o "puros" responden en ocasiones que los *beurs* y las mujeres que usan *jihabs* en las escuelas públicas serán tal vez ciudadanos franceses en el sentido jurídico, pero que no comparten rasgos básicos del carácter nacional del país. Quizá a ello se debió que Nicholas Sarkozy se obstinara tanto en 2009 en lanzar su debate nacional sobre el redescubrimiento de ese carácter nacional, y le preguntara a todos los franceses qué significaba "ser francés".[**]

---

[*] Derecho de sangre.

[**] Incluso Israel, el esencialmente híper definido y virtualmente teocrático Estado-nación hoy lucha con la definición de su identidad, que se formó a través de una cultura milenaria y la religión (aunque no un lenguaje, o al menos no hasta 1948), además de a través de un holocausto de dimensiones únicas. ¿Es el Israel de hoy, un estado judío cuyo territorio se comparte con, pero cuya identidad está

Quizás China haya logrado salir airosa de estos lances, después de enormes esfuerzos y sacrificios. Con todos sus crímenes y excesos, la Revolución de Mao erigió una nación y una identidad nacional única, pero lo hizo a partir de sólidos fundamentos previos. Más de 91% de la gente en China son Han, y las minorías étnicas, religiosas o lingüísticas (ciertamente: más de 100 millones de individuos) se encuentran, literalmente, en los márgenes del núcleo Han del país: en sus fronteras con el resto del mundo.[22] No hay inmigrantes y el no despreciable número de emigrantes chinos tienen tan claramente resuelto su estatus cultural y social que son conocidos no por el lugar a dónde se fueron (en ocasiones, varias generaciones atrás) sino por el lugar de donde llegaron: "chinos de ultramar." Lo que podríamos llamar la implacable cohesión nacional china descansa, pues, en un régimen político brutal que la venera y la refuerza dentro de cada niño chino taladrando una potente sensación de superioridad cultural y étnica, y una subyacente uniformidad étnica en el seno del pueblo chino.

A largo plazo, la actual competencia entre China y la India puede continuar beneficiando a China por una razón fundamental. Su respuesta al reto de la diversidad, hasta ahora, ha demostrado ser exitosa, a pesar de incidentes dramáticos recientes pero aislados que involucran a la minoría uigur. En contraste, India sigue experimentando, como lo dijo hace años V.S. Naipul, "un millón de

---

amenazada por un número creciente de habitantes árabes no judíos, como insiste el Linkud de Benjamin Netanyahu? ¿Es compatible el Estado hipotéticamente único, que se extienda desde el Jordán hasta el mar, e incluya los territorios ocupados de Gaza y Cisjordania, que otorgaría el derecho de retorno de judíos y palestinos, con la existencia de un Estado judío? Si no, ¿cómo pueden los judíos ortodoxos y los seculares, los árabes fundamentalistas en el este de Jerusalén y los más moderados en Galilea cohabitar en dos estados y compartir una estrechísima franja de tierra en ocasiones de menos de 200 km de anchura? ¿Puede un carácter o una identidad nacional ser construida a partir de tales extremos étnicos y religiosos, de mucho mayor diversidad que otras naciones altamente heterogéneas (como Estados Unidos, Brasil, Argentina o Sudáfrica)?

motines ahora". Baste con recordar que sesenta años después de la Partición y la Independencia, hay más musulmanes en la India que en lo que fue Pakistán Oriental y ahora es Bangladesh (138 millones *versus* 127 millones). La población musulmana de la India alcanzará pronto a la de Pakistán (157 millones). Esto ha contribuido, indudablemente, a la vitalidad cultural extraordinaria de la India, pero también ha generado tensiones internas difíciles de resolver.

Estados Unidos pudo, hace años, construirse a partir de su diversidad —aunque con exclusiones masivas de varias minorías durante muchas décadas—, pero es menos seguro que otras sociedades, con características similares pero circunstancias distintas, puedan lograr lo mismo. El punto no es que sólo los orígenes homogéneos generan éxitos, sino que incluso la intención o la realidad inicial de la unidad fundacional son de corta vida. Construir una identidad nacional a partir de la diversidad en un mundo globalizado —el reto que países como Nigeria, Sudáfrica e Irak enfrentan hoy en día— puede no ser tan viable como lo fue en los siglos XIX y XX.

México debe rediseñar su diversidad a la luz de las crecientes desigualdades regionales que han emergido o se han agravado a lo largo de los últimos decenios. Tiene que restaurarla en vista de su regionalismo floreciente, en contraposición a la obsolescencia de las soluciones del pasado, y guardando en mente la importancia de su diáspora binacional. Una posible salida del actual laberinto es la creación de un país de leyes con un estado de derecho, donde la diversidad cabe y aflora y donde impere suficiente unidad para prevenir el desgarramiento provocado por su propia diversidad.

Cualquier recorrido por el México contemporáneo suscita la idea de esta variedad extrema. El norte del país es industrial, moderno, violento, de piel clara y de escaso encanto, pero alimentado por la energía procedente de su proximidad a Estados Unidos y el carácter pasajero de muchos de sus habitantes. Ahí se encuentran casi todos los capos del narco, pero también Juan Gabriel y los Tigres del Norte. Tijuana y Ciudad Juárez son lugares de paso; Mexicali y Matamoros son comunidades estables, que de vez en cuando se ven asfixiadas por el crimen y las crisis, pero básicamente prósperas y pacíficas. Monterrey, Saltillo, Chihuahua y Hermosillo son, como otros lugares que se han descrito, ciudades de clase media. No están exentas de los peligros que enfrentan muchas más ciudades de hoy en día, pero sí son un modelo para el resto de México: capitales estatales de entre 250 mil y medio millón de habitantes, con una burocracia local, universidades públicas y privadas, industria (sobre todo en el sector automotriz, la minería y los agronegocios), comunidades empresariales bien arraigadas, y algo parecido a una industria cultural. Pero son mucho menos seductoras que otras regiones; su gastronomía es plana, su música anodina, su arte poco original y su literatura contemporánea poco interesante.

Parte del centro del país se parece al norte, pero con un pasado colonial, católico, conservador: Durango, donde se dice que anda Joaquín Guzmán Loaera, "El Chapo", el narcotraficante más rico y más famoso; Zacatecas, San Luis Potosí, Aguascalientes, Querétaro, delimitados por las dos Sierras Madres. Esta tierra es más mestiza y más colorida; hay ciudades y pueblos con trazas coloniales y centros históricos hermosos, que hoy siguen siendo bastante pacíficas (salvo Durango); las ciudades cuentan con altos niveles de urbanización, industria y uniformidad y el PRI dejó de gobernarlas hace décadas, aunque a ratos se apodera de nuevo de alguna gubernatura o alcaldía. Allí se consolidan aglomeraciones cuyas dimensiones son manejables. Con la excepción de Durango y Zacatecas, donde más de la mitad de la población originaria radica en Estados Unidos, se trata de una región escasamente afectada por la emigración.

Y luego viene la franja central del país, que geográficamente no es homogénea, pero sí lo es económica y culturalmente. Arranca en Sinaloa, donde los turistas prueban el mejor marlin del mundo y los empresarios exitosos exportan a Estados Unidos atún y camarón, además de hortalizas. También se siembra maíz y trigo al norte y sur de Sonora —el granero del país. Y por supuesto, Sinaloa —un estado dedicado al cultivo de mariguana en la sierra y de amapola para la heroína— contribuye con un 60 a 70% de las ganancias de los cárteles, de acuerdo tanto con el gobierno mexicano como con la DEA. Es un estado vital, dinámico y folclórico, sede de los narcocorridos y las tamboras, tropical y mestizo, pero también norteño y de raza blanca. Ahí, la gente juega béisbol, no futbol. Hay muchas muertes diarias en Sinaloa, pero el estado sigue adelante y su gente posee la famosa "cultura del esfuerzo".

Jalisco, Michoacán y Guanajuato conforman el Bajío: los tradicionales centros de emigración y venerables estados católicos; Michoacán es indio y mestizo; Jalisco y Guanajuato más orientados a la industria y la exportación. Guadalajara, además de los atractivos ya descritos, es también una ciudad de jacarandas y universidades, donde más de 151 mil estudiantes de nivel superior conforman uno de los principales centros culturales del país, además de una caldera de talento creativo, desde los mariachis y Orozco, hasta Barragán y Rulfo. Es una ciudad mestiza, pero de raza más clara que en el resto del país; carece del espíritu empresarial de Monterrey, pero es, tal vez, una ciudad menos desigual que Monterrey y que la capital del país. En sus regiones orientales, Jalisco fue la cuna, con Michoacán y Guanajuato, de la rebelión cristera y del movimiento sinarquista semifascista de los años cuarenta y cincuenta. Para haber sido una revuelta inspirada por el extremo catolicismo y un rabioso antiamericanismo decimonónico basado estrictamente en sentimientos religiosos, no es una paradoja menor que la guerra haya acabado en 1929 gracias a las negociaciones entre la Iglesia, los rebeldes, y el presidente Calles cuando todos se reunían en la residencia finsemanera del embajador estadounidense, en Cuernavaca. Dwight Morrow no sólo era el suegro de Charles Lindbergh y el abuelo del bebé secuestrado de Anne Morrow; también estuvo en Cuernavaca durante esos tiempos de gran tensión y prestó oído y consejo, entre otros, al Coronel House, antes la mano derecha de Woodrow Wilson y a Walter Lippmann, su propia mano derecha.

Esta región, como todas las demás que se han mencionado, encierra su forma específica de globalización y sus propios nexos con Estados Unidos —antiguos y nuevos. Aquí, la emigración comenzó hace más de un siglo; muchas de las exportaciones mexicanas de frutas y verduras al norte proceden de aquí, y también es aquí donde se ubican algunas de las plantas automotrices más grandes del país. La zona es próspera pero con grandes manchas de pobreza, y plagada por las drogas —al menos Michoacán, aunque ya no tanto Guadalajara, como lo era en los años ochenta y noventa. Los llanos tropicales de Uruapan, la capital aguacatera del país, y de Apatzingán, su capital melonera, son sede de pequeñas plantaciones de mariguana; su puerto más grande, Lázaro Cárdenas, albergó muchos de los laboratorios de metanfetaminas establecidos durante la primera década del siglo XXI. Michoacán es un estado profundamente mestizo, con hondas raíces indígenas, aunque las comunidades purépechas y tarascas casi han desaparecido. Si esta franja central del país se prolongara cultural, económica y topográficamente hacia el oriente, se toparía con Veracruz —casi un país en sí mismo. Alberga grandes universidades, puertos, ganadería y contrabando; es mestizo, con restos de una temprana y efímera presencia africana que se remonta a la época inmediatamente posterior a la Conquista, y es sede de la marimba, la bamba, el buen café, enormes fortunas y la peor infraestructura del país.

Después viene la capital misma: el monstruo metropolitano de 21 millones de personas que ahora habitan en la Ciudad de México, los pueblos vecinos del Estado de México incluso las ciudades de

Toluca, Pachuca, Puebla, Querétaro y Cuernavaca —cada vez más, "ciudades dormitorio" del D.F. Aquí se concentra el poder, la riqueza, la gente y las disparidades: donde el México mestizo, colonial y tempranamente industrializado de los años cuarenta y cincuenta coincide con una de las ciudades más dinámicas, modernas, culturales e inmensas del mundo. Es una metrópoli pantagruelesca, que devora todo lo que se le pone enfrente. Vive con base en la burocracia gubernamental, la industria, el ambulantaje, el crimen y los servicios, todo ello con un aeropuerto en su mero corazón. Pretende aún ejercer una debilitada y cada vez más impotente dictadura económica sobre el resto del país. Aquí se generan las malas noticias de México, donde se ubican las más de cien embajadas y consulados extranjeros, y donde vive la élite política, religiosa, económica e intelectual del país. No hay descentralización que valga: "Fuera de México, todo sigue siendo Cuautitlán."

Y por último, y con más misterio, aparece el México rural, indígena, poco globalizado y aún pobre, que va desde el vértice de la Mixteca en los estados de Oaxaca, Puebla y Guerrero, hasta Tabasco, Chiapas y Yucatán. Aquí perduran la pobreza y las costumbres locales como el voto a mano alzada y colectiva y el derecho de pernada; pero también se concentra en esta región una parte importantísima de la creatividad artística y culinaria del país. Buena parte de los habitantes de la Mixteca han partido a Estados Unidos (sobre todo a Nueva York); muchos habitantes de Oaxaca viven del programa Oportunidades, remesas y el narco. La violencia rural forma aún parte del paisaje social de la región, a pesar de su casi desaparición en el resto del país. A esta zona pertenecen los estados más pobres de México; Chiapas crece como ninguno en términos demográficos; Guerrero es uno de los más violentos —ahí se combina la brutalidad moderna de Acapulco con las venganzas tradicionales de la Costa Grande o de la Costa Chica. Éste es el México —sobre todo Chiapas, Oaxaca y Michoacán— que puebla la imaginación de los extranjeros, nostálgicos por el país de los años cincuenta, el que cautiva a los activistas de izquierda de Italia, el País Vasco y Greenwich Village, y el que continúa brindándole al país gran parte de su personalidad. La izquierda no domina en la región, como lo ha hecho en la capital desde mediados de los años noventa, pero debería. López Obrador proviene de allí; de allí surgió el movimiento zapatista en 1994, y la insurrección oaxaqueña en 2006.

¿Qué ata a estas regiones tan diversas del país? ¿Qué puede sustituir el viejo centralismo del siglo XX, ahora que las brechas se ensanchan entre norte y sur, entre ricos y pobres, blancos, mestizos e indios, globalizados e introvertidos, estados exportadores de migrantes, de droga o de nada? Las divergencias regionales en México aumentan. En 2009, el norte generaba un PIB per cápita 50% más elevado que el del sur, y casi 66% mayor si se excluyen los estados más ricos como Tabasco y Campeche (por su petróleo) y Quintana Roo (por Cancún y el turismo). Estado por estado, Nuevo León, en el norte, tenía un PIB per cápita en 2009 de 15,200 dólares al año; fuera de la Ciudad de México, cuyas estadísticas están distorsionadas porque es la sede del gobierno y de tantas empresas, Nuevo León es el estado más rico de la nación, con números cuatro veces más altos que Chiapas (3,600 dólares en PIB per cápita), o Oaxaca (3,900 dólares).[23]

Por un lado, sólo un gobierno central lo suficientemente sólido y fuerte puede proveer bienes públicos como la seguridad, el estado de derecho, una economía abierta, una competencia democrática por el poder, y una política exterior propia del país entero, aunque los vínculos emocionales del norte con Estados Unidos, del Golfo con Cuba, y en Chiapas y Tabasco con Centroamérica, probablemente se fortalecerán con el tiempo. Este vínculo nacional unificador puede descansar sobre tres pilares: una policía nacional y un código penal común; un sistema nacional de protección social, con seguro médico y pensiones; y un respeto común por el imperio de la ley.

Por otro lado, sin embargo, aceptar y promover la diversidad a lo largo del país, sobre todo en relación a diferentes patrones de globalización, es igualmente decisivo. Las regiones fronterizas siempre disfrutarán sus ventajas comparativas, que por definición no pueden extrapolarse aun con un impulso mayor en la infraestructura. Las zonas con recursos naturales —petróleo, gas, minería, pesca y silvicultura— inevitablemente reforzarán sus propios vínculos con el resto del mundo. Las áreas turísticas —numerosas y también bendecidas con una ventaja comparativa sin paralelos— como la Riviera Maya, Baja California, la costa norte del Pacífico o Yucatán, seguirán desarrollando y fortaleciendo sus lazos especiales con Estados Unidos y el resto del mundo. Los estados emisores de migrantes poseen también sus rasgos particulares que otros no pueden emular: remesas, nexos culturales, comunicaciones, circularidad. Y los bastiones de la droga, con o sin su eventual legalización, persiguen implícitamente sus propósitos internacionales y la estrategia correspondiente. Así pues, México necesita una estructura nacional donde todo esto se vuelva factible, incluso deseable: que cada fracción del país llegue a sus propios acuerdos con el resto del mundo, basados en su vocación y sus características, y el centro provea suficientes bienes públicos a nivel nacional como para permitir que se desarrollen vínculos directos entre estados y regiones, pero también con Estados Unidos y Canadá. Esta combinación de un centro más fuerte y más enérgico, y regiones autónomas acentuando su propia capacidad de globalización, podría funcionar.

Nada más funcionará, aunque la mera noción de un estado de derecho común a todos los mexicanos parezca ya pedir demasiado. Implicaría un cambio radical en nuestra actitud frente a la ley en el lapso de una generación —un cambio que sólo puede partir de un gran esfuerzo del estado central, es decir, del origen del problema

y no su solución. Ciudades medianas, estados y regiones tendrían
que empezar a recaudar impuestos (hoy, reciben todo de la Ciudad
de México), a desmantelar sus propias fuerzas públicas, unificar sus
códigos penales, y adoptar políticas educativas donde lo primor-
dial sea adaptarse a la nueva economía y a los requerimientos del
estado de derecho. El talento empresarial, político e intelectual de
México abunda, pero el mapa para este futuro no se ha diseñado y
la reforma monumental del centro no ha comenzado.

Ahora bien, esta transformación radical y cultural de la mentalidad mexicana, fuera de la capital, no es imposible ni carece de
precedentes. Ya está en curso, entre los doce o trece millones de
mexicanos que han abandonado sus hogares a lo largo de los últimos 25 años, y que ahora viven y trabajan en Estados Unidos —con
o sin papeles—, y que siguen siendo mexicanos, pero de otra estirpe. A ellos dirigiremos ahora la mirada para mostrar y concluir
que los rasgos del carácter nacional mexicano, que tanto sirvió en
tiempos pasados, y tanto daño hace en nuestros días, son maleables, se pueden transformar en algo nuevo, diferente y maravilloso.

NOTAS DEL CAPÍTULO 8

[1] *Encuesta Nacional de Adicciones, 2002 y 2008*, Secretaría de Salud, Consejo Nacional Contra las Adicciones, México, D.F.; Rubén Aguilar y Jorge G. Castañeda, *El narco: la guerra fallida*, Ciudad de México: Punto de Lectura, 2009, p. 19.

[2] "Entrevista con María Elena Medina-Mora. Nadie debería ir a la cárcel por usar drogas," *Este País*, Ciudad de México, Núm. 226, enero-febrero, 2010, p. 28.

[3] Richard Nixon: "Excerpts From President's Message on Drug Abuse Control", *The New York Times*, 18 de junio, 1971. Gerald Ford: Gerhard Peters y John T. Woolley, "128 - Statement on Drug Abuse. February 23, 1976", *American Presidency Project* (web), University of California, Santa Barbara, Estados Unidos, 2010, www.presidency.ucsb.edu/ws/?pid=5609; Gerhard Peters y John T. Woolley, "368- Special Message to the Congress on Drug Abuse. April 27, 1976", *American Presidency Project* (web), University of California, Santa Barbara, Estados Unidos, 2010, www.presidency.ucsb.edu/ws/?pid=5875. James Carter: Gerhard Peters y John T. Woolley, "United Nations Fund for Drug Abuse Control Statement by President Jimmy Carter. September 22, 1978", *American Presidency Project* (web), University of California, Santa Barbara, Estados Unidos, 2010, www.presidency.ucsb.edu/ws/?pid=29832. Ronald Reagan: Gerhard Peters y John T. Woolley, "Proclamation 5123 -National Drug abuse Education Week. November 1, 1983", *American Presidency Project* (web), University of California, Santa Barbara, Estados Unidos, 2010, www.presidency.ucsb.edu/ws/?pid=40705; Gerhard Peters y John T. Woolley, "Informal Exchange with Reporters on Drug Trafficking. February 13, 1988", *American Presidency Project* (web), University of California, Santa Barbara, Estados Unidos, 2010, www.presidency.ucsb.edu/ws/?pid=35419; Gerhard Peters y John T. Woolley, "Remarks at a Meeting of the White House Conference for a Drug Free America. February 29, 1988", *American Presidency Project* (web), University of California, Santa Barbara, Estados Unidos, 2010, www.presidency.ucsb.edu/ws/?pid=35482; Gerhard Peters y John T. Woolley, "Radio Address to the Nation on Drug Abuse and Trafficking. April 16, 1988", *American Presidency Project* (web), University of California, Santa Barbara, Estados Unidos, 2010, www.presidency.ucsb.edu/ws/?pid=35685. George H.W. Bush: Gerhard Peters y John T. Woolley, "Remarks at the International Drug Enforcement Conference in Miami, Florida. April 27, 1989", *American Presidency Project* (web), University of California, Santa Barbara, Estados Unidos, 2010, www.presidency.ucsb.edu/ws/?pid=16974; Gerhard Peters y John T. Woo-

lley, "Address to the Nation on the National Drug Control Strategy. September 5, 1989", *American Presidency Project* (web), University of California, Santa Barbara, Estados Unidos, 2010, www.presidency.ucsb.edu/ws/?pid=17472; Gerhard Peters y John T. Woolley, "Address to Students on Drug Abuse. September 12, 1989", *American Presidency Project* (web), University of California, Santa Barbara, Estados Unidos, 2010, www.presidency.ucsb.edu/ws/?pid=17509. George W. Bush: Gerhard Peters y John T. Woolley, "The President's News Conference with Presidente Felipe de Jesús Calderón Hinojosa in Mérida. March 14, 2007", *American Presidency Project* (web), University of California in Santa Barbara, Estados Unidos, 2010, www.presidency.ucsb.edu/ws/?pid=24587. Hillary Rodham Clinton: Matthew Lee, "Clinton: US Demand to Blame for Drug Violence", Associated Press, ABC News, 5 de marzo, 2010, abcnews.go.com/International/wireStory?id=10018805; Ginger Thompson y Marc Lacey, "U.S. and Mexico Revise Joint Antidrug Strategy", *The New York Times*, 23 de marzo, 2010, www.nytimes.com/2010/03/24/world/americas/24mexico.html; Mark Landler, "Clinton Says U.S. Feeds Mexico Drug Trade", *The New York Times*, 25 de marzo, 2009, http://www.nytimes.com/2009/03/26/world/americas/26mexico.html

[4] Fernando Escalante Gonzalbo, "Homicidios 2008-2009. La muerte tiene permiso", revista *Nexos*, Ciudad de México, enero, 2011, www.nexos.com.mx/?P=leerarticulo&Article=1943189. Las cifras de homicido en América Latina vienen de: "Venezuela tuvo 48 homicidios por cada 100.000 habitantes en 2010 (ministro)", Univisión/ AFP, Miami, Estados Unidos, febrero 8 de 2011, www.univision.com/contentroot/wirefeeds/world/8356625.shtml; "Tasas de Homicidios Dolosos en Centroamérica y República Dominicana, por 100,000 habitantes. 1999-2007", OCAVI, noviembre, 2007, www.ocavi.com/docs_files/file_378.pdf; Julio Jacobo Waiselfisz, "Mapa da violência 2011: Os Jovens do Brasil", Ministério da Justiça y el Instituto Sangari, Brasil, p. 24, www.fam.org.ar/media/img/paginas/mapap%20violencia%202011.pdf; "Disminución histórica en número de homicidios en 2010", *El Tiempo*, Bogotá, Colombia, 22 de enero de 2011, www.eltiempo.com/justicia/ARTICULO-WEB-NEW_NOTA_INTERIOR-8794653.html

[5] "Homicidios dolosos. Tasa por 100 mil habitantes", *Sexta Encuesta Nacional sobre Inseguridad* (ENSI-6 2009), Instituto Ciudadano de Estudios sobre la Inseguridad, A.C., México, 2009, p. 109, www.icesi.org.mx/documentos/encuestas/encuestasNacionales/ENSI-6.pdf

[6] "Población total por entidad, municipio", México en cifras, *Censo de Población y Vivienda 2010*, INEGI, México 2011, www.inegi.org.mx/sistemas/mexicocifras/default.aspx?ent=31; "Delimitación de las zonas metropolitanas de México 2005", INEGI, México 2005, p. 181.

[7] Daniel Cosío Villegas, *Historia Moderna de México. El Porfiriato. Vida Económica*, Ciudad de México: Editorial Hermes, 1974, Vol. 1, p. 626.

[8] "Población total con estimación, por entidad, municipio y localidad, según sexo", *Conteo de Población y Vivienda 2005*, INEGI, México 2005, www.inegi.org.mx/

[9] "Elementos Activos de la Policía Municipal de Mérida", Departamento de Comunicación Social y Atención Ciudadana de la Policía Municipal de Mérida, Municipio de Mérida, México, 2009.

[10] "Informe del estado de la seguridad pública en México", Secretaria de Seguridad Pública, México, enero, 2010, p. 5; Quinta Encuesta Nacional sobre Inseguridad, Instituto Ciudadano de Estudios Sobre la Inseguridad (ICESI),México, 2008, p. 53.

[11] Santiago Levy, *Buenas Intenciones, Malos Resultados*, Ciudad de México: Editorial Océano, 2010, p. 110; Luis Rubio y Oliver Azuara, et. al. *México 2025. El futuro se construye hoy*, Ciudad de México: CIDAC, 2006, p. 126.

[12] Mariano Bosch and W. Maloney, "Gross Worker Flows in the Presence of Informal labor Markets: The Mexican Experience", Banco Mundial, Washington, 2006, p. 7, citado en: Santiago Levy, *Buenas Intenciones, Malos Resultados*, pp. 54-55.

[13] "Total Population", *Country Statistical Profile 2009*, OECD, stats.oecd.org; "Overview: Data on Informal Employment and Self-Employment", *Is Informal Normal? Towards More and Better Jobs in Developing Countries*. OCDE, 2009, p. 2, de http://www.oecd.org/dataoecd/4/49/42863997.pdf

[14] *Economic Surveys: Mexico, 2009*, París: OCDE, 2009, pp. 102-03 y 107.

[15] Mario Fernando Larios, "La Reforma del Impuesto Predial en México", Instituto Mexicano de Catastro, I Congreso Nacional e Internacional de Catastro en Argentina, Córdova, septiembre, 2009, p. 22.

[16] "Evaluación preeliminar de la economía extralegal en 12 países de Latinoamérica y el Caribe. Reporte de la Investigación en México", Instituto Libertad y Democracia, Perú, p. 5.

[17] "Arriesgan micros a pasajeros", *Reforma*, Ciudad de México, 5 de abril, 2010.

[18] De acuerdo con una encuesta de Met Life que ya hemos citado hace algunos capítulos, 74% de los mexicanos compran películas pirata -un porcentaje más alto que el de otros países. México guarda el cuarto lugar en el consumo de productos del mercado negro, después de Rusia, China e Italia. Deborah Holtz and Juan Carlos Mena, eds, *El Sueño Mexicano*, Ciudad de México: Trilce Ediciones, 2009, p. 271; y Walter Jasso Anderson, "Piratería. De Transa en transa, México no avanza", *Revista del Consumidor*, Procuraduría Federal del Consumidor (PROFECO), México, diciembre, 2006, p. 23; Alejandro Moreno, *La decisión electoral. Votantes, partidos y democracia en México*, Ciudad de México: Porrúa, 2009, p. 340.

[19] *Latinobarómetro Anual Report 2009*, Santiago, Chile: Latinobarómetro Corporation, 2009, pp. 34, 37 y 39; *Encuesta Nacional sobre Cultura Política y Prácticas Ciudadanas de la SEGOB* (ENCUP), Secretaría de Gobernación, 2008 p. 16. En 2008 sólo el 7.3% de los mexicanos tenían mucha confianza en el Congreso de la Unión, y el 26.7% no le tenía nada de confianza, Laura L. Enríquez, "Confianza ciudadana en el Poder Legislativo. Congreso de la Unión mexicano", en Alejandro Moreno coord., *Confianza en las instituciones. México en perspectiva comparada*, Ciudad de México: Centro de Estudios Sociales y de Opinión Pública, 2010, p. 151.

[20] Christian Duverger, *El primer mestizaje*, Ciudad de México: Taurus, 2007, pp. 37 y 38.

[21] *Ibid.* p. 17.

[22] "Country. China.". *The World Factbook*, CIA, Washington, D.C., 2010, www.cia.gov/library/publications/the-world-factbook/geos/ch.html

[23] "PIB estatal base 2003. Valores corrientes nacionales y por entidad según el año 2009", Producto Interno Bruto por Entidad Federativa, INEGI, México, 2011, www.inegi.org.mx/sistemas/olap/proyectos/bd/consulta.asp?p=16859&c=17383&s=est&cl=3#

CAPÍTULO 9

EL FUTURO EN TIEMPO REAL

Existe un viejo chiste —un poco bobo y denigrante— que los mexicanos contamos a menudo en relación con lo malos que pueden llegar a ser los estadounidenses. El chiste reza que los vecinos del norte son tan pérfidas personas que, cuando se apoderaron de la mitad del territorio mexicano en el siglo XIX, no contentos con sólo conquistar *una* parte del territorio, se llevaron la *mejor* parte: la porción pavimentada, moderna, irrigada, limpia y próspera. Se podría agregar, si se pretendiera ser un poco más burlón, que también se quedaron con los "mejores" mexicanos: los que no contaminan, los que no se pasan los altos, los que no faltan al trabajo o llegan tarde. La analogía viene al caso: los estadounidenses —es decir, los anglosajones, pero también los asiáticos, africanos o mexicanos devenidos en estadounidenses— transformaron a California y otras regiones mayormente desérticas, subdesarrolladas y abandonadas que formaron parte del territorio mexicano hasta 1848 en algunas de las entidades políticas sub-nacionales más ricas del mundo. Y los mexicanos que viven ahí —tanto aquellos que se volvieron estadounidenses a lo largo del siglo pasado como aquellos que acaban de llegar— no son ni mejores ni peores que los que se quedaron en México: simplemente son distintos. La pregunta es en qué sentido, y por qué.

Los casi doce millones de ciudadanos mexicanos que hoy viven y trabajan en Estados Unidos nos brindan una oportunidad extraordinaria para una suerte de experimento *in vitro*. Pueden constituir el foco de observación y estudio de un grupo de personas que eran casi idénticas a los 100 millones que se quedaron, y que, por su propia voluntad o por una causa de fuerza mayor decidieron desarraigarse y aterrizar en un ambiente completamente diferente que los puede o no obligar a cambiar. En particular, ese nuevo ambiente en donde viven, trabajan, van a la escuela y a la iglesia y socializan puede o no obligarlos a deshacerse, más o menos conscientemente, de los rasgos del carácter nacional que se han venido discutiendo en los ocho capítulos anteriores. Si resulta que estos mexicanos, en un lapso relativamente corto, pudieron transformarse y, al tiempo que retuvieron sus costumbres y tradiciones, adquirieron las herramientas culturales de la modernidad, entonces sí hay esperanza para México. Para parafrasear la famosa exclamación de Lincoln Steffens tras su retorno de la Unión Soviética, se podría decir: "¡Hemos visto a los mexicanos del futuro, y sí funcionan!"[1] Y al contrario, habrá buenos motivos para desesperarnos si resulta que las actitudes esbozadas a lo largo de este libro se encuentran tan arraigadas en la psique mexicana que, incluso un desplazamiento tan dramático como el que sufren millones de migrantes mexicanos, demuestra ser insuficiente para generar en ellos una metamorfosis.

Se impone una breve advertencia antes de empezar. La sabiduría popular ha sostenido tradicionalmente que los emigrantes son "lo mejor y lo más brillante" que cada país ofrece. Son los miembros más valientes de la sociedad, los más emprendedores y que mayores riesgos toman —al menos entre los menos favorecidos económicamente. Es por ese motivo, se dice, que algunos se van y otros —la mayoría— se quedan. Este factoide nunca se ha podido refutar o confirmar del todo. Cuando mucho se ha matizado, de forma que se piensa que, mientras puede valer para el caso de las partidas iniciales, para los migrantes pioneros, con el tiempo cuentan más el capital social, la tradición, los ritos de iniciación y los vínculos trasnacionales para mantener la rueda de la migración en movimiento. Ya después, estos factores no distinguen entre las cualidades humanas de los que se quedan y los que se aventuran a lo desconocido.

Más aún, si fuera el caso, es decir, de concluir que los mexicanos sí están cambiando, puede no ser como resultado de haber migrado sino del proceso de autoselección involucrado en la creación de aquel universo sobre el cual estamos reflexionando. Sería este proceso en específico el que diera cuenta de que esos mexicanos en particular fueran más susceptibles al cambio, más sensibles a la necesidad de transformarse, más adaptables al ambiente externo, y menos renuentes a aceptar las normas y patrones de conducta raros y ajenos. Como no todos pueden emigrar de México a Estados Unidos (aunque parte de la derecha en Estados Unidos y de la izquierda en México piensen lo contrario), entonces la transformación de la mentalidad mexicana sería producto de ese proceso de autoselección y no de una inmersión en un contexto diferente *per se*. Y para nuestros propósitos, dado que los motivos del cambio son casi tan decisivos como el cambio mismo, si sólo cambian los "mejores", el resultado es mucho menos interesante que si todos pueden cambiar como consecuencia de influencias externas.

¿Cuántos, cuándo y dónde?

Dicho lo anterior, vale la pena arrancar con una breve e indispensable digresión a través de los números, la historia y la geografía. La emigración de México a Estados Unidos empezó hacia finales del siglo XIX, con las patrullas de reclutamiento forzoso y los enganchadores estadounidenses que básicamente secuestraban mano de obra para la construcción de las líneas ferroviarias entre la frontera y St. Louis, Kansas City y Chicago, o para funcionar como esquiroles en lugares como Gary en Indiana. Hubo varios brotes y pausas migratorios a lo largo del siglo siguiente, así como periodos de alternancia entre flujos mayormente legales (como durante el Programa Bracero entre 1942 y 1965, o después de la Ley de Reforma y Control de Inmigración en 1986), e ilegales (entre los años setenta y noventa, y hasta 2008).

Los números, tanto en términos absolutos como en relación a las poblaciones de ambos países, también variaron, pero nunca se ubicaron por debajo de 3-4% del total de la población mexicana, o del 1-2% de la estadounidense. Con el tiempo, aquellos que llegaron a Estados Unidos antes de la Segunda Guerra Mundial y durante el periodo bracero se convirtieron en ciudadanos estadounidenses, aprendieron inglés y comenzaron a construir la clase media latina —sobre todo en California (donde aún viven la mitad de todos los mexicanos y de los mexicanoamericanos), en Chicago, en el Valle del Río Bravo y el sur de Texas. Eran, como todos los grupos inmigrantes, objeto de discriminación, deportación esporádica (como en la Operación Wetback en 1951-1952), represión durante disturbios y eventual asimilación. Lo de siempre.

La contigüidad entre Estados Unidos y México, y también la continuidad de los flujos migratorios durante más de un siglo, produjeron algunas excepciones, sin embargo, a las reglas que generalmente gobiernan a las mareas migratorias. Primero, la migración de los mexicanos tendía a ser circular o estacional: la gente iba a trabajar durante periodos de tres a seis meses en las distintas cosechas, regresaban a casa durante el invierno y volvían a la siguiente temporada, con o sin papeles. Aunque el paso del tiempo hizo que algunos de los migrantes de temporada sentaran raíces, la mayoría se resistía y las dimensiones del universo mexicano en Estados Unidos no variaban. Debido al movimiento de ida y vuelta y a la proximidad del país de origen y la prolongación del movimiento migratorio por tanto tiempo, los mexicanos en Estados Unidos podían, en determinado momento, vivir como los mexicanos en México. Hablaban español, iban a misa, comían comida mexicana, veían televisión del país con todo y partidos de futbol de México, y disfrutaban sus conciertos y sus películas. Pero a diferencia de otros grupos que los antecedieron, este proceso no terminó cuando la migración cesó, porque no cesó: seguía y seguía.

Además, el nivel educativo de la mayoría de los migrantes mexicanos permaneció alarmantemente bajo, ya sea en comparación con los previos flujos de otras nacionalidades a Estados Unidos o a sus colegas contemporáneos, aun aquellos de países más pobres que México, como Filipinas o El Salvador. Así que los mexicanos permanecieron ajenos a la movilidad social de Estados Unidos y se quedaron con los trabajos peor pagados y que requerían menor habilidad, sin muchas posibilidades de movilidad social —al menos hasta la segunda generación. Esto dificultó y a la vez hizo innecesario que la primera generación aprendiera inglés —el instrumento principal de movilidad social en Estados Unidos. Otra característica podría residir en el factor tiempo: un michoacano o jalisciense urbano, de 16 años, de clase media baja que se "iba al norte" viviría, casi seguramente, los próximos sesenta años en Estados Unidos; tal vez adquiriría la nacionalidad, pero difícilmente aprendería inglés o subiría de nivel social. Sólo lo harían, en todo caso, sus hijos.

Varios factores intervinieron durante mediados de los años noventa para transformar el *statu quo*. Para empezar, los "Rodinos" —los aproximadamente 3 millones de mexicanos amnistiados a través de la iniciativa Simpson-Rodino (IRCA)— se volvieron candidatos a la ciudadanía en 1996 y 1997 (después de cinco años de residencia provisional y cinco de residencia permanente), y empezaron a llevar a sus familiares desde México una vez que adquirieron la residencia legal. En segundo lugar, en 1996 el gobierno de Clinton puso en marcha una política migratoria que involucró más dinero para la Patrulla Fronteriza, medidas antimigratorias enérgicas en San Ysidro y El Paso, y más deportaciones. Todo esto implicó que la entrada sin documentos a Estados Unidos se tornara más cara y más riesgosa que antes (alejándola de lugares más seguros como Tijuana, hacia zonas peligrosas como el desierto de Sonora, por ejemplo), y que hacer el viaje de ida y vuelta dos veces al año resultara menos viable. Además, también se modificó el tipo de demanda de mano de obra mexicana: de servicios, construcción, jardinería, limpieza y nuevas industrias que requerían un compromiso anual, al menos, y desparramadas por todo el país. La consecuencia no intencional ni prevista de todos estos cambios fue el fin de la circularidad de la migración y de la concentración de migrantes en los *gateway states* o estados de entrada, y el inicio de un proceso de dispersión a lo largo y ancho de Estados Unidos.

Así, para el año 2008, había más o menos seis millones de migrantes mexicanos legales, residentes permanentes en Estados Unidos (de los cuales un tercio ya contaba con la doble nacionalidad), y otros seis y medio millones de migrantes no autorizados. Esto equivalía a más de 4.2% del total de la población en Estados Unidos, por mucho la cifra más elevada de todos los tiempos (diez veces más que en 1920, por ejemplo), y 11% del total de la población mexicana. Los inmigrantes nacidos en México representaban el 32% de todos los individuos nacidos fuera de Estados Unidos (otro récord histórico); la población total nacida en el extranjero alcanzó el 13% de la población total de Estados Unidos —la cifra más alta desde 1910.[2] Los dos picos históricos (las proporciones más altas de mexicanos en el extranjero y el número más alto de mexicanos en Estados Unidos) produjeron transformaciones significativas tanto en la sustancia como en la retórica del debate en torno a la migración en ambos países. Y sobre todo, los mexicanos comenzaron a asentarse en zonas nuevas —desde Atlanta hasta Anchorage, desde

Little Rock hasta Raleigh-Durham, desde Tucson hasta Hazelton, en Pennsylvania—, y trabajar en todos lados, desde los restaurantes de Nueva York hasta los complejos turísticos de esquí en las Rocallosas. Los estadounidenses no familiarizados con la migración mexicana se espantaron; muchos reaccionaron de la misma forma que reaccionamos todos frente a lo desconocido: con miedo y hostilidad. Los inmigrantes, a su vez, se agazaparon y acentuaron su "mexicanidad", a medida que su número y permanencia los convertía en un mercado atractivo para negocios *mexicanos* que producían productos *mexicanos* para consumidores *mexicanos* en barrios *mexicanos*.

Otras consecuencias de la continuidad y contigüidad alentaron este "atrincheramiento", aunque sin duda son más antiguas que la reacción antiinmigrante de los primeros años del siglo XXI. Como la gente no paraba de entrar —hasta entonces, cada "ola migratoria" a Estados Unidos había tenido un principio y un fin, incluso en el caso de los chinos—, se produjo un reabastecimiento perpetuo de mexicanos. Y esto implicó un reabastecimiento de los "ingredientes de la mexicanidad": el español, el catolicismo, las tortillas, Cantinflas y Pedro Infante (antes), Salma Hayek y Gael García (ahora), además de Los Tigres del Norte[*] y La Arrolladora Banda Limón, Chivas USA y las telenovelas, los barrios mexicanos en ciudades grandes y no tan grandes, matrimonios entre mexicanos, e hijos creciendo en barrios mexicanos. Mientras este fenómeno condujo a algunos académicos, como Samuel Huntington, a cuestionar si acaso los migrantes mexicanos serían asimilados algún día como había ocurrido con aquellos de otras naciones en el pasado, también permitió el surgimiento de un estatus intermedio de muchos migrantes mexicanos —algo entre la

---

[*] El *New Yorker* publicó un artículo interesante sobre los Tigres del Norte titulado "Immigration Blues", escrito por Alec Wilkinson, en mayo de 2010.

circularidad estacional del pasado y la plena ciudadanía norteamericana del futuro. Los mexicanos del "otro lado" no pueden seguir yendo y viniendo entre los dos países, pero pueden vivir de ese lado de la frontera como si vivieran de éste. Pueden reproducir la experiencia mexicana en las viejas y nuevas comunidades donde se asientan. Esto facilita su adaptación, pero también tiene un costo: al reconstruir sus barrios, casas, parques, estadios, bares y restaurantes a imagen y semejanza de su "madre patria", podrán dificultar la mutación de las viejas actitudes mexicanas.

De acuerdo con las estadísticas del Censo de Estados Unidos en 2009, de los 11.5 millones de mexicanos en Estados Unidos, 6.3 millones eran hombres y 5.1 millones mujeres: la tendencia es hacia la igualdad entre los dos géneros.[*] El 31.3% de los mexicanos había llegado al país después del año 2000, y 32% entre 1990 y 1999.[3] En otras palabras, prácticamente dos terceras partes del total entraron a Estados Unidos después de 1990. El resto arribó sobre todo entre 1980 y 1989.[**] Así pues, como se dijo desde un principio, los migrantes mexicanos conforman un universo significativo de quienes han vivido en "otro mundo" durante un buen tiempo, y han pasado una parte significativa de sus vidas adultas fuera de México. Si los rasgos del carácter nacional mexicano resultan ser maleables, será en el seno de ese contingente donde se descubrirán las transformaciones.

¿Quiénes son? ¿De dónde vienen, cuántos años tienen, cuál es su nivel educativo, dónde viven y dónde trabajan? El Buró del

---

[*] Un poco menos de 2 millones también eran ciudadanos estadounidenses, pero 10.8 millones no habían aprovechado la iniciativa de la doble nacionalidad ratificada por el presidente Ernesto Zedillo en 1998. Esta cifra crecerá probablemente en los próximos años.

[**] A pesar de que el flujo pudo haber disminuido un poco a partir de 2006, durante las administraciones de Bush y Obama y sus políticas endurecidas, aunadas a la crisis económica, en 2010 aún había 7 millones de mexicanos que llevaban al menos cinco años en EE.UU.

Censo de Estados Unidos nos brinda algunas respuestas, y las encuestas otras —pero es importante advertir que la mayoría de las cifras se deben tomar con pinzas. Por definición, cualquier estadística basada en cuestionarios dirigidos a personas viviendo en las sombras no debe considerarse del todo fiable. Los mexicanos ilegales en Estados Unidos tienden a huir —con toda razón— de los encuestadores y de las entrevistas en general. Sea como sea, de acuerdo con el Buró del Censo, muy pocos de estos doce millones y medio de mexicanos son niños: sólo 9% tienen menos de 17 años. Y muy pocos son de la tercera edad: sólo 13% pasan de los 55 años. La gran mayoría —casi dos terceras partes— tienen entre 18 y 45 años. Este es un espectro de edades muy distinto al que existe entre mexicanos en México y en general en Estados Unidos.* Por otro lado, el nivel educativo de los migrantes es muy bajo: más del 60% carece de estudios de preparatoria: una consecuencia directa de la persistencia del origen rural de los flujos migratorios desde México a Estados Unidos.** Aunque esto ha cambiado con los años, a medida que más y más migrantes mexicanos procedentes de ciudades medias buscan trabajo fuera del sector agrícola en Estados Unidos, el peso del campo sobrevive y sigue influyendo. Estos mexicanos residen sobre todo en California y Texas y en otros dos estados: una comunidad más antigua en Illinois y otra más reciente en Arizona. A pesar de su ya mencionada y relativamente nueva dispersión geográfica, la mayoría de los mexicanos en Estados Unidos aún se concentra primordialmente en cuatro estados, y más de la

---

* La población en México de entre 18 y 45 años de edad corresponde al 53% del total de su población, mientras que en los Estados Unidos es del 52%. Pero para población de mexicanos en los Estados Unidos, el porcentaje es de un 65%.

** Alrededor de 57% de aquellos que se van vienen del campo, y más del 40% estaban previamente empleados en el sector agrícola. Hoy en día, sólo alrededor del 6% de la población mexicana en Estados Unidos trabaja en la agricultura, la pesca o la silvicultura.

mitad en sólo dos. De modo similar, sólo se cuentan cinco ciudades con más de medio millón de habitantes de origen mexicano: Los Ángeles, Riverside (en California), Houston, Dallas y Chicago.[4]*

En resumen, los migrantes mexicanos no son un espejo de la sociedad mexicana. Continúan siendo más pobres, más cercanos a la tierra, con menos escolaridad y menos habilidades para el "mercado" que el mexicano promedio. No son aún aquella nueva clase media de la que se habló en el segundo capítulo, aunque sí van hacia allá. La diferencia fundamental entre ellos y el resto del país estriba, probablemente, en la proporción de mujeres que emigran y trabajan: como se dijo anteriormente, más del 44% de los mexicanos en Estados Unidos son mujeres. Dado que las cifras del censo no muestran una diferencia significativa en los niveles de empleo entre las mujeres y los hombres, y más aún, como sólo un pequeño porcentaje de mujeres migrantes labora en el sector agrícola en Estados Unidos, la proporción entre la población originalmente urbana y la rural es diferente para las mujeres y para los hombres. Muy probablemente, las mujeres que cruzan la frontera son mucho más *urbanas* que los hombres, lo cual sienta las bases para una transformación más radical en la mentalidad de los migrantes mexicanos.

Los corazones y las mentes de los mexicanos del otro lado

¿Qué sabemos realmente de las actitudes y mentalidades de estos mexicanos? Dos conclusiones indirectas, relacionadas con su comportamiento en Estados Unidos, sugieren varias diferencias iniciales entre ellos y sus compatriotas del lado mexicano. Primero, en

---

* Los estados con un porcentaje de población significativo de origen mexicano son: California con 37%; Texas, 21%; Illinois, 6%; Arizona, 5%. El 70% de todos los mexicanos en Estados Unidos aún se encuentran en solo cuatro estados.

vista de sus bajos salarios, el volumen de remesas sugiere una tasa extraordinariamente alta de ahorro —muy superior a la de sus paisanos en México.[5] Esto se confirma anecdóticamente a través de lo que muchos observadores y estudiosos enfatizan repetidamente: los mexicanos en Estados Unidos viven en condiciones muy adversas (diez personas comparten a veces un cuarto), trabajan doble turno si lo consiguen, gastan muy poco en bebida y comida, y envían a casa todo lo que les es humanamente posible. Su tasa de ahorro ha de equivaler a la de los trabajadores migrantes de la industria del sur de China, y ser mucho mayor al de los habitantes en las ciudades, pueblos y comunidades de México. Parte de esta propensión al ahorro empieza, sin duda, con la necesidad apremiante de saldar la deuda con el pollero que los ayudó a cruzar la frontera, pero aún después persiste. Sólo al cabo de muchos años de canalizar fondos a sus familias en México comienzan los migrantes a reducir sus envíos (por ejemplo, cuando crean una familia en Estados Unidos), pero su tasa estratosférica de ahorro perdura aún después del desvanecimiento de su razón de ser original. El mexicano que tira la casa por la ventana para la fiesta de quince años de su hija, o el que se bebe su quincena en un solo fin de semana con sus cuates, no aparece en cada esquina de Estados Unidos. Tal vez ni siquiera exista.

El segundo rasgo indirectamente detectable abarca el sempiterno tema del imperio de la ley. Se ha reportado ampliamente que parte del sorprendente descenso de criminalidad en Estados

---

[*] Remesas en millones de dólares (totales por quinquenios):

| 1980-1985 | $5,672 | 1991-1995 | $16,211 | 2001-2005 | $73,770 |
| 1986-1990 | $9,371 | 1996-2000 | $27,198 | 2006-2010 | $119,225 |

Países con los más altos ingresos por remesas en 2008 (en millones de dólares)
1° India $ 49,941
2° China $ 48,523
3° México $ 26,304
4° Filipinas $ 18,643
5° Francia $ 15,908

Unidos a partir de mediados de la década de 1990 se debe al crecimiento de la inmigración. En la medida que los barrios más pobres reciben trabajadores extranjeros de todo el mundo, aumenta la seguridad y disminuye la violencia, bajan los crímenes menores y otras transgresiones más serias de la ley —homicidios, violaciones, robos, etcétera— también descienden. Este fenómeno aparentemente contra intuitivo se suele explicar por la naturaleza conservadora, católica y apegada a la familia de muchos migrantes latinoamericanos (no sólo mexicanos), que permanecen alejados de las drogas y las pandillas y que en general respetan la ley. Esto parece difícil de creer cuando pensamos en lo poco que los mexicanos la respetan en México, en lo violentas que se han vuelto las sociedades de El Salvador, Honduras o Guatemala, y en cuántas ciudades en México de estados expulsores, como Guerrero y Michoacán, se ven abrumadas por el crimen y las drogas. Más aún, la religiosidad de los mexicanos en Estados Unidos parece haber caído por debajo de la de los mexicanos en México: 58% del primer grupo le atribuye importancia a su religión, comparado con un 67% del segundo. No obstante, los números son, en principio, indiscutibles, e insinúan una mutación de actitud.[6]

Varios expertos han subrayado esta tendencia gracias a investigaciones realizadas a lo largo de la primera década de este siglo. En su libro *New York Murder Mystery*, el criminólogo Andrew Karmen examinó el proceso de reducción de delitos en Nueva York y concluyó que "los desproporcionadamente jóvenes migrantes del sexo masculino", que arribaron a la ciudad durante los años ochenta y noventa, "eran sorprendentemente apegados a la ley" y que su "aterrizaje" en barrios en plena decadencia ayudó a "poner un freno a la espiral de criminalidad". El periódico *The New York Times* informó en un artículo de 2006 que Robert J. Sampson, director del Departamento de Sociología en la Universidad de Harvard, había desarrollado una "teoría que podría ser, hasta ahora, la más provocadora. ¿Es posible que las ciudades estadounidenses de hoy sean más seguras no porque vivan en ellas menos niños no deseados, sino porque viven en ellas más inmigrantes? ¿Podría ser el caso que la inmigración ilegal esté convirtiendo al país en un lugar en donde se respeta más la ley?" Sampson no niega que es posible que haya menor denuncia del crimen en barrios de inmigrantes. Sin embargo, anota enseguida que mientras aumentó el porcentaje de extranjeros en Estados Unidos en los años noventa, las ciudades estadounidenses se volvieron claramente menos peligrosas. Pero Sampson también señala la importancia de otro factor —uno que muchos conservadores suelen apuntar: los mexicanos en Chicago, según su estudio, tienen más probabilidades de estar casados que un negro o un blanco. "La dinámica familiar es muy notable aquí", dice Sampson. En un escrito en respuesta al estudio de Sampson, el articulista David Brooks anotó aprobatoriamente que "a medida que la inmigración ha crecido, los crímenes violentos han disminuido en 57%."[7]

De acuerdo con Rubén Rumbaut y Walter Ewing, en un ensayo titulado "The Myth of Immigrant Criminality and the Paradox of Assimilation":

El problema del crimen en Estados Unidos no es causado y ni siquiera agravado por los inmigrantes, independientemente de su estatus legal. Esto no resulta sorprendente, dado que los inmigrantes vienen a Estados Unidos a buscar oportunidades económicas y educativas que no tienen en sus países de origen, así como a construir mejores vidas para ellos mismos y sus familiares. Como resultado de esto, tienen poco que ganar y mucho que perder si infringen la ley. En particular, los inmigrantes indocumentados tienen motivos para no violar la ley, dado el riesgo de deportación que implica su estatus ilegal. Aunque la población indocumentada se duplicó hasta llegar a

12 millones desde 1994, los índices de crimen violento en los Estados Unidos han bajado 34.2% y el índice de crimen contra la propiedad ha caído 26.4%. Esta caída en índices de criminalidad no sólo ocurrió a nivel nacional, sino también en ciudades fronterizas y en otras ciudades con altos porcentajes de inmigrantes —como San Diego, El Paso, Los Ángeles, Nueva York, Chicago y Miami. El índice de encarcelamiento también es más bajo entre los inmigrantes de México, El Salvador y Guatemala, que componen la mayoría de la población indocumentada en Estados Unidos y que tienden a ser los que menos educación tienen. En efecto, datos extraídos del censo y de otras fuentes muestran que para cada grupo étnico sin excepción, los índices de encarcelamiento entre hombres jóvenes son más bajos entre los inmigrantes, incluso en los casos de los menos educados. Y esto es especialmente cierto para los mexicanos, salvadoreños y guatemaltecos quienes son la mayoría de la población indocumentada. Lo que es más, estos patrones se han observado consistentemente a lo largo de los últimos censos, realizados cada diez años —un periodo que abarca la era actual de la migración masiva—, y remiten a hallazgos nacionales similares reportados por tres comisiones gubernamentales a lo largo de las primeras tres décadas del siglo veinte. [*8]

---

[*] Otro estudio realizado por el Immigration Policy Center, mostró que: "Entre los hombres de 18 a 39 años (quienes comprenden la vasta mayoría de población en prisión) la tasa del 3.5% de encarcelamiento para los nativos americanos en el 2000 fue 5 veces más alta que la de 0.7 para los extranjeros. La tasa de encarcelamiento para los extranjeros en el 2000 fue cerca de dos veces y media menor que el 1.7% para los nativos blancos no hispanos, y cerca de 17 veces menor que el 11.6% para los nativos negros. Los hombres mexicanos tuvieron un índice de encarcelamiento de sólo 0.7% en el 2000, más de ocho veces menos que el índice del 5.9% para los hombres nativos descendientes de mexicanos." La prosa podría ser más elegante, pero el estudio y sus conclusiones parecen categóricos.

En realidad, sí existe una poderosa razón que explica por qué los mexicanos en Estados Unidos respeten la ley: el castigo, o sea, la deportación para aquellos sin papeles, y la pérdida de la residencia para los que sí los tienen es exorbitante. De allí que los índices de encarcelamiento para los mexicanos en Estados Unidos sean inferiores a los de los puertorriqueños, dominicanos y cubanos, por ejemplo: casi todos ellos son residentes legales o ciudadanos estadounidenses. Los migrantes, en todo el mundo, ahorran dinero y respetan la ley porque su propósito en la vida es aprovechar cada oportunidad en el nuevo país, y reducir cualquier riesgo o peligro de ser obligados a abandonarlo. Así pues, de manera lógica, los mexicanos se abstienen de situaciones comprometedoras, y en vez de ser actores del crimen, las drogas, la prostitución o las guerras entre pandillas, rápidamente se convierten en baluartes de una conducta respetuosa hacia la ley. Esto podría detenerse con la primera generación, y hay por supuesto excepciones, pero no debería extrañar a nadie. Los mexicanos se abstienen de actos delictivos que jamás eludirían en sus casas, desde tirar basura en la calle y pasarse un alto, hasta hacer trampa en el metro o andar taimando al prójimo en los bares o partidos de futbol.

Al menos en principio, entonces, existe un cambio en dos de los rasgos del carácter nacional mexicano: el ahorro y el respeto por la ley. Lo que no resulta claro es si estas transformaciones se relacionan directamente con la experiencia migratoria, al grado que se desvanecerían una vez que ésta cesara, y si dichas actitudes se extienden a conductas más allá del ámbito público y el espacio laboral. A través de impresiones y anécdotas, también sabemos que los mexicanos en Estados Unidos son considerados individuos altamente productivos, trabajadores, y responsables —al menos en lo que se refiere al ámbito del trabajo. Son puntuales, empeñosos y, si pueden, tienden a permanecer en el mismo empleo durante largos lapsos. Cumplen con las leyes estadounidenses, con la excepción de haber entrado al país sin documentos legales —que, dada la postura centenaria de Estados Unidos de tolerancia hipócrita de la inmigración ilegal, no necesariamente se percibe como una ley tan vinculante. Su respeto se dirige también a leyes que parecerían desconcertantes, como la de cruzar la calle contra el alto, andar de vagos en la calle (en el México de mi adolescencia, eso es precisamente lo que hacíamos siempre: perder el tiempo en una esquina tomando cerveza), tirar basura, rebasar el límite de velocidad (una prohibición tan antimexicana como antiitaliana), vender objetos en la calle (una costumbre que se remonta a los tianguis aztecas), etcétera. Lo que no sabemos es si todo esto proviene de someter a los mexicanos al mercado, como ocurre a menudo en el norte del país, o si es una señal de la mutación del carácter nacional mexicano.

Juan Gabriel: "Lo que se ve no se pregunta"

Parte de la solución al acertijo de por qué los mexicanos son tan respetuosos de la ley en Estados Unidos podría encontrarse en el norte de México y, más específicamente, en las ciudades y pueblos fronterizos que muchos relacionan con la versión mexicana actual del "Wild West": ciudades como Tijuana, Matamoros y, sobre todo, Ciudad Juárez. Vamos a omitir los asuntos que llevaron, en años recientes, a esta ciudad de aproximadamente 1.5 millones de habitantes a las primeras planas de periódicos alrededor del mundo: las muertas de Juárez, los cárteles, la violencia generalizada y los homicidios descarnados, las formas de cooperación intrusivas aunque inevitables con Washington, y aun las paradojas confusas e irresolubles. Juárez es una de las ciudades más violentas del mundo, en la tabulación de cantidad de homicidios dolosos anuales por cada 100 mil habitantes; El Paso, de apenas 300 mil habitantes, es una de las comunidades más seguras de Estados

Unidos. Seguras y progresistas: la asamblea local votó, en 2009, a favor de la legalización de la mariguana; aunque el alcalde, presionado por la capital del estado y probablemente por Washington, vetó la iniciativa, argumentando, con algo de razón, que no tenía sentido apoyar la guerra contra el narcotráfico del presidente Felipe Calderón y simultáneamente legalizar incluso una droga a cien metros del frente más sangriento de esa guerra. Nos vamos a apegar a lo que ya ha hecho famosa a Juárez a lo largo de las últimas décadas, y que resulta ser un heraldo del porvenir mucho más que los detalles escalofriantes de las balaceras cotidianas.

Alberto Aguilera nació en Michoacán, el 7 de enero de 1950. Su padre se volvió loco al poco tiempo: se lanzó a un río y luego fue internado en un asilo donde murió al chico rato. Su madre se llevó a su bebé de ocho meses a Ciudad Juárez, donde éste creció y se convirtió, veinte años más tarde, en Juan Gabriel o Juanga, el compositor y cantante mexicano más exitoso de la época moderna, que ha escrito más de mil canciones y vendido más de cien millones de discos. Del local de moda conocido como el Noa-Noa —un hoyo de mala muerte en Ciudad Juárez— a la proclamación el 5 de octubre de 1986 en Los Ángeles como el Día de Juan Gabriel, a sus numerosos conciertos en el Palacio de Bellas Artes en la Ciudad de México, en Radio City y en el Rose Bowl, a cantar ante 40 jefes de estado en la Primera Cumbre Iberoamericana en 1991 en Guadalajara, Juan Gabriel ha vendido más discos, ganado más dinero y se ha vuelto más famoso que ningún músico mexicano en Estados Unidos o en Latinoamérica. Pero esta es la cara menos interesante de "El Divo de Juárez". Como él mismo ha dicho, "lo que se ve no se pregunta". Juan Gabriel es quizás el máximo modernizador del carácter mexicano, y no es ninguna casualidad que venga de la mismísima frontera y pertenezca rotundamente a ella.

Juanga fue quemado en efigie a mediados de los años ochenta, cuando fue nombrado "Mr. Amigo" en Brownsville, Texas, y

declaró su apoyo a la integración México-Estados Unidos (aunque
después dijo que su declaración se había malinterpretado). Pero
ése no fue su momento más iconoclasta: su irreverencia y modernidad están en su música y sus costumbres públicas. Él creó lo
que llegó a ser conocido como el "mariachi moderno"; esto es, los
mismos instrumentos (bajo, metales y guitarra) y las melodías de
la música mariachi tradicional (de José Alfredo Jiménez, más que
nadie), combinadas con ritmos más ágiles y cambiantes —propios
de las norteñas, rancheras y redovas y aun con la posterior música
grupera y hasta pequeñas dosis de música tropical. El resultado fue
una mezcolanza de letras sensibleras con dobles sentidos interesantes, una versión moderna del mariachi tradicional, con cambios de
ritmo en cada canción y entre canciones, con dos bandas —mariachi y metales— tocando simultáneamente, y un talento inusitado
para el gran espectáculo. Fue quien le puso ritmos modernos a los
mariachis clásicos, y produjo un nuevo sonido, popular y contemporáneo, un poco como hizo Elvis Presley en los años cincuenta,
al fusionar el *rhythm & blues* de los negros con las baladas de los
blancos.

Aunque nunca ha salido propiamente del clóset, Juanga no
sólo es gay, sino que lo es de manera estridente en sus conciertos,
sobre todo en los palenques de las ciudades medianas, pero también
ante auditorios más solemnes, aunque siempre monumentales. Se
decía que en su espectáculo ante los jefes de estado en Guadalajara en 1991, muchos de ellos, incluido Fidel Castro, se quedaron
pasmados por sus vestidos brillosos, sus pestañas postizas inverosí-
milmente largas, y las cadencias y giros de sus numeritos de baile.
Su voz, su forma de caminar, sus gestos, sus vestuarios, su manera
de acercarse al público, son siempre provocativos —especialmente
entre los machos del norte. Viste a sus mariachis de morado, los
hace tocar con guitarras rosas y bailar tanto rock como ritmos cercanos al striptease. Pero lo que resulta completamente excepcional

de Juan Gabriel es cómo ese público machista se entrega enteramente a él en los palenques y auditorios, y cómo los charros y machos y narcos de todo tipo aceptan abiertamente su estridencia de
auténtica loca y caen rendidos a sus pies, cantando y bailando en
coro como nunca lo harían si no estuvieran estrictamente en los
dominios de Juanga. A pesar de que ha sido víctima de la homofo-
bia panfletaria por décadas, también fue, durante los años ochenta
y noventa, un ídolo de los adolescentes y el objeto de la devoción
absoluta de fans de todos los géneros, edades y clases sociales.[*]

Juan Gabriel es irreverente y en ocasiones chocante ("No
tengo tiempo para leer. Me aburre leer. Nunca he leído un libro"),
y es políticamente incorrecto a morir: un día apoya a la oposición,
otro día compone un jingle para el candidato del PRI en las elecciones presidenciales del 2000. Es al mismo tiempo filántropo (apoya
las casas hogar de Juárez) y frívolo (sus atuendos, coches, gordura
y modos). Siempre ha sido mejor compositor que cantante, pero
todavía hoy, que su voz se agota sin remedio, sigue brindando un
espectáculo extraordinario. A su manera, y por el lugar en el que
le tocó crecer y vivir, Juanga es el primer mexicano postmexicano:
el primer mexicano moderno. Hoy, al final de cada espectáculo en
un palenque, donde la gente se le puede acercar, más de 100 espectadores hacen fila para tomarse una foto a su lado con sus teléfonos
celulares: todos quieres una foto, todos tienen un celular, y él los
complace a todos.

Juan Gabriel es un espejo de los cambios de actitud y comportamiento que ya se han discutido sin muchas pruebas, pero

---

[*] "El Divo representó durante décadas en la cultura popular mexicana: cursilería
pero también talento y afortunados hallazgos; comercialismo barato, sí, también
tenerlos bien plantados para ser no sólo un gay que sobrevive en una sociedad
macha, sino el ídolo del país de reprimidos que rendía culto a José Alfredo, y
no es poca cosa, ¡cómo va a serlo!" Mauricio Tenorio Trillo, "Contra la idea de
México". *Nexos*, número 390, México, junio 2010, p. 60.

que corroboran las pocas cifras disponibles. Si regresamos a la gráfica que se utilizó al principio de este libro, donde se trazaron los valores tradicionales seculares y racionales en el eje vertical, y la sobrevivencia y la expresión propia en el horizontal; en otras palabras, donde las actitudes "más modernas" aparecen en la esquina superior derecha y las "menos modernas" en la esquina inferior izquierda, se pueden detectar, con las cifras de una encuesta realizada tanto en México como en Estados Unidos en 2003, algunas tendencias muy claras. Los mexicanos en México son los que están más cerca de la esquina inferior izquierda; y los estadounidenses anglosajones los más alejados. En medio, pero más cerca de los segundos que de los primeros, están los mexicanos de Estados Unidos —los que llevan menos de veinte años allá. Éstos figuran más cerca de la esquina superior derecha de lo que hacen los latinos o hispanos no mexicanos en Estados Unidos. Los expertos que diseñaron la encuesta y trazaron la gráfica concluyeron:

> Los mexicanos en México muestran cifras relativamente bajas en ambos ejes, lo cual los hace el grupo más notorio de todos los que se incluyeron en la encuesta (incluyendo a los estadounidenses de origen asiático y africano). Y al contrario, los mexicanos en Estados Unidos, por más estrechamente vinculados que puedan estar a sus familias en sus lugares de origen, poseen un sistema de creencias que resulta muy distinto a aquel de sus compatriotas en México, y parecen estar mucho más cerca del promedio estadounidense anglosajón.[9]

Como si estuvieran leyendo nuestras mentes, estos académicos inmediatamente pasan a hablar de lo que llaman "capital social", o "acción colectiva y prácticas asociativas", y ofrecen cifras impactantes. Cuando se les pidió a los encuestados que eligieran, de entre una lista de once tipos de organizaciones —que iban desde iglesias hasta grupos de derechos humanos, clubes deportivos, sindicatos, actividades culturales o grupos de mujeres—, a cuáles pertenecían, los mexicanos en Estados Unidos revelaron tener una participación notablemente mayor que la de sus compatriotas en México, aunque menor que la de los estadounidenses. Los estadounidenses de origen anglosajón trabajaban o participaban de algún modo en 2.8 organizaciones, los mexicanos en Estados Unidos en 2.0, y los mexicanos en México en 1.4. Según los expertos: "Los mexicanos en Estados Unidos se organizan y se asocian con otros casi tanto como lo hacen los estadounidenses, y mucho más que los mexicanos en México."[10]

Esta apreciación tendería a confirmarse por análisis más bien retóricos e impresionistas de la participación mexicana en los clubes de oriundos de sus comunidades en Estados Unidos, su colaboración en el Instituto de los Mexicanos en el Exterior, fundado por la Secretaría de Relaciones Exteriores en 2003, y en una serie de manifestaciones a favor de las reformas migratorias y en contra de las leyes de discriminación de 2006. Estudios tales como el "Invisible No More: Mexican Immigrant Participation in the United States" realizado y editado por Xóchitl Bada, Jonathan Fox y Andrew Seele, sugieren que los mexicanos participan más políticamente en Estados Unidos que en México, aunque resulta difícil establecer si esta tendencia se mueve por brotes y pausas, conforme a las coyunturas políticas y legales del momento. Es bien conocida la estrategia constante de políticos mexicanos de toda índole que buscan el apoyo de los mexicanos en Estados Unidos, sea para votos, dinero o influencia en sus familias en México; lo es también el hecho de que los grupos de mexicanos más politizados en Estados Unidos tienden a estar infinitamente atomizados y fraccionados, y que la mayor parte de las veces no son más que asociaciones de membrete, sin verdadera representatividad. Los obstáculos legales para organizarse son reales, por supuesto, y ahí pude yacer la explicación: los trabajadores ilegales no pueden pertenecer fácilmente a sindicatos o votar directamente en sus consulados, y hacerlo por correo, como dicta la ley electoral mexicana, es demasiado complicado (apenas 40,400 mexicanos en Estados Unidos votaron en las elecciones presidenciales de 2006, la primera en que pudieron hacerlo).[11]

Finalmente, en términos de las actitudes respecto a asuntos clave como la confianza y el respeto por las instituciones y la ley, los encuestadores sondearon la exactitud percibida de tres declaraciones mostradas a los entrevistados en ambas naciones: "En nuestro país, los ciudadanos respetan la ley; las autoridades respetan la ley; y los legisladores y funcionarios públicos son confiables y responsables ante los ciudadanos." Los mexicanos en Estados Unidos respondieron afirmativamente entre dos y tres veces más que los mexicanos en México. Esta no era una pregunta sobre la conducta, así que de ella no se puede derivar que unos respeten la ley más que otros. Pero sí revela la manera en que su cinismo ante la ley se transforma radicalmente tras su estancia del otro lado de la frontera. Sí sabemos que los mexicanos en Estados Unidos tienden a ser menos individualistas y desconfiados que sus compatriotas en México. De acuerdo con la encuesta de 2003, 30% de los estadounidenses de origen anglosajón respondieron que "se puede confiar en la mayoría de las personas"; 20% de los mexicanos en Estados Unidos dijeron lo mismo; y sólo 10% de los mexicanos en México asintieron a esto. En relación con las instituciones, en contraste con la gente, los mexicanos en Estados Unidos también muestran mucha mayor confianza que sus compatriotas en casa. El resultado más alarmante, aunque no insospechado, fue respecto a la policía: sólo 8% de los mexicanos en México confían en la policía, mientras 40% de los mexicanos en Estados Unidos confía en ellos, a pesar de la discriminación que sufren de ese lado de la frontera.[12]

Este último punto nos lleva directamente al núcleo de la discusión sobre si los mexicanos que llevan tiempo en Estados Unidos han dejado muchos de sus rasgos nacionales del lado sur de la frontera y, si con el paso del tiempo, cambian: no se vuelven estadounidenses en el caso de la primera generación, pero ya no son tampoco mexicanos "típicos" en el sentido estricto. Se puede argumentar que la alteración en la mentalidad mexicana en Estados Unidos se limita al ámbito laboral y a las esferas públicas (transporte, parques, estadios e iglesias). Desde esta perspectiva, en sus casas, barrios, calles y bares, los cambios se desvanecen y los mexicanos vuelven a sus modos tradicionales: desde el más obvio y burdo machismo, hasta el individualismo, la aversión al conflicto, el miedo al "otro" y el cinismo respecto a la ley. Así, la trasmutación sería apenas superficial y producto exclusivo del pragmatismo oportunista: si esto es lo que quieren los "gringos" en su territorio, pues que así sea (o, "donde fueres haz lo que vieres"). Pero en nuestro territorio, seguiremos siendo siempre quienes fuimos. Hasta que no haya pasado más tiempo y no dispongamos de más datos sociológicos, es difícil saber cuánta razón puede haber en este escepticismo. También es necesario legalizar a muchos más indocumentados para determinar si los espacios públicos y privados de los mexicanos en Estados Unidos están convergiendo de cualquier manera, y sea cada vez menos significativa esta distinción. Pero con todos estos peros y advertencias, algo esta sucediendo. Y empieza, como muchas cosas en este país desconcertante, con las mujeres de México.

El lugar de las mujeres

Si el cambio público en las preferencias sexuales es parte de la transformación mexicana, la de las relaciones de género lo es todavía más. Subsisten escasas dudas de que son las mujeres quienes sufren la transformación más radical por su experiencia en Estados Unidos: son las mujeres migrantes quienes registran los cambios más importantes en lo tocante a actitudes y conductas clásicas del viejo México. Aquí es donde México se topará directamente con la modernidad, y emergerá o no como un pueblo distinto. Porque si estas actitudes y patrones de conducta (hacia la ley, el ahorro, las tomas de partido y optar entre disyuntivas difíciles, hacia la policía y la acción colectiva) han mudado, las primeras beneficiarias y generadoras de esta mutación serán las millones de mexicanas que sacan ventaja de su nuevo contexto para darle la vuelta a la tortilla y poner las cuentas claras con los hombres que intervenían en sus vidas: padres, maridos, hermanos, hijos.

Ya hemos visto que la relación numérica hombre/mujer entre los mexicanos en Estados Unidos se va acercando rápidamente a la igualdad: los datos muestran que aproximadamente 60% de las mujeres mexicanas mayores de 16 años en Estados Unidos están casadas formalmente. También sabemos dónde trabajan, cuando menos de manera agregada: 11% en puestos gerenciales y como profesionistas; y 41%, por mucho el sector más amplio, en servicios. En comparación, sólo 23% de los inmigrantes mexicanos de sexo masculino pertenece a esta categoría.[13] *

Una primera conclusión a la que se puede llegar después de estudiar los mapas ocupacionales de los inmigrantes mexicanos de ambos sexos en Estados Unidos es que no coinciden o trabajan en los mismos ámbitos. De ello se desprende, entre otras cosas, que las mujeres no dependen por completo, o quizás en absoluto, de los hombres —en este caso: esposos, novios o amantes— para obtener y conservar su empleo.

Las mujeres trabajan en hoteles, como nanas, en el servicio doméstico, en los supermercados y en algunas fábricas textiles; los

---

* De un total de 2,551,362 mujeres mexicanas mayores de 16 años y empleadas plenamente (es decir, no medio tiempo, no en estaciones determinadas y no autoempleadas), según el Buró de Censo en Estados Unidos en 2009.

hombres en la construcción, la agricultura, en restaurantes, como jardineros y, temporalmente, como chalanes. Las mujeres migrantes suelen ser, en promedio, seis años más jóvenes que los hombres —casi la mitad del total tiene menos de 34 años—; con niveles de educación ligeramente superiores (59% no terminaron la preparatoria, mientras la figura equivalente para los varones es de 62%); que buscan trabajo en las zonas urbanas; y que lo encuentran con mayor facilidad. También siguen ganando, en promedio, 30% menos que los hombres: dos terceras partes están por debajo de la línea de la pobreza, es decir, ganan menos de 24 mil dólares al año. Sabemos, aunque con mucha menor precisión, que mientras en algunos casos los hombres se adelantan y luego "mandan traer" a sus esposas a Estados Unidos, una cifra muy alta de mexicanas migra por su cuenta. De acuerdo con un estudio realizado a partir de mujeres deportadas de Baja California, 70% de todas las mujeres que intentaron cruzar, lo hicieron por decisión propia; sólo 10% respondieron a una petición o instrucciones de su marido. Pagan su propio pollero y caminan con los demás migrantes por el desierto, con hijos o sin ellos, pero no con una pareja. Ellas mismas saldan su deuda con el coyote, o lo hacen con la ayuda de amigos o familiares en Estados Unidos. Poco más de la mitad tienen niños.[14]*

Lo anterior agrega un elemento más de independencia a su experiencia. No sólo consiguen un trabajo que genera sus propios ingresos, en ocasiones superiores a los de su contraparte masculina —las mujeres pueden ganar hasta 15 dólares por hora en el trabajo doméstico en las grandes ciudades: un dinero que no gana ningún lavatrastes; no sólo no se endeudan con sus padres o su pareja; no sólo laboran en áreas en las que se cruzan mínimamente con sus

---

* En una encuesta realizada a finales de los años noventa en Baja California entre mujeres deportadas, 61% declaró que tenía hijos; en otro estudio de 2004 en Estados Unidos, 55% dijo ser el sostén de la familia. Un estudio mexicano de 2009 reveló que 56% tenía hijos.

compañeros sentimentales, sino que como hay suficientes compañeras mujeres en Estados Unidos, pueden vivir con ellas, compartir el techo y los gastos, salir a bailar los fines de semana y brindarse apoyo en el cuidado de los niños —cuando los hay. En suma: no necesitan a un hombre en la medida en que lo necesitaban o pensaban necesitarlo en México. A su manera, disfrutan de las enormes ventajas que conquistaron las estadounidenses en el último cuarto del siglo XX en términos de igualdad de género, aún si no participaron en esa lucha y en México esas mismas ventajas apenas empiezan a materializarse masivamente para las mujeres.

Y más que nada, los índices de confianza en la ley y las instituciones públicas —entre otras, la policía— que arrojan las encuestas de parte de las mujeres inmigrantes sugieren que cuentan con un recurso efectivo y creíble contra la violencia doméstica, el abuso y la extorsión. Se trata de una decisión desgarradora: llamar a la policía para las mujeres ilegales (la mitad de todas las mexicanas en Estados Unidos) entraña el riesgo de la detención y la deportación, aun si también trae el castigo para un hombre violento, borracho, abusivo e indocumentado. Pero a veces con la mera amenaza basta, y generalmente hay comadre, prima, hermana o amiga con papeles que denuncie el abuso; la víctima ilegal desaparece con la llegada de la policía.

Cuando hay niños (muchos nacidos en Estados Unidos, pero un número significativo venidos de México), las reglas estadounidenses suelen predominar. No está claro que las escuelas públicas en los barrios bajos de Estados Unidos sean mejores que las de clase media en México, pero lo cierto es que el turno matutino de las escuelas mexicanas abarca sólo cuatro horas y media de clases diarias para los niños. Además de las devastadoras consecuencias educativas de la media jornada educativa, esta situación obliga a las mujeres o a trabajar sólo medio día, o a encargar a sus hijos si trabajan de tiempo completo. El hecho de que las primarias en Estados Unidos

cubran el día completo, y los niños almuercen en las escuelas y éstas cubran actividades vespertinas casi hasta el final de la jornada
de trabajo de los adultos reviste un enorme impacto en las vidas de
las mujeres. El Estado, mediante el sistema de educación pública,
se encarga de los niños mientras ellas trabajan. Esto aumenta sus
ingresos y confianza en sí mismas, y por tanto su independencia
de los hombres.

Sería incorrecto suponer que estos enormes cambios en la
experiencia de las mujeres en Estados Unidos suceden en un vacío.
En México, muchos aspectos del comportamiento de las mujeres
contradicen los estereotipos del machismo mexicano, según el cual
los hombres son archi-dominantes y las mujeres irremediablemente
sumisas. Las mujeres migrantes de las áreas mixteca y juchiteca,
por ejemplo, que representan una parte sustancial de la población
migrante de Nueva Jersey, cuentan con una larga tradición de independencia y dominio. En el Istmo de Tehuantepec han sido ellas
las que tradicionalmente llevan los pantalones.

Uno de mis hallazgos inicialmente más enigmáticos al hacer
campaña en México entre 2003 y 2005 fue que en prácticamente
todos los niveles socioeconómicos y educativos, en los mítines políticos —de cualquier escala— se perfilaba una singular diferencia
entre hombres y mujeres. Cuando los hombres pedían la palabra
y comenzaban a hablar, tendían a seguirse interminablemente, sin
llegar nunca a la médula de su asunto, o formular su pregunta, o
concluir algo que casi siempre terminaba siendo una declaración
más o menos relevante, y siempre rimbombante: el cantinfleo era
la norma en la mayoría de estos eventos. Tal vez ese irreprimible
gusto por una oratoria sin fin sea comprensible después de siglos
de silencio y décadas sin que nadie las escuche, pero lo curioso
era que las mujeres no actuaban así, aun si solían pedir la palabra
con la misma frecuencia que los varones. Sus intervenciones eran
concisas, específicas y concretas. Me tomó largo tiempo encontrar

una explicación coherente y racional para este fenómeno, pero al final me fue entregada.

Los hombres en México, me alegó alguien, cuentan con un tiempo prácticamente infinito para hablar: en el trabajo, en casa con los amigos, en la cantina o en el desayuno, la comida o la cena. Pueden tener conversaciones eternas sobre el futbol, la política, las mujeres, el box o historias de amor y de muerte. No hay un límite real, en el trabajo o en casa, para el tiempo que pueden dedicarle a platicar: es una ocupación de tiempo completo. Las mujeres no cuentan con ese lujo. Para empezar, tienen que atender a los hombres, luego a los niños, luego al trabajo (el 40% de las mexicanas laboran fuera del hogar); luego seguir con la casa, con el resto de la familia, incluyendo a veces a la suegra y, si les queda algo de tiempo, a sí mismas (lo cual no hacen los hombres, especialmente una vez que se han casado).[15] Cocinan, limpian, lavan, ganan dinero, hacen las compras, van y vienen a la escuela y visten y bañan a los niños.

Cuando ellas hablan, entre sí, con los niños o en público, conocen el valor de cada minuto. Están condicionadas por la necesidad de economizar tiempo y esfuerzo; están acostumbradas a ir al corazón de los asuntos, porque su vida diaria no les permite ningún otro tipo de comportamiento; de ahí su concisión y capacidad para sintetizar lo que quieren decir.

Por supuesto que no meto las manos al fuego por la veracidad o suficiencia de esta explicación, ni pretendo proponer una teoría sobre la locuacidad de género, pero a primera vista parece razonable. Lo que sí queda fuera de toda duda es la forma en que las mexicanas controlan la vida diaria de muchos mexicanos, mediante lo que algunos han llamado el matriarcado mexicano.

Sobre estos cimientos se erigen los cambios generados por la experiencia estadounidense. La combinación podría bastar para transformar a las mexicanas de Estados Unidos en algo distinto a lo que eran en su cocina al sur del río Bravo, y diferente del mundo norteamericano y del pasado mexicano. Debería ser suficiente para detonar modificaciones profundas en el individualismo nacional, en la proverbial incomodidad frente a la confrontación, en el miedo a lo nuevo, lo extranjero, lo diferente; en la obsesión por el pasado y el disgusto frente a la competencia o las decisiones; en el cinismo generalizado frente a la impunidad, la corrupción y la falta de respeto por la ley. Si las leyes se cumplen y sirven de algo; si el trabajo duro y libre de corruptelas genera cierta prosperidad, aunque sea relativa y parcial; si disminuye la impunidad porque no se puede hacer lo que a uno se le dé la gana, aun si uno todavía se pueda tomar sus libertades; si el Estado hace lo que se supone que tiene que hacer (proveer bienes públicos, de la educación a la seguridad) y se abstiene de hacer lo que no debería (robar y dejar en el olvido a la gente), tal vez muchos de los rasgos descritos en las páginas anteriores perderían significado o su razón de ser. Sabemos, por supuesto, que actitudes tan arraigadas como éstas sobreviven a sus causas y orígenes, y que la simple desaparición de las circunstancias que les dieron vida no alcanza para que se esfumen de la mentalidad de nadie, mucho menos de la de un pueblo entero.

Pero hay esperanza y ciertamente una agenda para el futuro. Podemos saber mucho más sobre las mexicanas en Estados Unidos; se puede encuestar y entrevistar más; hay muchísima investigación por hacer. También podemos indagar qué efectos surten en los hombres los cambios evidentes en la conducta de las mujeres. Los padres y esposos, los hijos y hermanos, ¿entienden? ¿O sólo asimilan como pueden las transformaciones de sus compañeras al nivel de las relaciones interpersonales, pero no en sus visiones generales de la vida, el trabajo, la política, el enfrentamiento, el esfuerzo colectivo y la organización civil? Por ahora no tenemos manera de saberlo, pero podemos asumir que, en este caso al menos, no debemos temerle a nuestros deseos. Si las mexicanas en Estados Unidos se transforman en lo que parece que se están transformando; si los hombres mexicanos al otro lado de la frontera siguen el mismo camino y siguen su ejemplo; y si todos en México somos capaces de evolucionar en la misma dirección que los paisanos de afuera mientras el país avanza trabajosamente hacia la modernidad, la nación a la que aspiramos va a surgir y va a ser mejor para todos.

Llegó el mañana

Estas páginas pretendían proveer a los lectores con un mapa para México. ¿De dónde viene y a dónde va el país? El mapa es, por definición, insuficiente. Los obstáculos que México enfrenta para alcanzar su modernidad son mucho más que algunos rasgos del carácter nacional; la lista de rasgos descritos no es de ninguna manera exhaustiva; y el pesimismo de fondo de esta narrativa no puede equilibrarse sólo con la esperanza de la redención gracias a la diáspora. Los dilemas persisten: ¿Será que la magnífica y ya no sublimada diversidad del país contradice la noción misma de "carácter nacional" o, en cualquier caso, de rasgos comunes a todos los mexicanos? ¿Los doscientos años de independencia y revolución habrían bastado para construir una nación que hoy puede deshacerse de sus lastres sicológicos y culturales sin irse a la deriva? Y, sobre todo, desde el punto de vista de los críticos y escépticos: si fuera factible ¿sería deseable? ¿Resultarían mejores los mexicanos desprovistos de estos rasgos de carácter gracias a los cuales, mal que bien, han sobrevivido a siglos de opresión y décadas de corrupción e imperio de la ilegalidad?

Uno de los extranjeros que más recientemente sujetaron a México y a los mexicanos a una mirada crítica fue la siria francófila Ikram Antaki. Visitó México en los años setenta, en calidad de una turista hipersofisticada con doctorado en París; conoció y se enamoró de un cuadro profesional del Partido Comunista en Michoacán con quien se casó y tuvo un hijo. Lo acompañó a sitios tan extraños como la Libia de Muammar al-Gaddafi o la Nicaragua sandinista. Eventualmente rompió con Fabián Soto —así se llamaba su pareja— pero se quedó en México y se convirtió, gracias a un amigo que le presentó al principal locutor de noticias del país durante la guerra de Irak, en una de las analistas de la experiencia mexicana más escuchadas, leídas y citadas de su momento. Contaba con el bagaje intelectual para cumplir con su cometido y llegó a conocer bien el país, ya que nunca vivió la vida aséptica y encorsetada que suelen llevar los extranjeros en México. Con el tiempo desarrolló el amor por México sin el cual ninguna observación externa puede alcanzar veracidad y pertinencia.

En uno de sus libros sobre México contradijo el refrán que cité en el séptimo capítulo: "Con dinero, baila el perro." Decía que en México aunque le paguen bien, el perro no baila.[16] Y no lo hace porque los perros mexicanos (es decir, todos) no responden a incentivos del mercado, a estímulos monetarios o pecuniarios, a premios y castigos, como sí lo hacen ciudadanos de otras democracias de mercado. No fue, de ninguna manera, la primera observadora en notar esto y sólo tenía razón en parte: algunos mexicanos, a veces y en circunstancias peculiares, sí reaccionan como los demás ciudadanos de ambientes similares. Lo que Antaki decía era que no hay virtudes, ni ventajas, ni encanto, ni valor de redención en el rechazo de México a la modernidad, sea vista como puntualidad, responsabilidad, cultura cívica o simplemente como el gesto de acatar las normas de tránsito o ir a trabajar todos los días. Su muerte prematura en el año 2000 fue lamentada por sus innumerables lectores y radioescuchas entre el público general, pero apenas comentada por sus colegas en la academia y las páginas editoriales de los periódicos —que siempre pensaron que era demasiado estridente y cándida en su denuncia radical de la forma de hacer las cosas de los mexicanos. A su manera, sus críticos sostenían una postura lógica, que se puede compartir o no. Yo no la comparto.

Un México en que los mexicanos se despojen de su equipaje de atavismos y le permitan a la nación alcanzar la modernidad plena que se merece, es un México mejor. Tal vez se volvería un país con menos encanto pero también menos frustrante. Si tenemos razón y el único modo de progresar para México consiste en tirar por la borda esos rasgos de su carácter nacional que hemos señalado, entonces vale la pena apostar. Resultaría pretencioso que las élites mexicanas y sus amigos en el extranjero decidieran que un país en el que prosperamos y vivimos maravillosamente, y que sin duda hechiza al mundo pero tiene al 40% de su población en la pobreza y a la mayoría en una precaria clase media baja, es preferible a la alternativa. Esa alternativa se ubica a medio camino entre el universo mexicano en Estados Unidos, las ciudades de clase media como Los Mochis o Mérida, Juan Gabriel y las nuevas playas de Acapulco. Descansa en el corazón de los empleos que provee el turismo y la industria manufacturera con valor agregado, en una democracia medio caótica donde ganen las mayorías y pierdan las minorías, con capacidad para elegir entre opciones y enfrentar sus consecuencias; en dejar atrás a la historia y el miedo.

Este México moderno de clase media indudablemente carecerá de la magia y el misterio que hemos conocido hasta ahora. No podría ser de otro modo. Y ese México nuevo correrá riesgos: descartará defensas probadas en nombre de beneficios inciertos. A fin de cuentas serán los mexicanos los que decidan qué futuro buscan, y sus deseos, por primera vez en la historia, serán respetados. Siempre estaré a favor de un México más diverso en sus identidades regionales, mucho más homogéneo socialmente, y lo más parecido posible al resto del mundo moderno. La verdad es que mientras menos distinto y más parecido a los demás, México será mejor para su gente.

Esta conclusión y este tono pueden parecer a la vez radicales o simplistas. Después de todo, ¿por qué no podría México —o para el caso, cualquier otro país— conservar su especificidad y simultáneamente alcanzar la modernidad y la bonanza? Puede, pero sólo si su alma deja de ser una carga para su gente, si su carácter y cultura dejan de ser instrumentos de la inmovilidad y se convierten en armas para el cambio. Lo cual no quiere decir que el país no persevere —o salga del paso— en su estado actual sin cierta fortuna: todas las transformaciones descritas en estas páginas han sido alcanzadas por los mexicanos tal y como son y no como algunos, entre los que me cuento, quisiéramos que fueran.

Pero la perpetuación de ese país sería una opción conformista, una elección por *default*. Un México mejor es aquel que deja sus demonios y terrores en el pasado y se concentra en sus pasiones y su personalidad. Ese México está ya en el horizonte, pero el último jalón es siempre el más duro. Tal vez este libro ilumine marginalmente el tramo que nos falta: si es así, habrá cumplido su propósito.

NOTAS DEL CAPÍTULO 9

[1] "Lincoln Steffens", Encyclopædia Britannica Online, 25 de mayo, 2010, www.britannica.com/EBchecked/topic/564894/Lincoln-Steffens

[2] "Decennial Censuses 1900-2000", Censo de Población y Vivienda de Estados Unidos, 2010, www.census.gov/prod/www/abs/decennial/

[3] "2009 American Community Survey 1-year Estimates. Selected Population Profiles, by Country of Birth: Mexico", US Census Bureau, Estados Unidos, 2011, factfinder.census.gov/servlet/IPTable?_bm=y&-reg=ACS_2009_1YR_G00_S0201:717;ACS_2009_1YR_G00_S0201PR:717;ACS_2009_1YR_G00_S0201T:717;ACS_2009_1YR_G00_S0201TPR:717&-qr_name=ACS_2009_1YR_G00_S0201&-qr_name=ACS_2009_1YR_G00_S0201PR&-qr_name=ACS_2009_1YR_G00_S0201T&-qr_name=ACS_2009_1YR_G00_S0201TPR&-ds_name=ACS_2009_1YR_G00_&-TABLE_NAMEX=&-ci_type=B&-redoLog=true&-charIterations=001&-geo_id=01000US&-geo_id=NBSP&-format=&-_lang=en

[4] *Idem.*

[5] "Balanza de pagos. Remesas Familiares", Banco de México, México, 2010, www.banxico.org.mx/politica-monetaria-e-inflacion/estadisticas/otros-indicadores/balanza-pagos.html; "Balanza de pagos, 1980-2008", Centro de Estudios de Finanzas Públicas, México, 2009, www.cefp.gob.mx/intr/e-stadisticas/copianewe_stadisticas.html; "Workers' remittances and compensation of employees, received (current US$)", Banco Mundial, Washington, D.C., mayo, 2010.

[6] Alejandro Moreno, *Nuestros Valores. Los mexicanos en México y en Estados Unidos al inicio del siglo XXI*, Ciudad de México: División de Estudios Económicos y Sociopolíticos Grupo Financiero Banamex, 2005, p. 158.

[7] Andrew Karmen, *New York Mourder Mystery: The True Story Behind the Crime Crash of the 1990s*, NYU Press, New York, 2006 citado por Eyal Press, "Do Immigrants Make Us Safer?", *The New York Times*, 3 de diciembre, 2006, Estados Unidos; www.nytimes.com/2006/12/03/magazine/03wwln_idealab.html?scp=1&sq=eyal+press&st=nyt

[8] Walter A. Ewing y Rubén G. Rumbaut, "The Myth of Immigrant Criminality and the Paradox of Assimilation: Incarceration Rates Among Native and Foreign-born Men", Immigration Policy Center, Primavera 2007, pp. 3 y 4.

[9] Alejandro Moreno, *Nuestros Valores. Los mexicanos en México y en Estados Unidos al inicio del siglo XXI*, pp. 98 y 99.

[10] *Ibid.* pp. 150-51.

[11] Roberto Suro y Gabriel Escobar, "Survey of Mexicans Living in the U.S. on Absentee Voting in Mexican Elections", Pew Hispanic Center, Estados Unidos, febrero, 2006, p. 1, pewhispanic.org/files/reports/60.pdf

[12] Alejandro Moreno, *Nuestros Valores. Los mexicanos en México y en Estados Unidos al inicio del siglo XXI*, pp. 145 y 47.

[13] "2008 American Community Survey 1-year Estimates. Selected Population Profiles, by Country of Birth: Mexico", US Census Bureau, Estados Unidos, 2010, factfinder.census.gov/home/saff/main.html?_lang=en

[14] "Hispanic Women in the United States, 2007", Pew Hispanic Center, Estados Unidos, mayo 2008, pp. 18 y 24, pewhispanic.org/files/factsheets/42.pdf; "2008 American Community Survey 1-year Estimates. Selected Population Profiles, by Country of Birth: Mexico", US Census Bureau, Estados Unidos, 2010, factfinder.census.gov/home/saff/main.html?_lang=en; Ofelia Woo y José Moreno Mena, "Las mujeres migrantes y familias mexicanas en Estados Unidos", p. 7, bibliotecadigital.conevyt.org.mx; Richard Fry, "Gender and Migration", Pew Hispanic Center, Estados Unidos, julio 2006, p. 9, pewhispanic.org/files/reports/64.pdf; "Enfrentan difíciles condiciones sociales madres mexicanas en EU", Notimex, Mexico, mayo 11, 2009, www.emigrantes.gob.mx/wb2/eMex/eMex_2e9cf_not204_enfrentan_dif

[15] "Tasa Neta de Participación, 2008-2010", Secretaría del Trabajo y Previsión Social, Mexico, 2010, www.stps.gob.mx/DGIET/web/menu_infsector.htm

[16] Ikram Antaki, *El pueblo que no quería crecer*, México: Océano, 1996, pp. 100-01.

ÍNDICE ANALÍTICO

11
11 de septiembre, 241, 242, 267, 277, 280

A
Abu Ghraib, 188
abuso de drogas, 332
Acapulco, 94, 95, 262, 365
acceso a la salud y la educación, 308
acción colectiva, 20, 73, 328
Acteal, 151
Actipan, 65, 102, 104
actitud individualista y crédula de los mexicanos, 35
acuerdo entre el gobierno y los cárteles, 336
Acuerdo General sobre Aranceles Aduaneros y Comercio (GATT), 271
acuerdo migratorio, 278
Adenauer, Konrad, 274
ADN mexicano, el, 188
Aduana y Migración de Estados Unidos (CBP), 265, 266
aduanas mexicanas, 256
Afganistán, 279, 280, 283, 332
África, 24, 58, 87, 97, 286, 332
agenda para el futuro, 401
agresión física entre grupos políticos, 167
Aguas Blancas, 151
Aguascalientes, 106, 362

Aguilar Camín, Héctor, 12, 14, 139, 143, 193, 218, 220
Aguilar Zinser, Gonzalo, 14
Aguilera, Alberto, 389
Aguinaco, Fabián, 14
Aguirre Beltrán, Gonzalo, 143
AH1N1, 33, 34, 263
Ajijíc, 242
Al-Gaddafi, Muammar, 403
Alabama, 267
Albright, Madeleine, 237
Alduncín, Enrique, 86, 160
Alejandría, 167
Alemán, Miguel, 302
Alemania, 96, 118, 258, 284, 285
Alianza para el Progreso, 262
alma mexicana, 21, 53, 133
"alma mexicana", 15, 17
Alrededor del mundo en ochenta días, 166
Altamira, 88
Alto Perú, 49, 297
altos de Chiapas, Los, 75, 77
Alvarado Velasco, 136
América, 154, 223, 317
América (Club), 41, 42
América del Norte, 87, 247, 257, 281, 284
América Latina, 45, 49, 61, 91, 92, 100, 105, 106, 116, 179, 181, 190, 240, 248, 249, 286, 298, 329, 332, 338, 348, 350, 353

analfabetismo, 116
Anchorage, 378
ancien régime, 12, 294
Anenecuilco, 147
Ankerson, Dudley, 9
Antaki, Ikram, 402, 403
anticlericalismo, 357
antropología contemporánea, 27
antropología pop mexicana, 133
Año Nuevo de 1994, 75
Apatzingán, 364
apertura comercial, 195
árabes fundamentalistas, 360
Archivo fotográfico Casasola, 56
Argelia, 241, 269
Argentina, 41, 45, 46, 48, 64, 84, 197, 237, 275, 317, 331, 348, 354, 360
"aristocracia obrera", 87
Aristóteles, 164
Arizona, 265, 381, 382
Arquímedes educativo, 315
Arrolladora Banda Limón, 379
asesinato de Colosio, 173
Asia, 24, 87, 100, 286
Asia del Este, 24
Asociación Mexicana de Agencias de Investigación de Mercado y Opinión Pública (AMAI), 90
Aspe, Pedro, 282
Assault Weapons Ban, 335
atavismos mexicanos, 13
Atenas, 180
atención médica privada, 115
Atlanta, 378
Atlántico, 124
Atlántico Norte, 24
Atlas, 42
ATT, 204
ausencia de control estatal, 341
ausencia de la ley, 303
ausencia de un estado de derecho, 324, 328, 337
Australia y N. Zelanda, 24, 283
autodeterminación, 286
autoridad monárquica, 296

autoritarismo, 197
Avenida Insurgentes, 103
Avenue Foch en París, 63
aversión (mexicana) al conflicto, 148, 166, 179, 181, 195, 201, 203, 214, 395
Ávila, *Beto*, 40
Ávila Camacho, 172
ayuda americana, 181, 186
Azcapotzalco, 217
aztecas, 30, 136, 152, 214, 216, 217, 221, 222

B

baby boomers jubilados, 262, 264, 265
baby boomers mexicanos, 219
baby boomers norteamericanos, 340
Bada, Xóchitl, 393
Bahamas, 266
Baja California, 182, 198, 238, 338, 367, 397
Bajío, 363
Bajo el volcán, 149
balanza comercial mexicana, 259
Ballesteros, Andrea, 9
Banamex, 13, 340
Banco de México, 205, 234, 269
Banco Mundial, 95, 96, 97, 204
bancos estadounidenses, 239
Bangladesh, 58, 361
Barco, Virgilio, 333
Barragán, Luis, 57, 78, 363
Bartra, Roger, 17, 26, 137, 138, 302
Basave, Agustín, 12
bastiones de la droga, 367
Batalla de Hastings, 359
Beijing, 39
Belice, 341
Beltrán, Ulises, 258
Berlín, 127
Bierce, Ambrose, 15
Big Lebowsky, 17
Blair, Tony, 279
bloqueos campesinos de carreteras, 346

Boca Juniors, 41
Bogart, Humphrey, 87
Bolivia, 45, 48, 49, 71, 317, 329, 332
Bonfil, Guillermo, 17, 141, 142
Bono, 58
boom automotriz, 109
boom de California, 123
Borah, Woodrow, 152
Borges, Jorge Luis, 30
Brasil, 41, 45, 46, 48, 67, 69, 70, 71,
    74, 84, 95, 96, 97, 98, 99, 101, 118,
    122, 123, 150, 197, 237, 259, 272,
    273, 284, 299, 317, 332, 338, 339,
    345, 348, 350, 354, 360
Brenner, Anita, 146
Bresson, Cartier, 15
Bronx, 126
Brooks, Dvid, 385
Brown, Gordon, 29
Brownsville, 389
Buenos Aires, 41, 61, 62, 63, 127
Buffet, 59
Buñuel, Luis, 15, 68
Buró de Censo de Estados Unidos,
    380, 381, 396
burocracia gubernamental, 365
Burton, Richard, 242
Bush, George H.W., 333
Bush, George W., 34, 186, 187, 245,
    268, 277, 278, 279, 280, 283, 334,
    380

C
Cabañas, Lucio, 163, 169
Cabo San Lucas, 238
caciques conservadores, 341
Cairo, el, 226, 349
Calderón, Felipe, 84, 93, 98, 113, 162,
    182, 186, 187, 188, 189, 192, 198,
    201, 207, 208, 309, 310, 311, 313,
    321, 332, 333, 336, 389
Caleta, 94
Caletilla, 94
California, 237, 332, 373, 376, 381,
    382, 382

Calle, Luis de la, 12
Cámara de diputados, 184, 313
Cámara de los Comunes en el Parla-
    mento Inglés, 192
cambio climático, 286, 287
Cambridge History of Latin America,
    154
caminos sin ley, Los, 294
campaña de alfabetización en
    México, 219
Campeche, 339, 366
Canadá, 96, 105, 150, 185, 190, 237,
    245, 257, 266, 267, 268, 271, 273,
    283, 284, 285, 288, 317, 341
Canal de Panamá, 248
Cancillería, 205
Cancún, 94, 242, 262, 267, 268, 341,
    366
Canek, Jacinto, 170
Cantinflas, 166, 302, 379
"cantinflear", 166
capitalismo mexicano, 273
Carabineros en Chile, 344
Caracas, 62
carácter del mexicano, 16,30
carcácter mexicano, 16,17,18,21,137,
    181,243,258,314,389
carácter nacional, 16, 22, 23, 27, 28,
    29, 30, 31, 32, 35, 78, 138, 179,
    195, 202, 209, 213, 223, 274, 289,
    294, 316, 327, 359, 373, 402, 404
"carácter nacional", 15, 16, 29
carácter nacional de los mexicanos,
    15
carácter nacional mexicano, 13, 39,
    56, 133, 195, 368, 380, 387, 388
características comunes, 16
Cárdenas, Cuauhtémoc, 146, 147,
    161, 162, 173, 196, 198, 201, 314
Cárdenas, Lázaro, 12, 54, 159, 171,
    235, 301, 356, 364
Careyes, 262
Caribe, 263, 298, 355, 356
Carlos V, 296
Carolinas, 267

Carranza, 145
cárteles de Colombia, 59, 331, 341
cárteles de la droga, 186, 321, 322, 336, 343, 363, 388
cárteles mexicanos, 59
Carter, Jimmy, 332, 334
Casa Blanca, 231
Casa Blanca en Tepito, 65
Casa de la Contratación, la, 203
Casanova, Rodolfo, 40
Casar, María Amparo, 12
Castilla, 295
Castro, Fidel, 390
catolicismo, 12
católicos, 27
"Caudillo del Sur, El", 53
Celorio, Mariana, 9
Censo(s), 13, 18
Censo de Población y Vivienda 2010, 109, 115
Censo ejidal, 70
centralistas, 299
Centro de Estudios de la Sociedad Civil de la Universidad de John Hopkins, 46
Centro de Investigación y Docencia Económica (CIDE), 228, 244, 258
centro derecha moderada y moderno del PAN, 200
Centro mexicano para la Filantropía, 46
Centroamérica, 48, 123, 221, 229, 286, 332, 366
centroderecha, 163
centroizquierda, 163
"certificación", 187
Cervantes, 276
CFE, 234
Chaunu, Pierre, 153
Chávez, Hugo, 287
Chávez, Julio Cesar, 40, 56
Ché Guevara, 105
Chevalier, François, 71
Chiapas, 123, 157, 158, 336, 350, 365
Chicago, 63, 266, 376, 382, 385, 386

Chicago de la prohibición, el, 338
Chichén Itza, 42, 43, 339
Chico Pardo, Fernando, 268
Chihuahua, 106, 182, 198, 336, 338, 362
Chile, 41, 45, 46, 48, 49, 69, 71, 74, 84, 98, 136, 152, 191, 197, 237, 275, 317, 328, 331, 341, 345, 348, 354
China, 28, 95, 96, 97, 259, 261, 284, 360, 383
"chinos de ultramar", 360
chip priista, 287
Chirac, Jacques, 279
Chivas USA, 379
Chulavista, 242
CIDAC, 13
Cinco Familias, 65
Cinismo respecto a la ley, 395
Cisjordania, 360
Citigroup, 340
ciudad azteca, 221
Ciudad de México, 61, 62, 63, 72, 76, 77, 93, 104, 106, 120, 147, 148, 155, 161, 171, 196, 198, 200, 221, 231, 238, 241, 256, 257, 258, 295, 320, 339, 352, 364, 366, 368, 389
"ciudad empresa", 88
Ciudad Juárez, 362, 388, 389, 391
Ciudad Madero, 87, 88, 89, 91
ciudad tolteca, 221
"ciudades dormitorio", 365
"ciudades perdidas", 114
civilización maya, 339
"Civilización Occidental", 54
civilizaciones precolombinas, 25, 355
clase media baja de mexicanos, 99
clase media brasileña, 101
clase media global, 95, 96, 97
clase media mayoritaria, 13
clase media mexicana, 83, 87, 91, 92, 97, 101, 174, 251, 259, 331
clase media tradicional, 115
clase obrera industrial, 90

clase política corrupta, inepta y mal preparada, 194
"Clasemediero: pobre no más, desarrollado aún no", 12
"Clasemedieros: una mayoría silenciosa", 12
"clásicos", los, 17, 18, 19, 21, 27, 133, 134, 135, 138, 139
class action norteamericana, la, 74
class action suits, 73
cláusula Calvo, 238
Cline, Howard, 86
Clinton, Bill, 60, 281, 378
Clinton, Hillary, 59, 332, 334, 337
"Clubes de oriundos", 55
Coatzacoalcos, 339
Códice Matritense, 217
Código Electoral, 208
Código Electoral Federal (COFIPE), 306
código penal único, 342
coeficiente Gini, 84
Cohen, Leonard, 289
cohesión nacional china, 360
"colectivo", lo, 57
Colo-Colo, 41
Colombia, 45, 48, 74, 98, 150, 191, 221, 298, 329, 333, 338, 341, 345, 348, 350, 354
Colón, 218, 223
Colonia, 54, 77, 183, 214, 300
Colonia del Valle, 65, 102
colonias españolas, inglesas, francesas y holandesas, Las, 27
colonos noreuropeos y ascéticos, 27
combate a la pobreza, 308
combate a las drogas, 342, 343
comercio internacional marítimo, 356
COMEXI, 282
Comisión de Derechos Humanos del Distrito Federal, 234
Comisión Federal de Competencia, 204

Comisión Interamericana de Derechos Humanos, 311
Comisión Nacional de Derechos Humanos, 234
Comisionada mexicana ante la Oficina de las Naciones Unidas contra la Droga y el Delito (UNODC), 330
Comité Ejecutivo Nacional, 314
Compañía Petrolera El Águila, 87
competencia económica abierta, 195
"complejo de inferioridad", 133
comportamiento ilegal, 346
comunidad empresarial, 287
comunidad europea, 27
concentración de migrantes, 378
Condado de Mendocino, 332
confrontación electoral, 208
confrontación física con la policía o el ejército, 167
confrontación política democrática, 195
Congreso, 93, 162, 182 183, 184, 185, 188, 192, 193, 194, 200, 201, 235, 259, 277, 278, 279, 306, 309, 317, 354
Congreso Constituyente (de 1917), 232, 233, 235, 236
Congreso Federal, 344
Conquista, 25, 42, 49, 50, 54, 55, 71, 77, 134, 144, 149, 153, 155, 172, 203, 214, 216, 218, 220, 329, 355, 356, 364
conquistadores españoles, 27
Consejo General del Instituto, El, 208
conservadores, los, 230, 300
Constitución, 74, 75, 185, 194, 201, 208, 223, 232, 238, 286, 304, 305, 306
Constitución americana, 299
Constitución de 1917, 49, 185, 237
construcción de una ciudadanía, 352
construcción de viviendas, 13
consumo de droga, 323, 331, 334

conteos, 18
Contra la historia oficial, 230
contrabando de armas, 323
Convergencia, 199
convulsiones internas en Centro-
américa, 231
Cook, Sherburne, 152
Copa mundial de 1966, 102
Corcuera, Santiago, 14
Córdoba, José, 239
Corea del Norte, 245
Corea del Sur, 24
Corona, 51, 203, 296, 298
Corona española, la, 71
Coronel House, 364
corrupción, 16, 293, 297, 298, 300,
301, 302, 303, 312, 316, 317, 318,
319, 320, 321, 322, 323, 324, 327,
328, 341, 353, 401
corrupción latinoamericana, 317
corrupción mexicana, 22, 295
"corrupción sistémica", 319
Corte, 297, 311
Corte Interamericana de Derechos
Humanos, 304, 311
Cortés, Hernán, 43, 135, 136, 137,
145, 169, 215, 216, 222
Cortés, Martín, 43
cosmogonía mexicana, 27
cosmovisión azteca, 215
Costa Chica, 365
costa Este, 264
Costa Grande, 365
Costa Maya, 262
costa Oeste, 264
Costa Rica, 48, 74, 354, 355
Creelman, James, 143
Crespo, José Antonio, 230
crimen organizado, 22, 282, 321, 322,
323, 327, 335
crisis de la deuda, 271
crisis económicas, 257, 285
crisis financieras sexenales, 194
Cristiada, la, 159
"Cruz Parlante", 339

Cruz, Penélope, 228
Cuauhtémoc, 137, 163, 168, 222
Cuautitlán, 365
Cuba, 40, 215, 250, 263, 263, 284,
287, 339, 366
Cuernavaca, 136, 364, 365
Cuesta, Jorge, 17
culto al mestizo, 357
culto del México urbano al campo y
los campesinos, 72
cultura cívica, 64
cultura de la droga en Sinaloa, 123
cultura mexicana, 229
cultura política en México, 47, 181
"culturalismo", 33
culturas precolombinas, 220

D

D.F., 65, 365
Dallas, 127, 382
Dartmouth, 57
Davidow, Jeffrey, 280
DEA, 187, 267, 268, 363
debate nacional, 359
debilidad jurídica, 293
"década perdida", 92, 196
Declaración de los Derechos Humanos francesa, 298
"dedazo" presidencial, 172
defensa y promoción de los derechos
humanos, 286
demanda de drogas en Estados Unidos, 334
demandas sociales o económicas, 313
democracia, 19
democracia bipartidista funcional,
198
democracia establecida, 22
democracia funcional, 179
democracia imperfecta, 191, 404
democracia mexicana, 179, 181, 190,
191
democracia moderna, 194
democracia representativa, 13, 195,
318

democracia vigente, 186
Departamento de Defensa, 187
Departamento de Economía del
    ITAM, 205
Departamento de Estado, 187, 280,
    339
Departamento de Sociología de la
    Universidad de Harvard, 384
deportaciones, 378
Derecho comparado, 74
derechos de las minorías, 180
derechos de propiedad, 22
derechos humanos, 287, 298
derechos labores, 308
desorden democrático, 323
desprecio por el estado de derecho,
    298
desprecio por la ley, 294, 324, 401
destinos turísticos internacionales,
    21
determinismo cultural, 25
Detroit, 57
día del trabajo, 223
diáspora binacional, 361
Díaz Ordaz, 156
Díaz, Porfirio, 49, 53, 54, 138, 143,
    155, 301
Diccionario de la Lengua Española
    de la Real Academia Española,
    166
Diconsa, 104
"dictadura perfecta", 181
dilema mexicano, 230
Director general de la UNESCO, 219
discriminación, 29
Disneylandia, 105
"Divo de Juárez, El", 389
Dobbs, Lou, 57
Doce Ancianos de Tenochtitlán, 169
Dodgers de Los Ángeles, 40, 102
Dublín, 266
dura lex, sed lex, 344
Durango, 106, 336, 338, 362
Duverger, Christian, 355

E
Echeverría, Luis, 157, 256
economía abierta, 13, 255
economía de mercado, 249, 286
economía estadounidense, 246
economía industrial, 258
economía informal, 328, 345, 346,
    347, 348, 350
economía informal mexicana, 347
economía mexicana, 21, 193
economía y la sociedad mexicanas,
    la, 14
Ecuador, 49, 71, 148, 269
educación privada, 115, 117
educación pública, 116, 117, 399
educación sexual, 219
Edwards, Sebastian, 27, 51
efecto Walmart, 110
Egipto, 102, 269
Eisenstein, Sergei, 15, 56, 78, 149
ejército, el, 142, 322, 335, 337, 342,
    343
ejército de Estados Unidos, 337
ejército mexicano, 335
El Paso, 378, 386, 388
El Salvador, 148, 150, 152, 197, 269,
    331, 338, 350, 384, 386
El Universal, 154
elecciones por las gubernaturas, 199
elecciones presidenciales de 1988,
    196
elecciones presidenciales de 2006,
    148
Elías Calles, Plutarco, 94, 301, 356,
    363
Elizondo, Carlos, 206
emigración, 345, 362
emigrantes, 31, 358, 374
emigrantes chinos, 360
empeños colectivos, 20
empresas encuestadoras del país, 19
"¿En qué medida es clase media
    América Latina?", 12
Encuesta Mundial de Valores, 24, 67

Encuesta Nacional de Adicciones, 329

Encuesta Nacional de Ingresos y Gastos de los Hogares (ENIGH), 13, 98

"Encuesta Nacional de Valores. Lo que une y lo que divide a los mexicanos", 13

"Encuesta Valores: diagnóstico axiológico", 13

encuestas electorales, 19

encuestas y leyes, 14

enfoque neoweberiano, 27

enmienda constitucional, 305

Enríquez Molina, 143

"Ensayo de una ontología del mexicano", 28

entrega de tarjetas de crédito, 13

epidemia de viruela, 215

época colonial, 55

época precolombina, 42

era precolombina, 158

Escalante Gonzalbo, Fernando, 151, 293

escepticismo general de los mexicanos, 34, 354

escuelas del "Ivy League" estadounidense, 205

España, 40, 54, 74, 75, 115, 153, 181, 197, 203, 231, 237, 240, 258, 262, 269, 271, 284, 284, 285, 295, 348, 356

ESRU, 120

Estadio Azteca, 102, 241

Estadio Jalisco, 241

Estado, 49, 50, 51, 52, 194, 219, 297, 298, 313, 319, 335, 340, 399, 401

Estado central, 342

estado colonial, 298

Estado de derecho, 22, 31, 294, 321, 336, 355

Estado de derecho en México, 183, 345

Estado de México, 200, 364

Estado judío, 360

Estado liberal , 74

Estado mexicano, 335, 345

Estado social de Derecho, 74

estado-nación, 26 , 359

Estados Unidos, 11, 17, 20, 21, 25, 32, 33, 34, 45, 46, 47, 49, 50, 52, 55, 56, 58, 59, 61, 66, 69, 70, 74, 97, 99, 105, 106, 107, 108, 120, 139, 140, 150, 151, 154, 160, 184, 185, 186, 187, 190, 195, 197, 204, 213, 215, 219, 220, 227, 228, 230, 231, 232, 235, 236, 237, 238, 240, 241, 242, 244, 245, 246, 247, 248, 249, 250, 255, 256, 257, 259, 261, 264, 265, 266, 267, 268, 269, 270, 271, 272, 273, 276, 277, 278, 279, 282, 283, 284, 285, 286, 287, 288, 298, 300, 317, 322, 323, 329, 330, 331, 332, 334, 335, 337, 338, 339, 340, 343 , 352, 357, 358, 360, 361, 363, 365, 366, 367, 368, 373, 374, 376, 377, 378, 379, 380, 381, 382, 383, 385 , 386, 387, 388, 389, 392, 393, 394, 395, 396, 397, 398, 399, 401, 404

estatus de clase media baja, 114

Este País, 312

Esteves, Fernando, 9

Estrada, Elisa, 9

estructura tripartidista, 201

Estudio Europeo de Valores 1999, 24

estudios especializados, 18

ethos mexicano, 20

"*ethos* mexicano", 25

ethos nacional, 26

ética protestante y la católica, 27

Europa, 105, 116, 122, 140, 248, 269, 272, 274, 282, 284, 328, 338, 356, 358

Europa católica, 24

Europa Central, 122

Europa del Este, 25, 197

Europa del Norte, 283

Europa medieval, 298

Europa Occidental, 64, 87, 99, 150, 190

Europa Protestante, 24

European Values Study, 23

Evaluación Nacional del Logro Académico en Centros Escolares (ENLACE), 222

evasión del conflicto (enfrentamiento), 144, 161, 249

exotismo indígena, 140

expansión de la clase media, 112

exportación de droga, 323

exportaciones mexicanas, 364

expropiación cardenista, 87

F

Facebook, 115

factor legal, 26

factor nacional, 26

Fallaci, Oriana, 156

falta de competencia en la sociedad mexicana, 202

Familia, La, 59

FBI, 267

federalismo, 298

"Federalismo multimillonario", 193

federalistas, 299

feijoada, 31

fenotipo nacional, 143

Fernández, Mauricio, 343, 344

festividad del mexicano, 30

Filipinas, 269, 377, 383

Flamengo, 41

Florida, 264

FOBAPROA, 320

Forbes, 60

Ford, Gerald, 332

Forma, La, 225, 227

Formation des grandes domaines au Mexique, La, 71

Forment, Carlos, 50, 51

Foro de América del Norte, 282

Fortuna en la base de la pirámide (BOP), 114

Fortune 500, 272

FOVISSSTE, 112, 113

Fox, Jonathan, 393

Fox, Vicente, 72, 84, 93, 113, 162, 192, 198, 201, 207, 208, 267, 277, 278, 279, 280, 281, 289, 309, 310, 311, 313, 336, 342, 343

fracción nacionalista y populista, 200

fracción ultraconservadora y ultracatólica, 201

fracciones anarco revolucionarias en México, 236

Francia, 20, 28, 29, 49, 115, 184, 218, 241, 245, 258, 262, 274, 281, 284, 285, 348, 383

Franco, 271, 284

Fray Servando Teresa de Mier, 299

Freud, 165, 174

fuente de divisas, 323

Fuentes, Carlos, 12, 17, 60, 77, 144, 145, 149, 205

fuerza estatal y municipal, 343

fuerza policíaca, 342, 343, 344

fuerzas armadas, 353

función gubernamental, 21

Fundación Este País, 13

Fundación Getulio Vargas, 101

Futuro para México, Un, 218

G

G8, 287

Gabinete de Comunicación Estratégica (GCE), 232, 233, 234

Gamio, Manuel, 17, 133, 135, 142, 153

garantías individuales, 22

García, Gael, 379

García Márquez, Gabriel, 60

García Ramírez, Sergio, 185

Gardner, Ava, 242

Gates, 59

Gaulle, Charles de, 274, 276, 281

gaullismo, 273

GAUSSC, 47, 68, 109, 110, 249, 337

GAUSSC, "Encuesta Nacional", 109, 112, 337

Gavin, John, 219
Gaza, 360
Geldof, Sir Bob, 58
General Motors, 124
Ginebra, 338
Giuliani, 279, 280
globalización, 30, 195, 197, 260
Gobernador del Banco de México, 204
gobierno autoritario y corrupto, 302
gobierno de mayorías, 180
Gobierno del Distrito Federal, 103
gobierno democrático, 190
gobierno mexicano, 64
Goldman Sachs, 95, 96
Golfo de México, 248, 273, 341, 366
Golfo Pérsico, 269
golpes militares en Sudamérica, 231
González, Felipe, 60, 258
González, Guadalupe, 12
González Camarena, Guillermo, 110
González de Alba, Luis, 213, 217
González de León, 57
Gordillo, Elba Esther, *La Maestra*, 313, 314, 315
Gran Bretaña, 258
grandes écoles de Francia, 205
grandes problemas nacionales, Los, 143
Grecia, 197
Greene, Graham, 15, 56, 149, 294
Greenwich Village, 366
gringós, los, 273, 275, 276
"gripe mexicana, la" 35
gripa porcina, 33
grupos de enfoque, 18
Guadalajara, 104, 242, 363, 364, 389, 390
Guadalajara (Club), 41, 42
Guanajuato, 198, 242, 278, 363
Guantánamo, 188
Guasave, 122
Guatemala, 71, 136, 142, 152, 269, 317, 334, 338, 341, 350, 384, 386
Guerra Civil española, 231

guerra contra el narco, 150, 188, 263, 321, 324, 327, 329, 336, 338, 340
guerra contra los franceses, 163
Guerra Cristera, 157, 163, 170
Guerra de Castas, 170, 339
Guerra Fría, 283, 303
Guerra de Vietnam, 186
guerras de Independencia, 143
Guerras Mundiales, 259
Guerrero, 52, 336, 338, 365, 384
Guerrero, Gonzalo, 43
Guevara, Ana Gabriela, 40
Guillén Vicente, Rafael Sebastián, el subcomandante Marcos, 88
Guzmán, Loera "El Chapo", Joaquín, 362
Guzmán, Martín Luis, 17

H
Hacienda, 116
Haití, 298, 317, 350
Halliburton, 248
Han, 360
Hank González, Carlos, 302
Harlingen, 257
Harrison, George, 58
Harrison, Lawrence, 26
Hayek, Salma, 379
Hazelton, 379
Herencia: Arqueología de la sucesión presidencial en México, La 170
hermanos Castro, 287
hermanos Coen, 17
hermanos Flores Magón, 236
hermanos Sánchez, 65, 66, 106
Hermosillo, 106, 362
Hernández, Roberto, 340
Hernández Galicia "La Quina", Joaquín, 88, 89, 90
Hidalgo, 168
Hijos de Sánchez, Los, 65
Hiroshima, 278
historia colonial, 71
historia oficial de México, 213
historia patria, 220

HLM (*Habitación de Loyer Moderé*), 63, 126
Hoffa, Jimmy, 89
Hollywood, 242
Honduras, 152, 384
Hornos, 94
hospitalidad mexicana, 265
Hotel María Isabel, 241
Houston, 241, 255, 382
Huatulco, 262
huelgas de hambre, 167
Huerta, Victoriano, 331
HUEY, 186
huída ante la confrontación, 144
Human Rights Watch, 187
Humboldt, Alexander von, 145
Hume, David, 27
Huntington, Samuel, 379
Huston, John, 242

I
iconografía mexicana, 57
identidad, 29, 30
"identidad cultural", 29
identidad de una nación, 29
identidad indígena, 54
identidad mexicana, 144
identidad nacional, 17, 29, 30, 31, 32, 233, 358, 360, 360
"identidad nacional", 29
"identidades nacionales objetivas y subjetivas", 16
identificación con la víctima, 166
idiosincrasias mexicanas, 249
Idols behind Altars, 146
incidentes racistas, 358
Instituto de los mexicanos en el Exterior, 393
Instituto Federal Electoral (IFE), 234, 309
Instituto Libertad y Democracia de Perú, 349
Iglesia, 49, 50, 51, 197, 203, 219, 220, 287, 296, 298, 300, 353, 363
iglesia católica, 357

igualdad jurídica de los estados, 286
ilegalidad, 293, 327, 328, 352
Illinois, 381, 382
Ilustración, 298
Immigration Policy Center, 386
imaginario social mexicano, 57, 163
Imperio azteca, 49
imperio de la ley, 30, 327
importaciones ilegales, 350
importaciones informales, 350
impuestos predial, 349
impunidad, 324, 327, 328, 341, 352, 401
incas, 31, 136, 216
incompetencia panista, 322
Independencia, 44, 49, 51, 84, 135, 138, 163, 168, 171, 220, 223, 233, 298, 361
India, 26, 69, 95, 96, 97, 166, 245, 360, 361, 383
Indiana, 376
Índice de Desarrollo Humano de Naciones Unidas, 84
Indios de Cleveland, 40
individualismo, 20, 54, 58, 63, 69, 70, 72, 73, 78, 124, 125, 126, 128, 249, 395
individualismo del carácter mexicano, 123
individualismo familiar, 68
individualismo mexicano, 44, 53, 59, 64, 65, 66, 67, 68, 69, 73, 74, 77, 125, 128, 179, 214, 353, 354
individualismo nacional, 68, 401
individualismo obsesivo, 75
individualismo premoderno, 77
indolatinos, 235
Indonesia, 97
industria automotriz nacional, 107
industria manufacturera, 345
inequidad en la concentración de poder y riqueza, 16
inexistencia del estado de derecho, 303
Infante, Pedro, 103, 166, 169, 379

Influenza española, 150, 154
INFONAVIT, 112, 113
Ingeniería del Tec de Monterrey, 205
Inglaterra, 139, 184
ingresos nacionales, 21
Iniciativa Mérida, 188
Iniciativa Simpson-Rodino (IRCA), 377
inmigración, 32, 246
inmigración ilegal, 323, 385, 388
inmigrantes, 31, 41, 232, 236, 358, 360, 379, 385, 396
inmigrantes centroamericanos, 358
inmigrantes legales, 278
instituciones de educación superior, 117
instituciones jurídicas, 22
Instituto de Mexicanos en el Exterior, 55
Instituto de Seguridad y Servicios Sociales de los Trabajadores del Estado (ISSSTE), 89, 314
Instituto Mexicano del Seguro Social (IMSS), 89, 104, 234
Instituto Nacional de Estadística y Geografía (INEGI), 18, 101, 143, 154
insularidad inglesa, 30
insurrección oaxaqueña, 366
integración México-Estados Unidos, 390
inversión extranjera, 247, 271, 273, 274
inversión extranjera directa (IED), 271
"Invisible No More: Mexican Immigrant Participation in the United States", 393
Irak, 282, 283, 361, 403
Iran, 287
Irlanda, 266, 283
Israel, 245, 359
Istmo de Tehuantepec, 230, 399
Italia, 115, 258, 262, 283

Iturriaga, José, 86, 143
Itzcoatl, 127
IVA, 257
Ixtapa-Zihuatanejo, 262
izquierda socialdemócrata reformista, 200

J
Jackson, Michael, 206
Jalisco, 242, 363
Jamaica, 264, 317
Japón, 24, 87, 96, 123, 257, 260, 272, 285
Jaramillo, Rubén, 147
Jefe de la Oficina de la Presidencia, 239
jefes del narco, 322, 336, 362
Jerusalén, 360
Jesús de Nazaret, 136
Jiménez, José Alfredo, 152, 390, 391
Jobim, Tom, 152
Jonguitud Barrios, Carlos, 313
Juan Diego, 220
Juan Gabriel, 58, 362, 388, 389, 390, 391, 404
Juárez, Benito, 53, 54, 163, 179, 221, 223, 230, 231, 300 , 301
Juegos Olímpicos de 2008, 39
Juegos Olímpicos en la Ciudad de México, 156
justicia social, 308

K
Kansas, 122, 267, 376
Karmen, Andrew, 384
Kazan, Elia, 15
Kenya, 245
Kerry, John, 209
Kid Azteca, 40
King, Larry, 280
Kissinger, Henry, 237
Knight, Alan, 16, 143
Koufax, Sandy, 102
Krauze, Enrique, 136

L

La Habana, 62, 339
Labastida, Francisco, 207
Lago de Chapala, 242
Latin American Public Opinion Project (LAPOP), 190
Latinoamérica, 24, 58, 61, 74, 109, 150, 231, 248, 249, 275, 284, 286, 289, 294, 299, 313, 389
Latinobarómetro, 147, 151
Lawless Roads, 149
Lawrence, D.H., 15, 133, 149
Le Clezio, Jean, 15
Le Corbusier, 57
Left Behind, 27
"legalismo mágico" mexicano, 304
legalización de mexicanos indocumentados, 278
legislación local, 311
Legorreta, 57
"leguleyo", 308
lenguas indígenas, 142
Lenin, 124, 134
León-Portilla, Miguel, 17
levantamiento chichimeca, 170
levantamiento zapatista en Chiapas, el, 75, 173, 218, 335
Leviatán hobbesiano, 50
Levy, Santiago, 345
Ley Arizona, 245
Ley de Cooperación Antidrogas, 187
Ley de Reforma y Control de Migración, 376
Ley del Servicio Exterior, 234, 235
Leyenda Negra de la Conquista Española, 152, 218
leyes de discriminación, 393
leyes estadounidenses, 387
leyes ilusorias, 293
Lewis, Arthur, 26
Lewis, Oscar, 15, 56, 65, 146
Lexia, 68
Liceo Francés, 226
liberalismo, 53

liberalización comercial en México, 257
Libia, 403
Liga de las Naciones, La, 282
Lima, 135, 136, 349
Lincoln, 231
Lindbergh, Charles, 364
Lippman, Walter, 15, 364
Lira, Andrés, 152
Little Rock, 379
Live 8, 58
locus mexicano, 356
Lomas de Plateros, 63
Lomnitz, Claudio, 9, 17, 26, 137, 297
Londres, 127, 288
López-Calva, Luis F. y Nora Lustig, 84
López Mateos, Adolfo, 219
López Obrador, Andrés Manuel, 99, 162, 169, 207, 309, 310, 311, 366
López Portillo, José, 207
López Velarde, Ramón, 17
Los Ángeles, 56, 59, 127, 238, 382, 386, 389
Los Cabos, 94, 262
Los olvidados, 68
Los Pinos, 198, 319
Lotería Nacional, 314
Lougheed, Peter, 282
Louis Vuitton, 256
Lowry, Malcom, 78, 149
lucha contra el narcotráfico, 186, 334
Luis Miguel, 58
Luiselli, Cassio, 9,11
Lyon, 359

M

MacDonald, Ramsay, 135
Macedo, Rita, 68
machismo mexicano, 399
Machorro Narváez, Paulino, 236
Madariaga, Salvador de, 54
Madero, Francisco I., 54, 90, 145, 179, 207
Madrid, 63, 127, 296

Madrid, Miguel, de la , 333
mafias italianas, 59
Malinche, la, 43, 221
Mall of America, 257
Mandela, Nelson, 197
manifestaciones estudiantiles, 346
Manzanero, Armando, 58
Mao, 181
Mar de Cortés, 136, 230, 238
Mara Salvatrucha, 56
marchas y plantones, 167
marco institucional mexicano, 188
Marcos, subcomandante, 75, 76, 77, 169, 335
Mariana de Austria, 297
Marina, 43
Marseillaise, La, 241
Martínez, Epigmenio, 236
Martínez "El Chale", Jorge, 146
Marruecos, 269, 332
Marx, 124
masiosares, 240
Mastretta, Ángeles, 9
Matamoros, 108, 362, 388
matriarcado mexicano, 400
Maximiliano, 230, 231, 300
mayas, 339, 341
Mazatlán, 262
Mazón, Patricia, 9
McAllen, 257
McCaffrey, Barry, 343
McGoogan, G.B., 339
Medicare, 266
medidas antimigratorias, 378
Medio Oeste, 264
mediocridad de la educación en México, 315
medios de comunicación, 321
Meet the Press, 184
Mellafé, Rolando, 153
Memphis, 267
mente abierta, 255
mente del mexicano, la, 13, 374
mercado azucarero, 356
Mercado Común, 274

mercado nacional, 258
mercado turístico, 266
"mercados emergentes", 95
mercados financieros, 111
Mérida, 186, 333, 337, 339, 340, 342, 344, 404
meritocracia, 205
Mesoamérica, 154, 355, 356
mestizaje, 137, 141, 142
"mestizofilia", 139
Mexicali, 362
mexicanidad, 27, 28
"mexicanidad", 26, 27, 379
Mexicanidad y Ezquizofrenia, 13
mexicano, lo, 18, 27
"mexicano ahorita: retrato de un liberal salvaje, El", 13
"mexicano típico", 166
mexicanos en Estados Unidos, 22
mexicanos radicados en Estados Unidos, 22
mexicas, 216
"México bronco", 149
México contemporáneo, 107
México de hoy, 17
México: esplendores de medio siglo, 224
México moderno, 17
"México 2010: el juicio del siglo", 12
mexicoamericanos, 56
Meyer, Jean, 154
Miami, 267, 386
Michoacán, 198, 221, 242, 338, 363, 364, 365, 384, 389, 403
miedo a lo extranjero, 213, 229, 270
migración, 25, 265, 267, 268, 288, 375, 378
migración a gran escala, 30
migración masiva, 71
migración mexicana, 248
migrantes, 32; 232, 242, 246, 250, 278, 367, 369, 387
migrantes italianos, 275
migrantes latinoamericanos, 384
migrantes mexicano, 69, 374, 379, 380, 381, 382

migrantes mexicanos legales, 378
"milagro mexicano", 87
Milenio, 193
militantes zapatistas, 158
Miramón, Miguel, 230
misterio de los mexicanos, el, 11
mito fundacional, 215
Mixcoac, 63, 103
Mixteca, 365
Mochis, Los, 122, 123, 403
Moctezuma, 145, 221, 275
modernidad, 11, 13, 19, 69, 249, 315,
    390, 396, 402, 405
modernidad mexicana, 151
modernización, 23, 197
Modotti, Tina, 15
Molina Enríquez, Andrés, 139
Montejo y León, Francisco de, 339
Monterrey, 343, 362, 363
Montevideo, 41, 275
Montreal, 266
Morábito, Fabio, 167
Morales, Evo, 53
Morelos, 53, 168, 233, 234
Moreno, José Luis, 153
Morrow, Anne, 364
Morrow, Dwight, 364
movimiento estudiantil de 1968, 44,
    161
movimiento indigenista latinoame-
    ricano, 53
movimiento obrero, 54
movimiento sinarquista, 363
movimiento zapatista, 78, 366
movimientos estudiantiles de los
    años sesenta, 156
muertas de Juárez, 388
Múgica, Francisco, 235
mujeres deportadas, 397
mujeres migrantes, 382, 398, 399
Mundial de béisbol, 40
Mundial de Futbol de 2010, 235, 250
Mundiales de futbol, 40
mundo islámico, 24
Muro, Luis, 152

Museo Metropolitano de Nueva
    York, 224
Myrdal, Gunnar, 26

N

nación de inmigrantes, 358
nación de víctimas, 133, 218
nación mestiza, 139
nación mexicana, 221
nacionalismo, 26, 241, 268, 357
nacionalismo cantinflesco, 302
naciones industrializadas, 24
naciones prósperas, 24
Naciones Unidas, 282, 286
Nagasaki, 278
Naipul, V. S., 360
Nápoles, 297
narcisismo nacional, 19
narco, el, 181, 344
narcotraficantes mexicanos, 59, 343,
    345
narcotráfico, 22, 250, 337, 341, 342,
    344
Nashville, 267
naturaleza "patrimonialista", 297
Navarra, 295
Nebraska, 122
Necaxa, 41
negocio de la droga, 322, 337
Netanyahu, Benjamin, 360
Nevada, 265
New School, 57
New York Murder Mystery, 384
New York Times, 40, 205, 384
New Yorker, The, 213, 379
Nexos, 12, 13, 47, 151, 284, 293
Nicaragua, 152, 287, 403
Nigeria, 361
Nightline, 184
Niños Héroes de Chapultepec, 168
nivel de alfabetización, 25
Niven, David, 166
Nixon, Richard, 332
no intervención, 286
noche de la iguana, La, 242

Norte y Sudamérica, 27
Norteamérica, 24, 248, 328
Nosotros los pobres, 169
Novo, Salvador, 17
nueva clase media, 93, 102
nueva clase media mexicana, 95, 261
nueva clase media urbana, 196
Nueva España, 49, 55, 71, 152, 296, 297, 298
Nueva Granada, 297
Nueva Jersey, 241, 399
Nueva Orleans, 339
Nueva York, 12, 34, 56, 57, 105, 127, 226, 266, 277, 279, 280, 331, 352, 365, 384, 386
Nuevo León, 182, 366
Nuevo Mundo, 41, 154, 295
nuevo régimen democrático panista, 313
nuevo sistema político, 321
número de celulares en circulación, 13

O
O'Gorman, Edmundo, 17
Oaxaca, 52, 72, 123, 340, 350, 365
Obama, Barack, 33, 34, 187, 188, 189, 244, 245, 281, 283, 334, 340, 380
Obamanía, 285
Obregón, Álvaro, 145, 171, 301, 356
Ocampo, Rolando, 14
OCDE, 12, 25, 96, 125, 347, 348
Ochoa, Lorena, 41
ocupación nazi, 274
OEA, 185, 286
oficinas de gobierno, 322
Oklahoma City, 267
"ola migratoria", 379
Olimpiadas de Atenas, 240
Olivares, Rubén, 40
olmecas, 224
ONG, 187, 188
Oñate, Andrea, 9
Operación Wetback, 376
oposición perredista, 259

Oregon, 49
Oregon británico, 221
Orfeu Negro, 152
Organización Mundial de la Salud, 33
Organización Panamericana de Salud, 150
organizaciones civiles, 46
organizaciones no lucrativas, 46
origen de nuestros retos y frustraciones, el, 11
origen étnico, 30
Orozco, 56, 57, 78, 363
Ortega, Joel, 9, 14, 156
Oruro, 49
Osama, 241, 242
Osuna, Rafael, 40
Oxbridge, 205

P
Pachuca, 42, 365
Pacific Council on International Policy, 282
Pacífico, el, 122, 238, 367
Pacífico Norte, 124
país de rituales, 223
País Vasco, 366
Pakistán Oriental, 361
Palacio de Bellas Artes, 389
Palacio Nacional, 192
Palmeiras, 41
Panamá, 49, 152, 350
Panchos, Los, 58
pandemias, 288
Pani, Mario, 57, 137
paracaidismo, 64
Paraguay, 25, 332
paridad de género, 307
Paridad de Poder de Compra (PPC), 39, 95, 97, 98
París, 63, 127, 339, 359, 402
Park Avenue, 314
Parque de la Muralla, 136
parque vehicular de México, 108
Partición, La, 361

participación electoral, 47
Partido Acción Nacional (PAN), 93,
    113, 193, 196, 198, 199, 200, 201,
    244, 341
Partido Comunista, 303, 403
partidos políticos, 353
Paso, El, 255
patrimonialismo, 297
patriotismo, 26
Patrulla Fronteriza, 378
Paseo de la Reforma, 162
Paseo de Montejo, 339
Paso de Cortés, 136
Passepartout, 166
Pastor, Robert, 282
Paz, Octavio, 12, 17, 30, 42, 78, 133,
    144, 149, 153, 154, 213, 220, 224,
    225, 297, 297
Pedro de Alvarado, 136
Pedro de Valdivia, 136
penetración de internet, 13
Península de Yucatán, 43, 339
Pennsylvania, 379
Peñarol, 41
Pepe, 166
Pepe el Toro, 169
Pereyra, Carlos, 299
periodo colonial, 141
periodo posrevolucionario en
    México, 120
"Perry Mason", 183
perspectiva anti-monopólica com-
    partida, 282
perspectiva mexicana tradicional so-
    bre la ley y la corrupción, 324
Perú, 25, 46, 48, 49, 50, 71, 84, 136,
    152, 299, 329, 350, 353
Peter Gabriel, 58
Petróleos Mexicanos (PEMEX), 87,
    234, 273
Pew Global Attitudes Project, 229,
    245, 317
PIB, 13, 35, 39, 46, 69, 98, 125, 222,
    257, 258, 269, 271, 272, 345, 346,
    347, 348, 366

PIB per cápita, 25
Piedra de Rosetta, 15
Pierce Oil Company, 87
Pino Suárez (metro), 136
Pinochet, 48, 237, 256
Pizarro, Francisco, 135, 136, 216
Plan Colombia, 337
Plan Marshall, 282
Plan Marshall de Truman, 282
plantas automotrices, 364
"plata o plomo", 322
Plaza de las Tres Culturas, 137
Plaza de Tlatelolco, 156
pluralismo, 315
población adicta, 330
población económicamente activa
    (PEA), 345
población musulmana, 361
población urbana, 25
pobreza, 13
pobreza extrema ("nutricional"), 83
pobreza "patrimonial", 83
policía, 322, 343
policía local y estatal, 344
policía nacional, 337, 342
política democrática rocambolesca,
    21
política económica y social, 202
política exterior, 289
política macroeconómica, 271
políticas educativas, 368
Polonia, 25, 197
Pomona, California, 57
Ponce de León, 136
Porfiriato, 49, 138, 171, 173, 218, 220,
    356
Portilla, Jorge, 17, 53, 54, 293
Portugal, 25, 284
Posada, José Guadalupe, 149
posición internacional mexicana, 288
Potosí, 49
Powell, Colin, 278, 280
Pralahad, C.K., 114
PRD, 162, 188, 193, 197, 198, 199, 200,
    201, 207, 244, 279, 310, 311

predilección del mexicano por *la forma*, 224
Presidencia de la República, 93
presidentes demócratas liberales, 334
presidentes republicanos conservadores, 334
Presley, Elvis, 390
PRI, 45, 54, 55, 113, 138, 146, 147, 156, 172, 173, 184, 188, 189, 195, 196, 197, 198, 199, 200, 201, 207, 208, 227, 244, 279, 284, 287, 294, 313, 314, 323, 341, 362, 390
Primer Ministro, 239, 258
Primera Cumbre Iberoamericana, 389
Primera Encuesta Nacional sobre la Discordia y la Concordia, 157
Principio del tercio excluido, 248
privatización, 195
problema de las drogas, 333
procedimiento de masas alemán, 74
Procuraduría General de la República, 204
productividad laboral, 347
productores de drogas, 338
PROFECO, 74
Programa Bracero, 376
Programa para Comunidades de Mexicanos en el Exterior, 55
Programa Progresa/Oportunidades, 345, 365
Programa Tres por Uno, 55
Progreso, 339, 340
Prometeo, 57
protestantes, 27
protocolo mexicano, 226
psique mexicana, 287, 374
PT, 199
Puebla, 52, 340, 365
Puente de las Américas, 248
Puerto Peñasco, 262
Puerto Rico, 40, 136
Puerto Vallarta, 94, 242, 262
puesto de elección popular, 19
Pumas, 42

Punta Diamante, 94

Q
Queens, 63
Querétaro, 182, 362, 365
Quijote, El, 276
Quinta Avenida de Nueva York, 63
Quintana Roo, 366

R
radicalismo, 313
Radio City, 389
Raleigh-Durham, 379
Ramírez, Raúl, 40
Ramírez, Santiago, 17, 135, 144, 158, 167, 214
Ramos, Samuel, 17, 54, 135, 143, 299
"rango de Thurow", 100, 101
rasgo nacional, 30
rasgos nacionales, 26
rasgos nacionales de México, 25
Ravaillon, Martin, 97, 98
"raza cósmica", 16, 139
"raza mestiza", 25
reacción antiinmigrante, 379
Reagan, Nancy, 333, 334
Reagan, Ronald, 122, 332, 333
Real Policía Montada de Canadá, 344
realidad actual mexicana, 21
realidad mestiza, 141
realidad mexicana "normal", 14
realidad nacional, 19
realpolitik diplomática, 286
rebelión cristera, 363
recaudación de impuestos, 348
recesión/depresión, 111
recesión mundial, 263
rechazo a la modernidad, 403
rechazo a "lo otro", 21, 395
rechazo mexicano a la controversia/conflicto, 163, 168, 181, 209
Récord Guinness, 202, 205, 206
Redo, los, 122
Reed, John, 15, 56, 57, 78

reescritura de la historia, 221
Reforma, 51
Reforma (periódico), 115, 182, 251, 351, 352
reforma agraria, 14, 54, 308, 357
reforma educativa, 218
reformas borbónicas, 50, 356
reformas jurídicas, gubernamentales y económicas, 327
reformas migratorias, 393
régimen anticlerical de Calles, 157
régimen autoritario, 195, 196
régimen democrático, 192
régimen patrimonialista, 297
régimen priista, 301
regímenes autoritarios, 21
región del Golfo, 88
regionalismo, 341
Reino Unido, 248, 348
relaciones entre México y Estados Unidos, 189
Relaciones Exteriores, 116
relator action anglosajona, el, 74
religión sincrética, 339
renuencia (mexicana) a todo tipo de conflicto, 21, 158, 172, 189, 191
República Dominicana, 40, 152, 264, 350
república federada, 299
república federal, 299
respeto a la ley, 312
respeto a la verdad, 312
respeto a los demás, 312
Revolución, 51, 63, 70, 135, 139, 141, 142, 144, 145, 150, 154, 155, 159, 163, 171, 218, 220, 223, 236, 301, 302, 331, 356, 357
revolución constitucionalista, 236
Revolución de 1910, 44, 149
Revolución de Mao, 360
Revolución de John Womack, la, 70
Revolución Mexicana, 16, 49, 136
rey de España, 296
Reyes, Alfonso, 17

Reyes Heroles, Federico, 12, 14, 46, 119
reyes tarascos, 221
Reynolds, Debbie, 166
Rice, Condoleezza, 278
ricos y pobres, 14
Riding, Alan, 9, 39, 40, 303
Río Bravo, 243
Río de Janeiro, 62
rituales precolombinos, 142
River Plate, 41
Rivera, Diego, 56, 57
Riverside, 382
Riviera Maya, 242, 262, 341, 367
"robber baron", 61
Rocallosas, Las, 379
Rockerfeller Center, 57
"Rodinos", 377
Rodríguez, Manuel, 9
Rodríguez Woog, Manuel, 13, 14
Romero, Matías, 231, 300
Rose Bowl, 389
Rosemblat, Ángel, 153
Rousseau, 180
Rozental, Andrés, 9
Rubio, Luis, 12
Rulfo, Juan, 149, 159, 363
Rusia, 150

S
Saez, Pedro, 14
Salinas de Gortari, Carlos, 89 , 92, 157, 161, 196, 198, 219, 220, 239, 258, 271, 131 , 335, 336
Saltillo, 106, 362
Sampson, Robert J., 384, 385
San Antonio, 255
San Diego, 238, 314, 386
San José del Cabo, 238
San Juan, 136
San Lorenzo, 42
San Luis Potosí, 362
San Pedro Garza González, 343, 344
San Román, Federico, 9, 165, 214
San Ysidro, 378

Sánchez, Hugo, 40
Sánchez Albornoz, Nicolás, 152, 153
Sánchez Camacho, 102
Sánchez Susarrey, Jaime, 304
Santiago, 127, 136
Santiago de Cuba, 136
Santillana Ediciones Generales de
    México, 9
Santo Tomás, 66
Santos, 41
Sao Paulo, 41, 61, 62, 63, 127
Sarkozy, Nicholas, 28, 29, 359
Schavelzon, Willi, 9
Schlumberger, 248
Schwarzenegger, Arnold, 237
Scully, Vin, 102
Sección 1, 88,
Secesión de Texas, 218
Secretaría de Economía, 259
Secretaría de Gobernación, 267, 316
Secretaría de Hacienda, 204, 205, 314
Secretaría de Relaciones Exteriores,
    393
Secretario de Educación, 225
sector informal, 348
Secundaria pública número 10, 103
Seele, Andrew, 393
Segunda Guerra Mundial, 64, 123,
    238, 274, 301, 376
Selena, 58
Semana Santa
semiclásicos, 134
Sen, Amartya, 26, 30
Senado de Estados Unidos, 230
Senado estadounidense, 187, 188
Sentimientos de la Nación, 233
separación de poderes, 299
ser mexicano, 25
Serie del Caribe, 40
serpiente emplumada, La, 133
Servicio Exterior Mexicano, 65
Shankar, Ravi, 58
Sheridan, Guillermo, 9, 140, 243
Shultz, George, 282
Sierra, Justo, 138, 300

Sierra Madre Occidental, 122
Sierras Madres, 362
Sigfrido, 359
Silao, 106
Silva-Herzog Márquez, Jesús, 148
Sinaloa, 122, 336, 338, 363, 363
Sindicato de maestros, 201, 203, 219,
    313, 320
Sindicato Nacional de Trabajadores
    Petroleros (stprm), 88
sistema autoritario, 209
sistema bipartidista, 184, 196
sistema de elección por mayoría sim-
    ple, 184
sistema de haciendas, 71
sistema de justicia, 316
sistema draconiano de presidencia
    sexenal, 171
sistema electoral mexicano, 309
sistema judicial, 194, 312
sistema jurídico, 183, 323
sistema "pendular", 197
sistema político democrático, 190,
    319
sistema político mexicano, 159, 161,
    193, 294, 348
sistema tripartidista, 195, 198
sistemas de justicia, 181
Sixty Minutes, 184
Slim, Carlos, 12, 60, 61, 121
soberanía nacional, 305
soberanía sobre recursos naturales,
    308
socialistas españoles, 284
sociedad abierta, 255, 319
sociedad cerrada y tradicional, 320
sociedad civil, 50, 51, 52, 188, 328,
    337, 352, 354
sociedad civil mexicana, 46, 49, 328
sociedad de clase media, 20, 22, 84,
    85, 100, 128, 249
sociedad de iguales, 125
sociedad de masas, 74
sociedad de masas de clase media,
    126

sociedad estadounidense, 334
sociedad mestiza, 138
sociedad mexicana, 86, 100, 104, 128, 157, 170, 173, 202, 258, 269, 277, 280, 281, 293, 294, 299, 327, 328, 331, 382
sociedad moderna, 286
sociedad moderna mexicana, 74
sociedad norteamericana, 67, 327
sociedad política, 51
sociedad sin clases, 124
sociedades de migrantes, 358
sociedades europeas tradicionales, 358
sociedades latinoamericanas, 293
sociedades modernas de clase media, 124
Sociedades postcomunistas, 24
Sociedades predominantemente musulmanas, 24
solidaridad, 312
solución pacífica de las controversias, 286
socio comercial más importante, 259
Sonora, 130, 363, 378
Soto, Hernando de, 349, 350
Soustelle, Jaques, 15
Spring breakers, 262
Springsteen, 58
St. Louis, 267, 375
Stalin, 57
Standard Oil, 204
Steffens, Lincoln, 374
Sting, 58
Subsecretaría de Comercio Exterior, 259
Sudáfrica, 150, 197, 360, 361
Sudamérica, 41, 229
Sudeste asiático, 24
superávit, 192
SuperBowl, 102
Suprema Corte de Justicia, 183, 309
sustitución de importaciones (ISI), 91
Swiftboats, 209

T

Tabasco, 365, 366
Taiwán, 24
Tajín, 42
Tamaulipas, 87, 337
Tamayo, 224
Tampico, 87, 88
Taylor, Elizabeth, 242
teamsters de Estados Unidos, 89
Televisa, 109, 208
Telmex, 114, 121
tenencia comunitaria de la tierra, 305
Tenochtitlan, 43, 221, 223, 339
Tenorio Trillo, Mauricio, 17, 391
teoría de identidades múltiples, 26
Tepito, 257
tepostizos, 146
tepoztecos, 146
Tepoztlán, 146, 147
"tequio", 52
Tercer Mundo, 64, 115, 271, 286, 352
"terroir", 72
Tesoro de la Sierra Madre, El, 87
Texas, 49, 221, 264, 567, 376, 381, 382, 389
Texcoco, 42
The Dude, 17
The Economist, 95, 96, 99, 204
Thriller, 206
Thurow, Lester, 96
"Tierra y Libertad", 220
Tigres del Norte, los, 58, 362, 379
Tijuana, 94, 362, 378, 388
Tlatelolco, 137
Tlatilco, 42
tlaxcaltecas, 221
TLCAN, 106, 121, 185, 218, 228, 248, 257, 258, 260, 261, 272, 280, 283
Tokio, 127, 288
Toledo, 153
tolerancia con las ideas de los demás, 312
Toluca, 106, 365

toma de carreteras, casetas de cobro y puentes, 167, 313
toma por la fuerza de las cámaras legislativas, 167
Topolobampo, 122
Torre Latinoamericana, 62
Torres Bodet, Jaime, 219
Torres Gemelas, desastre, 278, 281
total de exportaciones, 25
Tovar, Marcela, 9
Tovar Muñiz, Dafne, 9
trabajadores informales, 346
tradición democrática, 16
tradición intelectual mexicana, 17
tradición legal mexicana, 308
tradición mexicana del absoluto desprecio por la ley, 21
tráfico de drogas, 327, 329, 332, 333, 334
transiciones democráticas de América Latina, 197
Tratado de Eliseo, 274, 275
tratado de libre comercio, 195
Tratado de McLane-Ocampo, 230
Tratado de Roma, 274
Traven, Bruno, 15
"trentes glorieuses, les", 100
Tribunal Federal Electoral, 309, 310, 311
Trotsky, Leon, 15, 57
Tucson 379
Tula, 221
Tupac Amaru, 136
turismo, 262, 288, 345
turismo internacional, 262
Turquía, 269

U
U de Chile, 205
unam, 103, 104, 116, 117, 141, 159, 205, 234
unidad, 30
Unión Europea (ue), 24, 26, 27, 185, 258, 259, 260, 288
Unión Soviética, 217, 373

Universidad de Columbia, 137
Universidad de Guadalajara, 104, 105
Uranga, Emilio, 27, 28, 135, 140, 168, 215
Uruapan, 364
Uruguay, 41, 48, 69, 70, 74, 84, 237, 275, 317, 328, 354
Usigli, Rodolfo, 17
usp de Sao Paolo, 205
Ustedes los ricos, 169
Uxmal, 339

V
Valenzuela, Fernando, 40, 297
Valle del Río Bravo, 376
Valores de los mexicanos, 47, 86
valores nacionales, 23
Vancouver, 105
Vargas Llosa, 181
Vasallo, Emma, 9
Vasconcelos, 139
Vázquez, Genaro, 169
Vecinos distantes, 40, 344
Velázquez, Fidel, 172
Velázquez de Cuellar, Diego, 136
Venezuela, 40, 69, 70, 150, 152, 250, 287, 338, 345
ventas de automóviles, 13
Veracruz, 42, 51, 200, 230, 339, 364
"Verdes crecen las lilas", 276
Victimización (mexicana), 133, 225, 317, 318
vieja clase media mexicana, 102, 106, 107
vieja izquierda comunista, trotskista y castrista, 196
vieja izquierda del pri, 196
vieja izquierda mexicana, 77
vieja Revolución, 197
viejo centralismo del siglo XX, 366
"Viejo Mundo", 99
viejo pri, 199, 318
viejo sistema político mexicano, 26, 294
Viena, 330

Vietnam, 278
Villa, Pancho, 78, 145, 155, 168, 223
Villalobos, Joaquín, 151
Villoro, Juan, 39, 44
violaciones a los derechos humanos, 322, 337
violencia, 388
Virgen de Guadalupe, 220, 223
Virginia, 136
Virreinato de Aragón, 297
visión mexicana, 12
Viva México, 56, 149
vivienda, 14
Volaris, 93
Volkswagen, 106
vulnerabilidad mexicana, 231

W
Wall Street, 124
Walton, 59
Washington, 56, 186, 187, 188, 230, 231, 237, 245, 248, 249, 267, 268, 270, 277, 278, 279, 280, 283, 287, 288, 289, 339, 342, 388, 389
Washington Heights, 56
Waugh, Evelyn, 149
Wembley, Inglaterra, 102
Weston, Edward, 15
"Wild West", 388

Wilkinson, Alec, 379
Womack, John, 52
Woodrow, Wilson, 364
Woodstocks Brasileños, 58
World Values Survey, 23

X
xenofobia, 241
xenofobia en México, 240

Y
yeomanry británicos, 71
Yucatán, 42, 338, 340, 341, 365, 367
Yves Limantour, José, 300

Z
Zacatecas, 242, 362
Zaldívar, Vicente, 40
Zapata, Emiliano, 52, 53, 54, 78, 145, 155, 168, 223
"zapaturistas ecoamistosos", 78
Zar antidrogas, 343
Zedillo, Ernesto, 84, 113, 201, 207, 335, 336, 380
Zerecero, Alejandra, 10
Zona Cero, 280
zonas de violencia, 341
Zozaya, Lourdes, 9
Zurich, 338

TAMBIÉN DE
JORGE G. CASTAÑEDA

COMPAÑERO
Vida y muerte del Che Guevara

Cuando llegó el momento de su muerte en las selvas de Bolivia, donde su cuerpo fue exhibido como un Cristo destronado, Ernesto "Che" Guevara se había convertido en sinónimo de revolución desde Cuba hasta las universidades de los Estados Unidos. Esta biografía extraordinaria, escrita por uno de los más prominentes analistas políticos de Latinoamérica, traspasa la leyenda del Che Guevara para mostrar el carismático e inquieto hombre detrás de ella. Tomando de los archivos de tres continentes y de entrevistas con su familia y asociados, Castañeda sigue al Che desde su niñez hasta los años de peregrinaje que lo convirtieron en revolucionario dedicado. Castañeda examina las complejas relaciones entre Guevara y Fidel Castro, quien lo hizo su mano derecha. Y Castañeda analiza los fallos de carácter que forzaron al Che a irse de Cuba y dar sus energías y, finalmente, su vida a aventuras quijotescas en el Congo y Bolivia. Una obra maestra de erudición e investigación, *Compañero* es el retrato definitivo de una figura que continúa fascinando e inspirando a gentes del mundo entero.

Biografía

VINTAGE ESPAÑOL
Disponible en su librería favorita
www.randomhouse.com